GÄRTEN
DER GOETHEZEIT

Hier ist's
jetzt unendlich schön.
Mich hat's gestern
Abend, wie wir durch
die Seen, Kanäle und
Wäldchen schlichen,
sehr gerührt, wie
die Götter dem
Fürsten erlaubt haben,
einen Traum um sich
herum zu schaffen.
Es ist, wenn man
so durchzieht,
wie ein Märchen,
das einem vorgetragen
wird, und hat ganz
den Charakter der
Elysischen Felder.

In der sachtesten
Mannigfaltigkeit fließt
eins in das andere, Keine
Höhe zieht das Aug'
und das Verlangen auf
einen einzigen Punkt,
man streicht herum ohne
zu fragen wo man
ausgegangen ist
und hinkommt.
Das Buschwerk ist in
seiner schönsten Jugend,
und das Ganze hat die
reinste Lieblichkeit.

Goethe
an Charlotte v. Stein.
Wörlitz, 14. Mai 1778.

GÄRTEN DER GOETHE ZEIT

*Herausgegeben
von Harri Günther
Fotografien
von Volkmar Herre*

Edition Leipzig

Impressum

Unter Mitwirkung von
Adrian von Buttlar · Kathrin Franz · Heinrich Hamann
Dieter Hennebo · Christine Hinz
Jürgen Jäger · Detlef Karg · Bernard Korzus · Klaus von Krosigk
Bernd Modrow · Michael Niedermeier
Anne Schäfer · Gerd Schurig · Michael Seiler
Elisabeth Szymczyk-Eggert · Günther Thimm
und Ludwig Trauzettel

Die Deutsche Bibliothek – CIP-Einheitsaufnahme

Gärten der Goethe-Zeit
/ hrsg. von Harri Günther. Fotogr. von Volkmar Herre.
[Unter Mitw. von Adrian von Buttlar . . .]. –
Leipzig : Ed. Leipzig, 1993
ISBN 3-361-00343-1
NE: Günther, Harri [Hrsg.]; Herre, Volkmar

© 1993 by Edition Leipzig
Gestaltung: Sonja & Gert Wunderlich, Leipzig
Lektor: Sabine Knopf
Satz aus »Walbaum-Antiqua«
Satz: Satz Repro Grafik GmbH Leipzig
Druck: Jütte Druck GmbH, Leipzig
Buchbinderei:
Kunst- und Verlagsbuchbinderei Leipzig
Printed in Germany

Inhalt

Vorwort

Gärten der Goethezeit!
Sie wuchsen in der zweiten Hälfte des 18. Jahrhunderts erst zögernd,
dann sehr vielfältig heran, eine Fülle früher
Landschaftsgärten, die dem Naturgefühl der Zeit bildhaften
Ausdruck verliehen.
Diese junge Gartenkunst ließ unter dem Deckmantel der Natur
auch politische Ziele erkennen, die in der Hauptsache
die Freiheit der Persönlichkeit forderten. Im Gegensatz zu den geschnittenen
Bäumen und den formierten Hecken der Barockzeit
bedeutete nun der ungebundene Wuchs der Bäume und Sträucher
sinnbildhaft die uneingeschränkte Bildung und Freiheit
des Menschen. Goethe kam diesen Wunschvorstellungen schon in Darmstadt
sehr nahe. Nach einem Übergang in Leipzig
war in Wörlitz für ihn die nahtlose Verbindung dieser sich
entwickelnden Gartenkunst mit dem tätigen Leben erkennbar; er hatte
die Verbindung von wirtschaftlich geordneter Landschaft und kunstvollem Park
erspürt. Dies sollte zu seinem ersten Eingreifen
in die Gartenkünste führen: in Weimar legte Goethe mit den Arbeiten
an der Floßbrücke, dem Felsentor, heute auch Nadelöhr genannt,
den Grundstein für den Park an der Ilm.
Obgleich am Rande des Parkes sein eigener Garten mit dem lange Jahre von
ihm bewohnten Gartenhaus lag, zog sich Goethe nach dem Fest
am Luisenkloster und den Aufführungen vom »Triumph
der Empfindsamkeit« von den Arbeiten zur Fortführung der Parkgestaltung
zurück. Seine unmittelbare Verbindung zur Gartenkunst
wandelte sich in botanische Versuche und Studien.
Ungebrochen blieb jedoch die stete Teilnahme an der Fortentwicklung
der Gartenkunst bis in das 19. Jahrhundert.
Mit den meisten Besitzern oder Schöpfern solcher Anlagen verknüpften ihn
ohnedies Verbindungen, die über den Garten hinaus in gesellschaftliche
und persönliche Bereiche reichten.
Deshalb hat der Buchtitel »Gärten der Goethezeit« gerade hier
seine tiefsten Wurzeln. Herausgeber und Autoren zögerten zunächst,
diesen Titel erneut zu verwenden, den Paul Ortwin Rave bereits 1941 für eine
Auswahl von sieben Gärten gebraucht hatte.
Die folgenden Beiträge lassen erkennen, daß Goethes Blick
viel weiter in die deutschen Lande
reichte und er sich in Briefen, Mitteilungen und Dichtungen
eng verbunden mit den Gärten seiner Zeit fühlte.

Harri Günther

Johann Wolfgang von Goethe.
Porträt von Angelika Kauffmann,
1787/88.

Michael Niedermeier

Goethe
und die »Revolution«
in der Gartenkunst
seiner Zeit

Die Gartenrevolution

»Der beste Garten indessen
ist ein Gefängniß, wenn er umzäunt ist.
Das Paradies war die Welt,
und die Welt das Paradies.«[1]

Dieser 4. Mai 1771 ist ein herrlicher Frühlingstag, da der junge Werther schüchtern neuen Lebensmut faßt und an seinen Freund Wilhelm den ersten Brief schreibt. Hinter ihm liegt eine jähe Flucht; er verließ seine Heimat, seine Freunde, seine Familie, um nun einen Neuanfang zu wagen. Und den Ort, an dem Werther wieder zu sich selbst zu finden hofft, die ihn umgebende Landschaft, die seine Gefühle und schöpferischen Gedanken wiedererweckt, ihn sogar in rauschartige Stimmungen versetzt, beschreibt er ganz bewußt in aller Ausführlichkeit: »Übrigens find ich mich hier gar wohl. Die Einsamkeit ist meinem Herzen köstlicher Balsam in dieser paradiesischen Gegend, und diese Jahreszeit der Jugend wärmt mit aller Fülle mein oft schauderndes Herz. Jeder Baum, jede Hecke ist ein Strauß von Blüten, und man möchte zur Maienkäfer werden, um in dem Meer von Wohlgerüchen herumschweben und alle seine Nahrung darinne finden zu können.«[2]

Diese »paradiesische« ländliche Landschaft, die durch eine »unaussprechliche Schönheit der Natur« entzückt, steht dabei für Werther in entschiedenem Gegensatz zur naheliegenden Stadt, die er als ausgesprochen »unangenehm« empfindet. Werther fährt dann gleich in seiner Beschreibung fort: »Das bewog den verstorbenen Grafen von M . . ., einen Garten auf einem der Hügel anzulegen, die mit der schönsten Mannigfaltigkeit der Natur sich kreuzen und die lieblichsten Täler bilden. Der Garten ist einfach, und man fühlt gleich bei dem Eintritte, daß nicht ein wissenschaftlicher Gärtner, sondern ein fühlendes Herz den Plan bezeichnet, das sein selbst hier genießen wollte. Schon manche Träne hab ich dem Abgeschiedenen in dem verfallenen Kabinettchen geweint, das sein Lieblingsplätzchen war und auch meins ist. Bald werd ich Herr vom Garten sein, der Gärtner ist mir zugetan, nur seit ein paar Tagen, und er wird sich nicht übel davon befinden.«[3]

Was der junge Werther mit diesen Worten schildert, ist nichts anderes als eine Gartenanlage, die – wenngleich sie, wie aus späterer Beschreibung zu vermuten ist, formale Elemente trägt – in dem Betrachter Empfindungen erregt wie ein damals moderner englischer Garten.[4] Sie entsprachen dem erwachten empfindsamen Naturgefühl eines Teils der europäischen Aufklärung, das spätestens seit den sechziger Jahren des 18. Jahrhunderts seinen triumphalen Siegeszug auch durch Deutschland angetreten hatte.

Die Abwendung von der bisher allgemein vorherrschenden französischen Gartenmode, wie sie durch die großartigen Anlagen eines Le Nôtre und Boyceau de la Barauderie maßstabsetzend gewirkt hatte und durch Theoretiker, wie D'Aviler, verbreitet worden war, vollzog sich so grundsätzlich und so abrupt, daß sie von Zeitgenossen regelrecht als »Gartenrevolution«[5] bezeichnet wurde. Und wenngleich im 18. Jahrhundert der Begriff der Revolution in Deutschland noch vornehmlich in seiner naturwissenschaftlichen Bedeutungsvariante verwendet wurde, so sind doch die innigen weltanschaulichen Beziehungen, die die Gartenrevolution auch mit den politischen Umwälzungen in Frankreich und Nordamerika verknüpften, unübersehbar. Freilich ging nicht jeder soweit wie der norddeutsche Aufklärer August von Hennings, der, enttäuscht über den Verlauf der Revolution im benachbarten Frankreich, von der erzieherischen Wirkung der Gartenkunst optimistisch meinte: »Wohl möglich ist es also, daß indem der politische Reformator vergebens daran arbeitet, eine Revolution in der Denkart der Menschen zu würken, unvermerkt die schöne Gartenkunst eine gänzliche Reform in den Gesinnungen und in den Vorstellungen der Menschen würken wird.«[6] Und Joseph Rückert wagte sich anläßlich seiner Beschreibung des Weimarer Parks noch weiter, wenn er folgerte: »Die Natur ist republikanisch und schüttelt Kronen, Fürstenhüte, Hofpracht und eitles Glanzwerk stolz und verschmähend von sich ab, und unser Herz ist nach ihrem Sinne geformt. Je einfacher, desto schöner, desto willkommener . . . Die Natur macht an diesem Ort und an diesem Tage [Sonntag] alles gleich, wie das römische Karneval.«[7]

Aber wie die Revolution spiegelte die neue Gartenästhetik für die Zeitgenossen die unbändige Sehnsucht nach Freiheit von aristokratischem Formzwang und nach naturnaher Einfachheit. Und der eigentliche Anstoß für die »Gartenrevolution« kam ja auch nicht aus der Gartenkunst selbst, sondern entsprang dem Aufbegehren gegen die Hegemonie der Architektur, des architektonischen Gartens, der höfischen Öffentlichkeit, die Sinn- und Abbilder einer hierarchischen, subordinierenden Welt- und Gesellschaftsordnung waren. Die höfischen Zentren, die die bisherige Geschmacksbildung in Europa diktierten, verloren urplötzlich ihre Anziehungskraft für das aufgeklärte Publikum. Und das ging einher mit der regelrechten Sucht, der Enge der Städte zu entfliehen, sich der gesellschaftlich gegliederten, arbeitsteiligen sozialen

Wirklichkeit zu entwinden und in der wiederentdeckten ländlichen Natur die Freiheit zu genießen. »Wir hassen Einschränkung und lieben Ausdehnung und Freyheit«[8], heißt es in der »Theorie der Gartenkunst« des führenden Gartenphilosophen der Zeit in Deutschland.

Einen regelrechten Ekel empfand die aufgeklärte Jugend vor der Zweckrationalität, mit der ein »wissenschaftlicher Gärtner« nach mathematischen Mustern die Gartennatur zur Ausstaffierung absolutistischer Machtfülle abzirkelte und zurechtstutzte.

Diese pauschale radikale Ablehnungshaltung ging in den siebziger Jahren des 18. Jahrhunderts noch durch alle möglichen philosophischen und literarischen Parteiungen, die dann wenige Jahre später auch hier ganz kontroverse Standpunkte einnahmen. Leopold von Reichenbach, der märkische Gutsbesitzer, feiert die Gartenkunst »im Jahrhundert guter Prinzen« und polemisiert in seiner Schrift »Der schöne Garten« (1788) genauso gegen die »Verstümmelungskunst« der Franzosen wie Schiller in seinen Kallias-Briefen oder in der Erstfassung des »Don Carlos« oder wie Matthias Claudius in seinem bekannten Gedicht »Serenata, im Walde zu singen«.[9]

Es ist dies der vielleicht radikalste Umbruch, von dem die europäische Kulturgeschichte der Neuzeit zu berichten weiß.[10] Die ästhetische Neuorientierung, die etwa zeitgleich ebenfalls in der deutschen Literatur erfolgte und bei der Dichter und Intellektuelle wie Lessing oder die Stürmer und Dränger entschieden die überkommenen französischen Muster ablehnten und sich englische Literaten wie Richardson und Lillo oder Sterne und Shakespeare zum Vorbild nahmen,[11] war auch deshalb von so umfassender Wirkung, weil die Gartenkunst neben und gemeinsam mit der Literatur einen herausragenden Stellenwert im Rangsystem der Künste im achtzehnten Jahrhundert innehatte.[12] In diesen Jahrzehnten fand sich im westlichen Europa kaum ein Dichter, Philosoph, Maler oder Politiker, der nicht an den kontroversen Debatten um die Gartenkunst Anteil genommen, darüber gelesen, gesprochen, geschrieben oder doch wenigstens berühmte Gärten besucht hätte. Und der Grund dafür lag vor allem in der großen Wiederentdeckung der Natur und des idealisierten Altertums durch die Menschen des 18. Jahrhunderts, die zu einem bedeutenden Teil über die Gärten erfolgte. Diese wiederum prägten ganz wesentlich das Utopiepotential der Dichtung um 1800. Ja, man kann, ohne die Bedeutung der Gartenkunst für jene Zeit zu übertreiben, behaupten, daß sie »nicht nur eine interessante, sondern auch für bestimmte Tendenzen des Zeitgeistes repräsentative Erscheinung«[13] war.

Den ausgesprochen antihöfischen Grundzug des neuen Kunstkonzepts der Stürmer und Dränger beispielsweise, das die höfische Gesellschaft und ihre Lebenssphäre von einer neuen Kunst von vornherein ausschloß, machte der junge Goethe in seiner Programmschrift »Nach Falconet und über Falconet« bezeichnenderweise ausgerechnet an der französischen Gartenkunst fest: »Auch dieser Zauber ist's, der aus den Sälen der Großen und aus ihren Gärten flieht, die nur zum Durchstreifen, nur zum Schauplatz der aneinander hinwischenden Eitelkeit ausstaffiert und beschnitten sind. Nur da, wo Vertraulichkeit, Bedürfnis, Innigkeit wohnen, wohnt alle Dichtungskraft, und weh dem Künstler, der seine Hütte verläßt, um in den akademischen Pranggebäuden sich zu verflattern.«[14]

Vertraulichkeit, Bedürfnis und Innigkeit findet Werther nicht in der Sphäre der Aristokratie und der »bürgerlichen Gesellschaft«, sondern nur in der »Hüttenwelt« Wahlheims und eben der schönen Gartenanlage des verstorbenen Grafen. Hier entdeckt er nichts als Natur, sie allein, so auch seine Überzeugung, »bildet den großen Künstler«[15]. Die formalen Regeln, denen des Gärtners Gartenschere folgt, die die Bäume und Pflanzen nur dem Machtwillen einer absolutistischen Architektur gefügig machen soll, oder allein wirtschaftlichen Erwägungen dient, entsprächen den Regeln, denen man sich in der Gesellschaft fügen müsse. Doch dieses sich Unterordnen, das Zurechtstutzen desjenigen, »der sich durch Gesetze und Wohlstand modeln läßt«, führe dazu, daß er »nie ein unerträglicher Nachbar, nie ein merkwürdiger Bösewicht«, dafür jedoch ein

»brauchbarer junger Mensch« werden könne. Allerdings tausche er dagegen sein künstlerisches Genie und seine Fähigkeit, wirklich lieben zu können, ein.[16]

Werthers Sehnsucht nach ungekürztem Lebens- und Liebesanspruch, sein immer unbändiger werdender Drang nach umfassender Selbstverwirklichung, nach Ausbildung seiner innerer Naturgaben von »tiefer reiner Empfindung« und »wahrer Penetration« (rationaler Durchdringungskraft)[17] findet seine charakteristische bildliche Entsprechung im *Landschaftsgarten*, dessen »Herr« er bald zu sein hofft. Er spürt dabei nicht den offenbaren Widerspruch zwischen beschränkter Hüttenwelt und unendlich empfundener Landschaft. Vertraulichkeit und Beschränkung dort und unbegrenztem Anspruch hier.

Ganz zeitüblich erscheint Werther die schöne natürliche Landschaft, in der sich der Garten befindet, mit einem Paradies[18] vergleichbar, und er setzt sie polemisch gegen das Bestreben des braven kleinbürgerlichen Städters, »dem's wohl ist, sein Gärtchen zum Paradiese zuzustutzen«[19]. Und doch ahnt er bereits, daß sich in dem Bild der Landschaft viel von der inneren Befindlichkeit widerspiegelt, daß man zwar seine Ideale auf die äußere Wirklichkeit projiziere, diese aber dadurch nichts von ihrem bestimmenden Wesen verliere. Er erkennt schon den inhärenten Widerspruch dieser Ästhetik, daß man sich nämlich lediglich »die Wände, zwischen denen man gefangen sitzt, mit bunten Gestalten und lichten Aussichten bemalt«[20].

Dem Unbegrenzten, Schrankenlosen gehört nach und nach Werthers ganze leidenschaftliche Zuneigung, wenngleich er nun – wie sein Autor – bereits ahnt, daß zum Leben Beschränkung und Entgrenzung gleichermaßen gehören, ja daß beide als Grundzustände natürlichen Lebens anzusehen sind. Goethe wendet schon in seiner Jugendzeit diese beiden polaren Zustände, die für ihn später zu entscheidenden Begriffen seiner Auffassung von morphologischer Entwicklung werden (Systole – Zusammenziehung; Diastole – Ausdehnung)[21], nicht nur auf die Beschreibung des Landschaftsbildes, in dem das Gefühlsleben seiner Generation entsprechend Ausdruck findet, an, sondern auch mit gleicher Diktion auf andere Bereiche. So erscheint für Goethes Sturm-und-Drang-Periode folgende Sentenz aus dem »Fragment eines Romans in Briefen« (1780) bezeichnend, da der Ich-Erzähler – bei aller Akzeptanz des anderen Zustandes – die befreiende Diastole bevorzugt: »Es ist mit der Liebe wie mit dem Leben, wie mit dem Atemholen. Freilich ziehe ich die Luft in mich; willst du das auch Eigennutz nennen? Aber ich hauche sie wieder aus, und sage mir, wenn du in der Frühlingssonne sitzest und für Wonne dein Busen stärker atmet, ist das Hauchen nicht eine größere Wonne als das Atemholen? Denn das ist Mühe, jenes ist Ruhe.«[22]

Auch später findet bei Goethe ausbrechende jugendliche Leidenschaft, die einer grenzen- und normen-mißachtenden Eruption gleicht und nur auf die innere Stimme der Natur, nicht die der (sozialen) Vernunft hören will, fast immer in einer Parklandschaft ihre symbolhafte Spiegelung. In seinem großen Roman »Die Wahlverwandtschaften« (1809), steht diese Entwicklung schlechthin für das ganze Zeitalter: »Niemand glaubt sich in einem Garten behaglich, der nicht einem freien Lande ähnlich sieht; an Kunst, an Zwang soll nichts erinnern; wir wollen völlig frei und unbedingt Atem schöpfen.«[23]

Ganz ähnlich benutzt Goethe solche Bildersprache in der Novelle »Wer ist der Verräter?« aus dem Roman »Wilhelm Meisters Wanderjahre«. Lucidor fällt hier, nachdem er annehmen muß, daß sich Antoni erfolgreich um die von ihm begehrte Lucinde bemüht, und nachdem der fröhliche Junker Märchen vorgelesen hat, die von der Art waren, daß sie »den Menschen aus sich selbst herausführen, seinen Wünschen schmeicheln und ihn jede Bedingung vergessen machen, zwischen welche wir, selbst in den glücklichsten Momenten, doch immer eingeklemmt sind«,[24] in eine starke Werthersche Gefühlsregung. Für Lucidor verwandelt sich die Landschaft in eine das Übermaß der Gefühle widerspiegelnde »Ich-Landschaft«[25], er überträgt eigene subjektive Befindlichkeit auf die Umgebung.

Goethe war in seiner Jugend und auch noch eine lange Zeit danach wie viele Zeitgenossen ein glühender Anhänger des modern gewordenen Landlebens. Völlig zurecht durfte sich 1826 der große Alte rückblickend als »Moses« der Landschaftsgartenkunst bezeichnen, war er doch schon unter den ersten in Deutschland, die Ende der sechziger Jahre die Vorläufer der empfindsamen Gärten hierzulande aufsuchten, hatte er sich selbst seit Mitte der siebziger Jahre enthusiastisch als empfindsamer Gartengestalter betätigt.

Intensive Berührung mit den Ideen dieser modernen Freizeitbeschäftigung, der sich schnell viele adlige und bürgerliche Landbesitzer hingaben, hatte er aber schon einige Zeit früher, etwa, als er das Debütwerk des späteren unumstrittenen Papstes der deutschen Gartenästhetiker, C. C. L. Hirschfelds »Landleben« (1767), las.[26] Gleich der erste Frühling und Sommer in seinem Gartendomizil am Ufer der Ilm vor den Toren seiner neuen Wahlheimat Weimar inspirierten Goethe nicht nur zu herrlichen Naturgedichten, seine ersten eigenen gartengestalterischen Versuche fallen ebenfalls in diese Zeit. Der Freundin Auguste zu Stolberg gab er brieflich Kenntnis davon: »[I]ch ritt um eilf nach dem Lustschloß Belvedere wo ich hinten im Garten eine Einsiedeley anlege, allerley Pläzgen drinn für arme Krancke und bekümmerte Herzen.« (18. Mai) Und am nächsten Tag heißt es: »Da laß ich mir von den Vögeln was vorsingen, und zeichne Rasenbäncke die ich will anlegen lassen, damit Ruhe über meine Seele komme . . . Es geht gegen eilf ich habe noch gesessen und einen englischen Garten gezeichnet. Es ist eine herrliche Empfindung dahausen im Feld allein zu sizzen.«[27]

Kein anderer als der umgetriebene Lenz darf als erster mit Goethe in seinem im Entstehen begriffenen parkartigen Garten, der immerhin rund zehntausend Quadratmeter umfaßte, übernachten. Vor allem den oberen Teil hat Goethe selbst entworfen, hier hat er die Arbeiten vorangetrieben, mit eigener Hand Linden gepflanzt.

Knapp zwei Jahre später veranlaßte ein tragisches Ereignis Goethe, seine gartengestalterische Kreativi-

*Die Floßbrücke im Weimarer Park
mit Goethes Gartenhaus im Hintergrund.
Kohlezeichnung von J. W. von Goethe, 1776/77.*

*Felsentreppe im Ilmpark.
Lavierte Bleistiftzeichnung von J. W. von Goethe, 1778 (?).*

tät direkt an der Ilm auszuprobieren. Am 16. Januar 1778 hatte sich die junge Christel von Laßberg, eine Dame aus dem Weimarer Hofkreise, in der Ilm nahe bei Goethes Gartenhaus aus unglücklicher Liebe ertränkt. – Wie es hieß, soll sie ein Exemplar des »Werther« bei sich gehabt haben. –

Goethes Diener barg die Leiche der jungen Frau und bahrte sie im Hause der Frau von Stein auf. Goethe war von dem Tod der jungen Frau tief betroffen. Wochenlang kreisten seine Gedanken um dieses Ereignis und die schmerzlich-empfindsame Atmosphäre, die der Unglücksort auszustrahlen schien. Die Suggestion, die Sehnsucht nach dem Tode, die von hier ausging, regte ihn wahrscheinlich zu zwei seiner schönsten Gedichte jener Zeit (»Füllest wieder s'liebe Tal . . .«, »Der Fischer«) und eben dazu an, den Ort landschaftsgärtnerisch in eine empfindsame Szenerie umzuschaffen. Er legte an jener Uferstelle eine »Felsentreppe« mit einem »Felsentor« (dem sog. »Nadelöhr«)[28] an. Charlotte von Stein schrieb er dann: »Es waren Arbeiter unten, und ich erfand ein seltsam Plätzgen wo das Andencken der armen Christel verborgen stehen wird . . . Ich hab mit Jentschen [Hofgärtner Gentzsch] ein gut Stück Felsen ausgehölt, man übersieht von da, in höchster Abgeschiedenheit, ihre lezte Pfade und den Ort ihres Tods. Wir haben bis in die Nacht gearbeitet, zulezt noch ich allein bis in ihre Todtes Stunde, es war eben so ein Abend . . . Gute Nacht Engel, schonen Sie sich und gehn nicht herunter. Diese einladende Trauer hat was gefährlich anziehendes wie das Wasser selbst, und der Abglanz der Sterne des Himmels, der aus beyden leuchtet, lockt uns.«[29]

In sein Tagebuch notierte er für die Wochen vor Ostern noch: »Wühle ich still an Felsen und Ufer fort.«[30] Und seinem Freund Merck, selbst als Gartenkenner ausgewiesen und als Beiträger in Hirschfelds berühmter fünfbändiger »Theorie der Gartenkunst« mit einem Aufsatz vertreten,[31] teilte er wie in Erinnerung an ihre gemeinsame Werthersche Naturschwärmerei im Kreise der »Darmstädter Empfindsamen« am 5. August 1778 mit, daß er »die vernachläßigten Plätzchen alle mit

Händen der Liebe polstre und putze, und jederzeit, mit großer Sorgfalt die Fugen der Kunst der lieben immer bindenden Natur zu befestigen und zu decken übergebe.«[32]

Die nachhaltigsten Impulse für den gartengestalterischen Enthusiasmus, der seit den späten siebziger Jahren den aufklärungsbegeisterten Weimarer Hof ergriff, kamen aus Anhalt-Dessau und von den berühmten Wörlitzer Gartenschöpfungen. Goethe kannte den *Wörlitzer Landschaftsgarten*, die erste englische Anlage auf dem Kontinent, von wiederholten Besuchen. Er, der der Lieblingsdichter der Fürstin Luise war, begeisterte sich daran, wenn er als Gast des Fürstenpaares in Wörlitz weilte. Als er am 13. Mai 1778 wieder dort eintraf, durchwandelte er sofort die Anlagen, obgleich es regnete, und notierte den unmittelbaren Eindruck in sein Tagebuch; der Park sei ihm vorgekommen wie »das Vorbeischweben eines leisen Traumbildes«[33]. Ausführlich äußerte er sich dann voll Enthusiasmus in einem Brief an Charlotte von Stein am nächsten Tag: »Hier ists iezt unendlich schön . . . Es ist wenn man so durchzieht wie im Mährgen das einem vorgetragen wird und hat ganz den Charakter der Elisischen Felder, . . . man streicht herum ohne zu fragen wo man ausgegangen ist und hinkommt«.[34]

Nichts erinnert hier mehr an die aristokratische Machtdemonstration der Architektur. Die Landschaft hat sich in diesem Park von ihrer Herrschaft emanzipiert, ja ganz den Charakter »Elisischer Felder« angenommen. Sie verheißt, wie es Goethe später einmal diesbezüglich analysierend ausdrückt, »Ideales im Realen«[35].

Der Eindruck, den die Wörlitzer Anlagen auf den Herzog Carl August und Goethe gemacht haben, muß in jenem Frühjahr des Jahres 1778 so außerordentlich gewesen sein, daß sie sich gleich nach ihrer Rückkunft gemeinsam persönlich an die Umgestaltung des Ilmtales in einen empfindsamen Garten machten. Und vier Jahre später schuf Anna Amalia nach ihrem Besuch in Wörlitz, erfüllt von »erhabenen Ideen«, *Tiefurt* um. Goethe selbst datiert den eigentlichen Entstehungsbeginn des *Weimarer Parks* an der Ilm mit den Feiern zum Namenstag der Herzogin.[36] Zum denkwürdigen »Luisenfest« am 9. Juli 1778, zu dessen Anlaß das »Luisenkloster« im Park gebaut wurde, verfaßte Kammerherr Siegmund von Seckendorf ein humorvolles Dramolett, in dem die federführende Rolle von Goethe bei der Gartengestaltung, der in der hier gespielten Mönchsrunde den »Pater Dekorator« vorstellte, hervorgehoben wird:

> Und dieser hier, Pater Dekorator,
> Der all unsern Gärten und Bauwerk steht vor,
> Der hat nun beinahe drei Nächte nicht geschlafen,
> Um uns hier im Tal ein *Paradies* zu verschaffen . . .[37]

Aber nicht die geselligen Feste allein machten die Parklandschaft so anziehend für fürstlichen Aufenthalt. Anders als im Barockgarten bezauberte das Gefühl gesteigerter kontemplativer Einheit mit der Natur, das – wie für Werther – vorzüglich in der Einsamkeit erlebt werden konnte und das den damals zutiefst empfundenen krassen Gegensatz zur Geschäftswelt der Städte und Höfe symbolisierte. Darin, daß der regierende Fürst im Park ausdrücklich nur als Mensch in Erscheinung treten sollte und oft auch wollte, widerspiegelt sich die von Goethe für jene Zeit festgestellte charakteristische, dem Hausväterideal der Aufklärung entsprechende »Neigung der Fürsten zum Privatstande«[38]. So beschreibt Carl August, der wiederholt allein in dem »Kloster«, dem jetzigen Borkenhäuschen, im Park übernachtete, seine Empfindungen am 17. Juli 1780, nachdem er im Vormonat wieder einmal in Wörlitz gewesen war und sich am menschenfreundlichen Wesen des »Vater Franz«, wie der Fürst Leopold III. Friedrich *Franz* von seinen Untertanen allgemein genannt wurde, begeistert hatte, gegenüber Knebel: ». . . ich war so ganz in der Schöpfung und so weit von dem Erdentreiben. Der Mensch ist doch nicht zu der elenden Philisterei des Geschäftslebens bestimmt; es ist einem ja nicht größer zu Mute, als wenn man doch die Sonne so untergehen, die Sterne aufgehen, es kühl werden sieht und fühlt, und das alles so für sich . . .«.[39]

AUFKLÄRUNG UND »NEUMODISCHE PARKSUCHT«

Obgleich der englische Park idealisierte Abbildung und Imagination von Freiheit, Unabhängigkeit, Einfalt und natürlicher Schönheit nach klassizistischen Mustern in die moderne Zeit einbringen sollte, war seine Entstehung in England fest verbunden mit dem agrarkapitalistischen Umbruch, dessen Muttermale, wenngleich meist übersehen, er in sich trug. Die großen Parke entstanden nämlich in England auf dem Land, das durch Einhegungen gewaltsam den Bauern entrissen worden war. Das humanistische Utopiepotential, das er jahrzehntelang lieferte, stand immer in spannungsreichem Verhältnis zum bürgerlich-kapitalistischen Fortschritt.[40] Goethe bemerkte entsprechend, als er 1799 die Gartenkunst als eine für den Zeitgeist repräsentative Erscheinung untersuchte, sehr scharfsinnig: »Englischer Geschmack hat die Basis des Nützlichen, welches der französische aufopfern muß«.[41]

Anders als in Deutschland, wo durch die sozialökonomische Zurückgebliebenheit die Idee des Landschaftsgartens ganz ernsthaft umfassend in radikale aufklärerische Reformvorstellungen einbezogen werden konnte, wurde für England frühzeitig klar, daß die Freiheit und Menschlichkeit verheißenden großen Landschaftsgartenschöpfungen ihren reichen Besitzern vorbehalten bleiben sollten. So wurden sie sorgsam gegen ungebetene Besucher abgeschottet. Mit Charles Brigdeman, der die Gartenmauer durch Gräben ersetzte, gelang es den englischen Gartenarchitekten den Schein der unbegrenzten Gartenlandschaft in allen Landschaftsgärten verblüffend perfekt zu inszenieren. In Philipp Andreas Nemnichs ökonomischem Reisebericht über die Insel aus dem Jahre 1807, den Goethe besaß und in dem er sich wiederholt intensiv über das moderne England informierte, wird der Park definiert: »Die Parks sind von den Chases dadurch unterschieden, daß sie eingehegt seyn und Wild enthalten müssen.«[42]

Ganz verwundert über die Praxis, Besucher vor verschlossenen Gartentoren stehen zu lassen, mokierte

Das Luisenkloster im Ilmpark.
Lavierte Bleistiftzeichnung von J. W. von Goethe, 1780.

Schillers Garten bei Jena.
Bleistift- und Federzeichnung von J. W. von Goethe,
mit Tusche und Sepia laviert, 1810.

sich beispielsweise 1803 Johanna Schopenhauer: »Als wir die eigentlichen Lustgärten von Kew zu sehen wünschten, ging unsere alte Not wieder an. Sie werden nur sonntags gezeigt, und wir waren an einem Wochentage da. Als kein Zureden, kein Bitten, keine Vorstellungen etwas fruchteten, wurden wir verdrüßlich und ließen unsern Unmut in gutem vernehmlichem Deutsch aus.«[43]

In Deutschland traf der neue aufklärerische Gartengeschmack auf ein breites, noch naiv-unverdorbenes Publikum. Christian Cajus Laurenz Hirschfeld, Kieler Professor für Philosophie und Schöne Künste, avancierte vor allem durch seine Bücher »Das Landleben« (1767), »Anmerkungen über die Landhäuser und die Gartenkunst« (1773), die einbändige »Theorie der Gartenkunst« (1775), die fünfbändige Großoktav-Ausgabe dieses Werkes (1779–1785) und durch den von ihm jährlich herausgegebenen »Gartenkalender – Taschenbuch für Gartenfreunde« (1782–1789) innerhalb der bald kaum mehr zu überblickenden Gartenliteratur zur unangefochtenen Autorität auf diesem Gebiet.[44]

Im Kontext der plötzlichen Favorisierung des Landlebens gegenüber dem Leben in Residenzen und Städten durch breite Schichten des Adels und des Bürgertums, die nicht nur eine geistig-moralische Opposition gegen die soziale Hierarchisierung der Hof/Stadt-Welt darstellte, sondern die verbreitet im Sinne des Physiokratismus auch im ökonomischen Bereich der agrikolen Arbeit eindeutig den Vorrang gegenüber Handel und Handwerk einräumte, vollzog sich die große »ökologische Emigration«[45] in Deutschland. Hirschfeld stellt entsprechend die rhetorische Frage: »Welche Beschäftigung ist wohl dem Menschen nützlicher und seinen Bedürfnissen angemessener, als der Akkerbau?«[46]

Bei der hier anvisierten Art des Landlebens handelt es sich freilich nicht um die herrschende bäuerliche Existenzweise, die Marx 1848 treffend »Idiotismus des Landlebens« genannt hat. Zeittypisch verband der aufgeklärte Land- und Gartenbesitzer ökonomische Verbesserung des Landes mit dem Wunsch, das Leben in

der freien Natur zu genießen. »Mußte nicht der Mensch auch da, wo er seinen Nuzzen fand, sein Vergnügen finden?« fragt Hirschfeld. Vorbildhaft sah der gebildete Landbewohner beides in der Schweiz noch lebendig. Ganz im Sinne Rousseaus, der sich mit seiner »Nouvelle Héloise«, dem meistgelesenen Buch im Frankreich des 18. Jahrhunderts, ebenfalls traditionsbildend in die Annalen der Gartentheorie eingetragen hat,[47] fühlte sich Hirschfeld beim Anblick ländlichen Lebens in landschaftlicher Schönheit erinnert »an das erste glückliche Alter der Welt, wo Unschuld und Ruhe die hin und her zerstreuten Hütten der Menschen bewohnte«[48]. Die Schweiz galt ihm und mit ihm der überwiegenden Mehrheit der gebildeten deutschen Zeitgenossen als letzter Ort, an dem noch freie Menschen gottes- und obrigkeitsfürchtig, jedoch unduldsam gegen jede Ungerechtigkeit, vom Gebirge geschützt, nur der Verbesserung ihrer Besitzungen und gleichzeitig dem unbeschränkten Genuß des schönen Landlebens frönten. Das armselige Dasein der Landbewohner in Deutschland, das der josephinische Aufklärer Sonnenfels in seiner Erbärmlichkeit geradezu als »Antiarkadien«[49] bezeichnen mußte, stellte Hirschfeld polemisch gegen das der Schweizer, das ihm als die »schönste Nachbildung der arcadischen Glückseligkeit«[50] galt. Die Idealisierung des Schweizer Landlebens, bei der Hirschfeld von so bekannten eidgenössischen Schriftstellern wie Albrecht von Haller, Hans Kaspar Hirzel, Salomon Geßner oder Johann Georg Zimmermann sekundiert wurde, übte auf die Landschaftsverschönerung in Deutschland einen intensiven Einfluß aus.

Goethe reflektierte die »neumodische Parksucht«[51], die in Deutschland in den neunziger Jahren voll zum Ausbruch gekommen war, bezeichnenderweise als er 1797 wieder einmal die Schweiz besuchte und dabei unter anderem auch den Cottaschen »Gartenkalender«, den Nachfolger der Hirschfeldschen Zeitschrift, studierte. Während allerdings die männlichen Hauptfiguren seines »besten Buches« »Die Wahlverwandtschaften«, Eduard und der Hauptmann, bei ihrer Reise durch die Schweiz den Wunsch verspürt hatten, »eine ländliche sogenannte Parkanlage recht eigentlich zu verschönern«, indem sie ein schön gelegenes Dorf in ihrer Heimat »nicht zur Schweizer Bauart, sondern zur Schweizer Ordnung und Sauberkeit, welche die Benutzung so sehr beförderte, einrichteten«[52], ja diese Erinnerungen den Anlaß zur Landschaftsgestaltung und die damit parallel beginnenden leidenschaftlichen Liebesbeziehungen auf dem Gut abgaben, steht Goethe einer Nachahmung nun schon skeptischer gegenüber. Er hält zwar noch immer die Bemühungen, der Natur bei der Hervorbringung schöner Motive nachzuhelfen, für lobenswürdig, findet es aber gerade angesichts der grandiosen Naturschauspiele am Rheinfall bei Schaffhausen für »bedenklich«, »gewisse Imaginationen realisieren zu wollen, da die größten Phänomene der Natur selbst hinter der Idee zurückbleiben«. Einen Monat später schreibt der Reisende aus Zürich an den Geheimrat Voigt apodiktisch: »Wenn man einen rechten Park sehen will, so muß man nur vier Wochen in der Schweiz umherziehen, und wenn man Gebäude liebt, so muß man nach Rom gehen. Was wir in Deutschland, ja allerorten, der Natur aufdringen und der Kunst abgewinnen wollen, sind alles vergebliche Bemühungen.«[53]

Eines der Hauptziele, das die neue aufklärerische Gartenkunst mit der Gestaltung »gewisser Imaginationen« verfolgte, war ursprünglich, – wie gesagt – eine beabsichtigte erzieherische Wirkung auf den Besucher. Und im Zeitalter der Empfindsamkeit konnte sich der Gartengestalter eines dafür empfänglichen Publikums sicher sein. Die erhabene Natur, so die theoretische Prämisse, sei der eigentliche Ort, wo der Mensch (und auch der Fürst ist ja hier vor allem als Mensch angesprochen) zu einem wahren mitfühlenden Menschenfreund gebildet und erzogen werden könnte.[54] Einen solchen Standpunkt nahm beispielsweise auch der schon zitierte Dichter Joseph Rückert ein, der über den Weimarer Park 1799 schrieb: »Der Fürst darf in der freien Natur nicht erscheinen; das stört den reinen Eindruck; er darf nur als Mensch gegenwärtig sein, und alles, was ihn umgibt, muß den Widerschein einer freien fühlenden Seele, das Reinmenschliche zeigen,

wenn es gefallen soll.«[55] Davon ausgehend mußte gerade die durch Mittel der Kunst erhöhte ästhetische Wirkung der gestalteten Parklandschaft für den Aufklärer ein ideales Betätigungsfeld darstellen. Dazu mag die wachsende Erkenntnis beigetragen haben, daß das Leben auf dem Lande nicht zu jeder Zeit und für jeden realisierbar war.

In der »Theorie der Gartenkunst« rückte Hirschfeld jedenfalls nun den Garten entsprechend dem Spruch, den die Königin von England ihrem Park voranstellte, *rus in urbe* (Landleben verbunden mit dem Stadtleben), in den Mittelpunkt des Interesses. Mit der einbändigen Fassung der »Theorie« von 1775 begann nach Goethe die allgemeine eifrige Beschäftigung mit Parkanlagen in Deutschland.[56] Die »ökologische Emigration« hat sich kanalisiert in eine bürgerliche Gartenbewegung. Und hier lebten aufgeklärte Bürger und Adlige ihrer idealischen Sehnsucht nach Freiheit und Gleichheit.

Diese Entwicklung fällt zusammen mit einer anderen wichtigen kulturgeschichtlichen Veränderung. Die Städte verloren nun allmählich ihr wehrhaftes Äußeres. Da man sich in Zeiten »des Lichts, der Ruhe und der gemilderten Sitten«[57] wähnte, wurden die Stadtmauern und Festungswerke genau in dieser Zeit, nicht nur in Weimar und Gotha, wo es Goethe nachweislich lebhaft verfolgte, abgerissen und die aufgefüllten Gräben in Parke umgewandelt.[58] In den »Wahlverwandtschaften« legt Goethe Charlotte seine eigene Auffassung in den Mund. Sie erblickt in dieser Erscheinung den symbolischen Ausdruck der neuen diastolischen Zeitepoche. Sie bemerkt gegenüber dem Gehülfen, daß man nun plötzlich den Eindruck gewinnen könne, »der allgemeine Friede sei befestigt und das Goldene Zeitalter vor der Tür«[59].

DAS GARTENREICH

Als großes Vorbild der »Gartenrevolution« in Deutschland galt nicht nur den Weimaranern das Fürstentum Anhalt-Dessau mit den berühmten Wörlitzer Anlagen. Unterschiedlichste Geister, von Campe und Forster,

Gleim, Hölderlin, Rebmann und Matthisson bis zu Novalis, priesen das »Gartenreich« und verliehen ihm so schmeichelnde Beinamen wie »Eden«, »Paradies«, »Elysium« und eben »Arkadien«.[60] Der aufklärungsbegeisterte Erbprinz Friedrich Ludwig von Mecklenburg–Schwerin notierte nach einer Besichtigung des kaum von 30 000 Bürgern bewohnten und knapp 700 Quadratkilometer umfassenden Feudalländchens in sein Tagebuch: »Man könnte gleichsam das ganze Land einen englischen Garten nennen.«[61] Der Ruf eines sensationell fortschrittlichen Fürsten, der sein Land durch neueste wirtschaftliche Methoden in der Land-, Obst- und Forstwirtschaft, die er einband in das übergreifende Konzept des Gesamtkunstwerkes der »Landesverschönerung«, zu einem fruchtbaren und blühenden Garten umwandelte (Schubart von Kleefeld; Sickler, Novalis), in dem die soziale Rangordnung gemildert erscheine (Häfeli), das von »fröhlichen Landleuten« (Rebmann) bevölkert sei, der wie ein Vater von seinen Untertanen geliebt und verehrt würde und so das Ideal eines aufgeklärten Fürsten darstelle (Lavater, Schummel, Gleim, Wieland u. v. a.), verbreitete sich in ganz Europa.

Fürst Leopold Friedrich Franz zog mit umfangreichen Reformprojekten, die von der Wirtschaft, der Baukunst und Gartengestaltung im weitreichendsten Sinne, der Kranken- und Armenversorgung, dem Erziehungswesen mit dem berühmten Philanthropinum als herausragender Erscheinung bis zur Rechtspflege und zum Straßenbau reichten, viele bekannte, aufklärerisch gesinnte Gelehrte, Praktiker und Dichter in sein Land. Goethe billigte ihm, obgleich sich das persönliche Verhältnis der beiden mit den Jahren zunehmend abgekühlt hatte, in seiner Autobiographie eine die damalige Epoche in höchstem Maße beeinflussende Rolle neben Winckelmann[62] zu. Der Fürst, der »jung-, wohl- und edeldenkend« einem »wohladministrierten und zugleich äußerlich geschmückten Lande« vorstand, habe sich der aufgeklärten Jugend seines Zeitalters sehr empfohlen: »Die Anlage eines damals einzigen Parks, der Geschmack zur Baukunst, welchen von Erd-

mannsdorff durch seine Tätigkeit unterstützte, alles sprach zugunsten eines Fürsten, der, indem er durch sein Beispiel den übrigen [Fürsten – M. N.] vorleuchtete, Dienern und Untertanen ein Goldenes Zeitalter versprach.«[63]

Die Inanspruchnahme des »Goldenen Zeitalters« für die rückblickende Kennzeichnung des aufklärerischen Gesamtkunstwerkes macht eben dessen eigenartiges Profil deutlich, das eine verheißungsvolle Mischung von klassizistischer Idealbildung, mittelalterlich-gotischen Reminiszenzen und modernen Wesensmerkmalen – alles unter aufklärerischen Vorzeichen natürlich[64] – darstellte und somit genau dem herrschenden Zeitgeist entsprach. *Die neue Gartenkunst zielte ja, wie Hirschfeld ausdrücklich bekannte, darauf ab, den Besucher von Parkanlagen aus seiner Zeit herauszuzaubern, zurück in die Bildwelt und das Zeitalter der antiken Dichter[65] bzw. die Antike in die moderne Welt zurückzuholen.* Daß dieses Wirkungskonzept in den *Wörlitzer Anlagen*, dem »Allerheiligsten« des Gartenreiches, aufgegangen war, bestätigt u. a. der damals überaus berühmte Dichter Friedrich von Matthisson, der selbst insgesamt viele Monate und Jahre in Anhalt-Dessau verlebt hat. »Durch kein Werk der Tonkunst, der Poesie, oder der Mahlerey habe ich jemals mich so süß befriedigt . . . so in die Gegenwart eingezaubert gefühlet, als durch den reinen, edeln und originellen Styl der landschaftlichen Scenen, dieser in ihrer Art einzigen Anlage, mit der eine neue Ära des geläuterten Geschmacks in der Gartenkunst anhebt . . .«.[66] Nirgends auf der Erde, so der weitgereiste Lyriker, sei der »Dichtertraum vom Elysium der Alten« so überzeugend verwirklicht wie hier. Die ästhetische Wirkungspotenz dieses Gartenkunstwerkes sieht er dabei entsprechend weit über der der übrigen Künste.

Einen bemerkenswerten Gegensatz zu der englischen, oben beschriebenen Gepflogenheit, den Landschaftsgarten den vornehmen Besitzern und ihren handverlesenen Gästen vorzubehalten, waren viele englische Gärten in Deutschland, ganz der hier diesbezüglich herrschenden aufklärerischen Intention, frei zugänglich. So bemerkte wiederum Joseph Rückert über den Weimarer Park: »Jedem Einheimischen und Fremden, ist der freieste Genuß des Parks gewährt.«[67]

In der Vorrede zu seinem Buch, einer Art Liebesroman in Briefen, das den bedeutungsvollen Titel »Triumph der schönen Gartenkunst oder mahlerische Ansichten von neuen musterhaften Garten-Parthien zur Veredelung des Geschmacks und zur Bereicherung der Ideen für Natur- und Gartenfreunde, die mit Kunstliebe Anlagen ausführen wollen« trägt – Ort der Romanhandlung ist Wörlitz – kündet Johann Gottlieb Böttger, daß er die Gartenanlagen oft im Verein mit »Tausenden« zu seinem höchsten Genuß durchwandelt habe.[68] Und der vielseitig gebildete August Rode, gerade zum Kabinettsrat in Dessau befördert, bemerkte sogar über den Fürstlichen Lustgarten in Dessau direkt: »Allein nichts übertrift den Genuß, bei stillem Mondscheine, unter dem Geräusch des nahen Wasserfalls, am Ufer des Flusses zu sitzen, . . . während daß in den dämmernden Gängen umher, gleich den Schatten Elysiums, alle Stände vermischt lustwandeln . . .«[69] Schließlich stellte er in bezug auf den Englischen Garten in Wörlitz fest: »Er ist weder durch eine Mauer, noch durch eine Verzäunung eingeschlossen.«[70]

Trotz allem erfüllten sich die hochfliegenden Ideale der Aufklärer weder in Hinsicht auf die gesellschaftlich-reformerische Rolle der »Gartenrevolution« in Anhalt-Dessau noch irgendwo anders in Deutschland. Die Ästhetik der »Gartenrevolution« war im Zuge der Idealbildung der aufgeklärten Bürger und Adligen entstanden. Eines der naturrechtlichen Ideale der neuen Gartenkunst in Deutschland war doch, daß »ieder nach seinen Bedürfnissen« (Hirschfeld)[71] leben müsse. Fast gleichlautend soll sich Fürst Franz einmal geäußert haben, daß alles, »was die Erde hergibt und was der menschliche Geist schafft, Eigentum aller Menschen werden«[72] müsse. Mit der zunehmenden Aufsplitterung der Interessen der unterschiedlichen sozialen Gruppen, die sich nicht länger hinter dem bisher alles nivellierenden Namen Menschheit verstecken konnten, geriet die aufklärerische Gartenkunst, vor allem nach 1806, mit ihren utopischen Ansprüchen in Konflikt mit der sozialen Wirklichkeit. Letztlich blieb aber auch vom Gartenparadies Anhalt-Dessau und seinen Reformprojekten nur die schöne Schale übrig. Das »Musterländchen« verlor den Anschluß an die neue Zeit, seinen »Liebling« Fürst Franz hat Deutschland schon wenige Jahrzehnte später völlig vergessen.

DIE WELTANSCHAULICHE KRISE DER NEUEN GARTENKUNST

Zwar waren schon seit Beginn des triumphalen Einzugs der Ideen der neuen Gartenkunst in die Ästhetik durchaus auch vereinzelt nachdenkliche, mitunter kritische Vorbehalte dagegen geäußert worden. Die Argumente aber, die vor einer rückhaltlosen Anbetung der empfindsamen Gartengestaltung zu warnen suchten, stießen nahezu vierzig Jahre lang bei dem von der »neumodischen Park*sucht*« befallenen Publikum in Deutschland auf taube Ohren. Denn eine »*unwiderstehliche* Lust nach dem Land- und Gartenleben«, so Goethe in seinen »Tag- und Jahresheften«, »hatte damals die Menschen ergriffen«[73]. Der rationalistische Berliner Aufklärer Friedrich Nicolai etwa polemisierte schon 1775 in seinen »Freuden Werthers des Mannes«, einer Gegenschrift zu Goethes inzwischen so überaus erfolgreichem Roman, ausdrücklich gegen den empfindsamen Park. Werther hat sich bei Nicolai zu einem biederen Krautbauern gemausert, dessen Gut durch die geniehaft-empfindsame Gartengestaltung von »'n Kerl« zerstört wurde. Dieser, zurückgekehrt von einer Englandreise, hatte den Berg über »Werthers Hüttchen« gekauft und in »'nen orientalischen Garten« verwandelt, »wo [doch] kein Orient ist«, und mit seinen Wasserspielen Werthers Obstgärten und Kohlfelder weggeschwemmt. Der mannhafte Werther indes kauft sich daraufhin ein »ander Gütchen« und pflanzt wieder Obstbäume und legt Krautfelder und Tulpenbeete an.[74] Nicolai warnt hier vor existentiellen Bedrohungen, die er von der empfindsamen Gartenkunst ausgehen sieht. Gegen die »schöne« Aufklärung, die auf Selbstverwirklichung des einzelnen und kathartische Wirkung auf das In-

Göthe's Hausgarten zu Weimar.
1. 2. Dessen Studierstube.

Goethe im Hausgarten zu Weimar.
Stahlstich von E. Lobe, um 1825.

Goethes Garten bei Weimar.
Radierung von Jakob Wilhelm Christian Roux, um 1830.

dividuum durch die gestaltete Natur abzielt, setzt er einseitig auf Vernunft und plädiert für einen primär utilitaristischen Umgang mit der Natur.[75]

Und Justus Möser gab seinen Bedenken gegen eine rückhaltlose Nachahmung der neuen Gartenkunst durch einen Großteil von Landbesitzern und das dabei häufige Vernachlässigen der wirtschaftlichen Gesichtspunkte der Bodenbearbeitung in der 77. seiner »Patriotischen Phantasien« Ausdruck. Hier teilt er den fiktiven Brief einer Landadligen an ihre Großmutter mit, in dem sie diese bittet, ihr doch Kohl aus der Stadt mitzubringen, weil ihr Ehemann den Krautgarten nach englischem Vorbild in einen empfindsamen Park umgewandelt habe. Johann Georg Sulzer, der ja selbst ein großer Förderer der neuen Gartenkunst war, bedauert in der zweiten Auflage seiner »Allgemeinen Theorie der Schönen Künste« (1792), daß die kleine Parodie Mösers bisher leider keine sichtbare Änderung bei der verbreiteten kleinlichen Nachahmung der neuen Gartenkunst bewirkt hätte.[76]

Auch die beiden Jacobi-Brüder profilierten sich schon bald zu entschiedenen Kritikern der Landschaftsgärtnerei. Friedrich Heinrich Jacobi polemisierte bereits in seinem Roman »Woldemar« (1779) gegen die empfindsamen Gärtner und warf ihnen vor, daß es einfältig sei, das Goldene Zeitalter äußerlich nachahmen zu wollen. Die Natur lasse sich nicht in den Garten einsperren. Der Garten sei Ausdruck von Wohlstand und Kunst und solle dieses auch zeigen. Jacobi plädiert hier bewußt gegen Rousseau und damit als erster gegen eine sentimentalische und für eine moderne Welthaltung: »Lieben Freunde, man muß sich dem Stande und dem Jahrhundert, in dem man sich befindet, gemäß verhalten.« Und wie Jahre später Johann Georg Jacobis gipfelt seine Verachtung der herrschenden empfindsamen Gartenkunst darin, daß sie aus Gründen der Ästhetik den Obstbau aus den Landschaftsgärten verbannen müsse.[77] Zwar hatte sich Hirschfeld von seinem aufklärerischen Ansatz her ebenfalls um die Obstbaumzucht erfolgreich bemüht, unter anderem schrieb er auch ein »Handbuch der Fruchtbaumzucht« (1788).[78]

Und aufgeklärte Fürsten wie eben Franz von Dessau oder Carl August von Sachsen–Weimar beförderten die Obstkultur in ihren Ländern beispielgebend (Sickler, der bekannteste Vorkämpfer einer energischen Verbesserung des großzügigen Fruchtbaumanbaus, hob wie unzählige staunende Besucher die damals noch völlig ungewöhnlichen Obstbaumalleen in Anhalt-Dessau als Vorbild für Deutschland hervor).[79] Richtig an der Kritik Jacobis war jedoch, daß der englische Park als solcher den Fruchtbaum aus seinem eigentlichen Innenraum verbannt, daß viele Landbesitzer den ökonomischen Aspekt der Gärtnerei gegenüber dem ästhetischen hintangestellt hatten.[80] Und Goethes, Schillers und Meyers Charakterisierung der neuen Gartenkunst in Deutschland im »Dilettantismus«-Schema von 1799 trifft die allgemeine Situation, wenn sie kritisch bemerkten, daß nachgeahmte englische Gartenkunst lediglich den »Schein des Nützlichen«[81] habe.

Den Mangel, den die nur auf das empfindende Subjekt und sentimentalische Arkadiensehnsucht ausgerichtete Funktionssetzung der neuen Gartenanlagen zwangsläufig aufwies, karikierte Goethe proteushaft auch schon zu einer Zeit, als er selbst noch aktiver Gestalter empfindsamer Gartenpartien war. In seiner Parodie »Triumph der Empfindsamkeit« (1778/79 bzw. 1786) machte er sich über den empfindsamen Park lustig, weil er nicht nur in seiner übersteigerten Form zu einem Raum der phantastischen Einbildungen und Verwirrungen der Sinne verkam, sondern eben auch, weil dadurch der Obstanbau vernachlässigt wurde.[82]

Spätestens nach seiner Rückkehr aus Italien nahm sich Goethe programmatisch vor, »sentimentale und phantastische Nullität«[83] neuer Gartenanlagen, die er nunmehr als schädlich für den einzelnen erkannt hatte, zugunsten nützlicherer Erwägungen zurückzudrängen. Denn, so die neue Erkenntnis, »die Zeit des Schönen ist vorüber, nur die Not und das strenge Bedürfnis erfordern unsere Tage«[84]. Es ist kein Wunder, daß dies genau der Punkt ist, an dem er die »schöne« Aufklärung (und so auch seine eigenen früheren Anschauungen) später attackierte, daß sie nämlich die jeweiligen gesellschaftlichen Bedingungen bei der Ausformung ihres Gesellschafts- und Erziehungskonzepts ignoriert habe und den »Menschen Vielseitigkeit gäbe, deren einseitige Lage man nicht ändern kann«[85].

Eine kritische Bilanz der diastolischen Freiheitssehnsucht und der menschlichen Gefährdung, die die zeitvergessende und alle sozialen Bedingungen ignorierende Gestaltung eines gelebten »Naturzustandes« in einer selbstgestalteten Parklandschaft hervorzurufen in der Lage ist, zieht Goethe in seinem Roman »Die Wahlverwandtschaften«. Hier drücken die vier Hauptfiguren ihre werdende leidenschaftliche Liebe in der Umwandlung ihres Landgutes in eine englische Parklandschaft aus und schaffen sich in diesem scheinbar natürlichen Urzustand einen nur ihren Idealen und Imaginationen entsprechenden Empfindungsraum, der alle die Liebenden trennenden Schranken, auch die sozialen, in Vergessenheit treten läßt. Dabei erhellt der Roman in vielschichtigen symbolischen Spiegelungen die Zusammenhänge, die zwischen dem Epochenwandel und den Moden in der Gartenkunst bestehen. Somit erfährt das Land- und Gartenleben der Freunde erstmalig eine das ganze Zeitalter repräsentierende Bedeutungszuweisung, die den Zeitgenossen durchaus erschließbar war.

In dem Gespräch mit dem Gehülfen bemerkt Charlotte anläßlich von Betrachtungen über den Gegensatz der Gartenanlagen, die von der Generation des Vaters von Eduard und der des Sohnes bevorzugt wurden: »Indem uns das Leben fortzieht . . . glauben wir aus uns selbst zu handeln, unsre Tätigkeit, unsre Vergnügungen zu wählen; aber freilich, wenn wir es genau ansehen, so sind es nur die Plane, die Neigungen der Zeit, die wir mit auszuführen genötigt sind.« Jeder, so der Gehülfe darauf, gehöre seiner eigenen Zeit an, die Generation des Vaters von Eduard habe in einer Periode gelebt, »wo man Lust hatte, sich manches zuzueignen, dieses Eigentum zu sichern, zu beschränken, einzuengen und in der Absonderung von der Welt seinen Genuß zu befestigen«, während Eduards Jugend in eine Zeit der »Umwendung« fiel, in der jeder versuchte im Sinne

diastolischer Entgrenzung, »sich auszudehnen . . . mitteilen, verbreiten und das Verschlossene [zu] eröffnen« trachtete.

Dieser Zustand, der durch die großen Parkanlagen den äußeren Eindruck erwecken konnte, daß »der allgemeine Friede« befestigt sei und das »Goldene Zeitalter vor der Tür« stehe, so prognostiziert der Gehülfe nun, sei wiederum am Zuendegehen. Denn er »setzt Überfluß voraus und führt zur Verschwendung«. Menschen aber, »die ihren Grund und Boden zu nutzen genötigt sind, führen *schon wieder Mauern* um ihre Gärten auf, damit sie ihrer Erzeugnisse sicher seien. Daraus entsteht nach und nach eine neue Ansicht der Dinge. Das Nützliche erhält wieder die Oberhand, und selbst der Vielbesitzende meint zuletzt, auch das alles nutzen zu müssen.«[86] Diese einsichtsvolle, von den unmittelbaren Lebensbedingungen der Menschen abgeleitete Bestimmung systolischer und diastolischer sozialer Entwicklungsprozesse findet Goethe allenthalben durch eigene Erfahrungen bestätigt.

Auf seinen Reisen beispielsweise verfolgte er begierig alle Entwicklungen, die ihm Symptome eines solchen Wandels anzudeuten schienen.[87] Und auch die allseits beliebten Gartenzeitschriften, wie das von Bertuch, der selbst jahrzehntelang den Weimarer Parkanlagen vorstand, seit 1804 in Weimar herausgegebene »Allgemeine Teutsche Garten-Magazin«, belegen die Akzentverschiebung innerhalb der gärtnerischen Bereiche zugunsten von ökonomischem Gartenbau und Botanik. Die Beiträge über Landschaftsgärtnerei verschwinden nun fast völlig. Vielmehr tauchen jetzt entgegen der Theorie und der bisher verbreiteten Praxis wieder Artikel über verschiedene Gartenbegrenzungen auch für Landschaftsgärten auf, um z. B. den zunehmenden Holzdiebstählen in den Zeiten des »Mangels« Einhalt zu gebieten.[88] Und als 1815, nach den Kriegsunruhen, die der Zeitschrift ein vorläufiges Ende bereitet hatten, Bertuch ein Fortsetzungsunternehmen in Angriff nahm, weil er es nicht ertragen konnte, »daß die Gartenkunst, die würdige Schwester der schönen Künste, keine einzige Zeitschrift mehr habe«[89], blieben

zu seiner Verwunderung Beiträge über Landschaftsgartenkunst fast völlig aus.[90]

Erst 1822 unternahm es hier ein gewisser Hofgärtner
Lenz aus Philippsruhe, eine Art Einführung in die
Gartenkunst nach Art von Sulzers «Theorie der Schönen
Künste«, diesmal aber eben für Berufsgärtner, zu geben.
Dabei mußte er allerdings bedauernd feststellen, daß
man auf diesem Gebiet »nicht viel weiter gekommen,
und die Kunst auf keine höhere Stufe gebracht worden
ist, als sie vor ungefähr 40 Jahren war«. Die Ursache sah
er mit Recht darin, daß sich die Ästhetik und Philosophie, ohne dies öffentlich zu reflektieren, stillschwei-
gend von der Landschaftsgärtnerei abgewendet und das
Feld den eigentlichen Gärtnern und Gartenarchitekten
überlassen hatte: »In der Gelehrten-Welt ist's wohl auch
still und keiner will sich in der neuesten Zeit blicken
lassen, um einen neuen Schwung in das bald ab-
gelaufne Räderwerk zu bringen«.[91] Die neuen Gärtner,
so Lenz, seien leider keine Künstler mehr, sondern
würden sich vielmehr nur den neuerdings immer be-
liebteren botanischen Moden hingeben. Und fast zeitgleich klagte Fürst Pückler-Muskau darüber, daß die
jetzigen Zeiten viel ernster geworden seien. Und wenn
man früher sein Geschäft im Vergnügen fand, so sähe
man heute nur noch das Vergnügen im Geschäft.[92]

Seine zunehmend kritische Distanz gegenüber der
»neumodischen Parksucht« *und auch seine mit Liebhaberei betriebene Hinwendung zur Botanik, Pomologie,
ja sogar zur Küchengärtnerei* hielt Goethe allerdings
nicht vor gelegentlichen Seitensprüngen *in die Land-
schafts-Gartenkunst* ab. So gesteht er in den »Tag- und
Jahresheften«, daß er, als er 1797 das Gut Oberroßla erwarb und verpachtete, der »damaligen landschaftlichen
Grille« folgte und sogar wieder seiner »alten Park-
spielerei«[93] frönte. Goethe ergänzt jedoch gleich, »genug, es fehlte nichts als das Nützliche, und so wäre
dieser kleine Besitz höchst wünschenswert geblieben«.
Nachdem die profitable Nutzung des Erbzinsgutes ausblieb, ja enorme Kosten erforderte, Goethe hatte den
Pächter sogar noch verpflichtet, für seine »Parkspiele-
rei« »jährlich zwei Schock Salweiden und Pappeln auf

eigene Kosten an den vom Verpächter bestimmten
Orten zu setzen«[94], sah er sich schließlich 1803 gezwungen, das Gut zu verkaufen.

Am 28. November des folgenden Jahres umreißt
Goethe dann aber den nunmehr festen Standpunkt in
einem Brief an Charlotte von Stein, daß er sich nämlich
jetzt endgültig »von der Erde im ökonomischen und
ästhetischen Sinne losgesagt habe«[95].

Goethes künstlerische Leistung besteht gerade darin,
daß er die Feinstrukturen der sozialen Wandlungs-
prozesse seiner Zeit in treffenden poetischen Bildern
festhielt, die, rekonstruiert und eingeordnet in ihren
kulturellen Bezugsrahmen, den Blick des Lesers von
heute für das Leben jener Zeit und für geschichtliche
Prozesse schärfen können. Auch in den »Wilhelm-
Meister«-Romanen benutzt Goethe das Gartenmotiv,
um Tendenzen des Epochenwandels und des Zeitgeistes – wie das beginnende *Ende einer vorwiegend von
Idealen geprägten zu einer vor allem wieder utili-
taristisch motivierten Umgestaltung der Gartenlandschaft*
– sichtbar werden zu lassen.

Lothario hatte ja schon seine Turmgesellschaft auf die
Zukunft eingestimmt und die, wie Goethe selbst bemerkte, »Aufhebung des Feudalsystems« und damit die
bürgerliche Gleichheit in Erwerb und Besteuerung von
Grundbesitz eingefordert.[96] Denn nur dadurch ent-
stünde Sicherheit in Zeiten des allgemeinen Umbruchs.
Und eine Maxime des Oheims aus den »Wanderjahren«
lautet: »Jeder suche den Besitz, der ihm von der Natur,
von dem Schicksal gegönnt ward, zu würdigen, zu erhalten, zu steigern . . .« Ganz in diesem Sinne systolischer Prozeßbeeinflussung richtete er auch sein Landgut ein. Er hat schon (dieser Teil des Romans ist 1810
entstanden), wie es der Gehülfe der »Wahlverwandtschaften« prophezeite, seinen Besitz dem reinen Nutzen
geweiht und gegen Diebe durch eine Gartenbegren-
zung gesichert: »Auf dem Wege nach dem Schlosse fand
unser Freund *zu seiner Verwunderung nichts, was einem
älteren Lustgarten oder einem modernen Park ähnlich
gewesen wäre*; gradlinig gepflanzte Fruchtbäume, Ge-
müs'felder, große Strecken mit Heilkräutern bestellt,

und was nur irgend brauchbar konnte geachtet werden, übersah er [Wilhelm] auf sanft abhängiger Fläche mit *einem* Blicke.«[97]

Doch dieser bedeutende Besitz, das ist das Neue an der systolischen Wendung beim Oheim, verbindet sich für ihn nicht mit selbstbezogenem Genuß und ausschließendem Profitinteresse, sondern mit einem verbindlichen sozialen Auftrag. Das auf Verbesserung der Lebensverhältnisse der Menschen abzielende Projekt ignoriert eben nicht sentimentalisch den Besitz und das Besitzinteresse (wie in den »Wahlverwandtschaften«), vielmehr verlangt es ausdrücklich den Egoismus, um von dort aus dem Gemeinwohl zum Durchbruch zu verhelfen. Die Plantagenwirtschaft, die der Oheim aus Amerika ins alte Deutschland mitgebracht hat, symbolisiert *modernen* (agrarkapitalistischen) Fortschritt, ohne die Hoffnungen allgemeiner Glückseligkeit völlig preizugeben.

Die neue Zeit bedurfte nach Goethe insgesamt nicht mehr der aufklärerischen »Landesverschönerung«, wie früher im »Dessau-Wörlitzer« Gesamtkunstwerk oder nach der Jahrhundertwende noch vereinzelt in den Konzepten Lennés in Preußen und eines Gustav Vorherr in Bayern.[98] *Die Ökonomie trat historisch an die Stelle der Ästhetik.* Die Gutsherren der »Wanderjahre« legen dementsprechend statt Parks nur noch Obstplantagen an. Lenardo, der »Maschinist« der »Wanderjahre«, reflektiert diesen von historischer Dimension erscheinenden Wandel des Zeitgeistes an seinem eigenen Erleben. Früher, so bemerkt er, habe seine Generation ihre praktischen Fähigkeiten und Intentionen lediglich an idyllisierenden Landschaftsverschönerungen ausprobieren können, während sie sich nun endlich der Wirtschaft und Industrie zuzuwenden beginne: »Wo wir uns jedoch praktisch tätig erweisen konnten, war bei der Auszierung der Parkanlagen, *deren kein Gutsbesitzer mehr entbehren durfte*, manche Moos- und Rindenhütte, Knittelbrücken und Bänke zeugten von unserer Emsigkeit, womit wir eine Urbaukunst in ihrer ganzen Roheit mitten in der gebildeten Welt darzustellen eifrig bemüht gewesen. Dieser Trieb führte mich bei zunehmenden

Jahren auf ernstere Teilnahme an allem, was der Welt so *nütze* und in ihrer *gegenwärtigen* Lage so unentbehrlich ist . . .«[99]

Innerhalb der Landwirtschaftsentwicklung in Deutschland stellen die ersten Jahrzehnte des 19. Jahhunderts einen tiefen Einschnitt dar. In jener Zeit wurden hauptsächlich auf diesem Gebiet Reformen mit kapitalistischer Tendenz durchgesetzt. Auch den Garten verpflichtete man, wie es schon Schiller in seiner Rezension zu Cottas »Gartenkalender auf das Jahr 1795« verlangt hatte, wieder den »Forderungen des guten Landwirths« zu entsprechen[100], differenzierte wieder stärker zwischen einem repräsentativen Park für reiche Grundbesitzer und Fürsten und dem Garten als einem auch der landwirtschaftlichen Nutzung dienenden Naturraum. Der Obstanbau wurde vor allem nach der Jahrhundertwende, speziell angesichts des durch die Kriege verstärkt spürbaren Mangels an Nahrungsmitteln, zunehmend als wirtschaftlich außerordentlich einträglich erkannt und gefördert. Sickler plädierte in Bertuchs »Garten-Magazin«, das sich eben prinzipiell »für alle Theile des praktischen Gartenwesens« zuständig sah, für Obstbaumschulen, weil »nichts mehr dem Armen Ersatz, dem Reichen Genuß, und der Republik überhaupt gewissen Vorteil verspricht als eben diese«.[101]

Für eine nachhaltige Erweiterung des Obstanbaus spielte die lange überfällige Aufhebung der Gemeinheiten eine entscheidende Rolle. Erst die Aufteilung der gemeinsam bewirtschafteten Ackerfluren, ein entscheidender Schritt auf dem Weg zu den agrarkapitalistischen Umwälzungen in Deutschland, machte es möglich, Obstbäume auf eigenem Grund und Boden überall in der Landschaft anzupflanzen.[102] Unter den zweifellos exzeptionellen Bedingungen Anhalt-Dessaus, es gab hier seit der Regierungszeit des »Alten Dessauers« überhaupt keine adligen Landgüter mehr, war die Obstbaumzucht sehr verbreitet worden. Dem Großherzogtum Sachsen–Weimar wird allerdings von den Zeitgenossen die Vorreiterrolle bei der Aufteilung des dörflichen Gemeindelandes und seiner Nutzung für

Obstbaumplantagen zugesprochen. In Bertuchs »Fortsetzung des Allgemeinen Teutschen Garten-Magazins« finden sich Belege dafür.[105]

Der Gegensatz, der die Zukunftsvisionen des Gartenliebhabers nach den verheerenden Kriegen und der herrschenden Not und dem Mangel nun gegenüber der friedlichen Zeit Hirschfelds ganz augenscheinlich werden läßt, spiegelt sich prägnant in einem Satz von Bertuch selbst. Hatten Vertreter der alten Aufklärergeneration ihre Vision auf ein Europa projiziert, das wie ein großer englischer Garten aussehen sollte, so sind Bertuchs Wünsche nun praktischer und bescheidener: »Möchte doch diese schöne Erscheinung [die Förderung der Obstkultur durch den Regenten] in mehreren Teutschen, großen und kleinen Staaten, eintreten, so würde Teutschland – das ganz eigentlich für den Obstbau geschaffen ist – bald ein allgemeiner großer Obstgarten Europens werden.«[104]

Für Goethes Symbolsprache spielt das Obst als lebenswichtiges Produkt menschlicher nützlicher Arbeit und gleichzeitig Ausdruck von poetischer Kraft eine bedeutende Rolle.[105] So sehen wir Eduard zu Beginn der »Wahlverwandtschaften« »hinter den ernsten Mauern« im Garten seines Vaters Obstbäume pfropfen, bevor er sich dann mit ausbrechender Leidenschaft im Sinne der Diastole der Parklandschaft zuwendet. Es sei hier ebenfalls auch nur ganz kurz auf die »Wanderjahre« verwiesen, wo die Kirschen und Äpfel gegen die verbreitete einseitige Ernährung durch Kartoffeln auch für die Kinder im Gebirge durch den erfolgreich wirtschaftenden Oheim in seinen Plantagengärten angebaut werden.

Das beginnende 19. Jahrhundert unterschied sich vom 18. Jahrhundert in bezug auf die soziale Rangordnung vor allem dadurch, daß nun anstelle von Herkunft und Geburt allmählich ausschließlich der Besitz und das Geld zu treten begannen. Die alte Zeit erhielt ihren Todesstoß durch die Aufklärung und den von ihr eingeforderten »natürlichen« Gleichheitsanspruch aller Menschen. Dies fand besonders in der arkadische Freiheit imaginierenden »neumodischen Parksucht« einen

den Zeitgeist präzis repräsentierenden Ausdruck. Das neue Jahrhundert mit seiner auch in Deutschland sich durchsetzenden *bürgerlichen* Gleichheit allerdings bedurfte der damit provozierten »heroischen Illusionen« nicht länger und entledigte sich ihrer unspektakulär, indem sie sie den großen Fürsten bzw. den eigentlichen Spezialisten, den Städteplanern und Gartenarchitekten, überließ. An die Stelle des sentimentalischen Spiels mit der schönen Landschaft trat in aller Regel der Ernst der auf Gewinn gegründeten ökonomischen Ausnutzung der Natur.

Obgleich nun erst die berühmten Landschaftsgärten und Bürgerparks eines Lenné oder Pückler-Muskau entstanden, hatte die »Gartenrevolution« ihre dominante utopie- und idealprägende Rolle für das deutsche Bürgertum bereits eingebüßt. Park und Garten hatten sich wieder voneinander getrennt, die pauschale ästhetische Denunzierung von formaler Baumallee, Orangerie und Gartenmauer waren wieder relativiert worden. Das Ideal der umfassenden Selbstverwirklichung war zugunsten von Arbeitsteilung und Spezialisierung in den Hintergrund getreten, der wirtschaftliche Nutzen an die Stelle des schönen Scheins von zeitloser Idealität gerückt. Die Generation der Romantiker erblickte dann im Landschaftsgarten nicht mehr den favorisierten poetischen Fiktionsraum wie ihre aufklärerischen Altvordern. Seine Freiheit erschien ihnen nun meist als Chaos, das Wunderbare suchte sich bei ihnen vielmehr einen Garten, der eine Welt verkörperte, die aus dem »›eigenen Gemüt‹ vertraulich hervorgeht«.[106]

Gegenüber Varnhagen von Ense reflektierte Goethe 1825 noch einmal den Umschwung, der sich zwischen sentimentalischem Parkleben und bourgeoisem Nützlichkeitsprinzip, diastolischer Freiheitssehnsucht und systolischem Bedürfniszwang um 1800 angedeutet hatte, aus historischer Distanz. »Parkanlagen einst«, so der Alte aus Weimar, »– besonders durch Hirschfelds allgemein verbreitetes Buch – in ganz Deutschland eifrigstes Bestreben, seien völlig aus der Mode; man höre und lese nirgends mehr, daß jemand noch einen krummen

Weg anlege, eine Tränenweide pflanze . . .« Und dann fügte er noch eine düstere Prognose als letzte Konsequenz dieser Entwicklung an, die sich zum Glück nicht so eingestellt hat: ». . . bald werde man die vorhandenen Prachtgärten wieder zu Kartoffelfeldern umreißen«.[107]

Goethe begrüßte insgesamt diese Entwicklung, weil das der »neumodischen Parksucht« angekreidete »Vorliebnehmen mit dem Schein« ihm zunehmend problematisch erschien. Der grenzenlose Anspruch des einzelnen nach Selbstentfaltung geriet für Goethe immer entschiedener in Konflikt mit den konkreten sozialen Bedingungen der Zeit und führte nach seiner Einsicht zu menschlicher Gefährdung und melancholischem Lebensüberdruß.[108]

Bei der großen Bedeutung, die Goethe der Gartenkunst seiner Zeit zumaß, nimmt die Rigorosität seiner skeptischen Wertung des Park- und Landlebens in späterer Zeit nicht wunder, auch eingedenk der Tatsache, daß er ja früher persönlich großen Anteil daran gehabt hatte. Der bleibenden Kunstwirkung der Landschaftsgartenkunst allerdings konnte und wollte sich Goethe auch im hohen Alter nicht entziehen.

Es schwingt in seinen Tagebuchaufzeichnungen schon ein sehr wehmütig-nachdenklicher Ton der Erinnerung mit, wenn Goethe ein Jahr vor seinem Tod über das »Magazin von architektonischen Entwürfen zur Verschönerung der Gärten«, das der Architekt und Bauinspektor Karl August Menzel seit 1825 herausgab, notierte: »Ich besah für mich Menzels architektonische Hefte und bedauerte, daß er nicht in die friedliche Zeit von Hirschfeld und anderen Gartenfreunden gekommen sey, wo ein tiefer Friede den Menschen Mittel und Muße gab, mit ihrer Umgebung zu spielen.«[109]

Im Ilmpark in Weimar halten Schafe –
wie in den frühen Landschaftsgärten Englands –
den Wiesenwuchs kurz.

Harri Günther

»Da ist doch ein ganzes Land
voll Gärten, welches mein System begünstigt:
die Natur aufzusuchen,
und, sich nicht erst eine Natur
um sich her zu schaffen.«

Charles Joseph Prince de Ligne[1]

1830 schrieb Johann Wolfgang von Goethe, zurück-liegende Jahre überblickend, in einem Aufsatz über das Luisenfest im Jahre 1778: »Die Neigung der damaligen Zeit zum Leben, Verweilen und Genießen in freier Luft ist bekannt, und die sich daraus entwickelnde Leidenschaft, eine Gegend zu verschönern und als eine Folge von ästhetischen Bildern darzustellen, [habe sich], durch den Park des Herzogs von Dessau angeregt, [begonnen] nach und nach zu verbreiten«.[2]

Der Fürst Leopold Friedrich Franz von Anhalt-Dessau nahm nach abwägenden Überlegungen im Jahre 1764 die Gestaltung der Wörlitzer Anlagen in Angriff. Damit legte er den Keim für die Entstehung einer neuen Gartenkunst im mittleren Europa. Die Anregungen dazu gewann er auf mehreren Englandreisen, wo er die Entwicklung der englischen Gartenkunst wie ein trockener Schwamm aufgesogen hatte. Auch das Erlebnis Frankreichs trug dazu bei.

Was war in Englands Gartenwelt geschehen?

DAS ENGLISCHE ERBE

Gleich zu Beginn des 18. Jahrhunderts hatte ein Kreis von Intellektuellen, Politikern und Landwirten ätzende Kritik am regelmäßigen Garten, damals allgemein »Französischer Garten« genannt, geübt. Der wirtschaftliche Hintergrund dieser Verurteilung war ein groß-bürgerlicher, schon kapitalistisch zu nennender Machtanspruch, dem ein Strukturwandel in der Landwirtschaft und eine schnell wachsende Industrie zu-grunde lagen.[3] Industrielle und Grundbesitzer standen sich nicht mehr ablehnend gegenüber, sie waren vielmehr durch Schafzucht und Wollproduktion sowie Wollverarbeitung (Textilindustrie) und Tuchausfuhr miteinander verflochten. Um die Wende vom 17. zum 18. Jahrhundert hatte die Tuchherstellung ihren Höhe-punkt erreicht, gleichzeitig aber auch die völlige Ver-armung etwa eines Sechstels der Bevölkerung und grausames Elend entstehen lassen.

Die Vergrößerung der Schafherden und die Ver-stärkung der Wollproduktion führten zu einer voll-kommenen Verwandlung der südenglischen Land-schaft, aus der infolge der *enclosures*, der Einhegungen, ganze Dörfer verschwanden und zusammenhängende weite Wiesen mit einzelnen großen Bäumen hervor-wuchsen.[4] In den oft riesigen Parkanlagen waren auch später die Schafe nicht wegzudenken. Der Prince de Ligne schreibt dazu: »Meine Schaafe sind meine Gärt-ner: sie erhalten ihn [den Rasen] wie geschoren oder schaffen ihn vielmehr in einen Teppich von grünem Sammet um«.[5] Um in den Parken die Wege sauber-zuhalten, wurden hoch überbaute Tore in der Art von Triumphbögen, oft nach antiken Vorbildern, eingefügt, über die die großen Schafherden von der einen zur anschließenden Fläche getrieben wurden. Der »Römische Ruinenbogen« am Rande der *Kew Gardens* oder der »Weiße Bogen« im Dessauer *Georgium* gelten dafür als Beispiele.

Die in England umgestalteten oder neu geschaffenen Parkanlagen verloren zu dieser Zeit, da Versailles in einem letzten Aufblitzen seine ganze Kunst entfaltete, die einheitliche Gesamtdisposition, die in Frankreich die Großheit des Gartens ausmachte. In England, wo bereits ein Menschenalter vorher die verkörperte Macht von der Krone ins Parlament abgewandert war, verlor der Park, der wie bisher aus Alleen, Kanälen, Hecken und geschnittenen Bäumen bestand, seinen geistigen Kern, das zentral gelegene Schloß. Die noch immer geometrisch ausgeformten Gartenteile waren axial wie ein Puzzlespiel zusammengesetzt. Die einzige Zentrale, das Herrenhaus, war ins Untergeordnete verschoben. Und gerade die Auflösung des Zentralen, die Herauslösung des Schlosses, hieß zu jener Zeit: *Frei und natürlich.*

Die ganz regelmäßigen Gärten, Abbildungen finden wir beispielsweise in »Britannia Illustrata«, 1707 verlegt, von Leonard Knyff gezeichnet und von John Kip gestochen, zeigen keinerlei Verbindungen zur Landschaftsmalerei, aber doch den Bruch mit dem französischen Zentralismus. Auch die Gartenpläne, meist sind es Ansichten in der Kavaliersperspektive von Stephan Switzer und Batty Langley, besonders in den »New Principles of Gardening«, London 1728, lassen allenfalls eine Lockerung, eine Auflösung der Zentrale erkennen, jedoch noch keinen Landschaftsgarten im heutigen Sinne, wie man es den Worten der zeitgenössischen Theoretiker entnehmen könnte.

Im ersten Drittel des 18. Jahrhunderts setzte sich dann der unübersehbare Wandel in der englischen Gartenkunst durch, der jede Gerade, sei es der gerade Weg oder die schnurgerade geschnittene Hecke, ablehnte und das Ideal des Parkes in der englischen Landschaft mit ihren weichen Wiesen und markanten Baumgruppen sah. Die Gartentheoretiker ahnten schon in jeder Geraden das Zeichen politischer Willkür und sozialer Unterdrückung, saugten aus dem Zentral-Regelmäßigen den Haß auf das absolutistische Frankreich, das eben zu dieser Zeit weite Teile seiner nordamerikanischen Kolonien verloren hatte und nach und nach auch an wirtschaftlicher Bedeutung einbüßte.

Anthony Ashley Cooper, der 3. Earl of Shaftesbury, Joseph Addison und Alexander Pope seien hier als kritische Gartentheoretiker genannt. In einem Beitrag zu der moralischen Wochenschrift »The Spectator« von 1712 bemerkte Addison, ein weitgereister Journalist: »Unsere Bäume erheben sich als Kegel, Kugeln und Pyramiden. Wir sehen die Schere an jedem Busch... Ich weiß nicht, ob ich mit meiner Meinung alleinstehe, aber was mich betrifft, so schaue ich lieber einen Baum in all seiner Fülle und seinem Überfluß von Ästen und Zweigen, als ihn gestutzt und verschnitten in mathematischen Figuren zu sehen, und ich kann mir nur vorstellen, daß ein Obstgarten in Blüte unendlich köstlicher ausschaut als die kleinen Labyrinthe und fein ausgeführten Parterres.«

Solche und ähnliche Kritiken waren immer wieder zu hören. Pope verhöhnte vor allem den Formschnitt der Gehölze, indem er beispielsweise eine Verkaufsanzeige publizierte: »Adam und Eva in Taxus; Adam, ein wenig beschädigt durch den Fall des Baumes der Erkenntnis im letzten großen Sturm; Eva und die Schlange kraftvoll wachsend; St. Georg in Buchs, sein Arm noch kaum lang genug, doch wird er im nächsten April in der Verfassung sein, den Drachen zu töten; ein grüner Drache aus gleichem Material, einstweilen mit einem Schwanz aus kriechendem Efeu (N. B. diese beiden können nur zusammen verkauft werden); verschiedene hervorragende Dichter in Lorbeer, etwas ausgeblichen, können für einen Heller losgeschlagen werden. Eine Sau von frischem Grün, die aber zu einem Stachelschwein aufgeschossen ist, da sie letzte Woche in regnerischem Wetter vergessen worden war...«

Dieser zynische Kritiker besaß in *Twickenham* an der Themse nahe bei London einen kleinen Garten, den die Zeitgenossen als den »freien und natürlichen« typischen Landschaftsgarten begeistert feierten. Der Plan des Gartens, erst 1745, etwa zwanzig Jahre nach dessen Entstehung veröffentlicht, zeigt überraschenderweise einen ganz regelmäßigen Garten, dessen geringer Tiefenzug von kulissenartigen Rahmungen betont wird. Ein kleiner Muscheltempel, ein winziger Aussichtshügel, ein Obelisk, all diese Gartenstaffagen waren von Pope nicht als *points de vue* gedacht, sondern als Erinnerungszeichen, als Hinweis auf besondere Stimmungen und Ereignisse seines Lebens gesetzt. Für viele spätere Gärten gab der Grottengang unter der trennenden Straße, durch das Kellergeschoß des Hauses, das Vorbild. Inkrustierungen aus Muscheln, farbigem Gestein und Glasflüssen waren weniger zur Erweckung einsiedlerischer Empfindungen eingefügt, als vielmehr für einen märchenhaften Vordergrund, der einen überraschenden, von zwei Hängeweiden gerahmten Ausblick auf die Themse mit ihren grünen Uferwiesen freigab. Die weitreichende Wirkung dieses Gartens entsprang nicht so sehr seiner Form als den daraus entwickelten Ansichten und Anregungen, Theorien und Gesprächen.

Ganz in der Nähe Twickenhams liegt *Chiswick*, das einem vertrauten Freund Popes, Richard Boyle, dem 3. Earl of Burlington, gehörte. Als leidenschaftlicher Förderer der Architekturtheorien Andrea Palladios, ja als selbständiger Architekt wurde er von Pope als »Vitruv der Neuzeit« gefeiert. Sein altes kleines Landhaus in Chiswick erweiterte er 1725 zum »Chiswick House«, das architektonisch auf die Villa Rotonda des Palladio zurückzuführen ist. Schon vor dem Bau von Chiswick House hatte er mit der Anlage des Gartens begonnen, der all die alten Motive, jedoch in gänzlich neuer Form und Zuordnung, zeigte. Aus dem vorherigen Garten übernahm man schmale, lange Alleen; kleine verschlungene Wege führten zu in sich abgeschlossenen Gartenpartien, der Kanal war zu einem leicht geschwungenen Flußlauf gestaltet worden. Sein Name »Brenta« erinnerte an die Villenlandschaft in Venetien. Mit Villa und Garten hatte »Burlingtons freie Kopie einen programmatischen Charakter als Modell einer antihöfischen, weil antibarocken zukunftsweisenden Architektur«[6] geschaffen. Die vielen kleinen Gartenräume verschiedenster Thematik und unterschiedlichsten Stimmungsgehaltes zeigten eine auf das Zierlich-Minutiöse eingestimmte Form, die von einer späteren Generation auf dem Festland begeistert aufgenommen werden sollte.

Burlingtons Einfluß auf die Entwicklung der Gartenkunst war durch die Verbindung zu William Kent, der zeitweilig bei ihm in Chiswick lebte, noch fruchtbringender als durch die Formgebung des eigenen Gartens. Auf einer Italienreise hatte er Kent kennengelernt und mit feinem Gespür dessen Fähigkeit erahnt, den zeitgenössischen Ideen und Forderungen eine im Garten entsprechende Form zu geben. Viele englische Landschaftsgärten verraten bisher zur Jahrhundertmitte Kents Handschrift oder zeigen seinen Einfluß.

In *Rousham* in Oxfordshire löste Kent den Gartenschöpfer Charles Bridgeman ab und schuf auf einem leicht bewegten Gelände entlang des Flüßchens Cherwell sehr unterschiedliche Gartenszenerien. So verschieden sie sein mochten, in nahezu allen Fällen waren Erinnerungen an Italien nicht zu übersehen.

Auch als Kent in *Stowe* in Buckinghamshire zu Rate gezogen wurde, trat er wieder in der Nachfolge von Charles Bridgeman auf. Ein zunächst starr erscheinendes Achsensystem, so hart es auch ist, läßt dennoch die Verleugnung der zentralistischen Ordnung erkennen, auch die wuchtende Kraft, durch Schrägsichten und Fernziele die überkommene Ordnung zu zerbrechen.

In das überraschende Kentsche Gartenprogramm wurden durch den Besitzer Viscount Cobham politische und philosophische Ideen, wie sie Pope, Burlington und andere ebenso vertraten, eingefügt. Zu diesen Motiven gehören der »Tempel der Alten Tugend« sowie der »Tempel der Neuen Tugend«, der »Tempel der Edlen Briten«, der »Tempel der Freundschaft«, vor allem aber die »Elysischen Gefilde«, deren Gedanke später auch auf dem Festland aufgenommen werden sollte. Ein langer Geländestreifen wurde leicht abgesenkt, das frei werdende Erdreich zu einer seitlichen, wallartigen Erhöhung verwendet und dicht bepflanzt. Der künstliche Flußlauf, als Styx gedeutet, zog sich entlang der tiefsten Stelle des Tales. Damit war eine abgeschlossene Welt feinster Bodenmodellierungen geschaffen, die dem homerischen Elysium entsprach, einem Land der Wunschvorstellungen, mit allen landschaftlichen Schönheiten ausgestattet. Bei Homer wird Menelaos in ein solches Zauberreich versetzt, der dort ohne Sorgen leben konnte; es ist ein Ort des höchsten Glücks. Und hier in

Stowe sollten besondere Bauten die Form des Gartens steigern.

Aus der Fülle der englischen Gärten dieser Zeit, die nicht ohne Einfluß auf die deutschen Gärten in der zweiten Hälfte des 18. Jahrhunderts bleiben sollten, sind *The Leasowes* in Shropshire, der Landbesitz des Poeten William Shenstone, und *Stourhead* in Wiltshire, ein Park der Bankiersfamilie Hoare, zu nennen.

Der verhältnismäßig unbemittelte William Shenstone gestaltete seinen Gutsbesitz so um, daß der Begriff *ornamental farm* geprägt werden konnte. Der Gedanke der Gutsverschönerung, bald »Landesverschönerung« genannt, sollte nach dem Fürsten von Anhalt-Dessau in Wörlitz dann auch von Lenné mit der »Verschönerung der Insel Potsdam« aufgenommen werden. Shenstone erschloß die Schönheit der Wiesen mit ihren Schattenbäumen, der weiten wogenden Getreidefelder mittels sorgsam geführter Wege, deren schlangenhafte Biegungen wiederum die sanftesten Bodenbewegungen unterstrichen. Shenstone nahm das Motiv des *beltwalk* auf, des Rundgangs durch oder besser um den gesamten Gutsbesitz. Er verband mit diesem Typ der Wegeführung die wirksamer durchgearbeiteten Flächen im Inneren mit den umliegenden Ländereien. Die Grenzen zwischen Park und Landschaft wurden verwischt, dies führte zu einer optisch erheblich vergrößerten Einheit. Da in *The Leasowes* wesentliche Parkstaffagegebäude fehlten, ließen sich die Standorte, von denen bestimmte landschaftliche Schönheiten zu betrachten waren, nur schwer bestimmen. Shenstone betonte solche bedeutenden Örtlichkeiten mit Sitzen und Bänken und wies auch durch Inschrifttafeln mit Versen berühmter Dichter auf Gartenschönheiten hin. Mit diesen wohlüberlegten Absichten mußte die Richtung des Rundganges im Garten festgelegt werden, um die Abfolge der Gartenbilder und deren kunstvolle Steigerungen zu erleben. In seinen »Unconnected Thoughts«, die erst 1764, nach seinem Tode, veröffentlicht wurden, beschreibt er seinen Park und die Art, ihn zu erleben. Der Begriff *Landschaftsgärtner* wird von Shenstone zum ersten Male gebraucht.

Der für die Gärten der Goethezeit anregendste englische Garten war *Stourhead*. Die Besitzer hatten um 1745 das in einem Tal fließende Flüßchen Stour hoch anstauen lassen, so daß ein langgezogener See, einer Lilienblüte nicht unähnlich, gebildet wurde. Um diesen See, gelegentlich auf den leicht anziehenden Höhen, aber auch unmittelbar am Ufer entlang eines *belt walks*, lagen die verschiedensten Staffagegebäude. Das Landhaus jedoch wurde nicht in den eigentlichen Park einbezogen, es war ebenso wie die Gutsgebäude fast einen halben Kilometer entfernt. Staffagegebäude in verkleinerter Form eines Pantheons, ein Apollotempel, dessen Form sich an den Sonnentempel in Baalbek anlehnte, und andere Baulichkeiten setzten die architektonischen Schwerpunkte.

Bei den Kentschen Arbeiten im Elysium in Stowe hatte sich bereits 1741 ein Mann hervorgetan, der nach dem Tode Kents eine Weiterentwicklung der Gartenkunst bewirken sollte: Lancelot Brown. Häufig wird er auch *Capability*-Brown« genannt, da er in jedem Landstrich eine *capability* entdeckte, eine Möglichkeit der Verschönerung. Im Gegensatz zu seinen Vorgängern verzichtete Brown weitgehend auf Gartenarchitekturen. Seine Gestaltungen lebten vom langen Atem der Wiesen und Weiden, den vertrackten Baumgruppen, vor allem Rüstern und Buchen, und den *serpentines*, den großen Wasserflächen mit gewundenen Uferlinien.

Wiese, Wasser und Wald – das waren die Elemente, aus denen seine große Gartenkunst hervorwuchs. *Improvements*, seine verbessernden Neugestaltungen, ließen Park und Landschaft zur Einheit werden. Vielfach zogen sich die Wege, vornehmlich an den Rändern, durch schmale, dichte Begleitpflanzungen, immer wieder weite Blicke durch gewaltige Baumgruppen freigebend. Über 200 Landschaftsgärten bearbeitete »Capability-Brown«, wodurch er wohl zu den erfolgreichsten Gartenarchitekten gezählt werden darf, zumal er später Leiter der Gärten von *Hampton Court* und *Richmond* wurde.

Andere Auffassungen als Brown vertrat sein um sieben Jahre jüngerer Kontrahent Sir William Chambers.

William Shenstones Zierfarm »The Leasowes«
in Shropshire.
Kupferstich nach H. F. James von Joseph Constantine Stadler.

Chambers, als Architekt geschätzt und als Literat, besonders zu Gartenthemen, hochgeachtet, war ein weitgereister Herr, der sogar China gesehen hatte. Er brachte chinesische Gartenmotive in den Landschaftsgarten, versah den Garten mit vielen dekorativen Elementen, die ganz im Gegensatz zur fast klassischen Ruhe der Brownschen Gärten standen. *Kew Gardens* wurde zur Visitenkarte Chambersscher Gartenformen, bei denen die chinesische Pagode in einem Blick mit einer Moschee und einer Alhambra-Architektur zu erhaschen war: Alle Seltenheiten der Welt wurden vereinigt. Dazu gehörte auch eine Pflanzensammlung von kaum vorstellbarem Umfang.

Das Erbe, das die deutsche Gartenkunst nach dem Siebenjährigen Krieg aus England übernahm, verstand sich hauptsächlich in Anregungen, weniger in unmittelbaren Nachbildungen. Die Erbenden erhielten mit dem Gedankengut, den bildhaften Auffassungen, auch alle Wirrnisse und Irrungen, bis sie nach einem halben Jahrhundert auf dem Festland eigene Formen gefunden hatten: die wohltätige Spannung und Entspannung des Blickes in den Park.

». . . der Rang und Hoheit nicht mehr schätzt
als den zärtlichen Umgang mit der Natur«
Johann Wolfgang von Goethe

Das Gartenschrifttum brachte sehr bald die frühesten Nachrichten von den Gärten Englands, aber die frische Anschauung, das unmittelbare Gartenerlebnis des Besuchers, fehlte. Der Siebenjährige Krieg des preußischen Königs Friedrich II. hatte Bildungsreisen fast gänzlich unterbunden. Die Gartenliebhaber, im 18. Jahrhundert mit dem damals noch nicht abwertenden Wort »Dilettanten« charakterisiert, waren nach 1763 die ersten, die nach England fuhren. Zu ihnen zählte der junge Fürst Leopold Friedrich Franz von Anhalt-Dessau, der Italien, Frankreich und England bereiste, wobei England für ihn zur prägenden Erfahrung wurde. Besonders die südenglischen Grafschaften mit ihren weiten Wiesen, den sanften Bodenwellen, den ur-

alten, malerischen Einzelbäumen, den Flüssen und Seen, hatten beeindruckt, da die jungen Parkanlagen sich als ein besonders intensiv gestaltetes Stück dieser Landschaft erwiesen.

Dieses allgemeine Landschaftserlebnis war so weitreichend, daß es zum Ausgangspunkt der frühen Landschaftsgärten auf dem Festland werden sollte. Die Gärten der Goethezeit, insbesondere die frühen Landschaftsgärten, bevorzugten die Nähe des Wassers, die wellengekräuselten Flächen der Seen oder die sanft dahinziehenden, plätschernden Flüsse und Bäche. Das wandelbare Element des Wassers wurde mit seinen vielfältigen Stimmungen zum Lebensquell der Anlage.

Der junge Fürst Franz von Anhalt-Dessau suchte in seinem kleinen Fürstentum ganz überlegt nach einer so typisch englischen Landschaftssituation in den weiten Elbauen mit ihren Alteichen und Wasserflächen, bis er um *Wörlitz* verhältnismäßig hochwasserfreie Landschaftsteile fand. Und hier entstanden die beispielgebenden Wörlitzer Anlagen, die im Verlauf eines halben Jahrhunderts sich über eine Länge von 25 Kilometern ausdehnten, von Kühnau bei Dessau bis nach Rehsen, östlich von Wörlitz.

Aber auch die Schöpfer anderer Parke bevorzugten eine solche charakteristische Lage am Wasser, die dann zum wirksamen Kern der Anlage werden sollte. In *Rheinsberg* umzieht der Park des Prinzen Heinrich von Preußen den ausgedehnten »Grienericksee«. Sichtachsen, Bauten, Terrassen, Alleen schließen den See ein, der mit allen Feinheiten der Gartenkunst wie ein *Juwel à jour* gefaßt wurde. Der See wurde zum Mittelpunkt des Gartens. Im Potsdamer *Neuen Garten* sollte es nach 1787 ähnlich werden, jedoch blieb der »Heilige See« auf einer Seite, der Ostseite, frei von Gartenanlagen. Die sich hier anfügenden Felder trugen mehrere Windmühlen, so daß der See den Vordergrund einer bukolischen Landschaft bildete, die im Osten von den Höhen des Babelsberges abgeschlossen wurde.

Der Park in *Steinfurt*, kurz »Bagno« genannt, und der in *Garzau* nutzten vorhandene Teichsituationen durch

A View of the Wilderness, with the Alhambra, the Pagoda and the Mosque.

Kew Gardens. Alhambra, Pagode und Moschee.
Kupferstich nach William Marlow von Eduard Rooker.

Römische Ruine und Tempel,
Kupferstich nach Joshua Kirby von William Wollett,
beide aus William Chambers, »Plans,
Elevations and Sections of the Garden at Kew«, 1763.

A View of the South Side of the Ruins at Kew.

Ausformung der Ufer oder auch durch Anstauung so aus, daß sie sich dem Wörlitzer Idealfall sehr stark annäherten. Der *Neue Garten* und *Rheinsberg* gingen mit ihrem Wegesystem am feinfühligsten auf die Uferformen ein. In *Gotha* dagegen wurde der vermutlich vorhandene Teich erweitert und umgeformt. Eine Insel mußte so kunstvoll eingefügt werden, daß Überschneidungen der Uferlinien und Bepflanzungen die tatsächliche Ausdehnung des Gewässers nicht erkennen ließen. Fehlte ursprünglich eine belebende Wasserfläche, wie in *Meiningen*, so wußte man sehr schnell eine herbeizuzaubern: Eine in der Nähe liegende Quelle speiste einen kanalartigen Wasserlauf, der in einigen Teilen erweitert, einen buchtenreichen Teich bildete. Im später entstehenden *Wilhelmsthal* wurden durch Anstauungen Wasserflächen gewonnen, die zur allgemeinen Belebung beitrugen, jedoch keinen Einfluß auf das Wegesystem nahmen.

Eine der großartigsten Ausdeutungen eines Flußtales, des Tals der Neiße, schuf Hermann Fürst von Pückler-Muskau. Die markantesten Teile seines Parkes in *Muskau* fügen sich in den Neiße-Bogen ein, dessen ansteigende Höhen dieses Kunstwerk schützen. Nicht genug damit, Pückler wagte trotz der Nähe der Neiße einen künstlichen Fluß, die »Hermannsneiße«, die über einige kleine Wasserfälle plätschernd den Eichsee durchfließt und schließlich rauschend über den berühmten Wasserfall mit einem senkrecht stehenden Findlingsstein in die Neiße mündet. Das Rauschen, Plätschern und Zischen des Wassers war wieder Teil des Gartenkunstwerkes geworden. Es war der natürliche Wandel der Fontänenanlagen vorangegangener Barockgärten.

Das ruhig dahingleitende Wasser bevorzugte Peter Joseph Lenné in den von ihm geschaffenen Gärten. Vielfach gingen seine Wasserflächen, die das pulsierende Herz seiner Parke ausmachen, auf Gräben und Bäche zurück. Sie wurden durch eine äußerst raffinierte Uferlinie und durch aufs feinste durchdachte Uferböschungen, die bald leicht ansteigen und wieder wohltuend absinken, zu einer Kostbarkeit für das Abwechs-

lung suchende Auge. In den *Sanssouci*-Gärten gelang es Lenné auf das beispielhafteste, künstliche Gewässer mit den Parkpartien in Einklang zu bringen. Die Krönung erfahren diese Gedanken der Behandlung des Wassers in der Landschaft bei der »Verschönerung der Insel Potsdam«. Von der *Pfaueninsel*, dem *Glienicker Park*, den *Sanssouci*-Anlagen bis zur *Pirschheide* und dem *Wildpark* vereinigen sich Havel und kunstvoll bearbeitete Landschaft, deren Höhepunkte die Parkanlagen ausmachen, zu einem Gesamtkunstwerk.

Auch die Literatur fand im Garten des 18. Jahrhunderts ihren Niederschlag. In den Wörlitzer Anlagen sind vielfältige literarische Bezüge sichtbar. Kaum ein Garten ist jedoch mit der Dichtkunst so eng verknüpft wie das bei Weimar gelegene *Tiefurt*. Dort ließ die Herzogin Anna Amalia, die von 1782 bis 1788 von Carl Ludwig von Knebel begonnenen Gartenpartien weiter bearbeiten und Literatur und Kunst gleichsam mit Büschen und Bäumen verweben. Der weitreichende Ilmbogen, dessen ansteigender Hang mit der Grotte des Vergil den Park umarmt, nimmt einzelne Monumente und Porträtbüsten auf, darunter auch eines der frühesten Denkmale für Wolfgang Amadeus Mozart.

Am 22. Juli 1782 wurde auf Wunsch Anna Amalias unmittelbar an der Ilm ein Singspiel aufgeführt: »Unter hohen Erlen am Flusse stehen zerstreute Fischerhütten. Es ist Nacht und Stille. An einem kleinen Feuer sind Töpfe gesetzt, Netze und Fischgerät ringsumher aufgestellt.« Goethe hatte es geschrieben: »Die Fischerin, ein Singspiel, auf dem natürlichen Schauplatz zu Tiefurt an der Ilm vorgestellt.« Die nächtliche Aufführung ließ Garten und Theater eins werden; das Ilmufer, von rauschenden Fackeln beleuchtet, wurde zur Bühne.

Ebenfalls am selben Fluß, stromaufwärts an der Ilm, liegt auch der *Weimarer Ilm-Park*, durch Fluß, Hänge und Literaturbezüge dem Tiefurter Park verbunden.[7] Auch hier wurde nicht nach einem Plan, eher nach Stimmungen, gearbeitet. Es war Goethe, der den Anlaß zu den ersten Arbeiten gab, diese sogar selbst ausführte. Die Hofdame Christel von Laßberg, die, mit dem Band von »Werthers Leiden« in der Tasche, den Tod in der Ilm gesucht hatte, war die Ursache der allerersten Veränderungen an der Felsentreppe in der Nähe der Stelle ihres Ertrinkens im Januar 1778. Am 9. Juli des gleichen Jahres wurde der Namenstag der Herzogin Luise an der Luisenklause, dem Borkenhäuschen, gefeiert und damit den ersten Anfängen Dauer verliehen. Bald sollte der Herzog Carl August sich immer mehr der Erweiterung des Parkes widmen. Schmale Wege erschlossen die Hänge, seltene Gehölze wurden angesiedelt, an der Läuterquelle Gartenarchitekturen eingefügt, und doch blieb die sich durch das langgestreckte Tal schlängelnde Ilm, deren Flußschleifen große Baumgruppen umspülen, das Rückgrat des Ganzen. Infolge der Tallage wirkte schon in dieser frühen Zeit der Park mit langen, bildhaften Sichten, die aus den Darstellungen von Georg Melchior Kraus ablesbar sind. Das breite Tal mit den von Nord nach Süd streichenden Hängen umschließt den Park. Goethes Gartenhaus, das Römische Haus, die Gotische Kapelle, der Stein des Fürsten von Anhalt-Dessau und der Schlangenstein sind Architekturen, von denen Blickbeziehungen ins Tal gehen.

Goethe zog sich sehr bald von den Arbeiten im Park, auch von den Planungen, zurück und blieb nur noch dem Gartenbau und den botanischen Studien verbunden. Auf den Rabatten seines Gartenhauses am Rande des Parkes, das er 1776 vom Herzog als Geschenk erhielt, sollte künftighin sein Garteninteresse sichtbar werden: Der Pflanzenkultur hatte sich seine Teilnahme zugewandt, nicht mehr den Freiräumen des Gartens.

Seifersdorf ist der dritte, der Literatur unmittelbar verpflichtete Garten. Wieder ist es ein Tal, wieder durchzieht ein Flüßchen, die Röder, die Niederungen, die heute ebenso wie die Hänge von der Natur zurückerobert werden. Über vierzig Gartenmotive, von denen gegenwärtig nur noch ein Teil vorhanden ist, verliehen einst dem Tal den Reiz des Literarischen. Nicht nur die Büsten von Dichtern, Musikern und anderen Persönlichkeiten sind zu finden, auch zahlreiche in die Welt des Gartens übertragene Literaturbeispiele. Die Schöpferin dieses Gartens, Christina Gräfin von Brühl, ließ hier, in einiger Entfernung von Dresden, ihre eigene

Welt emporwachsen. Eine Fülle kleinerer Gartenszenen, die ihre lebhafte Verbindung zum Weimarer Dichterkreis erkennen lassen, verteilt sich im geschwungenen, langen Tal. Diese vielen Einzelheiten trugen freilich nicht zur Einheit des Ganzen bei, und der Gedanke Goethescher Kritik an Hohenheim, aus vielen Einzelheiten werde kein Ganzes, kommt in Erinnerung.

Wörlitz besaß zu jener Zeit, um 1785, schon sehr, sehr lange Sichtachsen, auch Weimar ließ Ähnliches erkennen; in Seifersdorf blieb dagegen das damenhaft zierliche Gartenmotiv vorherrschend. Nicht der Gartenfreiraum trat am stärksten in Erscheinung, sondern die im Garten vorherrschenden Literaturbezüge. Das *Seifersdorfer Tal* war das Musterbeispiel des empfindsamen Gartens und so hatte folgerichtig Laurence Sternes berühmte Reisebeschreibung in Tagebuchform »A Sentimental Journey Through France and Italy« (1768) in »Lorenzos Hütte und Grab« Auferstehung gefeiert. *Empfindsam* war das Modewort der Zeit, mit dem Lessing empfahl, das englische *sentimental* zu übersetzen, wobei er in der Annahme, es sei neu, irrte. Johann Christoph Gottscheds Gattin Luise gebrauchte es bereits 1757, »eine ganze Tendenz hatte endgültig ihren Namen erhalten«[8].

Eines der zahlreichen Gartendenkmale hatte die Gräfin Brühl Johann Gottlieb Naumann gesetzt, der als Musiker sehr geschätzt wurde. In den sentimentalen Gärten ließ man häufig empfindsame Gartenmusik auf der Glasharmonika erklingen: Hinter Büschen versteckt war »dies unbeschreiblich schöne Instrument zu hören, das an Süße und Zartheit des Tons alles, und selbst die menschliche Stimme, übertrifft ... es ist wie das leiseste Wehen einer melodischen Luft, die das Ohr umsäuselt. Und jene stark erschütternden Töne selbst haben noch ganz das Süße, Reine, Wohlklingende, Runde, Gesangmäßige, was den Klang der Harmonika so unbeschreiblich über alle anderen Instrumente erhebt.«[9] Mit angefeuchteten Fingern wurde die auf einer Achse rotierenden Gläser zum Tönen gebracht, Naumann schrieb zwölf Sonaten für Glasharmonika, auch ein Quartett in C-Dur, ein Duo in G-Dur. Selbst Wolfgang Amadeus Mozart, Ludwig van Beethoven und Johann Friedrich Reichardt komponierten Stücke für Glasharmonika, ohne die der Aufenthalt und die Stimmungen in den empfindsamen Gärten unvorstellbar waren.

Die meisten frühen Landschaftsgärten leben ganz aus sich selbst, durch reiche Gestaltungsinhalte verkörpern sie eine übersteigerte Natur, mit der umgebenden Landschaft stehen sie dennoch in Wechselwirkung, ohne ganz von ihr abzuhängen. *Paretz* und *Hohenzieritz*, beide mit nur wenig Wasser, haben ihre nährendsten Wurzeln nicht im eigenen Bereich, sondern im weiten Landschaftsraum der Umgebung. Bei Paretz sind es die ruhigen Wasserflächen der Havel und die saftig-grünen Wiesen, die eine holländische Weite vorspiegeln. In Hohenzieritz, am Rande des Tollense-Seebeckens, begrenzen kräftige Baumgruppen den eigentlichen Park, lassen aber so viele Durchblicke frei, daß sich sehr bald der Park mit dem bewegten, hügeligen Gelände der Umgebung verbindet. Beide Parkanlagen heben sich ähnlich hervor, wie der Blick aus der Proszeniumsloge die Schönheiten der Bühne erschließt.

Zwei Gartenanlagen lassen sich als Sonderlinge nur schwer unter den empfindsamen Gärten unterbringen: *Harbke* und *Hohenheim*. Sie fallen in ihrer Gegensätzlichkeit ganz aus dem Rahmen, fanden aber trotzdem Goethes Anteilnahme.

Sind doch die meisten Gärten dieser Zeit ohne *Harbke* nicht denkbar: Aus der Fülle der Pflanzenschätze lieferte Harbke an viele Gartenbesitzer und trug zur Verbreitung fremdländischer Gehölze bei, die nun wie seltene Gewürze die Sinne reizten. Es sind vor allem die nordamerikanischen Einführungen, die von Harbke aus ihren Weg fanden, während sie am Ort selbst in »Lustwäldern« aufgepflanzt wurden. Sie sollten auch in der Forstwirtschaft bald einen bedeutenden Zweig im Holzanbau einnehmen: Die Douglasie, der Riesenlebensbaum, selbst die verschiedensten Nußarten sind in diesem Zusammenhang zu nennen.

Tegel kann dafür gleichfalls als Beispiel gelten, wo die »Spazierörter« mit »Amerikanern«, Roteichen, Zucker-

ahorn und Weymouthskiefern, bepflanzt waren. Die *Wörlitzer* Parkführer enthielten sogar besondere Verzeichnisse der vorhandenen fremdländischen Gehölze, deren Artenzahl im 18. Jahrhundert mehr als 460 Stück betrug. Auch die *Machern*-Führer, besonders der von Ephraim Wolfgang Glasewald, heben die Vielzahl der Gehölze hervor, die dem Garten viel Abwechselung verliehen, aber auch dem Bildungsideal und der Sehkultur der Zeit entsprachen. Nicht nur besondere Blüten und Früchte wurden der Aufmerksamkeit empfohlen, sondern auch das Auge immer wieder auf die verschiedensten Nuancen des Grüns hingewiesen. Das Grundgerüst der meisten Gärten bestand jedoch aus den bewährten einheimischen Holzarten.

Keiner der Gärten, die zu Goethes Lebzeiten entstanden und heranwuchsen, unterlag so unterschiedlicher Beurteilung wie der etwas abseits von der großen Schloßanlage befindliche Garten von *Hohenheim*, »das Dörfle«. Hier trifft das Urteil des geschätzten *Arbiter hortorum*, des Prince de Ligne, den Kern des Ganzen: Man könne nicht sagen, daß dies ein englischer Garten sei.

Die Fülle der meist antikisierenden Motive auf kleinstem Raum lassen eher an eine Sammlung vielfältigster Architektur- und Literaturerinnerungen denken als an einen Garten. Die überreiche Ausstattung der Fläche, die zu große Zahl der Architekturkopien, die allenfalls nachgebildetes Leben zeitweilig aufsaugten, muten wie eine ferne Erinnerung an Späße des Rokokogartens an. Nicht pulsierendes Gartenleben, allem Neuen aufgeschlossen, war hier eingebracht worden, sondern eben viele kleine Teile, die kein Ganzes ergaben. Und trotzdem will auch das *Hohenheimer Dörfle*, das die fünfundzwanzigjährige Franziska von Hohenheim nach und nach ausbaute, in der Fülle zeitgenössischer Gärten nicht vermißt werden. Es vermittelt dem Reichtum dieser Gärten eine weitere blitzende Facette, freilich ganz ungewöhnlicher Art.

Die zeitlich früher liegenden Landschaftsgärten in England gehörten ebenfalls bürgerlichen Besitzern, die erst durch den Erwerb von Schlössern und Grundbesitz

Adelstitel annehmen konnten. Fast alle waren sie *Whigs* und dem Handel sowie der Industrie eng verbunden. Im deutschen Sprachraum dagegen traten keine bürgerlichen Besitzer auf. Immer wieder waren es adlige Grundbesitzer, die aus eigenem Können und neu gewonnener Lebenskultur diese Gärten schufen, oft selbst Hand anlegten und ihre lebensfrischen Gedanken in den Formen des Gartens sichtbar machen. Sehr häufig wurde der Garten in seiner Vielfalt als ein Gleichnis angesehen, das dem Erdenleben und dem Streben nach Höherem, Besserem entsprach.

Die bis zur Jahrhundertwende gepflanzten Gärten hatten meist junge Gartenherren. Sie waren im zweiten Drittel des 18. Jahrhunderts geboren und bald nach dem Ende des Siebenjährigen Krieges mit jugendlicher Unbefangenheit an die Gartenarbeit gegangen: Sie verbanden Gartenschönheit mit pädagogischen Verpflichtungen ihrer Zeit. Das war auch der Grund, warum diese Gärten bis weit ins 19. Jahrhundert soviel Zündstoff in sich trugen. Sie gaben in ihrer Schönheit und Form sehr schnell spürbare Kraft und Wirkung für alle.

». . . und der Abglanz der Sterne des Himmels
. . . lockt uns«
Johann Wolfgang von Goethe

Schon sehr früh, als sechzehnjähriger Student, erlebte Goethe in Leipzig den Zauber der Blumen und Gärten. Am 12. Dezember 1765 schrieb er in Erinnerung an die vergangene Blumenfülle an seine Schwester Cornelia: »Die Leipziger Gärten sind so prächtig, als ich in meinem Leben etwas gesehen habe. Ich schicke Dir vielleicht einmal den Prospekt von der Entree des Apelischen, der ist königlich. Ich glaubte das erste Mal, ich käme in die Elysischen Felder.«[10] Und damit war das Stichwort gefallen, das künftig immer wieder gegeben werden sollte, um den unbeschwerten, fast aus der übrigen Welt ausgegrenzten Aufenthalt in paradiesisch schönen Gärten zu benennen.

Ehe Goethe 1776 zum ersten Male nach Wörlitz reiste, war es außer dem Apelschen Garten in Leipzig manch anderes Gartenerlebnis, das er später in seinen Werken erwähnte und damit blitzartige Einblicke in die zeitgenössische Gartenwelt bewahrte, die den Empfindsamkeitskult ganz frisch widerspiegeln. In »Dichtung und Wahrheit«[11] bemerkte er über eine Reise nach Saarbrücken im Jahre 1770: ». . . man hat sich auch unten einen länglich-viereckten Gartenplatz . . . verschafft . . . Die Zeit fiel in die Epoche, da man bei Gartenanlagen den Architekten zu Rate zog, wie man gegenwärtig das Auge des Landschaftsmalers zu Hilfe nimmt.«

In *Darmstadt* geriet er 1771 für fast drei Jahre in den intimen Kreis der Empfindsamen, in die Umgebung der »Großen Landgräfin« Karoline von Hessen–Darmstadt, bei der auch Johann Gottfried Herder und Christoph Martin Wieland verkehrten. Friedenthal, der Goethe-Biograph, faßte die Gartenschwärmerei des Darmstädter Kreises, allen voran die der Landgräfin Karoline, zusammen: »Darmstadt war ein Treibhaus der hitzigsten Gefühlskultur, eine Orangerie, in der Freundschaften, Liebschaften, Herzensbeteuerungen üppig rankten. Die große Landgräfin selber, Karoline, schuf mit gefühlvoller Gärtnerei den Rahmen. Da wurden im Herrengarten Griechentempel gebaut, ein Eremitenhäuschen mit Rindenborke verkleidet, nahe dabei, durch unterirdischen Gang verbunden, ein Grabhügel mit Gewölbe darunter; im Gewölbe ein Ruhebett, das zur stillen Lektüre aus einer kleinen Öffnung Licht erhielt, neben dem Sofa das künftige Grab, das sich Karoline mit eigenen Händen geschaufelt hatte.«[12]

Goethes Jugendfreund Johann Heinrich Merck, der durch seine weitreichende Bildung diesem Kreis nahestand, brachte auf Bitten Christian Cay Laurenz Hirschfelds[13] eine kurze Beschreibung dieser Gartenlust, von der er sagte: »Das Ganze ist ohne Grundriß schwer zu beschreiben . . . Ueberall aber herrscht Geschmack und Gefühl. Auch der Botaniker findet hier seine Rechnung . . .« Ein zierlicher Kupferstich von Johann Heinrich Brandt versucht, schwer Aussprechbares darzustellen.

Während man in Darmstadt noch einen esoterischen Gefühlskult, besonders der Damen, hätschelte, hatte der junge Fürst Leopold Friedrich Franz von Anhalt-Dessau ein Gartenreich begründet, wie es großartiger in der zweiten Hälfte des 18. Jahrhunderts nicht sein konnte. Goethe entdeckte bei seinem Besuch im Mai 1778, er war in Begleitung des Herzogs Carl August von Sachsen-Weimar dort, wiederum »den Charackter der Elisischen Felder«, den er bereits in Leipzig zu erkennen glaubte. Er berichtete weiter an Frau von Stein von »der sachtesten Mannigfaltigkeit ... Das Buschwerck ist in seiner schönsten Jugend, und das ganze hat die reinste Lieblichkeit«[14].

Diese »reinste Lieblichkeit« mit all ihren Pflanzen, Gewässern und Architekturen wandte sich an ein Publikum verschiedenster Bildungsstufen, das den jedermann zugänglichen Park in Scharen aufsuchte. Hier hatten sich Schönheit und Lehrbarkeit zu einer Einheit gefunden, die in der Form einer fächerartigen Sichtweise erlebt werden sollte. Dieser von einem Standort ausgehende, fast mathematische Aufbau der Sichten, die meist ein Gebäude als Ziel haben, ist für *Wörlitz* typisch[15] und in keinem anderen zeitgenössischen Park zu finden.

Längst vor seinem Mai-Besuch im Jahre 1778 hatte sich Goethe einem Stoff zugewandt, dessen Proserpina-Thema schon auf das Jahr 1776 zurückging. Weitere Bearbeitungen als Teil einer »dramatischen Grille«, wie er es später nannte, ließen an die Schauspielerin Corona Schröter denken, für die Goethe den Proserpina-Teil 1777 schrieb. Am 30. Januar 1778, zum Geburtstag der Herzogin Luise, Tochter der Landgräfin Karoline von Hessen–Darmstadt, fand dann die Aufführung statt: »Der Triumph der Empfindsamkeit«. Immer wieder ist dieses kleine Drama, das mit »vieler Heiterkeit« und nicht unbeträchtlichen Kosten, die Ausstattung allein beanspruchte 400 Taler, aufgeführt wurde, als eine Kritik an den gefühlsseligen Gärten in der allgemeinen Gartenliteratur bezeichnet worden.

Auf die sentimentalen Gärten beziehen sich nur die etwa 150 Verse im letzten Teil des vierten Aktes, die Mandandanes Kammerdiener als Askalephus spricht. Am bekanntesten sind folgende:

Die liebsten Blümchen blühen, und warum das?
Alles um des Mannigfaltigen willen.
Ein frischer Wald, eine feine Wiese,
Das ist uns alles alt und klein;
Es müssen in unserm Paradiese Dorn und Disteln
   sein ...

Denn, notabene! in einem Park
Muß alles Ideal sein,
Und salva venia jeden Quark
Wickeln wir in eine schöne Schal' ein.
So verstecken wir zum Exempel
Einen Schweinestall hinter einen Tempel;
Und wieder ein Stall, versteht mich schon,
Wird geradeswegs ein Pantheon.
Die Sach' ist, wenn ein Fremder drin spaziert,
Daß alles wohl sich präsentiert;

Was ich sagen wollte: zum vollkommnen Park
Wird uns wenig mehr abgehn.
Wir haben Tiefen und Höhn,
Eine Musterkarte von allem Gesträuche,
Krumme Gänge, Wasserfälle, Teiche,
Pagoden, Höhlen, Wieschen, Felsen und Klüfte,
Eine Menge Reseda und andres Gedüfte,
Weimutsfichten, babylonische Weiden, Ruinen,
Einsiedler in Löchern, Schäfer im Grünen,
Moscheen und Türme mit Kabinetten,
Von Moos sehr unbequeme Betten,
Obelisken, Labyrinthe, Triumphbogen, Arkaden,
Fischerhütten, Pavillons zum Baden,
Chinesisch-gotische Grotten, Kiosken, Tings,
Maurische Tempel und Monumente,
Gräber, ob wir gleich niemand begraben –
Man muß es alles zum Ganzen haben.

All die höhnisch-harten, kritischen Worte, die Goethe verwendet, sollen den Gärten gelten? Die endgültige Idee – wir folgen hier Albert Köster[16] – zum »Triumph der Empfindsamkeit« fesselte Goethe schon am 12. September 1777. Geht man die Fülle der Gärten der

Das Wörlitzer Schloß.
Kupferstich von Clemens Kohl nach Georg Melchior Kraus.

Die Insel Stein mit der Villa Hamilton.
Lithographie.

Empfindsamkeit durch, so wird man keinen entdecken, auf den dieser beißende Spott zutrifft. Selbst die Darmstädter Anlagen müssen außer acht gelassen werden, denn auch dort hatte man keinen Schweinestall hinter einem Tempel versteckt. Bei Goethes großer Verehrung für die Herzogin Luise hätte es sich von selbst verboten, an deren Geburtstag anzüglich zu Deutendes zur Darmstädter Gartenwelt zu sagen. Vieles in diesem kleinen Drama wurde »als Karikatur« gespielt, heitere Passagen ballettartig mit viel Musik aufgeführt.

Das schwärmerische Auftreten von Jakob Michael Reinhold Lenz, der 1776 damit ganz Weimar erheiterte und dessen nie abgeschlossenes, sentimentales Drama, waren ein Anlaß zum »Triumph der Empfindsamkeit«. Einige Partien seines Dramas »Die Taube« hatte er Goethe geschenkt. Auch die fragmentarische Erzählung »Der Waldbruder« von Lenz gehört zu den Ursachen des »Triumphes der Empfindsamkeit«, der »in zahllosen Einzelheiten ein Kommentar« von Goethes eigenem Werk ist. Goethes »mit leisem Grauen gemischte Abneigung ... gegen die seinerseits überwundene Sentimentalität«, wie sie sich in ganzer Vielfalt in der zeitgenössischen Literatur zeigte, war der Anlaß zu dieser »dramatischen Grille« und er fühlte sich zutiefst verpflichtet, »der Gesellschaft ... die Karikatur ihrer selbst zu zeigen«. Es war Gesellschafts- und Literaturkritik, kein Garten-Monitum.

Die Parkanlagen in der zweiten Hälfte des 18. und noch einige Jahrzehnte des 19. Jahrhunderts waren öffentliche Gärten, die der Förderung der Volksbildung, auch der Volksgesundheit, dienen sollten und dies auch taten. Die Dessauer Anlagen, der Promenadenwall, entstanden als die frühesten öffentlichen Anlagen; der berühmte Münchener *Englische Garten* folgte dem gleichen Grundgedanken in noch großartigerer Raumausbildung. Der *Lütetsburger Garten* konnte sogar den Kurgästen des Bades Norderney als lohnendes Ausflugsziel empfohlen werden. Das war das Neue dieser Gärten im Vergleich zu den barocken Anlagen: Sie waren *allgemein zugänglich* und eine Fülle von Reise- und Gartenführern erleichterte das Bildungs- und Seh-

erlebnis[17]. Alle Gärten wuchsen nach einem ihnen eigenen System. Dies erlebbar und ablesbar zu machen, hatte man die Gartenführer geschrieben.

Es konnte in diesem Zusammenhang auch nicht ausbleiben, daß die Auswirkungen der Gartenkultur die Gartengrenzen überschritten und sich auf die Landeskultur ausdehnten. Brachte schon die Größe der Gärten der Landwirtschaft vergleichbare Pflegeprobleme mit sich, so wurde auch die landwirtschaftlich bearbeitete Umgebung[18] in das Gartenbild einbezogen: Viehwirtschaft, Einführung des Kleeanbaues, neue englische Grasarten und -sorten, auch die waldwirtschaftlichen Probleme, zum Beispiel die des vermehrten Brennholzanbaues,[19] ergaben sich aus den Aufgaben, die nun zu Zielen wurden. Sogar der Obstanbau, oft auch als Straßen-Obstbau, ging von den Gärten aus. Hatte doch schon Pope auf die Schönheit blühender Obstbäume hingewiesen. Neben den großen Einzelbäumen wurden in den Gärten nach englischem Vorbild *clumps* gepflanzt, meist rundliche Gruppen, die sich aus den verschiedensten Gehölzen, darunter auch Obstbäumen, Sträuchern und Sommerblumen, zusammensetzten. Selbst subtropische Gehölze fanden in den *clumps* während der Sommermonate Raum zum Wachsen und Gedeihen.

Von den Pflanzungen in den Gärten war es nur noch ein Schritt bis zu den weit in den Raum greifenden Alleen, die in Verbindung mit den Parkanlagen entstanden. Erinnert sei vor allem an die sehr, sehr langen Alleen, die den *Rheinsberger Park* mit der Landschaft eins werden ließen. Auch in *Garzau* klingt das sehr stark an, und in *Weimar* sei an die berühmte *Belvedere*-Allee aus Kastanien erinnert.

Überrascht wird der Betrachter immer wieder von der engen Pflanzung. Nur zwei Ruten Abstand, knappe sieben Meter, ein menschliches Maß, das im wirklichen Sinne des Wortes das »Gegangene«, *alleé*, widerspiegelt. –

Neben den vielen Literaturzitaten erfreuten auch Architekturzitate und Reiseerinnerungen die Gartenfreunde. Begann es in *Wörlitz* mit dem »Englischen Sitz«

als Erinnerung an *Stourhead* und der »Villa Hamilton« als Hommage an den Bau am Posilip und den bekannten Maler, so finden wir in vielen Gärten vergleichbare Staffagebauten. Da tauchen die Drei Säulen vom *Forum Romanum* auf, Erinnerungen an den »Sibyllinischen Tempel« in Tibur bei Rom oder den Typ des *Monopteros*, wie er zuerst in *Stowe* zu finden war und der bald zum geschätzten Versatzstück werden sollte. Weder der *Englische Garten* in München noch die *Wilhelmshöher Anlagen* mochten auf dergleichen verzichten. Aber auch Tempelfassaden wie im Pavillon des *Sieglitzer Berges* bei Dessau oder in den »Römischen Bädern« im *Sanssouci-Park* werden unerläßlich, sogar das »Pantheon« wird in England und auf dem Festland in etwas verkleinerter Form nachgebaut. Im Gegensatz zu diesen klassischen Erinnerungen lebte nur kurzfristig die leicht vergängliche Mode der Hütten, leichter Holzbauten, wie sie vor allem das *Seifersdorfer Tal* kannte. Auch Badehäuser, nach der Tahiti-Mode, die sich in Garzau widerspiegelte, waren nur kurzlebig. Ruinenbauten, wie in *Machern* oder *Wilhelmshöhe*, hielten sich vielfach bis ins 19. Jahrhundert. Kupferstiche, Reiseführer und Gartenbeschreibungen gaben Anregungen, in einer Zeit, in der die Vernunft regieren sollte, auch den Traum von einer lebenswert gewesenen Vergangenheit zu bewahren. Es war ein Stil des Wissens, der in eine zarteste Gefühlswelt eingebettet war und auf jede Repräsentation verzichtete.

Zu Beginn des 19. Jahrhunderts verwendete man diese Versatz- und Dekorationsstücke nicht mehr. Der Gartenraum aus Wiese, Wasser und Baum wurde in seiner Form zur tragenden Kraft. Eines der liebenswertesten Gartengeschöpfe drängte ganz sacht in den Vordergrund, die *Blume*.

Gegen Ende des 18. Jahrhunderts stand sie im Vergleich zum Stil des Bewandertseins in Architektur und Literatur zurück, nun wurde sie als Florblume, meist in regelmäßigen Beeten in Hausnähe gepflanzt, zum Liebling. Sie tönte jedoch nur leise durch die sich verändernde landschaftliche Gartenwelt, die sich im ersten Drittel des Jahrhunderts von der empfindsamen zur reinen Form wandelte.

Blick auf das Wörlitzer Schloß,
den ersten Bau des deutschen Frühklassizismus.

Das Gartenreich von Wörlitz und Dessau

Fürst Franz, die Reformen und das Gartenreich

Das tausendjährige Wörlitz besaß wie die Residenzstadt Dessau jahrhundertelang kaum überregionale Bedeutung. Bekannt und berühmt wurde es erst in der zweiten Hälfte des 18. Jahrhunderts während der Regierungszeit des Fürsten Leopold III. Friedrich Franz von Anhalt-Dessau. Mit der Unterstützung seines Freundes und Beraters Friedrich Wilhelm von Erdmannsdorff gelang es ihm, sein Land aus dem Niveau von 300 deutschen Kleinstaaten herauszuheben. Die aufgeklärt-humanistischen Ideen des Freundespaares sollten durch ein ganzes Programm von Reformen dem Volk zu Glück und Wohlstand verhelfen und das Land ästhetisch bereichern. Für wenige Jahre können die Unternehmungen des Fürsten als beispielhaft für Mitteleuropa gelten, denn das kleine Fürstentum von etwa 700 Quadratkilometern Ausdehnung und etwa 35 000 Einwohnern wuchs zu einem Musterstaat heran. Progressive Veränderungen betrafen die Ökonomie und die produktiven Bereiche im Lande, das Bildungs- und Gesundheitswesen, Handel, Gewerbe sowie das Militär.

Der jugendliche Fürst wandte sich von der preußischen Militärpolitik ab und brach dadurch mit der alten militärischen Familientradition, die unter seinem Großvater, dem »Alten Dessauer« (Leopold I.), am ausgeprägtesten war. Verbunden mit den humanistischen, ökonomischen und politischen Reformen, mit denen Franz die Lebensqualität seiner Untertanen aufbessern wollte, war auch eine Erneuerung des Kunst-geschmacks und der ästhetischen Auffassungen. Vordem hatten in Anhalt-Dessau die musischen Belange nur eine untergeordnete Rolle gespielt. Musik, bildende Kunst und Literatur, Oper, Theater und Verlagswesen wurden jetzt plötzlich wichtig. In besonderer Weise förderte Franz aber die Bau- und Gartenkunst, die in Anhalt-Dessau mit der Schöpfung der Wörlitzer Anlagen einen ersten Höhepunkt erlebte.

Wörlitz ist eines der wenigen landschaftlichen Gartenkunstwerke Mitteleuropas, die ihre anfängliche große Bedeutung und Wirkung bis heute erhalten konnten. Für Wörlitz mag der Grund darin bestehen, daß hier zuerst die neuen Prinzipien landschaftlicher Gartengestaltung auf das europäische Festland übertragen worden sind. Unterschiedliche englische Gestaltungsauffassungen von Gartenkünstlern wie Kent, Brown, Chambers und Shenstone, neueste Erkenntnisse Winckelmannscher Antikenforschung und aufgeklärtes Gedankengut Rousseauscher Prägung flossen in eine neue Qualität von Gartenkunst ein, die sich über Wörlitz auf ganz Deutschland und über Europa ausbreitete. Die Ehrfurcht vor dem Lebenswerk des als »Vater Franz« bezeichneten Fürsten hat seine Nachfolger nicht den Mut aufbringen lassen, in das im 19. Jahrhundert unmodern gewordene Gartenkunstwerk einzugreifen und es sinnentstellend umzugestalten. Selbstverständlich führten Modeerscheinungen später zu Veränderungen und Ergänzungen, die sich aber vorwiegend auf die Bepflanzung konzentrierten oder die den Forderungen der anwachsenden Besucherzahlen gerecht zu werden versuchten. So blieb die Grundkonzeption der Wörlitzer

Anlagen bis heute erhalten und die im 18. Jahrhundert entwickelte Raumkomposition der Gartenräume erkennbar und wiederherstellbar. Die gegenwärtigen Pfleger bemühen sich, den Charakter der Entstehungszeit wieder erlebbar und verstehbar zu machen.

Mit den Wörlitzer Gestaltungen gelangten neben dem Landschaftsgarten englischer Prägung auch die frühklassizistische und die neogotische Baukunst auf das europäische Festland. Zum Zeitpunkt des Baubeginns am Wörlitzer Landhaus, 1769, hatte Friedrich II. gerade sein »Neues Palais« in Potsdam-Sanssouci, das Paradebeispiel der Rokokoarchitektur, als Demonstration seiner Macht fertiggestellt. Fürst Franz, der junge Bauherr, stand im 32. Lebensjahr, als das erste frühklassizistische Schloßbauwerk von Wörlitz 1773 eingeweiht wurde. Etwa ein Jahrzehnt zuvor hatte er sich zu den Veränderungen in Wörlitz entschlossen. Er begann damit, sich auf ausgedehnten Reisen durch Europa die notwendigen Kenntnisse zu erwerben und wertvolle Anregungen zusammenzutragen. Nachdem er mit seinen Freunden und Gehilfen zurückgekehrt war, begann die großräumige Umgestaltung von ganz Anhalt-Dessau zu einem Gartenreich. Der Wege- und Brückenbau wurde stark verbessert und entlang der Straßen Allee- und Obstbäume gepflanzt, so daß die Dessauer Straßen in ganz Deutschland als beispielhaft galten. Der Erbprinz Friedrich Ludwig von Mecklenburg-Schwerin notierte in sein Tagebuch, daß man, »sobald man im Dessauischen ankömmt, man es sogleich mercket, indem gleich der gute Weg angehet, und die schönen Alleen, die meistens aus Acazien, italienischen Pappeln und Obstbäumen bestehen«.[1] Wiesen und Feldfluren, Waldränder, Gehöfte und Siedlungen wurden bewußt gestaltet, Zweckbauten und Pflanzungen entsprechend dem Grundsatz, das Schöne mit dem Nützlichen zu verbinden, nach ästhetischen Gesichtspunkten in die Landschaft eingefügt. Unter Einbeziehung von zwei vorhandenen barocken Gärten wurde eine durch Alleen verbundene Kette kleiner landschaftlicher Parke angelegt, die »voneinander etwa eine halbe Stunde zu Pferde entfernt waren«.[2]

Von dieser in etwa fünfzig Jahren entstandenen Kulturlandschaft sind heute nördlich und westlich Dessaus der Park von *Großkühnau* und das *Georgium* mit dem *Beckerbruch* erhalten. Vom *Ostpark* kann man noch die Anlagen des *Luisiums* und am *Sieglitzer Berg*, den *Bertingpark*, *Wörlitz* und die *Anlagen am Schönitzer See* erkennen, wenn auch die kürzlich begonnenen Maßnahmen der Wiederherstellung erst Früchte tragen müssen und verschiedene Architekturen nicht mehr auffindbar sind. Die barocken Anlagen von *Mosigkau* und *Oranienbaum* wurden in der Zeit des Fürsten Franz verändert und erweitert, in Oranienbaum ein chinesischer Garten mit Pagode, Teehaus und Brückenbauwerken entsprechend dem Zeitstil ergänzt.

Als Höhepunkt der Gestaltungen und Konzentrationspunkt der Aufwendungen galten die Anlagen von *Wörlitz*, wo auch alle progressiven Ideen jener Reformzeit einflossen und bewußt – in pädagogischer Absicht – zum Ausdruck gebracht wurden. Gestalterisch ebenso reizvoll ist das *Luisium*, der späte Lieblingssitz des Fürsten, das Franz in den achtziger Jahren für seine Gattin Luise (Henriette Wilhelmine Luise, geborene Prinzessin von Brandenburg-Schwedt) herrichten ließ. Hier wie im *Georgium*, nördlich von Dessau, war ebenfalls Erdmannsdorff als Berater und Architekt tätig. Das Georgium nennt sich nach dem Bruder des Fürsten Johann Georg (Hans Jürge), der seit 1780 rund um das Georgenhaus einen Park mit reichem ikonographischem Programm anlegen ließ. Der Besitz des Prinzen wurde vor allem wegen seiner »größeren Natürlichkeit« von manchen Zeitgenossen noch vor der Anlage der Wörlitzer Partien geschätzt.

GOETHE, WEIMAR UND DESSAU-WÖRLITZ

Unter den Gartenanlagen Deutschlands zu Goethes Zeit ist die Wörlitzer Schöpfung aus mehrfachem Grund zu den ersten zu zählen. Die Anregung und das Beispiel Anhalt-Dessaus haben Richtung und Tempo der Entwicklung von Sachsen-Weimar unter Carl August ent-

LEOP·FRIED·FRANZ

Leopold III. Friedrich Franz von Anhalt-Dessau.
Kupferstich von Nikolaus Lauer
nach einem Gemälde von Wilhelm Arndt.

Friedrich Wilhelm von Erdmannsdorff.
Kupferstich von Johann Adolf Rossmäsler,
nach Johann Friedrich August Tischbein.

Chinesische Pagode in Oranienbaum.
Lavierte Federzeichnung.

scheidend geprägt. Die Bindungen der Weimarer zum Hofe des Fürsten Franz waren in den progressiven siebziger und achtziger Jahren besonders eng. Das galt zunächst für den jungen ehrgeizigen Goethe und seinen Großherzog, bald aber auch für die Herzoginmutter Anna Amalia und den ganzen Hof sowie die Weimarer Künstler. Die neuen Gärten, die in und um Weimar auf Anregung und durch die Mitwirkung Goethes entstanden, hatten Wörlitzer Eindrücke und Erlebnisse zum Vorbild. Wörlitz als frühester Landschaftsgarten in Deutschland galt auch als wichtigster Garten der Aufklärung. Hier wurde das progressive humanistische Ideengut nicht nur im öffentlichen Leben praktiziert, sondern auch durch die Bau- und Gartenkunst in ästhetischen Bereichen ablesbar und wirksam.

Goethe besuchte im Dezember 1776, dreizehn Monate nach seiner Anstellung in Weimar, Dessau und Wörlitz zum ersten Mal. Bereits acht Jahre zuvor hatte er als Student von Leipzig aus einen Ausflug nach Wörlitz unternehmen wollen, um Winckelmann auf dessen Deutschlandreise zu treffen.

Als überschwenglicher Verehrer des bekannten Antikeforschers beabsichtigte er, mit seinen Freunden in dem »wohl administrierten und zugleich äußerlich geschmückten Lande die . . . erhabenen Männer (*Franz und Winckelmann*) mit eigenen Augen umherwandeln zu sehen«. Goethe erinnerte sich später in »Dichtung und Wahrheit« an die Absichten dieser Reise: »Winckelmann genoss einer solchen allgemeinen, unangetasteten Verehrung . . . alle Zeitschriften stimmten zu seinem Ruhme überein . . . und die neuen Ansichten, die er gab, verbreiteten sich über Wissenschaft und Leben. Der Fürst von Dessau hatte sich zu einer gleichen Achtung emporgeschwungen . . . Winckelmann war im höchsten Grade von ihm entzückt und belegte ihn, wo er seiner gedachte, mit den schönsten Beinamen.«[3] Die geplante Lustpartie nach Dessau wurde dann jedoch von Goethe nicht angetreten. Winckelmann war auf halbem Weg nach Anhalt-Dessau umgekehrt und auf dem Rückweg nach Rom in Triest ermordet worden.

Goethe hat es – trotz seiner anfänglich schlechten Erfahrungen mit Wörlitz (er war bei einem Geländespiel nahe der Roseninsel ins Eis eingebrochen und beinahe ertrunken) – immer wieder nach Wörlitz (und Dessau) gezogen. Acht Besuche sind überliefert. Von keinem ist uns dessen Eindruck und Euphorie so deutlich erhalten, wie von jenem zweiten Aufenthalt im Mai 1778.

Vor und nach einer diplomatischen Reise in das militante Preußen weilten Goethe und Carl August zwischen dem 13. und dem 29. Mai in der verschönten Landschaft am Wörlitzer See. Goethe schildert am 14. Mai 1778 seine Eindrücke in einem Brief an Charlotte von Stein: »Wörlitz Donnerst. Nach Tische gehn wir auf Berlin über Pozdam. Hier ists iezt unendlich schön. Mich hats gestern Abend wie wir durch die Seen Canäle und Wäldgen schlichen sehr gerührt wie die Götter dem Fürsten erlaubt haben einen Traum um sich herum zu schaffen. Es ist wenn man so durchzieht wie ein Mährgen das einem vorgetragen wird und hat ganz den Charackter der Elisischen Felder, in der sachtesten Mannigfaltigkeit fliest eins [in] das andre, keine Höhe zieht das Aug und das Verlangen auf einen einzigen Punckt, man streicht herum ohne zu fragen wo man ausgegangen ist und hinkommt. Das Buschwerck ist in seiner schönsten Jugend, und das ganze hat die reinste Lieblichkeit . . .« In seinem Tagebuch charakterisierte Goethe diese »Tour vom Parck im Regen«: »wie das Vorüberschweben eines leisen Traumbildes«.[4]

Die wiederholten Eindrücke im Dessau-Wörlitzer Gartenreich, der Umgang mit dem aufgeklärten Fürsten und die Atmosphäre jener neuen Gartenschöpfung wirkten nachhaltig auf Goethe. Es waren weniger die Parforcejagden, die ihn mit seinem Großherzog nach Wörlitz führten, man kam regelmäßig aus Anlaß der Drehbergspiele (ein Fest mit Sportwettkämpfen für die ländliche Bevölkerung) und genoß die Ausstrahlung des praktizierten Humanismus. Wielands Wunsch, den er 1774 gegenüber Carl Augusts geäußert hatte, wurde Realität: ». . . das Glück, ein paar Jahre von einem Fürsten, wie Franz von Dessau, zu lernen, sein Beispiel vor dem seinigen zu haben«.[5]

*Der »Englische Sitz« im Schloßgarten, die Keimzelle
der landschaftsgärtnerischen Gestaltungen in Wörlitz.*

Das Wörlitzer Beispiel war zunächst nachahmenswert, später wandte sich Goethe gegen empfindsame Gartenauffassungen im allgemeinen und bekannte eine gewisse geistige Divergenz gegenüber dem Dessauer Fürsten. Dennoch verschwieg er das Vorbild für die Weimarer Schöpfungen nie, welche zu den frühesten Nachahmungen der Wörlitzer Anlagen zählen.

1777 schreibt Goethe: »Die Neigung . . . zum Leben, Verweilen und Genießen in freier Luft ist bekannt, und wie die sich daraus entwickelnde Leidenschaft, eine Gegend zu verschönern und als eine Folge von ästhetischen Bildern darzustellen, durch den Park des Herzogs von Anhalt angeregt, sich nach und nach zu verbreiten angefangen habe.«[6] 1822, als er einen Aufsatz über die Pflanzenkultur und die Gärten um Weimar konzipierte, präzisierte er diesen Gedanken: ». . . die höchsten Herrschaften wandten sich gegen das Freie, wozu die . . . Lustschlösser, besonders auch das heitere Ilmtal bei Weimar und dessen ältere Zier- und Nutzgartenanlagen, die schönste Gelegenheit darboten. Der Park von Dessau, als einer der ersten und vorzüglichsten berühmt und besucht, erweckte die Lust der Nacheiferung, welche um desto originaler sich hervortun konnte, als die beiden Localitäten [Wörlitz und Weimar] sich nicht im mindesten ähnelten; eine flache, freie, wasserreiche Gegend hatte mit einer hügelig abwechselnden Nichts gemein. Man wußte ihr den eigenen Reiz abzugewinnen und in Vergleichung beider zu untersuchen, was einer jeden zieme, gab die Freundschaft der beiden Fürsten und die öftern wechselseitigen Besuche Anlaß; so wie die Neigung zu ästhetischen Parkanlagen überhaupt durch Hirschfeld auf's Höchste gesteigert ward.«[7]

Die Freundschaft der beiden Fürstenhäuser ist nicht nur durch Goethes schriftliche Überlieferung belegt. Noch heute sind die Gärten selbst Zeugnisse jener Zuneigung, über die Goethe 1784 gegenüber Charlotte von Stein eifersüchtelte: ». . . der Herzog hatte einen unüberwindlichen Trieb nach Dessau . . .«[8] Carl August ist einunddreißigmal im Gästebuch des Fürsten Franz verzeichnet. Wie oft Franz in Weimar war oder man sich in Leipzig traf, wissen wir nicht. 1782 wurde im Ilm-Park ein riesiger Felsbrocken aus der Ehringsdorfer Flur als Denkmal für Franz aufgestellt. Fünf Jahre später erhielt der Stein die Inschrift »FRANCISCO DESSAVIAE PRINCIPI«, eine Huldigung an den Dessauer Freund. Der Überlieferung nach soll das »Italienische (Piemonteser) Bauernhaus« im Osten der Wörlitzer Anlagen ein Geschenk des Weimarer Herzogs sein. Im »Gotischen Haus« befand sich in der Privatsammlung des Fürsten Franz an einem Ehrenplatz eine wertvolle Rüstung des Herzogs Bernhard von Weimar.

Goethes Sympathie für Anhalt-Dessau stützte sich auch auf die hier praktizierte Antikeverehrung. Der Dessauer Hof setzte sich mit den antiken Architekturquellen auseinander, und August Rode, zu dessen Besuchern und Freunden Goethe zählte, besorgte die erste deutsche Vitruvübersetzung. Die Dessauer hatten das Altertum unter Winckelmanns Führung in Italien kennengelernt und studiert. Mit Hilfe des Wörlitzer Schloßbaues und später zahlreicher weiterer Gartenbauwerke war Winckelmannsches Gedankengut in Deutschland in die Realität umgesetzt worden. Dazu konnte sich der Weimarer Antikeverehrer nur bekennen. Die »Sieglitzer Solitude« – ein Bauwerk aus dem Dessauer Gartenreich – fand im Weimarer »Römischen Haus« eine Parallele.

1794 bestaunte Goethe in Dessau die neu errichtete »Muldbrücke« mit ihren Brückenhäusern und ließ sie in Weimar nachbauen.

Auch zahlreiche Gelehrte und Dichter, Musiker, Künstler und Verleger beteiligten sich an der Pflege der Beziehungen zwischen den beiden aufgeklärten Fürstentümern. Der Weimarer Leiter der Landeszeichenschule, Georg Melchior Kraus, fertigte über zwanzig Zeichnungen der Wörlitzer Anlagen, deren Veröffentlichung Franz als Stichfolge in sechs Heften plante. Davon ist nur ein erstes Heft mit drei Kupferstichen erschienen. Auch Christoph Martin Wieland und Friedrich Justin Bertuch unterstützten Unternehmungen in Anhalt-Dessau, so die »Buchhandlung der Gelehrten« und die Chalkographische Gesellschaft.

Das neogotische Ensemble des Kirchhofs.

Eine gewisse Konkurrenz entwickelte sich im Musik- und Theaterleben. Nach der Errichtung des Erdmannsdorffschen Hoftheaters gelangten das Schauspiel und insbesondere die Oper zu einem überregionalem Ruf. Dem Dessauer Hofkomponisten Friedrich Wilhelm Rust, der als erster Goethes Lieder vertonte und von diesem als »großer Meister« gelobt wurde, ist das Verdienst für diese Wandlung des kleinen Landes ohne Musiktradition zu einem Musikzentrum ersten Ranges (innerhalb von nur zwei Jahrzehnten) zuzuschreiben. Auch die Schauspielkunst rangierte für einige Zeit vor der der Weimarer, deren Theater ab 1790 Goethe als Direktor vorstand. »Das zeigte sich alljährlich während der Gastspielzeit in Leipzig, wo die Dessauer viel mehr Zulauf hatten und folglich die Weimarer auf ihre Kollegen neidisch waren.«[10]

Trotz solcher allseitig guter Kontakte war die geistige Wechselbeziehung zwischen den beiden Aufklärungszentren Weimar und Wörlitz sehr stark von der herzlichen Verbundenheit des Großherzogs Carl August zum Fürsten Franz geprägt. Dabei standen Carl August und sein Geheimer Rat Goethe in ebenso freundschaftlichem, beratenden und »der Sache förderlichen« Verhältnis, wie in Anhalt-Dessau Franz und Erdmannsdorff. Ebenso wie Goethe im Herzogtum Sachsen-Weimar als Motor und Steuerer von Veränderungen galt, wirkte Erdmannsdorff im Dessauer Raum als Beförderer des Neuen. Trotz der erwähnten zahlreichen Übereinstimmungen entwickelten sich Spannungen zwischen Goethe und dem Fürsten Franz, die dazu führten, daß Goethe nach 1801 Wörlitz nicht mehr aufsuchte. Darauf angesprochen, äußerte der Fürst selbst im Jahre 1811: »Goethe . . . paßte nicht für mich . . . Wir harmonierten nicht recht in Gesinnung und Gefühl. Als Dichter kam er mir nie, als Staatsmann nur Augenblicke nahe. Als Kunstkenner und Freund des Alterthums stand er mir schon näher, in manchen Stücken war er sogar weiter gekommen; denn er hatte tiefere Studien gemacht . . . was die gothische Baukunst und die schöne Gartenkunst anlangt, da mußte er mir den Preis zugestehen und vor mir die Segel streichen. Er hatte ja England nicht gesehen . . .«[11]

Die entscheidenden Anregungen für Veränderungen in Anhalt-Dessau gewann der Fürst auf seinen Reisen durch Europa, welche ihn nach Holland, Frankreich, in die Schweiz und vor allem nach Italien und England führten. Insbesondere von der britischen Insel wurden er und seine Begleiter immer wieder angezogen, davon zeugen die Reisen in den Jahren 1763/64, 1766/67, 1775 und 1785 in diese erste bürgerliche Industrienation. Addiert man die Reisetage, so war Fürst Franz mit einzelnen Mithelfern seiner Reformen allein fast zweieinhalb Jahre auf der britischen Insel. Von hier kam der Impuls für alles, hier hatte der Fürst vor seinem Regierungsantritt bürgerlich verheiratet leben wollen. Da dies Friedrich II. zu verhindern wußte, bemühte sich Franz mit seinem Vertrauten Erdmannsdorff, sein Land in ein »eigenes England« umzuwandeln. Nicht nur für den neuen Kunstgeschmack, die Verschönerung der Landschaftsgärten galt die britische Insel als das große Vorbild, auch sämtliche Reformbemühungen waren von den Englandreisen angeregt und beeinflußt. Die neuen Bauwerke des Klassizismus und der Neogotik sowie die »wie natürlich entstandenen« Gärten und Landschaften lockten die Dessauer zum detaillierten Studium. Friedrich Reil, der Biograph des Fürsten äußerte dazu: »Vor allem aber nahmen ihn [Fürst Franz in England] die großartigen Bauwerke, die herrlichen Parke, der Ackerbau und die Viehzucht, die Wiesenkultur und der Gartenbau in Anspruch; bei diesen verweilte er am längsten und mit ganzer Seele; denn von allem, was er hier sahe und lernte, konnte er in seinem Lande und für seine Untertanen am ersten die sicherste Anwendung machen und auf einen günstigen Erfolg rechnen.«[12]

Obwohl detaillierte Reisebeschreibungen nicht erhalten sind, kann angenommen werden, daß in allen bekannten Landsitzen Besuche abgestattet wurden. Man fühlte sich in der für das aufgeklärte Europa vorbildhaften englischen Kultur zu Hause. Franz und Erdmannsdorff lernten in der Londoner Gesellschaft nicht nur die entscheidenden Männer des neuen Stils kennen, sondern untersuchten und studierten auch deren Bauten und Anlagen.

Mancher Landsitz wurde wiederholt aufgesucht. Der in England mit verbesserten Methoden praktizierten Landwirtschaft galt ebenso das Interesse wie den Manufakturbetrieben, Webereien und Industrieanlagen in Irland und Schottland. Bei der Einweihung des zwischen 1747 und 1763 erbauten neogotischen Schlosses in *Strawberry Hill* von Horace Walpole waren die Dessauer vermutlich zugegen. Der Architekt und Gartentheoretiker Sir William Chambers, dessen Gartenauffassung die Wörlitzer Schöpfungen und insbesondere den Chinesischen Garten in Oranienbaum nachhaltig beeinflußte und dessen Veröffentlichungen in der Gartenbibliothek des Fürsten Franz standen, traf mit der Reisegesellschaft mehrfach zusammen. Auch zu Robert und James Adams, Henry Hoare, Charles Cameron, John Flitcroft und Laurence Sterne wurden Kontakte gepflegt. Auf der ganzen Insel fanden die Gärten, insbesondere die von William Kent, Lancelot Brown und William Chambers besonderes Interesse. In Wiltshire wurden die Dessauer immer wieder von *Stourhead* und *Bowood* angezogen. In der Londoner Gegend sah das zum Teil wiederholte Besuchsprogramm die Anlagen von *Chiswick, Twickenham, Strawberry Hill, Kew Gardens, Osterley Park, Syon House, Pains Hill, Richmond Park, Wimbledon Park, Sommerset House* und *Hampton Court* vor. Unter den zahlreichen uns nur lückenhaft überlieferten Zielen der Ausflüge auf der britischen Insel sollen noch folgende Landsitze und Ausflugsorte aufgeführt werden: *Blenheim Palace, Stowe, Castle Howard, Claremont, Rousham, Prior Park, Hallborn, Duddingston-House* und *Newmarket.*

Von ihren Reisen brachten die Schöpfer von Wörlitz zahlreiche neue Ideen für ihre Unternehmungen, aber auch Bücher, Stiche und Vorlagenwerke mit. Bedeutende Werke waren mehrfach vorhanden – in der Dessauer Schloßbibliothek, in Erdmannsdorffs Privatbücherei, aber auch im Wörlitzer Schloß, im »Gotischen Haus« oder im jedermann zugänglichen Bibliothekspavillon auf dem Eisenhart. Die englische Gartenliteratur gehörte neben Architekturwerken, Kunstliteratur, philosophischen und politischen Schriften oder diverser Reiseliteratur zu den Standardwerken. Bereits 1778 verzeichnete die Wörlitzer Bibliothek Werke von Joseph Addison, dem Earl of Shaftesbury, Alexander Pope, William Shenstone, George Littleton, Robert Wood, William Chambers, Batty Langley, Horace Walpole, Thomas Whateley und William Mason, um nur einige wichtige aufzuführen. Darüber hinaus sind in Erdmannsdorffs Bibliothek Bände von William Hogarth, Laurence Sterne, Charles Cameron und John Milton nachweisbar. Natürlich standen neben den englischen auch zahlreiche deutsche, italienische und französische Schriften.

In Italien war Johann Joachim Winckelmann etwa ein halbes Jahr Führer und Lehrer des Fürsten Franz, so durften seine Werke in den Büchereien natürlich nicht fehlen, ebensowenig die Prachtbände Andrea Palladios, Vitruvs, Leon Baptista Albertis, Sebastiano Serlios und Giovanni Battista Piranesis. Der Dessauer Kabinettsrat August Rode betätigte sich auch als Schriftsteller und Übersetzer. Er schloß die von Erdmannsdorff begonnene erste deutsche Vitruvübersetzung ab, die 1796 in zwei Bänden in Leipzig erschien und »dem Herrn von Erdmannsdorff zu Dessau« gewidmet war. Fünf Jahre später gab Rode auch die Kupferstiche zu Vitruvs zehn Büchern heraus. Motiv dafür mag einerseits die Antikeverehrung und die in Deutschland begonnene wissenschaftliche Auseinandersetzung mit den antiken Architekturquellen gewesen sein.

Andererseits ist die intensive Beschäftigung mit diesem Architekturtheoretiker der Antike ein Indiz für geistige Parallelen der Dessauer zum Gedankengut der englischen Freimaurerei. Sehr viele Gartenbesitzer oder -gestalter im England des 18. Jahrhunderts gehörten den Freimaurern an, und ihre Anlagen weisen auf die Symbolik und die Moralvorstellungen des Geheimbundes hin. Das wurde unter anderem für die Gärten in *Stowe, Chiswick* und *Prior Park* untersucht.[15]

So ist es bei der regen Reisetätigkeit jener Zeit nicht verwunderlich, daß gleiche Ideen und verwandte Gestaltungselemente auch auf das europäische Festland übertragen wurden. Wir finden z. B. in *Machern*, dem *Seifersdorfer Tal*, *Wilhelmsbad*, *Weimar*, *Schwetzingen* und der *Laxenburg* (Niederösterreich) Zeugnisse dafür. Wörlitz wurde bisher unter diesem Gesichtspunkt kaum betrachtet.

Obwohl eine Zugehörigkeit zum Freimaurertum weder für Franz und Hans Jürge, noch für Erdmannsdorff oder Rode nachgewiesen werden konnte, zeigen sich in verschiedenen Gestaltungen Anhalt-Dessaus immer gerade da Parallelen zu England, wo freimaurerische Moral- und Gestaltungsauffassungen berührt werden. Sollte Franz wirklich nur Ideen und formale Gestaltungsmittel der Maurer übertragen haben, ohne selbst dem Bund anzugehören? Kann die freimaurerische Symbolik zufällig in die Anlagen gelangt sein? Die von den *Freemasons* angestrebte glückselige Gesellschaft versuchte Franz mit Hilfe seiner Reformen Realität werden zu lassen. Wie in England war auch in Wörlitz der neue Gartenstil aus einer antibarocken Haltung erwachsen. Ideales Leben wurde unter den damals modernen (freimaurerischen) Gesichtspunkten vorgeführt. Eine oft zitierte Gestaltung verwendete Kent bei der Anlage von *Stowe*, wo er das Naturbild der Elysischen Gefilde in Anspielung auf das Jenseits der alten Griechen mit dem Totenfluß *Styx* und symbolhaft moralischen Gartentempeln in dem Bestreben nach einer besseren Welt in die Gartenkunst umsetzte. Auch in Wörlitz erscheint das Elysium – am Ausgang des als Allegorie auf das Leben (des Fürsten) verstandenen Labyrinths. Es stellt das Idealziel nach den Wirrungen, Irrwegen und Beeinflussungen eines Erdenweges dar. Der letzte der »Irrwege« dieses allegorisch gestalteten Lebens führte zur Venus Lamia, ein in eine schöne Frau verwandeltes kindermordendes Ungeheuer, welches als »wollüstiges Blendwerk« vom rechten Weg ablenken sollte. Folgt man wirklich diesem Irrweg an der Venus Lamia und mißachtet den Hinweis »Kehre wieder zurück«, so wird der unbedachte Wanderer in den Kanal stürzen. Hintergründige Sinnsprüche auf Tafeln weisen auf den rechten Weg durch das Leben hin. Dabei wird auch den Förderern und Lehrern im Leben ein angemessener Platz zugewiesen. Sie sind symbolhaft durch Christian Fürchtegott Gellert und Johann Kaspar Lavater vertreten.

Einige weitere Bezüge zur Freimaurerei sollen nicht unerwähnt bleiben. Im Gartenführer von August Rode[14] wird z. B. die »Mystische Partie« ausführlich beschrieben. Rode nennt die »Zelle des Mystagogen« die des »Einführers in die heiligen Geheimnisse« und zeigt symbolhaft zwei Wege auf, »den gedankenlosen mühseligen Steig des Menschen ohne Kenntnis und Geisteskultur« und den »geheimnisreichen Pfad der Mysten, der Lehrlinge erhabener Weisheit, welche ihren Anhängern . . . geheime Aufschlüsse erteilt, die das Leben durch süße Hoffnungen erheitern«. Der Weg verläuft durch eine Höhle »auf der Grenzscheide zwischen Leben und Tod«, durch ein »liebliches« [elysisches?] Tal bis in die Grotten der Götter Vulkan, Neptun und Aeolus,[15] um sich »sonder Scheu der Prüfung durch alle Elemente zu unterwerfen«.

Dieser Weg erinnert an die Logenrituale und Prüfungen, durch die der Freimaurer durch Feuer und Wasser geläutert wurde, um im inneren Tempel das maurerische Geheimnis zu erfahren und eine schönere Gesellschaft und Welt zu erbauen (bzw. selbst daran zu »mauern«). Der Stilpluralismus, die neogotische Baukunst, das neomittelalterliche Felsenbauwerk der »Luisenklippe«, unterirdische Gänge und der »Tempel der Nacht« gelten ebenfalls als Indizien für mögliche freimaurerische Intentionen. Im Dessauer Raum wurden auch Pyramiden errichtet. Die Beschäftigung mit den Mysterienkulten des alten Ägypten, die unter Freimaurern ab 1780 üblich wurde, kommt deutlich im 1795 erbauten »Pantheon« zum Ausdruck. Während das Obergeschoß zur Aufstellung römischer Antiken gedacht war, befinden sich im Kellergeschoß ein Kanopus (Kultgefäß) und Nachbildungen der altägyptischen Götterfiguren von Anubis, Osiris, Isis und Harpokrates. So steht die klassische Antike symbolisch auf der alt-

ägyptischen Kunst. Es wird damit der Bezug zwischen
Elbe und Nil hergestellt, zu der fruchtbringenden und
zerstörenden Wirkung der von den Göttern gelenkten
Wassermassen, die schließlich in Wörlitz zur Heraus-
bildung der das »Pantheon« umgebenden Landschaft
geführt haben. Die Tatsache, daß die Gestaltung des
Giebelfeldes einer mythologischen Szene mit der Weis-
heitsgöttin Minerva gewidmet ist, könnte als weiteres
Indiz den freimaurerischen Symbolgehalt am »Pantheon«
belegen.

Die ästhetischen Neuerungen in England wären ohne
den Einfluß Italiens, vor allem Palladios, nicht denkbar
gewesen. Die Engländer hatten die alte Baukunst bei
der Durchsetzung ihrer neuen Stilauffassungen wieder-
entdeckt und umgesetzt. Die Wörlitzer Schöpfer konnten davon auf der britischen Insel lernen, studierten
aber die Ursprünge wiederholt in Italien. Dabei spielte
anfangs die oben angeführte Freundschaft zu Winckelmann eine Schlüsselrolle. Als der Fürst 1765 in Italien
eintraf, begrüßte er den Altertumsforscher bei seinem
ersten Besuch mit den Worten: »Ich bin von Dessau,
mein lieber Winckelmann; ich komme nach Rom, zu
lernen und ich habe Sie nöthig ...«[16]

Winckelmann prägte entscheidend die Einstellung
der Dessauer zum klassischen Altertum. Nach seinem
Tode war vor allem Erdmannsdorff noch oft in Italien.
Er vervollkommnete dort seine künstlerischen Fähigkeiten und gehörte zum Freundeskreis von Jakob
Philipp Hackert, Angelika Kaufmann, Anton Maron,
Anton Raphael Mengs, Bartolomeo Cavaceppi und Kar-
dinal Albani. Aus Rom besorgte er Kunstwerke zur Ausstattung des Wörlitzer Schlosses und sandte Details und
Entwürfe zu dessen Verzierung. Auch den bekannten
Ruinenmaler und Architekten Charles Louis Clérisseau
lernte Erdmannsdorff in Italien kennen und zählte dort
zu seinen Schülern. Clérisseau war schon Lehrer der
englischen Architekten William Chambers, Robert und
James Adam und Thomas Jefferson gewesen. Zahlreiche Eindrücke Italiens wurden in Wörlitz in der
»Italienischen Landschaft« um die »Insel Stein« verwirklicht, in der Franz ähnlich dem Vorbild der Villa

Hadriani vieles Gesehene nachahmte und den Besuchern zeigen wollte, was er auf seinen Reisen durch
Italien bemerkenswert fand: den Vesuv, die italienische
Landschaft, das antike Theater und wichtige Architekturen. Wie die Bauwerke ist auch der Charakter der
italienischen Pflanzungen nachempfunden. Der Pinien-
und Zypressenwuchs wurde mit Hilfe von Pappeln,
Pyramideneichen, Rotzedern und Kiefern gestaltet. In
die Umgebung des Steins pflanzte man Agaven und
Feigen in Erinnerung an Italieneindrücke.

Auch die Reisen der Reformer nach Holland, Frankreich und der Schweiz brachten Erlebnisse und Erkenntnisse, die sich in den Anlagen von Wörlitz nieder-
schlugen. Der geistige Austausch mit Landwirten,
Dichtern, Philosophen und Reformern führte immer zu
Anregungen, die sich auf die laufenden Gestaltungen
auswirkten. Die Begegnung mit Jean Jacques Rousseau
1775 in Paris, über die die Fürstin Luise euphorisch in
ihrem Tagebuch äußerte: »... für mich der schönste Tag
in Paris, denn ich sah und sprach Rousseau«[17] galt einem
Mann, dessen Ideen am Zugang des Parks ein Denkmal
gesetzt wurde. Das Grabmal des berühmten Philosophen in Ermenonville wurde auf einer Insel in Wörlitz
nachgestaltet und der Gedenkstein mit einer eigenhändigen Würdigung des Fürsten versehen.

Der Schweizer Johann Kaspar Lavater lebte längere
Zeit am Hofe des Fürsten. Der Philosoph, Prediger und
Freund der Fürstin Luise besorgte eine Sammlung alter
Schweizer Glasfenster, die in das »Gotische Haus« ein-
gebaut wurde und zum Wertvollsten im Kunstbestand
von Wörlitz gehört.

DIE WÖRLITZER ANLAGEN
UND IHRE SCHÖPFER

Die im Zeitraum zwischen 1764 und 1800 gestalteten
Wörlitzer Anlagen bestehen aus fünf Einzelgärten, die
sich nacheinander rings um den Wörlitzer See entwickelten und durch natürliche und künstliche Gewässer voneinander getrennt sind. Da sie Bestandteil der weiträumigen Landschaftsverschönerung sind

Die Luisenklippe und der Venustempel
am Übergang des Gartens in die gestaltete Landschaft.

und die Gartenteile mit der umgebenden Landschaft grenzenlos verschmelzen, ist ihre Größe nicht genau bestimmbar. Die Fläche, deren Pflege heute den Staatlichen Schlössern und Gärten Wörlitz, Oranienbaum, Luisium obliegt, umfaßt etwa 112 Hektar. Sie wird im Norden vom Elbdeich, im Osten vom Zedernweg (Wassermühlenfahrt), im Süden von der Ortslage Wörlitz und im Westen von der Coswiger Chaussee eingefaßt. Außerhalb liegende Blickpunkte in der Landschaft, Wachhäuser, Modellierungen und Pflanzungen, waren konzeptioneller Bestandteil des Gartens und die Nutzflächen (Äcker und Wiesen) zogen sich weit in die Gartenteile hinein.

Die Anlagen waren schon immer für jedermann zugänglich; einen umgrenzten Zaun oder eine Mauer, die den Zutritt verwehrte, gab es nie. Als Ausnahme galten Zweckbauten und Wirtschaftsbereiche, die dem Besucher versperrt bleiben oder kontrollierbar sein mußten: so die Baumschule (ummauerter Baumgarten), die »vordem« ebenfalls »für jedermann offen« war. »Durch mutwilligste Beschädigung der kostbarsten auswärtigen Bäumchen aber sah sich der Fürst genötigt, diese Pflanzschule ganz zu verschließen.«[18]

Neumarks Garten, wo lange Zeit Gemüse und Obstbau und anfangs die alleinige Gehölzanzucht betrieben wurde, war durch einen Kanal, ähnlich einem englischen Grenzgraben,[19] vor unkontrolliertem Zutritt gesichert. Er war über ein verschließbares Brückenbauwerk erreichbar und konnte am Tage von jedem Interessenten besichtigt werden. Das »Gotische Haus« war zuerst nur Wirtschaftshof und Gärtnerwohnung. Nach den Erweiterungen wurde es zum Refugium des Fürsten und beherbergte seine Kunstsammlungen. Das »Graue Haus« ließ er für die Bedürfnisse seiner Gattin Luise herrichten. Die übrigen Bereiche und Bauwerke waren allen Reisenden zugänglich, die sich den Weg nach Wörlitz gemacht hatten. Selbst das Schloß, der Musterbau des frühen Klassizismus mit seinen zahlreichen technischen Neuerungen, war davon nicht ausgenommen. Die Besucher aller Volksschichten sollten aus dem Geschaffenen lernen, progressives Gedanken-

gut mitnehmen und selbst verwirklichen. So ist in allem das aufklärerisch-erzieherische Anliegen des Fürsten zu erkennen.

Franz und Erdmannsdorff, die geistigen Schöpfer und Inspiratoren der Wörlitzer Anlagen, waren für das Gesamtkunstwerk verantwortlich und zogen für die Realisierung jeder Teilarbeit die besten verfügbaren Spezialisten heran. Nach Möglichkeit vergaben sie an Künstler und Handwerker aus Anhalt die Aufträge, um den eigenen Bürgern im Lande Arbeit und Brot und schließlich Wohlstand zu bringen. Bau- und landschaftsgärtnerische Arbeiten dienten diesem Anliegen ebenso wie die Inbetriebnahme von Manufakturbetrieben, Webereien und Spinnereien infolge der verbesserten Schafzuchtmethoden nach englischem Muster. Das gesamte Volk wurde einbezogen. Der Biograph des Fürsten Franz, Reil, zählt uns die wichtigsten Mithelfer auf: Unter Erdmannsdorff »und dem Fürsten stand Hesekiel, als Baudirektor. Die Bodenkultur und was damit zusammenhängt, besorgte der Herr von Raumer; die Damm- und Uferbauten besorgte der Förster Wöpke; die Garten- und Parkanlagen leiteten Schoch, dem der Fürst ein Denkmal zu Wörlitz errichtete, sowie Eyserbeck, Oberreit, Neumark und Klewitz, der Vater, jeder an seiner Stelle. Die meisten von ihnen waren mit ihm in Holland, England und Frankreich gewesen, und hatten gelernt, was jeder für sein Fach gebrauchen konnte.«[20] Auch der Bildhauer Johann Christian Ehrlich und die Musiker Friedrich Wilhelm Rust und Georg Wilhelm Kottowski waren mit auf Reisen gewesen. Die Architekturmalereien nach den Entwürfen Erdmannsdorffs führte das Berliner Akademiemitglied Johann Fischer aus. Die meisten Tischlerarbeiten (wie einen Großteil der Ausstattung des Wörlitzer Schlosses) leistete Johann Andreas Irmer und die kunstvollen Zimmerarbeiten F. Leideritz.

Alle Bau- und Gartenarbeiten wurden von Fürst Franz und von Erdmannsdorff persönlich überwacht und kontrolliert. Handwerker und Gärtner verstanden es dabei meisterhaft, deren Vorhaben und Ideen in die Realität der Wörlitzer Auenlandschaft zu übertragen.

Seiten 60, 61
Die Rousseau-Insel,
symbolhaftes Bekenntnis des Fürsten Franz
am Eingang zu den Anlagen.

Die Raum- und Sichtbeziehungen, der Charakter und die Anordnungen der Pflanzgruppen, die erwünschten Stimmungen und das beabsichtigte Bildprogramm bestimmte der Fürst im Garten. Er korrigierte sich auch, wenn aus einer anderen Richtung die vorgesehene Wirkung nicht erreicht wurde.

»Wir wissen«, schreibt Jahre später Wilhelm Hosäus[21], »daß er die Pflanzung wichtigerer Bäume und Gruppen mit besonderer Sorgfalt selbst leitete, wie er oft die jungen Stämme vorläufig nur leise einsetzen ließ, um in den nächsten Tagen Stand und Richtung von neuem zu prüfen.« Ebenso beteiligte sich Franz bei der Anlage der Baulichkeiten und künstlichen Felsenpartien. So überliefert uns Matthisson: »Stundenlang . . . sehen wir ihn unter seinen Werkleuten nicht nur das Kommando führen, sondern auch selber kräftig mit angreifen, wo es gilt . . ., daß er beinahe jeden Stein legen hilft und alles . . . mit nie ermangelnder Unfehlbarkeit berechnet.«[22]

Die Gärtner hatten die Aufgabe, das benötigte Pflanzmaterial heranzuziehen, zu formen und anschließend das gewünschte Raumprogramm mit gärtnerischen Mitteln zu übertragen – die Raumfolge und das Bildprogramm im entscheidenden Moment sichtbar werden zu lassen und anschließend wieder zu verdecken. Sie hatten die »malerischen Bilder« zu rahmen und die Gartenszenen zu gliedern. Wie in der Periode des Barockgartens waren sie als »Planteure« tätig. Johann Leopold Schoch d. Ä., ursprünglich in Kühnau ansässig, war dabei für den größten Teil der Arbeiten im Wörlitzer Raum verantwortlich. Johann Christian Neumark, der vormalige Wörlitzer Gärtner, unterstützte ihn zunächst dabei, besorgte die Pflanzschulen und Gemüsekulturen in dem nach ihm benannten Garten und zeichnete 1784 die Vorlage für den Plan, der, von Probst gestochen, dem ersten Gartenführer zur Orientierung beigelegt worden ist. Ihm oblagen aber später die Pflege und die Umgestaltung im Garten von *Oranienbaum*. Johann Friedrich Eyserbecks Wirksamkeit bei der Gestaltung der Wörlitzer Anlagen wurde in der Vergangenheit meist überschätzt, weil er eine Reihe von Bestandsplänen

zeichnete, die später als Entwurfspläne interpretiert worden sind.

Er beteiligte sich anfangs an Pflanzarbeiten und der Raumbildung vom *Schloßgarten* und von *Neumarks Garten*, war aber dann mehr mit Verschönerungsarbeiten im Gartenreich, mit Alleen und Obstpflanzungen beschäftigt. Einen höheren gestalterischen Anteil hatte Ende der achtziger Jahre der Gärtnersohn Johann Georg Schoch d. J., der in den *Neuen Anlagen* bereits selbständiger arbeiten konnte und den der Fürst in Frankreich und England hatte ausbilden lassen. Bevor er die Stelle seines Vaters in Wörlitz übernahm, hatte Schoch d. J. schon kleine Landschaftsgärten in Dieskau, Hohenprießnitz und Braunschweig angelegt und am *Georgium* mitgewirkt.

ARBEITSWEISE,
PRINZIPIEN UND SCHRITTE
DER GESTALTUNGEN

Die Gestaltung der Anlagen in Wörlitz wurde nicht nach einem Entwurfsplan und nicht auf dem Papier vorgenommen. Zeichnungen gab es nur für die Bauwerke, Kleinarchitekturen und das plastische Bildwerk. Die gärtnerischen Details wurden als Verschönerung der vorgefundenen Natur und Landschaft verstanden, und so war die Planungsunterlage auch das freie Terrain selbst. Nach einem großen Konzept, das Franz und Erdmannsdorff schrittweise weiterentwickelten, wurden Gartenteil für Gartenteil direkt in der Natur festgelegt, abgesteckt, gebaut oder gepflanzt bzw. im Bedarfsfall korrigiert. Die Anlagen breiteten sich jeweils durch die vorgenommenen Erweiterungen in die bereits verschönerte Landschaft aus.

Den Ausgangspunkt bildete eine kleine formale Anlage in der Umgebung des noch barocken Schlosses, welchem 1764 am Rande ein kleiner Landschaftsgarten zwischen Schloßgarten, See, Friedhof und Stadt angelagert wurde. Ein nächster Schritt erfolgte mit der Umgestaltung der barocken Teile, dem Abriß und Neubau des Schlosses und der benachbarten Gebäude sowie

der gestalterischen Absicht, das Landhaus und den naturhaften Garten in eine Beziehung zur Landschaft zu setzen. Den gewünschen Effekt beeinträchtigende Gebäudesubstanz und stilwidrige barocke Details wurden entfernt. In der Umgegend wurden Blickpunkte geschaffen, Architekturen gestaltet und das Ganze ästhetisch aufgewertet. Parkkulissen sollten auch außerhalb des eigentlichen Gartens den optischen Eindruck verbessern und die Anlage größer als tatsächlich erscheinen lassen. Die inzwischen erworbene Praxiserfahrung und neue britische Garteneindrücke veranlaßten den Fürsten, den Bereich dieser Kulissen am Rande der Erstgestaltungen in veränderter Form zu erweitern bzw. hier ein weiteres Zentrum eines neuen Gartenteils auszubauen. Die Erweiterung wurde wiederum Ausgangs- und Zielpunkt von Sichtachsen und Gartenräumen und erhielt entsprechende Kulissen. Die intensive ästhetische Aufwertung des grenzenlos in die Landschaft übergehenden Gartens wurde vom Schloß aus (später auch vom »Gotischen Haus« aus) peripher immer mehr ausgedehnt, ohne daß man die zuerst gestalteten Bereiche entsprechend dem weiterentwickelten Gestaltungsvermögen der Schöpfer überarbeitete. Dadurch ist noch heute die verschiedenartige Gestaltungsweise der einzelnen Gartenteile erkennbar, welche in drei Zeitperioden mit differenziertem Gestaltungscharakter zu unterscheiden sind.

Zwischen 1764 und dem Beginn der siebziger Jahre entstanden die Anlagen der Anfangsphase in den Bereichen *Schloßgarten* und *Neumarks Garten* mit den Kulissen »jenseits des Sees«. In diese Zeit fällt auch der Beginn des Schloßbaus, des Baus der ersten Wirtschaftsgebäude (Küchengebäude mit dem »Sommersaal«, Gärtnerei auf *Neumarks Garten* etc.) und der Abriß der Gebäude des Ortes Wörlitz, die der landschaftlichen Einordnung des neuen Landhauses im Wege standen. Die Gestaltungen sind charakterisiert durch kleinteilige Gartenräume, geschlängelte Wege und streng gefaßte, aber geschwungene Uferzonen. Die Linienführung entstand in der Absicht, »hauptsächlich nicht barock« zu wirken. Ein gestalterischer Zweck der

Formen und der Linienführung ist in dieser Phase nur selten erkennbar. Die Pflanzungen des barocken Vorgängergartens wurden in die Gestaltungen nach Möglichkeit einbezogen, so die Lindenboskettes, die jetzt freiwachsend den Blick in einer Längs-, Quer- und Diagonalachse in die Umgebung (Ort, Landschaft) führen sollten. Typisch englische Gestaltungsweisen wie der *belt walk* (Umgangsweg) und der Grenzgraben wurden in *Neumarks Garten* einfach übernommen, der im Inneren seine Nutzfunktion als Obst- und Gemüsegarten beibehielt, und wo auch Baumschulgehölze aufgezogen wurden.

Die aufeinanderfolgenden Hochwasserkatastrophen in den Jahren 1770/71 zerstörten die Gestaltungen »jenseits des Sees«. Auch die *Roseninsel* war vernichtet und das Landschaftsbild durch Erosion verändert, bereits ergrabene Kanäle wieder verschüttet. Hierdurch ergab sich die Chance, jenseits des Sees in neuer Gestaltungsart zu beginnen, verstand man doch jetzt die höchste Kunst englischer Landschaftsgärtnerei. Hier in *Schochs Garten* wurden die Schöpfer zu Meistern der neuen Gestaltungsart. Die landschaftsgärtnerischen Arbeiten in *Schochs Garten* und auf dem *Weidenheger*, Ausdruck der zweiten Stilphase von Wörlitz, begannen nach dem Hochwasser und waren etwa 1790 abgeschlossen. An den Bauwerken in diesem Teil arbeitete man aber auch noch in den neunziger Jahren. Die Gestaltung der durch Kanäle und Pflanzungen gegliederten Fläche erfolgte nun sehr gezielt.

Entlang eines Führungsweges gelangt man von Höhepunkt zu Höhepunkt. Der Garten ist eine Folge von räumlich gestalteten Bildern, auf die der Blick während des Spaziergangs absichtsvoll gelenkt wird, obwohl der Eindruck des ganz Zufälligen und Überraschenden entstehen soll. Die »malerischen« Bilder ergeben sich in den Tangenten der Wegebogen, an Sitzmöglichkeiten oder entstehen zwischen einzelnen Parkarchitekturen; sie sind die optische Fortführung gerader Wegeabschnitte vor dem Abknicken. Das trifft auch bei den zahlreichen Brücken zu, wo in der verlängerten Brückenachse immer ein Gartenbild erlebbar wird, aus dem man hinaustritt, wenn man die Brücke verläßt, um in ein neues Bild oder in eine neue Sichtachse hineinzuspazieren. Man geht auf dem »Zwangsweg« in die Gartenszene hinein, um sie bei der nächsten Wegebiegung wieder zu verlassen und ein neues Raumerlebnis zu erhalten. Ein Wechsel von charakteristisch langen schmalen Sichtbeziehungen und weiten Gartenräumen (Szenen) soll die Erlebnisvielfalt steigern. Größere Bauwerke haben unterschiedliche Fassaden, um im Garten von jeder Seite ein anderes Bild zu erzeugen. Wiesen und Nutzflächen sind mit Gehölzgruppen versehen, die beim Spaziergang sich unaufhörlich ineinander schieben und so ständig wechselnd Sichten auf Bauwerke verdecken bzw. freigeben und damit die Natur wie auf einer sich drehenden Bühne erleben lassen. Die »Franz'schen Pflanzweisen« werden von Zeitgenossen sehr gelobt. Carl August Boettiger äußert darüber: »Vielleicht versteht jetzt in England selbst kein Landschaftsgärtner so meisterhaft die Kunst, durch Mischung von hundertfachem Grün zu schattieren und grün in grün zu malen als Franz. Dies und die damit verbundene Geschicklichkeit, die *clusters* und *clumps* von Gebüschen und Bäumen angenehm zu gruppieren und die Grasmatte damit zu bestreuen . . . ist ein Höhepunkt, worauf man bei den so hundertfältig verschiedenen Ansichten im Wörlitzer Garten zu sehen hat«.[23]

Die Sichten und Gartenszenen sollten schön sein, aber es sollte auch ihre Nützlichkeit erlebbar werden. Damit wurde das Landleben mit dem tätigen Menschen oder dem Tier, überhaupt die Nützlichkeit des Schaffens in neuer, schöner Umgebung, ebenfalls als Bild zur Vollendung des neuen Gartenideals eingesetzt. Weil der Garten lebendig und natürlich wirken sollte und nicht mehr Ausdruck von Prunksucht und Macht war, gehörte die emsige Wäscherin an das Ufer des Wörlitzer Sees; der Fischer im Kahn, der Gärtner mit Kanne, Karre und Harke, die Hirtin mit einer Herde von Kühen, Schafen und Ziegen, der Landwirt an der neuen englischen Maschine wie der Schnitter im Korn sind aus der künstlichen Landschaft nicht wegzudenken. Am Aufgang

zum Aussichtspunkt über dem Nymphaeum ist ein holzgeschnitzter, aus dem Berg steigender Bergmann eine Reverenz an die Arbeit eines Menschen. Auch der Besucher selbst ist in die Wirkung einbezogen: Da lagert eine Gruppe von Besuchern vor einem Gartenbild, dort bringt eine ankommende Kutsche neue Reisende. Boettiger schwärmt ebenfalls: ». . . oben auf dem Elbdamm wandelten graziehaft schöne Frauen mit ihren Sonnenschirmen, holde Knaben sprangen an ihrer Seite . . . es war ein herrlicher Nachmittag. Alle Spaziergänge waren mit Lustwandelnden besetzt. Man genoß doppelt, denn man genoß mit Hunderten . . .«[24]

Schochs Garten – in sich wieder unterteilt und mehrere Einzelgartenflächen enthaltend – hat als Kernpunkt die Schochsche Insel mit »Gotischem Haus« und »Baumgarten«, Konzentrationspunkt der neuen landwirtschaftlichen Bemühungen in den siebziger und achtziger Jahren. Da es ursprünglich lediglich die Gärtnerwohnung mit dem Wirtschaftsbereich enthielt, wurden hier schrittweise Obstgehölze, Gemüseflächen, Tierhaltung, Blumenanlagen und schließlich Baumschulflächen angelagert. Bis zum Bau des »Palmenhauses« 1799 waren die exotischen Gewächse im »Gartensaal« untergebracht, welche man zur Unterstützung des italienischen Charakters benötigte und die im Winter im Garten erfroren wären. Der Ackerbau wurde auf den umliegenden Feldern als Musterwirtschaft neuer landwirtschaftlicher Methoden und Anbauformen betrieben. Auch Seidenraupenzucht, Krapp- und Kleeanbau, Getreide und Sonderkulturen (Raps-, Flachs-, Rüben-, Hopfen-, Tabak- und Mohnfelder) erregten das Interesse der Landwirte, die die Gegend besuchten. »Schochs Wiese« diente der Heunutzung, die Flächen des Baumgartens wurden beweidet.

Am Rande der Schochschen Wiese bilden der »Dianenhain« und die Anlagen am »Nymphaeum« mit dem Weinberg zwei weitere Gestaltungshöhepunkte in diesem Gartenteil. Im Nordwesten wurden in den achtziger Jahren auch der »Floragarten« und die »Romantische Partie« gestaltet. Diese Anlagen waren um die Jahrhundertwende endgültig fertig, da die Bauten der Hof-

Seite 65
Der Venustempel von der Wolfsbrücke
gesehen, ein charakteristisches »malerisches Gartenbild«.

Der Wohn- und Schlafraum des Eremiten, das Herzstück
der »Romantischen Partie«.

Der Baumgarten an der Gartenseite
des Gotischen Hauses
war ursprünglich Obstgarten und Weidefläche.

Seiten 68, 69
Blick vom Wörlitzer Kirchturm auf den See
und das Nymphaeum.

Seite 70
Die nordwestliche Kanalfront des Gotischen Hauses,
das Schochs Gärtnerwohnung
und Refugium des Fürsten Franz war.

Floratempel.

Die Eiserne Brücke am Georgenkanal,
der Nachbau der ersten gußeisernen Brücke in England.

Das den »Freunden der Natur und Kunst« gewidmete
Pantheon am Großen Walloch.

gärtnerei, des »Floratempels«, des »Venustempels« und der »Luisenklippe« erst in den letzten Jahren des 18. Jahrhunderts die noch heute erhaltene Raumkomposition vervollständigten.

Anfang der neunziger Jahre setzte östlich der abgeschlossenen Gartenteile eine verstärkte Bautätigkeit ein. Die Schöpfer begannen mit dem Ausbau der *Neuen Anlagen*, deren Gelände bereits im Zusammenhang mit den Aufräumungsarbeiten der Hochwasserkatastrophe nach 1771 verschönert worden war. Das »Rote Wachhaus« und der »Sonnenkanal« entstammen der frühen Zeit. Während sich die Bauarbeiten zunächst auf die Errichtung der »Insel Stein« im Südosten konzentrierten, wurden landschaftsgärtnerische Arbeiten im gesamten Gelände durchgeführt. Unter der Leitung des Gärtnersohnes Johann Georg Schoch entstanden die Anlagen des dritten Wörlitzer Stils, der durch wesentlich größere Gartenräume – die aus von Galeriepflanzen umgebenen Nutzflächen oder Gewässern gebildet werden – und eine sparsamere Verwendung von Bildern gekennzeichnet ist. Die räumliche Situation ergibt sich durch die nachgestaltete Natur am Rande und die genutzte Ackerfläche inmitten des Geländes. Das Bauwerk, das noch während der zweiten Stilperiode in einer Sicht oder im Gartenraum dominierte, ordnet sich hier der Landschaft unter. Wege und Architekturen werden Bestandteil der galerieartigen Randpflanzungen und erhalten erst aus der Entfernung ihre volle Wirksamkeit im Gartenraum.

Gleichzeitig mit der Anlage der »Insel Stein«, einer Anhäufung italienischer Reiseeindrücke, entstand der »Georgenkanal«, welcher das Wasserstück am »Stein« mit dem Bürgerkolk am Wall verbindet. Anschließend wurde dieser durch Walleinbrüche gebildete See zum »Großen Walloch« umgestaltet. Schoch formte die Uferlinien und gliederte die Wasserfläche mittels der sechs Inseln, welche bei der Veränderung des Sees auf den Uferflächen herausgegraben wurden. Erst dadurch wurde eine interessante Blickführung auf die Bauwerke während der Wasserfahrt möglich. Auch die ungehin-

derte Durchfahrt und die Kaschierung der wahren Gewässergröße (der tatsächliche Seeverlauf hinter den Eilanden ist nicht erkennbar) ist ein Effekt, der dank dieser Veränderungen erreicht wurde. Der Aushub wurde zu Bodenmodellierungen auf den Inseln genutzt.

Den letzten zehn Jahren des 18. Jahrhunderts ist eine rege Hochbautätigkeit eigentümlich. Im »Stil der Reiseeindrücke«[25] entstehen überall in den Wörlitzer Anlagen weitere Bauwerke, deren Vorbilder während der England- und Italienreisen die Schöpfer beeindruckt hatten und nun in entsprechender Funktion zum Zielpunkt von Sichtbeziehungen bzw. Hauptpunkt von Gartenräumen bestimmt sind. Hierzu zählt das »Pantheon« am »Großen Walloch«, das wie das römische Vorbild einer Antikensammlung als Unterkunft dienen sollte. Die »Insel Stein« enthält ein Museum in der »Villa Hamilton«, aber auch ein Amphitheater, Römische Bäder und Grotten, ein Kolumbarium, einen »Tempel der Nacht« und einen »Tempel des Tages«. Krönenden Abschluß des Bauwerkes bildet der Vesuv, der in der Entstehungszeit bei besonderen Anlässen zum Zwecke eines vorgetäuschten Ausbruchs illuminiert wurde. Zum Stil der Reiseeindrücke zählen auch der »Vesta-Tempel«, ab 1790 als Synagoge Gotteshaus der Wörlitzer Juden, der »Floratempel«, der als Musikpavillon genutzt wurde, und der »Venustempel«, der zum Aussichtspunkt und Gartensitz bestimmt war.

Um die Jahrhundertwende entstand noch die Hofgärtnerei mit dem »Palmenhaus«, etwas später das Monument. Als zwischen 1805 und 1809 die alte romanische Kirche im neogotischen Stil umgebaut wurde, war Erdmannsdorff – der Baumeister der wichtigsten Wörlitzer Architekturen – schon einige Jahre tot. Ein Jahr nach dem Tod des Freundes hatte ihm Franz 1801 mit dem »Warnungsaltar« auf der »Schochschen Insel« ein Denkmal setzen lassen. Die Inschrift dieses ersten Natur- und Denkmalschutzmonuments – »Wanderer, achte Natur und Kunst und schone Ihre Werke« – wird heute von den Pflegern der Anlagen als Mahnung und Verpflichtung verstanden.

Gartenbild mit dem Floratempel über der Hohen Brücke,
Teil der Szene am Kleinen Walloch.

Die Goldene Urne
mit Blick zur Synagoge und zur Kirche.

Wörlitz in Vergangenheit und Gegenwart

Die Wörlitzer Anlagen besaßen bereits während ihrer Entstehung eine große Ausstrahlungskraft. Auf die Vorbildwirkung bei den Parkgestaltungen in Weimar ist oben verwiesen worden. Aber nicht nur der Weimarer Hof, ganz Europa richtete seinen Blick auf das aufgeklärte Fürstentum. Der belgische Gartenkünstler Charles Joseph Prince de Ligne forderte 1795 alle Interessierten auf: ». . . Gärtner, Maler, Philosophen, Dichter – geht nach Wörlitz!«[26] Wörlitz wurde als Anregung verstanden und vielerorts nachgeahmt. Andere Fürstenhäuser erbaten sich aus Dessau-Wörlitz fähige Handwerker, Gärtner und Künstler zur Mithilfe bei der Gestaltung ihrer eigenen Anlagen. Erdmannsdorff wurde nach Berlin, Potsdam, Magdeburg und Gotha berufen. In Berlin ernannte man ihn zum Ehrenmitglied der Kunstakademie. Johann Georg Schoch legte Gärten in Dieskau, Hohenprießnitz, Halle und Braunschweig an. Die beiden Eyserbecksöhne schickte man nach Preußen und Gotha. Die Wörlitzer Gestaltungen beeinflußten David Gilly und Karl Friedrich Schinkel, Fürst Pückler-Muskau und schließlich noch 1840 den preußischen König Friedrich Wilhelm IV., der von Lenné forderte: »Der Herzog von Dessau hat aus seinem Land einen Garten gemacht . . . aus der Umgebung von Berlin könnte ich nach und nach einen Garten machen . . . Entwerfen Sie mir einen Plan!«[27]

In dieser Zeit sind aber die Wörlitzer Gestaltungen schon unmodern geworden. Andere Stilauffassungen, geprägt durch Gartenkünstler wie Sckell, Pückler und Lenné, hatten zu einem neuen Typ von Landschaftsgarten geführt. In der Absicht, auch Wörlitz diesem neuen Geschmack anzugleichen, versuchten die Gärtner durch Pflanzmaßnahmen den Charakter zu verändern. Aus Pietätsgründen durfte kaum in die Anlage des Fürsten Franz eingegriffen werden. Zusätzliches Pflanzen aber hat man nicht verboten. Den Gärtnern, die »nur« pflegen und nicht schöpferisch gestalten durften, blieb so lediglich ihre dendrologische Leidenschaft. Die Folge war eine langsame Ausdehnung der Pflanzungen, die Gartenräume wurden kleiner, Sichten und Raumgefüge verschwanden allmählich und unbemerkt. Diese Entwicklung konnte auch nicht durch die Rekonstruktionsbemühungen in den zwanziger und fünfziger Jahren unseres Jahrhunderts aufgehalten werden.

Seit 1982 ist das Wiederherstellen der historischen Erlebbarkeit, der Raumeindrücke der Entstehungszeit zum Hauptziel der Pflege geworden. Die ersten Ergebnisse dieser Maßnahmen in *Schochs Garten* werden bereits erkennbar. Möge es gelingen, das Gesamtkunstwerk Wörlitz wieder so erfahrbar zu machen, wie es Goethe einst sah: »wie ein Mährgen das einem vorgetragen wird . . .«, ganz im ». . . Charakter der Elisischen Felder . . .«[28], in denen das neue Menschenideal einer humanistischen und glückseligen Gesellschaft zum Ausdruck kommen sollte.

Schloßpark Belvedere bei Weimar.
Rosenlaube.

Jürgen Jäger

Goethe - Gärten
in Weimar

Der Park an der Ilm

Das die Altstadt Weimars berührende Ilmtal bot sich schon seit Jahrhunderten zur gärtnerischen und landwirtschaftlichen Nutzung an, dagegen wurde eine Bebauung durch die immer wieder auftretenden Hochwässer ausgeschlossen. Dies bewirkte, daß die schmale Flußniederung, an deren westlicher Talseite Travertin- und Konglomeratfelsen anstehen, als wertvoller Grünzug für die Stadt bis heute erhalten blieb.

Hier liegt der *Ilm-Park*, der wegen der Beteiligung Goethes auch »Goethepark« genannt wird, wobei die Rolle des Dichters oft überschätzt wird. Die ersten wichtigen Anstöße, die zum Entstehen der Anlagen im bis dahin locker mit Baum und Busch bestandenen Ilmtal führten, kamen allerdings von ihm. So richtete er im Januar 1778 zusammen mit dem Hofgärtner Karl Heinrich Gentzsch an jenem Ort, an welchem das Hoffräulein Christel von Laßberg aus Liebeskummer den Tod in der Ilm suchte, ein »seltsam Plätzchen« ein, um ihrer dort zu gedenken. Heute befindet sich an dieser Stelle die »Felsentreppe« mit dem auch als »Nadelöhr« bezeichneten Felsentor. Zum 9. Juli des gleichen Jahres, dem Namenstag der Herzogin Luise, ließ Goethe eine improvisierte Einsiedelei, das »Luisenkloster«, mit einem Gesellschaftsplatz und Pfaden am buschbewachsenen Ilmhang anlegen. Diese Staffage für theatralische Veranstaltungen, aus der später das »Borkenhäuschen« hervorging, bildete die Keimzelle für die sich von hier aus entwickelnden *Neuen Anlagen*.[1] Während Goethes Interesse an der Parkgestaltung schnell nachließ, – sie beschränkte sich vorzugsweise auf die Mitwirkung beim Entwurf von Parkbauten –, begeisterte sich Herzog Carl August zunehmend dafür. In den heutigen Park wurden mit dem »Welschen Garten« und dem »Stern« auch noch Relikte früherer Schloßgärten einbezogen.

Über den eigentlichen Parkbereich hinaus setzt sich diese Grünzone ilmaufwärts zum *Schloßpark Belvedere* und ilmabwärts bis zum *Schloßpark Tiefurt* fort. 1858 erarbeitete Hofgärtner Julius Hartwig dafür eine umfangreiche Planung, doch verwirklicht wurde dieser Gedanke bis heute nur in Ansätzen.

Rückblickend bezeichnete Goethe in einer Beschreibung des Luisenfestes die damals, im Juni 1778, geschaffenen Anlagen als Beginn einer neuen Epoche der Park- und Gartengeschichte in Weimar. Das Neue bestand in hohem Maße darin, daß man dem »Geist des Ortes« nachspürte, die Gegebenheiten künstlerisch überhöhte. Den Park verstand man als Bestandteil der Landschaft, in welche er auch inhaltlich eingebettet war. Von der Partie am »Luisenkloster« ausgehend, wurde ab 1778 der gehölzbestandene Ilmhang, die sogenannte Kalte Küche, durch Wege mit eingeordneten Sitzplätzen erschlossen. Der sich natürlich schlängelnde, mit alten Bäumen gesäumte Ilmfluß, die Obsthänge mit ihren Gartenhäusern, die zur Heugewinnung und als Weide genutzten blumigen, lichten Auenwiesen, die Kirchtürme der nahegelegenen Ortschaften Oberweimar und Ehringsdorf sowie das auf der Höhe liegende Schloß Belvedere wurden in die Gestaltung einbezogen. Diese offene Gestaltungsauffassung und

Park an der Ilm in Weimar.
Sphinxgrotte am Läutrabach mit Sprudelquellen, 1784–1786.

Park an der Ilm in Weimar.
Zum Gedenken an den Fürsten Leopold III.
Friedrich Franz von Anhalt-Dessau 1782 aufgestellter Stein.

Römisches Haus im Park an der Ilm in Weimar
1792 bis 1798 als Gartenhaus unter Goethes Mitwirkung
für Herzog Carl August erbaut.

die Lage in unmittelbarer Stadtnähe trugen sicher zur großen Beliebtheit bei, der sich der Park als Kunstwerk und stadtnaher Grünraum über zwei Jahrhunderte erfreute.

Die von der Stadtbefestigung ausgehenden buschbewachsenen, von Felsen durchsetzten Hangpartien, durch schmale Wege verbundene Parkarchitekturen und Ruheplätze, kleinräumig mit Pflanzungen »ausgeziert«, entstammen der »empfindsamen« Entstehungsperiode. Das zum »Borkenhäuschen« 1778 umgebaute »Luisenkloster«, welches Goethes Gartenhaus am jenseitigen Hang in Sichtverbindung gegenüberlag, diente dem Herzog als einfache Unterkunft. Eine bisher als Kugelfang dienende Kalksteinmauer, mit Bauteilen vom 1774 abgebrannten Schloß ergänzt, wurde zum Sinnbild der Vergänglichkeit (1784). Ein 1782 aufgerichteter Travertinblock mit einer dem Fürsten Leopold Friedrich Franz von Anhalt-Dessau gewidmeten Inschrift stellt ein Monument zum Gedenken an die Freundschaft zwischen den beiden Fürsten dar. Eng waren die Beziehungen zwischen Wörlitz und Weimar, manche Anregungen, aber auch Pflanzen und Samen wurden ausgetauscht. Das in den Felsen gehauene Goethesche Epigramm:

Die ihr Felsen und Bäume bewohnt, o heilsame
    Nymphen,
Gebet jeglichem gern, was er im Stillen begehret!
Schaffet dem Traurigen Trost, dem Zweifelhaften
    Belehrung,
Und dem Liebenden gönnt, daß ihm begegne sein
    Glück.
Denn euch gaben die Götter, was sie den Menschen
    versagten,
Jedem, der Euch vertraut, tröstend und hilfreich
    zu sein

entsprach der von Hirschfeld empfohlenen Gartenmode, durch Inschriften Erinnerungen wachzurufen und belehrend zu wirken. Zwei Höhleneingänge sollten an die verlorengegangene Naturverbundenheit unserer Vorfahren gemahnen. Die »Sphinxgrotte« mit mehreren

dort aus der Erde sprudelnden starken Karstquellen wirkt noch heute geheimnisvoll anziehend.

Die nächste Entwicklungsetappe und den Höhepunkt in der Gestaltung betont der Bau des »Römischen Hauses«. Als Gartenresidenz des Herzogs von 1792 bis 1798 errichtet, nimmt es eine beherrschende Stellung am Talhang ein. Der breitgelagerte klassizistische Baukörper im Stile einer italienischen Villa bildete den bestimmenden baulichen Akzent für große Parkräume. Es wurde von schlanken Rotzedern flankiert, die das Römische der Szenerie unterstützen sollten. Aus dem gleichen Grunde wurden, etwa ab 1790, viele der säulenförmigen, lombardischen Pappeln gruppiert oder im weiten Umfeld des Gebäudes gereiht gepflanzt.

Die Gestaltung und Errichtung des »Römischen Hauses« sind nochmals Zeugnis der engen Zusammenarbeit Goethes mit dem Herzog beim Betreiben von Bauangelegenheiten. Als der Herzog wegen des Feldzuges gegen Frankreich lange abwesend war, übertrug er Goethe die Aufsicht über den Bau und schrieb in diesem Zusammenhang im Dezember 1792 an ihn: »Den Bau des Gartenhauses übergebe ich Dir ganz . . . tue, als wenn Du für Dich bautest, unsere Bedürfnisse waren einander immer sehr ähnlich.«

Vom »Römischen Haus«, seiner Umgebung, den Veduten zu den Parkbauten, Brücken, markanten Baumgruppierungen oder zu den Kirchtürmen der Nachbarorte sind ganze Serien zeitgemäßer Abbildungen des Hofmalers Georg Melchior Kraus überliefert. Es wurden dazu Lustwälder und Lustgebüsche mit vielerlei fremdländischen, besonders auch sogenannten Englischen Hölzern gepflanzt und vom »Römischen Haus« der »Breite Weg«, ein Promenadenweg, der durch diesen Parkteil zum Schloß führte, angelegt. Entlang dieses Weges, mit besonderer Betonung der Umgebung des »Römischen Hauses« und »Tempelherrenhauses« fügte man in die Wiesenflächen runde Blumenbeete im Zeitgeschmack ein. Das 1816 bis 1823, wiederum mit Anteilnahme Goethes, im neogotischen Stil errichtete »Tempelherrenhaus« bildete den Abschluß dieser Entwicklungsperiode.

Park an der Ilm in Weimar.
Blick über Ilmfluß und Aue zu Goethes Gartenhaus.

Nach dem Tode Carl Augusts im Jahre 1828 übernahm dessen Schwiegertochter, die Zarentochter und Gemahlin des Großherzogs Carl Friedrich, Maria Paulowna, die Aufsicht über die Parkanlagen. Sie veranlaßte noch kleinere Abrundungen, wie den Bau der »Schaukelbrücke«, war aber ansonsten sehr darauf bedacht, daß das Überlieferte der klassischen Zeit erhalten und nicht angetastet werde. Dabei geriet sie mit den jüngeren aufstrebenden Parkgärtnern und Gartenkünstlern in Konflikt. Als der Pückler-Schüler Eduard Petzold um 1850 pflegend, verjüngend, aber auch gestaltend in die überalterte Baumsubstanz eingriff, wurde ihm vorgeworfen, er verletze seine Dienstinstruktion, die forderte: »Es soll und muß der hiesige Park in Stand und Wesen nach dem Plan und im Geiste seiner erhabenen Begründer erhalten werden und es sind daher alle Vorschläge, welche auf Veränderung seiner Form und Einrichtung abzielen, unstatthaft und unzulässig ...«[2]

Es ist insgesamt den Betreuern des Parkes hoch anzurechnen, daß sie im Verlauf von etwa eineinhalb Jahrhunderten keine wesentlichen Veränderungen an diesem vornahmen oder Neues einfügten. Lediglich 1902 erfolgten die Aufstellung des Liszt-, 1904 des Shakespearedenkmals und nach 1945 der Büsten von Alexander Puschkin, Louis Fürnberg und Sandor Petöfi. Beeinträchtigt wurde und wird die Beziehung des Parkes zu seiner Umgebung allerdings durch die Mitte des 19. Jahrhunderts beginnende und sich heute noch fortsetzende Umbauung des Parkes.[3]

GOETHES HAUSGÄRTEN

Am Rande des Ilm-Parkes liegt Goethes Gartenhaus, das er während seines langen Lebens sehr häufig bewohnte. Bereits 1776, im ersten Frühjahr nach seiner Ankunft in Weimar, begann Goethe mit großem Eifer einen Garten zu diesem ihm vom Herzog geschenkten »kleinen Anwesen« anzulegen. »Den Garten in Besitz genommen«, schreibt er am 21. April in sein Tagebuch.[4] Über fünfzig Jahre später, wenige Tage vor seinem

Tode, besprach er an Ort und Stelle mit einem Gärtner nochmals die auszuführenden Frühjahrsarbeiten. In den Jahrzehnten dazwischen wurden mit wechselnder Anteilnahme von ihm und unter seiner Anleitung von den Gärtnern Wald- und Ziergehölze sowie Obstbäume gepflanzt, Wege und Sitzplätze gebaut, in Hausnähe Rabatten und Beete angelegt, Rosenspaliere und Hecken gepflanzt, aber auch eine kleine Englische Anlage mit Aussichtsplatz und Gedenksteinen geschaffen.

In einer eigenhändigen Unterschrift auf einem Bild des Gartenhauses heißt es 1827 rückblickend:

Schlanker Bäume grüner Flor,
Selbstgepflanzter wuchs empor.
Geistig ging zugleich alldort
Schaffen, Hegen, Wachsen fort.

Vor dem Einzug seiner Familie in das »Helmershausensche Haus« am Frauenplan veranlaßte Goethe 1792 dort einen Umbau, so daß man über das sogenannte Brückenzimmer vom Vorder- zum Hinterhaus und von diesem über einen Altan bequem in den Garten gelangen konnte.

Solange Christiane als Hausfrau die Wirtschaft führte, oblag ihr auch die Bestellung des Gartens. In Briefen an den oft abwesenden Hausherren berichtete sie von ihren Erfolgen und Nöten mit der Kultur von Kohl, Gurken, Bohnen, Artischocken, Mangold, Schwarzwurzel, Spargel, Erdbeeren, Kartoffeln, Zwetschgen, Birnen und Feigen. Zwischendurch dienten Teile des Gartens Goethe zu botanischen Studien zur »Metamorphose der Pflanzen«. Noch im Winter vor seinem Tode ließ er das Weinspalier nach neuen Kechtschen Erkenntnissen, die er bei seinem Dornburgaufenthalt 1828 fleißig studiert hatte, schneiden und versprach sich dadurch einen höheren Ertrag. Das Vielerlei an Gemüsen, Obst, Heil- und Gewürzpflanzen, ausdauernden und einjährigen Zierpflanzen wurde entsprechend dem Bedarf und der Neigungen der Besitzer gepflanzt und gehegt. Was alles in den Gärten des Dichters wuchs, blühte und Frucht brachte, müssen wir uns aus Hinweisen in seinen Tagebüchern, Briefen, aus Abbildun-

*Garten an Goethes Wohnhaus am Frauenplan
in Weimar.*

»Malvenallee«
im Garten an Goethes Gartenhaus in Weimar.

gen oder Berichten zusammentragen und durch An-
leitungen und Beschreibungen in zeitgenössischer
Literatur ergänzen. »Du erhältst einen ganzen Kasten
voll köstlicher gefüllter Federnelken, lasse sie nicht zu
nahe aneinander pflanzen, denn sie bestocken sich
sehr. Auch lege ich Rapontica-Samen bei, davon Du
die Hälfte jetzt auf ein wohlbestelltes Ländchen säen
kannst.«

Diese Anleitung erteilte Goethe 1810 seiner Frau
Christiane in einem der vielen Briefe, die den Garten
betrafen. Es ist anzunehmen, daß die Nelken auf die die
Wege begleitenden Rabatten zwischen andere Blumen
wie Levkojen, Reseda, Lilien, Narzissen, die eben erst
bekannt gewordenen Dahlien und Stiefmütterchen,
zwischen kleine Obstbäume, Rosenstöcke und Beeren-
sträucher gepflanzt wurden. Die Rabatten umschlossen
die »Länder« oder »Ländchen«, dies waren die Beete
zum Anbau von Gemüse, Erdbeeren, Spargel oder
Artischocken. Die Tomate wurde in den damaligen, sich
auch in Goethes Bibliothek befindenden Samenkatalogen
noch als Zierpflanze angeboten. Heute findet der Besucher die Rabatten wieder in einer der alten Form an-
genäherten Art und Weise bepflanzt. Ihr Reiz geht von
den sanften Farb- und Grünabstufungen, dem vielfältigen Habitus der Pflanzen, den Strukturen ihrer
Blätter und dem Wechsel ausströmender feiner Düfte
aus. Die Vielfalt der Pflanzung erhält zum Weg eine Ein-
fassung mit niedriger Hecke.[5]

Die Form solcher von der Nutzung und Benutzung der
Hausbewohner geprägter Gärten ist schwer nachzu-
gestalten. Die Flächen der ehemaligen »Länder«, auf
welchen früher das Gemüse wuchs, werden heute von
Rasenflächen eingenommen. Einzelne Bäume in beiden
Hausgärten Goethes sind groß und alt geworden. Sie
verleihen diesen Ehrwürdigkeit, beeinträchtigen aber
das Wachstum auf den Rabatten und nehmen ihnen den
Charakter des Nützlichen. Die heutigen Pfleger der
Gärten müssen das richtige Verhältnis zwischen Be-
wahrung des Gewachsenen und der Rückführungen in
den alten Zustand finden. Darüber hinaus haben sich
neue Traditionen der Gartennutzung herausgebildet.

Alljährlich zu Goethes Geburtstag oder zu anderen besonderen Anlässen finden in den Gärten gesellige Be-
gegnungen statt. Dort, wo sich einst die Gemüsebeete
befanden, werden dann Stühle, Tische und Podien für
die Gäste aufgebaut. Diese können den Darbietungen
folgen, sich beim Essen und Trinken unterhalten, sich
im Gartenraum wohlfühlen und am Flor der Rabatten
erfreuen.

SCHLOSSPARK BELVEDERE

Südlich vom *Ilm-Park* mit Goethes Gartenhaus liegen
die Anlagen am *Schloß Belvedere*. Eine lange, teils mit
Linden, teils mit Kastanien bestandene Allee verbindet
die Residenzstadt mit dem südlich von ihr, etwa hundert Meter höher gelegenen Schloß. Es wurde 1724
bis 1732 als Jagd- und Lustschloß des Herzogs Ernst
August gebaut und mit einem radial gegliederten
Park, Orangeriegebäuden, Gärtnerhäusern, Ställen,
Wirtschaftsgebäuden und Tiergehegen umgeben. Maria
Paulowna ließ zwischen 1811 und 1845 das Gelände neu
gestalten. Das barocke Wegesystem wich einem landschaftlichen und verband verschiedenartige, besonders
ausgeschmückte Plätze. Dazu gehörten die »Mooshütte«
mit Moosbassin, die Blumenstellage mit Florastatue, der
»Viergelehrtenplatz« mit den Standbildern Goethes,
Schillers, Herders und Wielands, ein Rosenrondell mit
Wasserschale und Springstrahl, die »Große Fontäne«
mit Grottenberg und einer Ruinenarchitektur mit Aussichtsplattform. Zur Ausstattung dieser späten Form
eines Landschaftsgartens gehören auch verspiegelte
Glaskugeln auf Stöcken, Windharfen, tönerne Ein-
fassungskacheln für die runden Blumenbeete oder die
gußeisernen, Astwerk imitierenden Parkbänke.

Nur etwa fünfzig Jahre vorher hatten Carl August,
Goethe und andere jugendliche Gefährten in ihrer
Abneigung gegen alles Steife zahlreiche Statuen des
Parkes umgestürzt, oder wie es 1777 in Goethes Tage-
buch heißt, man habe »in Belvedere die Ruinen
ruiniert«.[6] Die alten Treib- und Erdhäuser, in denen der
Herzog Carl August und Goethe ihre botanischen und

Seite 87
Schloßpark Belvedere bei Weimar.
Blumenstellage aus Sandstein mit Florastatue, 1815.

Seite 89
Schloßpark Tiefurt. Denkmal für den bei einer Rettungstat
ums Leben gekommenen
Prinzen Leopold von Braunschweig, 1783.

Schloßpark Belvedere bei Weimar,
Orangeriehof mit Pflanzenhäusern und Gärtnerwohnhaus.
Im Vordergrund
eine mehr als hundertjährige Libanonzeder.

*Johann Conrad Sckell, ab 1796 als Hofgärtner
im Schloßpark Belvedere tätig.*

*Johann Christian Sckell,
Hofgärtner und Garteninspektor in Belvedere ab 1807.*

Gutspark Oßmannstedt. Wielands Grabstätte, 1813.

DEM
VEREWIGTEN
LEOPOLD
ANNA AMALIA

gärtnerischen Studien betrieben, haben sich bis in die Gegenwart erhalten. Herzog Carl Augusts Interesse an den Parkanlagen und an der Erhaltung und Nutzung der verschiedenen Schlösser ließ zu Beginn des 19. Jahrhunderts nach, während er sich, von Goethe angeregt, für Botanik und Pflanzenkulturen zunehmend begeisterte. Etwa 1825 erreichte diese Entwicklung ihren Höhepunkt. Goethes starke Anteilnahme an den Pflanzenkulturen und -studien findet in sechsundvierzig in seinem Tagebuch ausdrücklich erwähnten Belvederebesuchen ihren Ausdruck, so etwa in folgenden Eintragungen: »Nach Belvedere gefahren die Strelitzia zu sehen« (15. 12. 1809), »den Park und die Treibhäuser besucht« (18. 10. 1809), »die blühende Yucca zu sehen« (29. 9. 1817), »die neuangekommenen Pflanzen betrachtet« (31. 7. 1819), »mit Wölfchen nach Belvedere« (15. 9. 1827) oder – »einige Botanica mit dem jüngeren Sckell« (1. 5. 1831) betrachtet.

Schlosspark Tiefurt

Durch ein am Stadtrand von Weimar gelegenes, ehemals herzogliches Jagdrevier, das »Webicht«, führen Wege und Straßen ilmabwärts zum drei Kilometer entfernten Dorf *Tiefurt*, das heute ein Stadtteil von Weimar ist. Dort befindet sich am Ortsrand, in unmittelbarer Nähe der Kirche, das bescheidene Schlößchen; es war ehemals Gutspächterhaus des dortigen Kammergutes. Mit einfachen Mitteln umgebaut, diente es seit 1776 dem Prinzen Constantin und ab 1781 dessen Mutter, der Herzogin Anna Amalia, als Sommer- und Landsitz. Der Prinz sollte hier durch Carl Friedrich von Knebel in ländlicher Umgebung erzogen und für seinen Militärdienst vorbereitet werden.

Die früh verwitwete, kunstsinnige Herzogin versammelte in Schloß und Park während eines Zeitraumes von zwei Jahrzehnten einen Kreis bedeutender Dichter und Denker um sich. Bekannt geworden ist dieser Musenhof durch den Vortrag neuer Dichtungen, so auch von Wieland, Goethe und Schiller, durch die Herausgabe des »Tiefurter Journals«, durch Musizieren,

die Aufführungen des Liebhabertheaters und in besonderem Umfang auch durch die Beschäftigung mit der Gestaltung von Gartenpartien.

In schöner Geschlossenheit sind uns der Park mit seinen Denkmälern, Inschriften, Grottenbauten, Pavillon und Salon erhalten. Ein Trauermal von 1795 erinnert an den frühen Tod des Prinzen Constantin; der »Amor als Nachtigallenfütterer« mit einer Inschrift Goethes ist der Schauspielerin Corona Schröter gewidmet. Dem Komponisten Wolfgang Amadeus Mozart wurde hier 1799 sein erstes Denkmal außerhalb seines Heimatlandes errichtet, im Musentempel fanden 1803 Kaunas und Biblis und später Kalliope als Muse der epischen Dichtung Aufstellung. Als letzte Baulichkeit entstand 1805 an Stelle eines rindenverkleideten Pavillons der heute noch erhaltene »Salon«.

Auch hier in Tiefurt erfolgte die Parkgestaltung nicht nach einem vorgelegten Plan, sondern eine Partie wurde der anderen angefügt, es wurde »fortgearbeitet«, dies insbesondere dann, wenn man sich andernorts, vorwiegend in *Wörlitz*, wieder neue Anregungen geholt hatte. Goethe schildert in den »Wahlverwandtschaften« diese Art und Weise der Parkgestaltung, indem er den Hauptmann die Tätigkeit Charlottes beschreiben läßt: »Es ist ihr wie allen denen, die sich nur mit Liebhaberei mit solchen Dingen beschäftigen, mehr daran gelegen, daß sie etwas tue, als daß etwas getan werde. Man tastet an der Natur, man hat Vorteile für dieses oder jenes Plätzchen. Man wagt nicht, dieses oder jenes Hindernis wegzuräumen, man ist nicht kühn genug, etwas aufzuopfern; man kann sich im voraus nicht vorstellen, was entstehen soll, man probiert, es gerät, es mißrät, wenn man verändert, verändert vielleicht, was man lassen sollte, läßt, was man verändern sollte, und so bleibt es zuletzt immer ein Stückwerk, das gefällt und anregt, aber nicht befriedigt.«[8]

Man muß sich deshalb den *Tiefurter Park* in dieser Zeit viel kleinteiliger als heute vorstellen, von schmalen Schlängelwegen durchzogen, am Hang »Stüfchen und Pfädchen«, dazu Strauch- und Baumpflanzungen, die den einzelnen Partien ihre räumliche Wirkung und besonderen Charakter gaben. Das Denkmal für den bei einer Rettungstat ums Leben gekommenen Herzog Leopold von Braunschweig, den Bruder Anna Amalias, sowie das Herderdenkmal wurden deshalb mit dunklen Fichten bepflanzt, um den Anlagen ernsten Charakter zu verleihen. Dagegen fanden neben dem nachtigallenfütternden Amor zwei heiter wirkende Linden ihren Platz. Der Ilmfluß wurde mit den modischen italienischen pyramidalen Pappeln umsäumt, und im Garten am Schloß herrschten die Blumen vor.

Auf der Grundlage einer Neuaufnahme des Parkes in einem Plan führte von 1846 bis 1850 der damals als Hofgärtner in Ettersburg tätige Pückler-Schüler Eduard Petzold seine Gestaltungsarbeiten aus. Diese betrafen starke Auslichtungen, die großzügigere Führung der Wege, beides zur Schaffung größerer Räume und Sichtbeziehungen. Die zu dieser Zeit bereits überalterten Pyramidenpappeln ersetzte man durch gemischt gepflanzte Baumgruppen. Zehn Jahre später würdigte Pückler diese Arbeit seines Schülers als »glänzende Umwandlung der sehr mangelhaften Anlagen . . ., wo große Schwierigkeiten zu überwinden waren«, sie trügen den »Stempel großartigen Stils und tief eindringenden Verständnisses der nach ewigen Gesetzen waltenden Natur«. Dieser moderne großräumige, am englischen Vorbild geschulte Stil löste die Empfindsamkeit der Entstehungszeit ab.[9]

DER PARK AM WIELANDGUT
IN OSSMANNSTEDT

»Eine unwiderstehliche Lust nach Land- und Gartenleben hatte damals die Menschen ergriffen. Schiller kaufte einen Garten bei Jena und zog hinaus; Wieland hatte sich in Oßmannstedt angesiedelt. Eine Stunde davon, am rechten Ufer der Ilm ward in Oberroßla ein kleines Gut verkäuflich, ich hatte Absichten darauf. Hieraus entstand mir auch eine nachbarliche Gemeinschaft mit Wieland«. Mit diesen Worten beschreibt Goethe rückblickend in den »Tag- und Jahresheften« 1797/98 den damals vorhandenen Drang wohlhabender

Bürger nach ländlichem Besitz, nach Tätigkeit und Leben auf dem Lande.

Im Frühjahr 1797, im Alter von 63 Jahren gab Christoph Martin Wieland seine Stadtwohnung in Weimar auf, und erwarb in *Oßmannstedt* ein Landgut mit großem Garten, etwa 40 Hektar Ackerland, 4 Hektar Wiese und einem ansehnlichen Buchenwald.[10] Wie abgeschieden und ländlich der Wohnsitz des Dichters war, geht aus einem Brief Goethes an Schiller aus dem Jahr 1797 hervor: »Vorgestern habe ich Wieland besucht, der in einem sehr artigen, geräumigen und wohnhaft eingerichteten Hause, in der traurigsten Gegend von der Welt lebt, der Weg dahin ist noch dazu meistenteils sehr schlimm. Ein Glück ist's, daß jedem nur sein eigener Zustand zu behagen braucht, ich wünsche, daß dem guten Alten der seinige nie verleiden möge! Das Schlimmste ist wirklich, nach meiner Vorstellung, daß bei Regenwetter und kurzen Tagen an gar keine Kommunikation mit anderen Menschen zu denken ist.«

Als Wieland das Anwesen übernahm, bestand in seinen Grundzügen bereits eine vom Herzoglich Braunschweigischen Kammerherrn Graf Marschall nach 1783 angelegte »moderne englische Anlage«. Eine langgestreckte Mittelwiese von einem Gehölzgürtel umgeben und mit markanten Einzelbäumen und Baumgruppen gegliedert, von einem Umgehungsweg umschlossen, bestimmen heute noch das Bild. Im Osten bildet ein großer Ilmbogen die Grenze des Parkes zur umgebenden Ackerflur, nach Westen schließt sich der Küchengarten an. Der Dichter fand den »Schloßgarten« in einem verwilderten Zustand vor und begann gleich im ersten Jahr mit Veränderungen, bei denen er selbst mit Hand anlegte. Da ist von der Pflanzung von 300 Obstbäumen und der Kultur von Weinspalieren die Rede, im Park wurden Partien instandgesetzt, ein Blumenkorb eingeordnet, und Wieland spricht vom unermüdlichen Ebnen der Maulwurfshügel und Steineablesen. Insgesamt war Wielands Oßmannstedter Idylle ein mißglücktes landwirtschaftliches Experiment; Mißernten, Geldsorgen sowie der Tod von Sophie Brentano im

Schloßpark Ettersburg bei Weimar.
Blick auf den Pücklerschlag.

Jahre 1800 und der seiner Frau 1801, verleideten ihm die Freude an seinem Besitz. Im Mai 1803 verließ Wieland Oßmannstedt und nahm sich wieder eine Wohnung in Weimar.

Gutshausanlage und der dazugehörige Park unterscheiden sich heute kaum von vielen ähnlichen Anlagen auf dem Lande. Einmalig ist jedoch die an einem ehemaligen Lieblingsplatz des Dichters von ihm selbst bestimmte Grabstätte. Drei efeubewachsene Grabhügel umgeben einen dreiseitigen Obelisk mit den Namen der hier begrabenen Toten: Sophie Brentano, sie, Enkelin der Sophie von La Roche, starb hier während eines längeren Aufenthaltes, Anna Dorothea und Christoph Martin Wieland.

Bereits 1806 hat der Dichter die das Grabmal umlaufende Schrift selbst entworfen:

Liebe und Freundschaft umschlang die verwandten
    Seelen im Leben
und ihr Sterbliches deckt dieser gemeinsame Stein.

Der Schlosspark Ettersburg

Nördlich von Weimar, hinter dem Ettersbergmassiv, befindet sich mit Schloß und *Park Ettersburg* ein weiteres Ensemble, welches eng mit der klassischen Zeit Weimars verbunden ist. Dieser Schauplatz humanistischer Kultur liegt in der Nähe der Gedenkstätte Buchenwald, einem Ort, der an eine finstere Zeit deutscher Geschichte erinnert.

Zwischen 1706 und 1720 entstand hier auf den Grundmauern eines ehemaligen Augustiner-Chorherrenstiftes ein Jagd- und Lustschloß der Weimarer Herzöge.[11] Vom Brunfthof, einer ehemaligen Jagdanlage ausgehend, wurde das Waldgebiet durch einen zehnarmigen Schneisenstern gegliedert, eine der Schneisen führte auf das Schloß. Zum Jagdtreiben gesellte sich unter Anna Amalia, die hier von 1776 bis 1780 ihren Sommersitz aufschlug, die Freude am Naturgenuß. Diesem wurde durch die im zärtlichen Geschmack gestalteten Gartenanlagen entsprochen. Man trieb nicht nur

Possen, sondern Wieland huldigte hier mit seiner Dichtung der Herzogin. Goethe inszenierte Rembrandtsche Nachtstücke und beteiligte sich an Aufführungen des Liebhabertheaters im Freien und im Schloß. Vom Aussehen des Parkes erhalten wir durch eine in Hirschfelds »Theorie der Gartenkunst« enthaltene Beschreibung ein plastisches Bild: »Stellen Sie sich einen Wald vor, durch welchen Gänge, im Geschmack der englischen Parks gehauen sind ... Bänke oder alte Baumstämme zu Sitzen ausgehöhlt, winken überall den Wanderer in ihre Schattenplätze oder machen ihn aufmerksam auf schöne Aussichten ... Folgt man den Gängen, so kommt man hier zu einem Bad ..., dort zu Teichen in Gebüschen; hier überrascht einen eine Laube von Gitterwerk, dort bleibt man vor einem Tisch von weißem Marmor in antikem Geschmack stehen ... auf einer Steinplatte liest man Jacobis Zuruf:

O! laß beim Klange süßer Lieder
Uns lächelnd durch dies Leben gehn,
Und sinkt der letzte Tag hernieder
Mit diesem Lächeln stille stehn![12]«

Nachdem die Herzogin 1781 ihren Sommersitz nach Tiefurt verlegte, versank der Park in einen Dornröschenschlaf. Im Jahre 1827 suchte Goethe im Alter von 78 Jahren auf einer Fahrt zu Erinnerungsstätten seines Lebens mit Eckermann auch Ettersburg auf. An einer Einsiedelei mitten im Wald kommt er zu einer durch Eckermann überlieferten Feststellung: »Es war durchaus sonnig und anmutig umher und wir spielten hier an schönen Sommertagen unsere improvisierten Possen. Jetzt ist es hier feucht und unfreundlich. Was sonst nur niederes Gebüsch war, ist indeß zu schattigen Bäumen herangewachsen, so daß man die prächtige Buche unserer Jugend kaum noch aus dem Dickicht herausfindet.«[13]

Heute sind aus dieser zweiten Blütezeit nach der Erbauung des Schlosses im Park nur einige alte Eichen und Buchen und das Bodenrelief erhalten. Die gegenwärtige erlebbare großräumige landschaftliche Gestaltung, die bestimmt wird von gut entwickelten Solitärbäumen, weitschwingenden Wiesenhängen, welche den eigentlichen Park mit dem Brunfthof auf dem gegenüberliegenden Berggipfel und der im Tudorstil erbauten Oberförsterei verbinden, wurden zwischen 1844 und 1852 von Eduard Petzold unter direkter Mitwirkung von dessen Lehrmeister Hermann von Pückler-Muskau geschaffen. Die breite Ausweitung der dem Schloß gegenüberliegenden Schneise mit bewegter Konturenführung und gekonnt verteilten Einzelbäumen wird noch heute »Pücklerschlag« genannt und ist ein Zeugnis gartenkünstlerischer seiner Meisterschaft.[14]

DIE DORNBURGER SCHLOSSGÄRTEN

»Ich weiß nicht, ob Dornburg dir bekannt ist; es ist ein Städtchen auf der Höhe im Saaletale unter Jena, vor welchem eine Reihe von Schlössern und Schlößchen gerade am Absturz des Kalkflözgebirges zu den verschiedensten Zeiten erbaut ist; anmutige Gärten ziehen sich an Lusthäusern her; ich bewohne das alte neuaufgebaute Schlößchen am südlichsten Ende. Die Aussicht ist herrlich und fröhlich . . .«

Noch heute ist dieses Goethesche Urteil (am 10. Juli 1828 an Karl Friedrich Zelter gegeben) zutreffend. Vielgestaltigkeit der Bauten, die Terrassierung des Geländes, reiche gärtnerische Ausschmückung und der Ausblick über die tiefgelegene Saaleaue auf die gegenüberliegenden, mit Obstbäumen und Laubwald bestandenen Kalkberge erfreuen unzählige Besucher zu allen Jahreszeiten. Den Schloßbauten als Zeugnissen verschiedener Bauepochen entsprechen die sie umgebenden Gärten. An das mittelalterliche, efeuumsponnene »Alte Schloß« mit seinen trutzigen Mauern schließen sich die heiteren Rokokogärten des 1734 erbauten »Neuen Schlosses« an. Geschnittene Lindenbäume, Hainbuchen- und Buchsbaumhecken bilden den Rahmen für Blumenrabatten, Rosenspaliere und Plastiken. Diese Anlagen gehen dann unmittelbar über in den »Englischen Garten«, der seine Form – nach einem Plan von 1839 – bis heute erhalten hat. Alle Gartenteile werden durch talseitig gelegene, sich bis zu einem steilen Felssturz anschließende Weinberge miteinander verbunden. Das günstige Klima und das fruchtbare, Wärme speichernde Kalkstein der Terrassenmauern sind hier dem Pflanzenwachstum sehr förderlich.

Carl August stellte zur Betreuung dieser Anlagen 1823 Carl August Christian Sckell als Hofgärtner und Kastellan an. Er war der Sohn des seit 1796 in Belvedere tätigen Konrad Sckell, der Goethe über Jahrzehnte bei der Bewirtschaftung seiner Gärten beriet und unterstützte. Siebenundzwanzigjährig bekam er den Auftrag, dem neunundsiebzigjährigen Dichter 1828 bei seinem elfwöchigen Dornburgaufenthalt mit fachlichem Rat zur Seite zu stehen und für dessen leibliches Wohl zu sorgen. Goethe trieb während seines Aufenthaltes eifrig Korrespondenz, empfing täglich Gäste und beschäftigte sich bei seinen Aufenthalten in den Gärten mit botanischen Studien am Weinstock und der Kletterpflanze *Bignonia radicans*, der Trompetenblume. »Ich bin noch auf dem alten Dornburg, vorzüglich mit botanischen Betrachtungen beschäftigt. Ein reich ausgestatteter Blumengarten, vollhängende Weingeländer sind mir überall zur Seite, und da tut sich dann die alte wohlfundierte Liebschaft wieder auf«, so schildert er sein Befinden in einem Brief an Zelter.[15]

DER PARK AM SCHLOSS KOCHBERG

Schloß Kochberg, der ehemalige Landsitz der Charlotte von Stein, liegt 35 Kilometer von Weimar entfernt in bewegter Muschelkalklandschaft. Die Geschichte des Schlosses reicht bis ins 13. Jahrhundert zurück, seine heutige Bedeutung liegt jedoch hauptsächlich in den Beziehungen Goethes zu Charlotte von Stein und seiner Besuche bei ihr zwischen 1775 und 1788 begründet. Der besondere Reiz und heutige Wert des Parkes gehen darauf zurück, daß die Anlage viele Jahrzehnte kaum gepflegt, aber auch nicht verändert wurde und so in zehnjähriger gartendenkmalpflegerischer Arbeit ihre ursprüngliche Gestalt wieder freigelegt werden

Die Dornburger Schlösser, vom Saaletal aus gesehen.
Lavierte Bleistiftzeichnung von J. W. von Goethe, 1776.

Schloßpark Kochberg. Eingang zum Park
mit Westflügel des Schlosses und Vorhalle des Liebhabertheaters.
Oelbild, vermutlich von Carl von Stein, um 1825.

konnte. Da die vorhandenen Quellen zur Parkgeschichte sehr spärlich sind, nur ein Katasterplan von 1869 stand als ältere Vorlage zur Verfügung, stützten sich die Wiederherstellungsmaßnahmen in hohem Maße auf den Befund.

Von den Wohngebäuden, heute Museum, führt der Weg über eine Brücke am kleinen Liebhabertheater vorbei bergwärts in den Park. Dort wird man durch Haupt- und Nebenwege zu den verschiedenen Parkarchitekturen und mit gärtnerischen Mitteln gestalteten Parkräumen geleitet. Die Terrassierung des ehemaligen barocken »Großen Gartens« nutzte Carl von Stein, der älteste Sohn Charlottes, zwischen 1797 und 1837 zur Anlage des heutigen Landschaftsgartens. In ihm finden wir auf engem Raum düstere, an Vergänglichkeit erinnernde Ruinen- und Gartenarchitekturen, dazu kontrastierend den heiteren Blumengarten mit geometrischen Beetformen, Blumentheater und Leinwandhäuschen, ferner ein rindenbekleidetes Badehäuschen und zwei Teiche. Der Überlauf der Teiche speist eine in Sandstein gehauene Rinne, die über 140 Meter Länge in Bögen durch den Park zum Brunnen am Theaterplatz führt, eine parkgestalterische Einmaligkeit.

Die Gärtnerei, eine Obstwiese und der den Schloßhof umgebende Kranz von Wirtschaftsgebäuden verstärken den ländlichen Charakter der Anlage. Die Verwendung einfacher Beet- und Kübelpflanzen, oft gemischt mit dekorativen Nutzpflanzen, steht im Einklang mit den sich anschließenden Blumenwiesen und Äckern. Die Parkgestaltung macht nicht am eingezäunten Parkbereich halt, sondern geht über in die »Landesverschönerung«. Bereits an der Zufahrtsstraße liegt unter uralten Eichen ein Sitzplatz mit Steintisch, beim Näherkommen sieht man Ort, Schloß und Park, von markanten Pyramidenpappeln gerahmt, vor sich liegen und findet am Ortseingang dann den Friedhof mit dem Steinschen Begräbnisplatz als gestalterischen Mittelpunkt. Wirtschafts- und Spazierwege führen bergwärts zum »Luisenturm« und zu einem Plateau im Felshang, auf welchem einst ein Berghüttchen stand.[16]

Harri Günther

DER GARTEN VON HARBKE

Carl Wilhelm Hennert, der langjährige Intendant des Prinzen Heinrich von Preußen in Rheinsberg, läßt die Leser seiner »Bemerkungen auf einer Reise nach Harbke« 1792 wissen, daß sie im Park von Harbke ein Muster fänden, »wie das Nützliche mit dem Angenehmen zu verbinden ist, und einen Beweis, daß die neuere Gartenkunst hierzu leichter und mit weniger Kosten, als die ehemalige, führet«.[1] Hennert verweist auf Christian Cay Lorenz Hirschfeld, der den Park »meisterhaft geschildert« habe. Beide, Hennert und Hirschfeld, widmen ihre Betrachtungen weniger dem Park als vielmehr den Lustwäldern, die das Eigentliche, das Anziehende in Harbke sind. Sie gehören zum Lappwald, einem leicht bewegten Höhenzug, der für diese Landschaft charakteristisch ist.

Schon im August 1782 hatte der Hofmedicus Johann Philipp Du Roi an den Professor Hirschfeld an der Universität zu Kiel einen Bericht über »Garten und Pflanzungen zu Harbke« geliefert, die »wegen der Mannigfaltigkeit und des Reichtums der darinn befindlichen Seltenheiten des Pflanzenreiches schätzbar« seien. Und eben diese seltenen Gehölze der Lustwälder waren es, die Harbke in ganz Mitteleuropa berühmt machten. So wird bei Hirschfeld auch eine Fülle, zum Teil seltenster Gehölze, aufgezählt, die in den frühen Landschaftsgärten gesuchte Kostbarkeiten blieben. Die Raritäten – meist nordamerikanischer Herkunft – waren nicht im verhältnismäßig kleinen, wenig bedeutenden Park gepflanzt, sondern in den Lustwäldern, deren jeweilige Partien Namen geographischer Gebiete trugen. Diese Wälder bewirtschaftete man nicht nach rein ökonomischen Gesichtspunkten, sondern mehr aus botanisch-ästhetischem Verständnis. Der Enkel des Urhebers der Anlagen, Röttger von Veltheim, nannte es »nicht forstwirtschaftlich, sondern mehr zur Anpflanzung und Zucht von ausländischen Holzarten«[2]. So fügten sich die Wege in diesen Lustwäldern in die modisch-geschwungene Form der neuen Gartentheorie und führten an kleinen Sitzplätzen vorbei. Hauptthema blieb jedoch stets die außerordentliche Gehölzsammlung, nicht der kleine Park.

Der Schöpfer dieser Lustwälder war ein hochgebildeter Jurist, seit 1747 Präsident des Hofgerichtes in Wolfenbüttel, Friedrich Wilhelm von Veltheim, der zuerst auf der Universität in Helmstedt seinen Studien nachging. Während einer Studienreise in den Niederlanden erhielt er die Nachricht, daß im Oktober 1731 alle Ökonomiegebäude seines großen Gutes abgebrannt seien. Nach der sofortigen Heimreise übernahm er die Verwaltung und den Wiederaufbau des Gutes, der 1733 abgeschlossen war.

1755 gab er seine Stellung in Wolfenbüttel auf, um sich nur noch seinen Anbauversuchen zu widmen, lehnte »aus Rücksicht auf seine Gesundheit« auch das Ersuchen Friedrichs II. von Preußen ab, in Berlin als Staatsminister tätig zu sein.

Als früher Aufklärer begründete Friedrich Wilhelm von Veltheim 1740 einen Jagdgesellschafts-Orden »Zum Goldenen Pudel«. Diese Gesellschaft bestand bis zum Siebenjährigen Krieg, in dessen Verlauf Harbke und Umgebung zeitweilig von Truppen besetzt wurden. Noch heute erinnert an der Zufahrt zum Schloß der 1743 gebaute Gasthof »Zum Goldenen Pudel« an diesen Jagdorden.

Schon 1734 wurde neben dem alten Lustgarten mit fast 400 Obst- und Walnußbäumen vom neuen Lustgarten[3] berichtet. Hier fanden sich außer Obstbäumen auch Eiben, Wacholder, Artischocken und Blumen. Diesen neuen Lustgarten ließ Veltheim nach Trockenlegung der Flächen östlich des Schlosses in regelmäßiger Form erweitern, wobei die eigenen holländischen Reiseerinnerungen nicht übergangen wurden. Der aus den Niederlanden berufene Gärtner Viel führte den zierlichen Lustgarten aus, bei dessen Arbeiten die Bewohner aus Harbke zusätzlich sogenannte Burgfest-Fuhren und Dienste leisten mußten[4], die sich bisher nur auf Reparatur- und Bauleistungen an Gebäuden bezogen hatten. Der Sohn August Ferdinand, Graf von Veltheim, der sich auch als Mineraloge einen Namen gemacht hatte, erweiterte diese Neugründungen nicht unbeträchtlich. Erst im Jahre 1803 veränderte der Enkel Röttger, Graf von Veltheim, die inzwischen gänzlich unmodern gewordenen Gartenpartien in »englische Anlagen«.

Östlich dieses kleinen Parkes setzen auf leicht ansteigendem Gelände, die teils anmutig bewegt ist, die berühmten Lustwälder ein, die den Harbker Ruf begründeten. Seit 1745 wurden nach wohlüberlegten, fast wissenschaftlich zu nennenden Planungen ausgedehnte Baumschulen angelegt »für Samen und allerley Geschlecht«. Das fremde Nadelholz, Saatgut oder auch drei- bis vierjährige Pflanzen bezog man meist aus England, das infolge seiner nordamerikanischen Kolonien als Hauptimporteur handelte. Beispielsweise bestellte man bei »Mr. Busch, Jardineur célèbre à Hackney prés de Londres« nach Angaben aus dessen Katalog. Es war auch empfehlenswert, eine »Nordamerikanische Samenkiste« über England einzuführen, die «über 100 verschiedene Sachen« enthalte und im Februar/März eintreffe. Auf dem Boden der Kiste finde man den Originalkatalog des Kaufmanns Bertram. Bis Braunschweig koste eine solche Sendung 16 Louisdor, der Preis dürfte kaum auf 20 Louisdor steigen.[5]

Östlich des Schloßgartens, noch südlich der Schanzenreste aus dem Dreißigjährigen Kriege, lagen die beiden von einer einst mit alten Buchen besetzten Straße getrennten Quartiere »Pudelshain« und »Pudelsruh«. Wenig geschwungene Wege führen durch die Pflanzungen und enden ebenso wie die buchengesäumte Straße an einem Belvedere, das weite Aussichten in die schöne Umgebung ermöglicht. An klaren Tagen kann man in weiter Entfernung das Schloß in Ballenstedt am Harz und den Brocken sehen. Beide Quartiere, dicht mit Laubmischwald und Lärchen bestockt, sind rund 32 Morgen groß. Die sich anschließende »Lange Theilung« war nur mit Laubholz bepflanzt.

Viel reizvoller war »Florida«, etwa so groß wie »Pudelsruh«, von einem kleinen, sich windenden Bach durchzogen. Heute füllt alter, ehrwürdiger Buchenbestand dieses Tälchen, das bis zum »Klippen-Theil« reicht. Ein riesiger, sicherlich noch aus dem 18. Jahrhundert stammender Tulpenbaum, der erste blühte 1771 in Harbke, fühlt sich von den Buchennachbarn sehr bedrängt. Einzelne Partien, zum Beispiel »Werner's Ruhe«, auch andere, sind sehr interessant, »die nett reingehaltenen Fußwege laden zu weiterem Fortschreiten ein«.[6]

»Neufundland« (etwa 13 Morgen) und, nördlich der Bartenlebener Allee, »Libanon« (nur etwa 8 Morgen groß) folgten. »Neufundland« und »Libanon« waren mit Laub- und Nadelholz überzogen. Auf den »Libanon«-Flächen hielten sich lange Zedernpflanzungen, während andernorts durchaus nicht solche Gehölze wuchsen, die den geographischen Namen entsprachen.

Die weiteren Flächen »Cotopaxc« (ca. 13 Morgen, 1761/63 gepflanzt), der »Fichtelberg« (ca. 24 Morgen), »Ukraine« (40 Morgen) und »Steppe« (ebenfalls 40 Morgen) ließen sich noch nicht lokalisieren.

In diesen mit besonderen geographischen Bezeichnungen benannten Quartieren, deren Flächenmaße genau berechnet waren, wuchsen viele Arten und Sorten: In »Pudelsruh« und »Pudelshain« 65 ganz verschiedene Arten, in der Allee von »Pudelsruh« nach »Florida« 10 Arten (darunter 4 Ahorne, Eiche, Goldregen, Platane). 1763 zählte man in »Florida« 1593 sommergrüne Gehölze in 173 Arten; in »Libanon«, 1763 angelegt, 49 Arten Nadel- und sommergrüne Laubgehölze in 2947 Exemplaren; »Cotopaxc« trug 12 Nadelholzgattungen und Arten mit 9637 Exemplaren[7].

Die für Mitteldeutschland ganz ungewöhnlich umfangreichen Gehölzsammlungen ließ Friedrich Wilhelm von Veltheim wissenschaftlich bearbeiten, wobei sein Mitwirken und seine Förderung nicht unterschätzt werden dürfen. Er zog den Helmstedter Medizinstudenten Johann Philipp Du Roi heran, der von 1765 bis 1770 die wissenschaftliche Aufsicht über die Pflanzungen führte. Später wurde Du Roi zweiter Garnisonsarzt in Braunschweig, wo er an den Folgen einer Epidemie verstarb. 1771/72 gab er die damals in deutscher Sprache umfangreichste grundlegende Dendrologie, die »Harbkesche wilde Baumzucht«, heraus. Deren vollständiger, weil auch vielsagender Titel soll hier nicht verschwiegen werden: »Die Harbkesche wilde Baumzucht, theils Nordamerikanischer und andrer fremder, theils einheimischer Bäume, Sträucher und Strauchartiger Pflanzen nach den Kennzeichen, der Anzucht, den Eigenschaften und der Benutzung beschrieben«.

Nach dem Tode Du Rois bearbeitete sein früherer Mitarbeiter Johann Friedrich Pott eine zweite, auf drei Bände erweiterte Auflage (1795–1800), die mehr als 350 Arten und Sorten aufnahm. Diese zweite Auflage widmete Pott dem König Friedrich August von Sachsen, der infolge seiner Pflanzensammlungen in Pillnitz ein kenntnisreicher Baumfreund war. Wichtig für die heutige Forschung sind nicht nur die englischen, französischen und deutschen Namen, sondern auch die vielen, oft verwirrenden zeitgenössischen Synonyme.

Diese dendrologischen Interessen wurden neben Anbauerfahrungen auch unter weiteren Gesichtspunkten betrieben. So versuchte Röttger von Veltheim 1797 aus Ahornsaft Zucker zu gewinnen. Dazu wählte man 60 Ahorne aus, meist nordamerikanischer Herkunft, und erntete 300 Liter Saft, aus dem 10 Kilogramm Rohzucker gewonnen werden konnte. Als 1801 im früheren Schlesien die erste Rübenzuckerfabrikation aufgenommen wurde, verloren Versuche mit Ahornsaft

ihre Bedeutung. Wichtig waren und blieben neben Spezialuntersuchungen die ständigen Eingriffe in die Baumbestände, um die Wuchsleistungen zu fördern. So schrieb Gerstenberg noch 1870 mit Recht: »Aus dem ganzen spricht zauberhafte Stimmung, große Pflege, immer wieder Einschlag, um den Nachwuchs zu schaffen.«[8]

Hirschfeld[9] druckte im Anschluß an Beschreibungen der Gärten in Gotha, Weimar und Tiefurt einen mehrere Seiten langen Bericht des bereits zu Anfang genannten Du Roi, der in seiner Beschreibung ganz dem Stil und der Anschauung Hirschfelds folgt. Immer wieder wird auf den Wert der seltenen nordamerikanischen Bäume hingewiesen, auch eine große Anzahl, darunter die Weymouthskiefern und Lärchen, namentlich genannt. Dazwischen fügt Du Roi häufig stimmungsvolle Ortsschilderungen zu den Pflanzungen ein: »In solchen ziehen sich viele schöne belaubte Gänge rechter Hand hinauf, und außerdem finden sich noch hin und wieder mit grünem Epheu besetzte und umwundene Plätze, ingleichen runde einsame Kabinette mit steinernen Bänken zum Ausruhen«.

Auf einen solchen grünen Platz unter hohen, erst um 1935 abgestorbenen Weymouthskiefern hatte die Familie Veltheim Goethe und dessen Sohn, die der Hofrat Beireis in Harbke einführte, 1805 zum Picknick eingeladen. Der skurrile Arzt, Physiker und Chemiker Gottfried Christoph Beireis betreute von Helmstedt aus die Veltheims, und es lag nahe, dem Besuch aus Weimar die Forstkulturen und Lustwälder in Harbke zu zeigen. Goethe vermerkt dazu in seinen »Annalen oder Tag- und Jahreshefte« (1805): »Gegen den Garten hin war das altertümlich aufgeschmückte ansehnliche Schloß vorzüglich schön gelegen. Unmittelbar aus demselben trat man auf ebene reinliche Flächen, woran sich sanft aufsteigende, von Büschen und Bäumen überschattete Hügel anschlossen. Bequeme Wege führten sodann aufwärts zu heiteren Aussichten gegen benachbarte Höhen, und man ward mit dem weiten Umkreis der Herrschaft, besonders auch mit den wohlbestandenen Wäldern, immer mehr bekannt. Den Großvater des

Grafen hatte vor fünfzig Jahren die Forstkultur ernstlich beschäftigt, wobei er denn nordamerikanische Gewächse der deutschen Landesart anzueignen trachtete. Nun führte man uns in einen wohlbestandenen Wald von Weimutskiefern, ansehnlich stark und hoch gewachsen, in deren stattlichen Bezirk wir uns, wie sonst in den Forsten des Thüringer Waldes, auf Moos gelagert an einem guten Frühstück erquickten und besonders an der regelmäßigen Pflanzung ergötzten. Denn dieser großväterliche Forst zeigte noch die Absichtlichkeit der ersten Anlage, indem die sämtlichen Bäume, reihenweis gestellt, sich überall ins Gevierte sehen ließen. Eben so konnte man in jeder Forstabteilung, bei jeder Baumgattung die Absicht des vorsorgenden Ahnherrn gar deutlich wahrnehmen. Die beste Bewirtung, der anmutigste Umgang, belehrendes Gespräch, worin uns nach und nach die Vorteile einer so großen Besitzung im einzelnen deutlicher wurden, besonders da hier so viel für die Unterthanen geschehen war, erregten den stillen Wunsch, länger zu verweilen, dem denn eine freundlich dringende Einladung unverhofft entgegenkam. Aber unser teurer Gefährte, der fürtreffliche Wolf, der hier für seine Neigung keine Unterhaltung fand und desto eher und heftiger von seiner ungewöhnlichen Ungeduld ergriffen ward, verlangte so dringend, wieder in Helmstädt zu sein, daß wir uns entschließen mußten, aus einen so angenehmen Kreise zu scheiden; doch sollte sich bei unserer Trennung noch ein wechselseitiges Verhältnis entwickeln. Der freundliche Wirt verehrte aus seinen fossilen Schätzen einen köstlichen Enkriniten meinem Sohn, und wir glaubten kaum etwas Gleichgefälliges erwidern zu können, als ein forstmännisches Problem zur Sprache kam. Im Ettersberg nämlich bei Weimar solle nach Ausweis eines beliebten Journals eine Buche gefunden werden, welche sich in Gestalt und sonstigen Eigenschaften offenbar der Eiche nähere. Der Graf, mit angeerbter Neigung zur Forstkultur, wünschte davon eingelegte Zweige, und was sonst noch zu genauerer Kenntnis beitragen könne, besonders aber womöglich einige lebendige Pflanzen. In der Folge waren wir so glücklich, dies Gewünschte zu verschaffen, unser Versprechen wirklich halten zu können, und hatten das Vergnügen, von dem zweideutigen Baume lebendige Abkömmlinge zu übersenden, auch nach Jahren von dem Gedeihen derselben erfreuliche Nachricht zu vernehmen«.

Die Buche, »welche sich in Gestalt und sonstigen Eigenschaften offenbar der Eiche nähere«, war eine Rotbuche mit geschlitzten Blättern, *Fagus sylvatica* L. ›Laciniata‹. Von den durch Goethe veranlaßten Übersendungen der Ankömmlinge lebt noch ein Baum und erinnert an den Tag in Harbke.

Die Lustwälder haben schon im 19. Jahrhundert außerordentlich stark durch orkanartige Stürme gelitten, so daß sehr viele der auf etwa 51 Hektar Fläche in den Lustwäldern herangezogenen Nordamerikaner umbrachen. Heute überziehen heimische Gehölze, zu Teil gewaltigen Ausmaßes, dieses gefällig bewegte Gelände. Riesige Lärchen, gegenwärtig 40 Meter hoch, beeindrucken den Besucher, der den alten Harbker Pflanzungen nachspürt. Es sind sogenannte Sudetenlärchen, die auf dem ihnen zusagenden Standort so Vorzügliches leisten.

Unmittelbar neben der Kirche wächst – sorgsam gehütet – der älteste Ginkgo unserer Breiten. Obgleich trotz des hohen Alters zierlich und klein geblieben, dürfte es der älteste Ginkgo sein, den Goethe je sah, als er auf dem Weg in den Park an diesem ungewöhnlichen Baum vorbeikam. Später gab Marianne von Willemer Anlaß, daß Goethe einen Ginkgo in einem besonders zarten Gedicht feierte.

Bernd Modrow

DER PARK WILHELMSHÖHE BEI KASSEL

Schon der barocke *Karlsberg* bei Kassel zu Beginn des 18. Jahrhunderts war von der Konzeption und der tatsächlichen Ausführung her etwas Gigantisches. Die landschaftliche Um- und Neugestaltung, die im wesentlichen in einem Zeitraum von nur acht Jahren – von 1785 bis 1793 – erfolgte, stellte eine nicht mindere Leistung dar.

Unter Ausnutzung des Berghanges am Habichtswald ist, angepaßt an die Topographie, der Landschaftspark als »begehbares Landschaftsgemälde« geschaffen worden, dessen Bodenmodellierung und Wegeführung, die Verwendung der Vegetation und des Wassers, die Plazierung der Kleinarchitekturen und Gebäude als Staffagen damals wie heute beeindrucken. Der Landschaftspark *Wilhelmshöhe* ist ein Kulturdenkmal von höchster Bedeutung. Er ist von zeitgenössischen Schriftstellern oft beschrieben worden. Weißenstein bzw. Wilhelmshöhe war das Ziel vieler Reisender. Goethe hielt sich immer wieder in Kassel auf und versäumte nicht, den Weißenstein aufzusuchen, was in seinen Tagebüchern nachzulesen ist. Die Behauptung des Philosophen Karl Julius Weber(-Demokrit) ist wohl nicht übertrieben: Es gibt Hunderte von Landschaftsgärten in Deutschland und in Europa, aber nur eine Wilhelmshöhe.[1]

Die Geschichte des Parkes kann bis ins Mittelalter zurückverfolgt werden. Bereits 1143 wird das Kloster Witzenstein erwähnt. 1606 ließ Landgraf Moritz der Gelehrte den Grundstein für ein Jagd- und Sommerschloß legen. Von ihm wurde 1615 eine Grotte auf halber Höhe der Hauptachse errichtet.[2]

Unter Landgraf Karl entstand ab 1701 bis 1717 die grandiose Anlage mit Oktogon und Kaskaden, die der englische Reiseschriftsteller Sacheverell Stevens Mitte des 18. Jahrhunderts »als eine der prächtigsten Anlagen in ganz Europa, selbst diejenigen zu Versailles, Frascati, Tivoli und andere beschriebene Orte nicht ausgenommen«, lobte.[3]

Angeregt durch die Gartenkunst dieser Zeit in Frankreich und die Renaissance- und Barockgärten, die Landgraf Karl während seiner Italienreise 1699/1700 bewunderte, beauftragte er den Italiener Giovanni Francesco Guerniero mit der Planung dieser großartigen Anlage auf dem Weißenstein bei Kassel.[4]

1701 begannen die Arbeiten am »Oktogon« auf der Höhe und den von dort nach Osten abfallenden Kaskaden an der Stelle, wo sich ca. 300 m versetzt bereits eine 1696 begonnene kleine Kaskadenanlage, der sogenannte Winterkasten, befand. Guernieros atemberaubendem Projekt zufolge sollte die von Bassins, Grotten und Terrassen unterbrochene Wasserachse auf ca. einem Kilometer Länge knapp 240 Meter Höhenunterschied zwischen Oktogon und einem östlich davon in Anlehnung an italienische Villen geplanten Sommersitz überwinden. Beidseitig dieser Wasserachse waren je drei in den umgebenden Waldhang ausstrahlende Alleen vorgesehen. In der »Delineatio Montis«, einem Stichwerk, das Guerniero 1705 in Rom herausgab, und das 1706 in deutscher Übersetzung in Kassel erschien, ist die großartige Konzeption niedergelegt.[5]

Wenn auch nur etwa ein Drittel des Idealplans realisiert wurde, so hatte doch Guerniero als er 1715 Kassel

verließ, die barocke Grundkonzeption mit der beherrschenden Hauptachse festgelegt. Diese Achse mit
Oktogon und Herkules sowie bis zum Neptunbassin
reichender Kaskade ist bis heute erhalten geblieben.[6]

Eine neue gestalterische Epoche begann schließlich
ab 1763. In der bis 1785 andauernden Frühphase dieser
landschaftlichen Umgestaltung entstand unter Landgraf Friedrich II. ein labyrinthisches Nebeneinander
unterschiedlicher, von geschwungenen Wegen er-
schlossener »natürlicher« Szenerien. Diese waren ausstaffiert mit stimmungsbeladenem, figürlichem Schmuck
und zahlreichen Bauten, die den Betrachter in »rühren-
des Erstaunen« versetzen sollten.[7] Es erfolgte die Anlage
des Flusses »Styx« mit den »Elysäischen Feldern« nach
dem Vorbild von *Stowe* und die Rosenpflanzung mit den
beiden Vogelhäusern.

Die Rasenfläche vor dem Schloß, das spätere *Bowlinggreen*, war von Statuen griechischer und römischer
Götter flankiert.[8] Das »Tal der Philosophen« hatte eine
große Bedeutung. Es wird von dem Bach gebildet, der
südlich der Hauptschneise vom Entenfang bis in den
Fontänenteich herunterfließt. In Einsiedeleien befanden sich dort die lebensgroßen Holzstatuen griechischer Philosophen. Es sind noch die »ägyptische Pyramide«, die »Eremitage des Sokrates« und die »Höhle der
Sibylle« vorhanden. Das »Grabmal des Vergil« steht in
der Nähe im Peterwäldchen (»Einsiedelei des Peters«).
Zeitgleich mit ähnlichen Bauten in Schwetzingen
(ca. 1778) wurden eine türkische Moschee und das
chinesische Dorf Mulang errichtet.[9] Eine kleine Pagode
und einige wenige Häuser dieser chinesischen Kolonie
existieren heute noch.

Besonderen Eindruck machte die große Fontäne in
dem unter Landgraf Friedrich II. neu in Vierpaßform
gestalteten Fontänenteich oberhalb vom *Bowlinggreen*.
Eine Vielzahl von Baum- und Straucharten wurde gepflanzt. Das Verzeichnis von 1785 weist 431 Gehölzarten
aus, sowohl einheimische als auch amerikanische.[10]
Erste »natürliche« englische Boskets entstanden in
dieser frühen Phase des Landschaftsgartens. Ein »irrendes Spiel«, wie es Hoffmann treffend bezeichnet.[11] Aus

dem Plan von 1776 ist der damalige Zustand zu entnehmen, nur wenig davon blieb allerdings erhalten.

Der noch heute erlebbare Park erhielt seine Form im
wesentlichen unter Friedrichs Sohn, Wilhelm IX., ab
1803 Kurfürst Wilhelm I. Er hatte schon ab 1779 als Erbprinz *Wilhelmsbad* bei Hanau im Sinne des englischen
Landschaftsgartens anlegen lassen. Die dort vorhandenen Elemente wie »Teufelsbrücke«, »Pyramide«,
»Eremitage« und die »gotische Burgruine« stellten vermutlich das Vorbild dar für die nun beginnenden Umgestaltungen. Die Leitung sämtlicher Arbeiten hatte der
Baudirektor Simon Louis du Ry. Dabei war der Hofgärtner Daniel August Schwartzkopf für die Parkgestaltung,
der damalige Bauinspektor Heinrich Christoph Jussow
für die Mehrzahl der Bauten und der Brunneninspek-
tor Karl Steinhöfer für die Wasseranlagen zuständig.
Großer Einfluß auf alle nun beginnenden Arbeiten ist
auch hier sicherlich dem Gartentheoretiker Christian
Cay Lorenz Hirschfeld zuzuschreiben. Seine Kritik
kann als einer der Impulse angesehen werden, um
einen englischen Landschaftspark nach »neuem Geschmack« anzulegen. Wenn Hirschfeld auch 1785
schreibt: »Übrigens sind die neuen Anlagen auf dem
Carlsberg noch keiner volständigen Beschreibung fähig,
da sie noch immer fortgesetzt werden und so mancher
Abänderung unterworfen sind«, so war er doch vom
»Thal der Philosophen« sehr angetan.[12]

Aufgrund verschiedenster Berichte und Aufzeichnungen kann die Zeit der Umgestaltungen gut nachvoll-
zogen werden. Besonders die unter Verwendung des
Berichtes des Hofgärtners Daniel August Schwartzkopf
»über die völlige Umgestaltung der Weißensteiner Anlagen von 1785–1793« entstandene Beschreibung vom
Hofbibliothekar Friedrich Wilhelm Strieder[13] ist äußerst
aufschlußreich nicht nur im historischen Sinne, sondern
gerade auch im Hinblick auf das Verständnis des Parkes,
so wie er heute erlebt wird.[14]

Während der Umbauarbeiten stand Schwartzkopf mit
Hirschfeld in Briefkontakt. Auf seinen Bericht von 1791
über die bis dahin fertiggestellten Anlagen antwortete
Hirschfeld: »Diese Abbildungen sind ein unvergeßliches

Blick über das Bowlinggreen zum Apollotempel
und zur Halle des Sokrates.

Pagode im chinesischen Dorf Mulang,
ein Bau des ausgehenden Rokoko.

Denkmal so wohl von dem feinen Geschmack und dem erhabenen Geiste des Durchl. Eigenthümers, als auch von der Höhe, die nunmehr die Gartenkunst in Deutschland erstiegen. Denn diese Blätter können sich den schönsten englischen Vorstellungen dieser Art an die Seite stellen.«[15]

Im November 1785 wurde nach Zusammenfassung der fünf vorhandenen Teiche mit einem Damm die Anlage des »Lacs« begonnen. Gleichzeitig wurden alle auf Holz gemalten mythologischen Bilder aus dem Park geschafft. Böschungen, Mauern und Rasentreppen wurden geschleift, Lattenwände entfernt. 1787 war durch umfangreiche Erdbewegungen das *Bowlinggreen* mit seinen Randpflanzungen fertiggestellt, so daß die Gegend nun »mehr Größe und Freiheit« ausstrahlte. Als erstes gemeinsames Werk von Jussow und Steinhöfer wurde mit der »Peneus-Kaskade« (1786/90) als Wasserlauf, der den Aquädukt mit dem Fontänenteich verbindet, begonnen. Hierzu wurden die zerstreut verlaufenden Bäche in einen »Hauptfluß« zusammengefaßt. Die endgültige Fertigstellung erfolgte erst 1803.

»Der Park sollte belebt werden mit rieselnden Bächen, die in lustigen Wassergüssen eine Musik erzeugten, die das Ohr des einsamen Wanderers entzückt. Oder ein reißender Bergstrom sollte erhebende Gefühle von Kraft und von Gewalt erwecken. Um die Gewalt der Wasserfälle zu verstärken, empfiehlt Hirschfeld, das Wasser schmal und hoch herabstürzen zu lassen, wobei die Ufer mit Moos, Baum und Busch belebt sein sollen. Vom Wassersturz verlangt der Theoretiker Wildheit, schnelle und heftige Empörung des Elements, das dann das Gefühl des Schreckens und Staunens verursacht.«[16] Das folgende gemeinsame Werk war der »Aquädukt« (1788/92), an dessen entwurfsmäßiger Gestaltung der Landgraf selber mitgewirkt haben soll. Er erinnert an eine römische Wasserleitung. Das Wasser fließt scheinbar bergauf in steingefaßter Rinne auf dem Aquädukt entlang und stürzt an einem Ruinenabbruch 28 Meter in die Tiefe in einen Felsenkessel.

Der Aquädukt sollte gewissermaßen eine Grenze zwischen dem gestalteten und dem naturbelassenen Bereich darstellen, »über welche sich dieser Fluß gegenwärtig so schön und natürlich in das große Bassin stürzt, indem von hier bis an den Fuß des Aquaeduc schon natürlich angelegt wahr, weil der Aquaeduc das Ende und gleichsam die Grenze zwischen Kunst und Natur ausmachen sollte«. Als äußerst wichtige Maßnahme wurde, um jegliche Achsenbildung in barocker Manier zu vermeiden, die große Fontäne aus der Mitte verrückt, »um auch hier die Spur der Kunst zu vertreiben, um den Aufsprung der großen Fontäne mit dem Falle der großen Cascade in Verbindung zu bringen«.

Die Wege erhielten unterschiedliche Breite und verliefen in harmonischer, natürlicher Führung. Die Wege selbst sollten auch »mehr zur Verschönerung der Anlagen« dienen und öffneten immer wieder Aus- und Durchblicke. In der Gegend, wo sich der Fluß »Styx« und die »Elysäischen Felder« befanden, wurde der Fluß, der vom Fontänenbecken kam um die »Roseninsel« herum mit Kaskaden bis zum »Lac« geführt. 1791 war der »Lac« mit umschließenden Wegen sowie ober- und unterhalb befindlichen Wasserfällen fertiggestellt mit besonders hervorgehobenen Aussichten in Richtung Mulang. Bäume wurden nach der neuen Manier als Haine, *clumps* oder Waldkulisse gepflanzt. Die vorhandene vierreihige Lindenallee in der Hauptachse wurde »gebrochen und in Baumgruppen verwandelt«. Im Jahre 1792 konnten die zwei Teiche oberhalb der »Plutogrotte« zu einem »natürlichen« Teich vereinigt werden, mit einem seitlichen Abfluß »durch einen Wald von Tannen und Lerchen Bäumen gemacht, um dem Fluße die Ansicht zu geben, als hätte er sich selbst diesen Weg gesucht und gebahnt. Wo dieser Fluß gemacht wurde und wo selbiger aus dem Tannenwalde zum Vorschein kommt ist ein Absatz von einigen 30 Fuß hoch. Dieser Vorfall wurde nicht unbenutzt gelaßen. Um die Gegend vor der Grotte Pluto romantischer und natürlicher zu machen wurde vor dem bemerckten Absatze ein Wassersturz von den hiesigen Lavasteinen und über selbigen eine hölzerne Brücke, die Teuffels-Brücke, gebauet, wozu der Gedancke nach einer eigenen und wahren Schweizer Gegend genommen wird.« Die ur-

Seiten 108, 109
Blick über den Lac, der ab 1785 bis 1791
aus der Zusammenführung früherer hier vorhandener regelmäßiger
Fischteiche geschaffen wurde.
Am Rande befindet sich die Roseninsel.

sprüngliche Holzbrücke dort ist seit 1826 von Johann Conrad Bromeis durch eine neogotische Eisenkonstruktion ersetzt worden.

Aus dem natürlichen Abfall des Wassers am Hüttenberg entstand durch Karl Steinhöfer 1792 der einzigartige »Steinhöfersche Wasserfall«. Schließlich wurde 1793 der Bereich zwischen der »Plutogrotte« und den Kaskaden von jeglicher Regelmäßigkeit befreit und »natürlich« angelegt.

Die Arbeiten sind damit im wesentlichen abgeschlossen, und Schwartzkopf kommt zu der Feststellung: »Bis dahin ist die Arbeit glücklich gediehen und beendigt, und eine alte Anlage, woran vorhero zwei und Zwanzig Jahr gearbeitet, in der Zeit von Acht Jahren umgeändert. Durch die vorhin gemachte Anlage wahr der Ort seinem natürlichen Charackter gemäß, und welchen der Gottseel. LandGraaf Carl sehr guth gekannt hat, mehr verdorben als verschönert. Durch die neue Anlage ist aber der Gegend ihr wahrer Charackter wiedergegeben, und die vorhero vertriebene[n] Schönheit[en] und natürliche Anmuth wiederum hergestellt. Alles was gebaut worden harmoniert mit der Gegend, und ist im Heroischen und großen Styl gemacht. Das neue Schloß mit seinen zwei Flügelln, der Lac, zwei natürliche Waßer Fälle, (zwischen welche[n] wohl die anderen Waßer Fälle weg zu wünschen wären), das große Bassin, der Aquaeduc und der Waßer Sturz, nebst der schönen und sehr weit um her geführten Chaussee, schöne große grüne Pläze und Abhänge haben die vorhero vertriebene Würde der Gegend selbige ihr wieder gegeben. Alle und jede Wege und Spazier Gänge zu beschreiben, würde viel zu weitläufig sein, und würde doch den Ort nicht kenntlicher machen, sondern im Gegentheil mer verwirren. Alle Parthien sind überhaupt (nun) schicklich und durch meisten theils bequeme Spazier Wege mit ein ander verbunden. Fast die allermeisten Spazier Gänge haben ihre Absicht und führen nach eine gewiß[en] besonder[e]n Gegenstand hin, welche allemahl die Mühe des Spazier Ganges belohnen. Ein Kenner und Freund der Natur wird in der Anlage selbst Pläze finden, welche ihr[en] besonder[n]

Reitz und Schönheit zu jeder Tages Zeit haben. Man findet angenehme Pläze vor den Morgen und vor den heißen Mittag, die vor den Abend sind fast noch die schlechtesten, weil durch die Einfaßung durch hohe Gebürge gegen Westen, die Wirckung der untergehend[en] Sonne nicht recht empfund[en] werden kan[n]. Alle Spazier Gänge sind guth und feste gemacht, mit Sand und Grand belegt, wer[e]n guth unterhalt[en] und die Reinlichkeit sehr strenge beobachtet, ja so gar die Chaussee[n] werd[en] wie Gart[en]-Wege unterhalten. Dem ohngeacht aber, obgleich eine große Arbeit in vorbemerckt[en] Jahr[en] verrichtet worden; So liegen doch hier und da noch Pläze in ihr[e]m rohen Zustand da, welche mit der Zeit noch mehr verschönert werden können und soll[e]n, auch einer höhern Verschönerung noch fehig sind. Überhaupt kann man sagen, daß das Haupt Gemählde fertig, und nur noch hier und da das Colorit, das Licht und der Schatten in dem Gemählde feiner ausgemahlt werden müs[en].«[17]

In den Jahren bis 1790 waren die beiden Schloßflügel von dem Architekten Simon Louis du Ry gebaut worden. Wilhelms IX. Idee bestand darin, an Stelle des in der Mitte stehengelassenen Jagdschlosses eine von Pflanzen überwucherte künstliche Ruine[18] als verfallenes mittelalterliches Schloß zu setzen. Das Projekt scheiterte am Widerstand du Rys. Trotz zahlreicher Ruinendarstellungen von Jussow entschloß man sich schließlich zu einem palladianischen Mitteltrakt mit Kuppel. Der Landsitz *Prior Park* bei Bath diente unter anderem als Vorbild.[19] Es bestand jedoch eine lockere Dreigliederung, wobei die Flügel nur durch einen Terrassenbau mit dem Mittelteil verbunden waren, die von Paetow[20] besonders hervorgehoben wird, da Landschaft und Baukunst in romantischem Sinne gegenseitig bedingt, sich durchdrangen. Der spätere Ausbau der massiven Verbindungen zwischen Mittel- und Seitenflügel hat die einzigartige Einbindung in die Landschaft genommen. Das Gebäude stellt einen dominierenden Riegel im Landschaftspark dar.

Der Park Weißenstein wird seit 1798 *Wilhelmshöhe* genannt. Den Wunsch nach einer Ruine hat sich der

*Der Aquädukt als künstlicher Ruinenbau
will eine verfallende römische Wasserleitung
mit einem Befestigungsturm darstellen.*

*Der Steinhöfersche Wasserfall
ist als zerklüfteter Felssturz
künstlich in den Hang hineingebaut*

Teufelsbrücke und Wasserfall über den Höllenteich.
Die jetzige gußeiserne Brücke wurde 1826
von Johann Conrad Bromeis gegen eine alte Holzbrücke ausgetauscht.

Landgraf dennoch erfüllt, indem er sich von Jussow die »Löwenburg« (1793–1798) erbauen ließ. Wie in *Strawberry Hill* und *Wörlitz* wurden Bauteile aus alten Anlagen, Kirchen usw. entnommen und für den Bau verwendet. Gotische Möbel, Waffen, Gemälde, Rüstungen dienten als Ausstattung. Südwestlich vor der Burg wurde ein Turnierplatz für mittelalterliche Ritterspiele angelegt, wie auch ein Burggarten im Norden. Ein gewaltiger Wassersturz, der wohl nie realisiert wurde, sollte unterhalb der Burg in die Schlucht stürzen.

Die Schöpfung dieses großartigen Landschaftsparks mit seinen Bauten, Gartenanlagen und Wasserkünsten war, als Kurfürst Wilhelm I. 1821 starb und in der »Löwenburg« beigesetzt wurde, in wesentlichen Teilen abgeschlossen. In der Folgezeit ließ Kurfürst Wilhelm II. 1822 das Pflanzenhaus, eine der frühesten Eisen-Glas-Konstruktonen Deutschlands, von Johann Conrad Bromeis erbauen. 1826 wurde von dem bereits 79 Jahre alten Karl Steinhöfer sein wohl reifstes Werk errichtet, der »Neue Wasserfall«.

Eine sechzehn Meter breite Wassermasse stürzt von Stufe zu Stufe vierzig Meter in die Tiefe und schießt unter einem Brückentor hindurch. Gartendirektor Wilhelm Hentze, der ab 1822 in Wilhelmshöhe verantwortlich war, verstand es, den Bereich des Neuen Wasserfalls meisterhaft anzulegen mit einer harmonischen Wegeführung und kunstvoller, kulissenartiger Bepflanzung. Die großartige Leistung ist noch heute ablesbar, wenn auch der »Neue Wasserfall« aufgrund der ungünstigen Bodenbeschaffenheit durchlässig ist und seit dem Zweiten Weltkrieg nicht mehr läuft. Überhaupt ist es das Verdienst von Hentze, den durch Daniel August Schwartzkopf geschaffenen Anlagen nun noch die künstlerische Ausformung gegeben zu haben. Hentze hatte bereits bei der Umgestaltung des Gesundbrunnens von Hofgeismar Erfahrungen gesammelt und wurde 1822 von Kurfürst Wilhelm II. zum Kontrolleur über sämtliche Hofgärten ernannt.[21] Von Hentze wurde 1852 ein Pflanzenverzeichnis der Baumschule zu Wilhelmshöhe herausgegeben. Als Hofgartendirektor (seit 1834) war er über einen Zeitraum von zweiund-

vierzig Jahren auch für die Umgestaltung der Karlsaue verantwortlich.

Aufgrund der Bestandsaufnahme von 1903[22] kann davon ausgegangen werden, daß der Park Wilhelmshöhe bis 1919 in einem weitgehend gleichen Zustand war. Starke Zerstörungen erfolgten im Zweiten Weltkrieg, deren Beseitigung sich bis in die sechziger Jahre hinzog. Die in dieser Zeit durchgeführten Sanierungs- und Wiederherstellungsmaßnahmen entsprechen sowohl von der Material- als auch von der Ausführungsart her nicht immer den heutigen denkmalpflegerischen Erkenntnissen. In einem in Arbeit befindlichen Parkpflegewerk sollen für den 240 Hektar großen Park, ausgehend von der Analyse der historischen Entwicklung und den tatsächlichen Gegebenheiten, Anweisungen für zukünftige Maßnahmen entwickelt werden. Erste behutsame Korrekturen sind inzwischen eingeleitet worde. Die Verwaltung der Staatlichen Schlösser und Gärten Hessen ist zuständig für den Park Wilhelmshöhe mit einer eigenen Gartenverwaltung vor Ort. Das denkmalpflegerische Ziel besteht darin, die Gestaltungsprinzipien und Bilder des Landschaftsgemäldes wieder deutlich hervortreten zu lassen.

Schriftliche Zeugnisse der schöpferischen Phase befinden sich in den zahlreich vorhandenen Archivalien. Eine Reihe von Veduten, insbesondere die aufschlußreichen Gemälde Johann Heinrich Tischbeins[23], dienten dabei als Vorlage. Zur Pflanzenverwendung sind Hinweise aus den Aufzeichnungen der genannten Hofgärtner und aus den überlieferten Pflanzenlisten[24] zu entnehmen.

Mit der Wiederherstellung von Bildern, Aussichten und Szenen ist im Bereich des »Lacs« bis zum »Mercurtempel« begonnen worden. Das Wasser und die Wasseranlagen im Park als wohl bedeutendste Gestaltungselemente bedürfen in ihrer Vielseitigkeit und Natürlichkeit der Ausformung besonderer Aufmerksamkeit bei der restaurierenden Parkpflege.[25]

Der Park ist für die Besucher kostenlos zugänglich. Die »Löwenburg«, das »Oktogon« und das Schloßmuseum sind außer montags zur Besichtigung geöffnet.

Das Neue Weißensteiner Schloß (Weißensteinflügel) von Westen.
Ansicht von Wilhelm Böttner, 1791.

Merkurtempel am Leinakanal

Günther Thimm

DER HERZOGLICHE PARK
IN GOTHA

Rings um das ehemalige Residenzschloß Friedenstein in Gotha erstreckt sich ein Kranz von Parkanlagen, die, heute nicht mehr erkennbar, in unterschiedlichen Zeitabschnitten entstanden sind. Dazu gehört auch der zehn Hektar große ehemalige *Englische Garten* oder *Herzogliche Park* (heute »Park um den großen Parkteich«), der südlich des Friedenstein zwischen dem Leinakanal, einem im 14. Jahrhundert künstlich angelegten Wasserlauf zur Trinkwasserversorgung der Stadt Gotha, und der heutigen Parkstraße liegt. Ursprünglich vor der damals noch befestigten Stadt und anschließend an dem Küchengarten gelegen, auf dessen Gelände 1884 bis 1879 ein Museum für die herzoglichen Kunstsammlungen errichtet wurde (heute »Museum der Natur«), ist er im 19. Jahrhundert von der sich ausweitenden Stadt völlig eingeschlossen worden, so daß seine einstige Beziehung zur umgebenden Landschaft verloren ging.

Bereits 1766 beginnt die Geschichte dieses ersten fürstlichen Landschaftsgartens in Thüringen, als der damalige Erbprinz und spätere Herzog Ernst II. von Sachsen–Gotha–Altenburg den von Lichtensteinschen Garten mit den »vorhandenen Meubles, Naturalien und Materialien Orangerie Gewächsen, LustStücken, Treib- und Mist Beet Fenster«[1] erwirbt. Drei Jahre später kommen weitere Einzelgrundstücke hinzu und offensichtlich beginnt auf diesen Flächen, fast ausschließlich mit Hilfe natürlicher Gestaltungselemente, die Parkgestaltung »unter Leitung eines Engländers Haberfield, den er [der Erbprinz] dazu 1769 aus England mitgebracht hatte«[2]. Mitbeteiligt war auch der Molsdorfer Hofgärtner Christian Heinrich Wehmeyer. In den Jahren 1770 bis 1782 werden wiederum Grundstückskäufe »zur Erweiterung des neu angelegten Gartens« erwähnt, wie es 1770 heißt[3]. 1778 entsteht am Leinakanal und in enger räumlicher Beziehung zum Parkteich der von Zeitgenossen als »Merkurtempel« bezeichnete dorische Bau »nach dem Plan zu einer Rekonstruktion der Reste eines dorischen Tempels der *Athene Archegetis* in Athen aus Augusteischer Zeit, der sich bei Stuart and Revett, ›The Antiquities of Athens‹, London 1762, findet«[4]. 1782 muß die östliche Hälfte des Parkes bereits fertiggestellt gewesen sein, denn Christian Cajus Laurenz Hirschfeld gibt im vierten Band seiner im gleichen Jahr erschienenen »Theorie der Gartenkunst« eine ausführliche und anschauliche Beschreibung. Ergänzende Hinweise zur pflanzlichen Ausstattung des Herzoglichen Parkes bringt August Beck im Jahre 1854: »Mit bedeutenden Kosten wurden die verschiedenartigsten Baumgruppen angelegt, junge und alte Bäume in den Park verpflanzt, ... Aus dem berühmten Parke zu Kew in England, welcher der Prinzessin Auguste von Wales, der Schwester Herzog Friedrich's III. zugehörte, erhielt er die verschiedensten in- und ausländischen Holzsorten, namentlich nordamerikanische, wodurch der gothaische Park für den Kenner ein besonderes Interesse bietet«[5].

Die enge Freundschaft mit Herzog Ernst II. und dessen Bruder August war der Anlaß dafür, daß sich Goethe zwischen 1775 und 1801 mehrfach als Gast in Gotha aufgehalten hat. Das 1782 geschriebene Epigramm »Der Park« bezieht sich auf diese Anlage:

Welch ein himmlicher Garten entspringt aus Öd
     und aus Wüste,
Wird und lebet und glänzt herrlich im Lichte vor
     mir.
Wohl den Schöpfer ahmet ihr nach, ihr Götter
     der Erde,
Fels und See und Gebüsch, Vögel und Fisch
     und Gewild!
Nur, daß Euere Stätte sich ganz zum Eden vollende,
Fehlet ein Glücklicher hier, fehlet euch am Sabbat
     die Ruh.[6]

Goethe wollte damit den Gegensatz zwischen der Har-
monie in der Natur und den Verhältnissen am Gothaer
Hofe andeuten. Möglicherweise spielte er mit diesem
Gedicht auch auf die Ehe von Herzog Ernst und seiner
Gemahlin Charlotte an, die »neben einander durchs
Leben [gingen], ohne sich zu verstehen«[7].

In vielen Veröffentlichungen ist immer wieder auf die
geschickte Formgebung des künstlich angelegten Park-
teiches mit seiner Insel hingewiesen worden, weil dadurch die relativ geringe Größe der Wasserfläche auf
einen Blick nicht zu überschauen ist. Diese Insel (später
die »heilige« genannt) erhält einen besonderen Be-
deutungsinhalt, als hier 1777 auf Wunsch des Herzogs
Prinz Ludwig und zwei Jahre später der Erbprinz Ernst
beigesetzt werden. Beiden Söhnen läßt der Vater ein
Grabdenkmal in Form einer Granitsäule mit einer Urne
aus Carraramarmor errichten. Auch Herzog Ernst wird
dort 1804 auf sein ausdrückliches Verlangen hin be-
stattet. Er verfügt testamentarisch, »in ein leinenes Tuch
in gewöhnlicher alltäglicher Kleidung gewickelt und
solchergestalt in die blanke Erde begraben zu werden«.
Weiter heißt es: »Ausdrücklich verbitte ich mir jedes zu
meinem Andenken zu errichtende Denkmal, es sei ein
Leichenstein, Grabschrift oder irgendein Monument bei
oder auf meinem Grabe. Will man einen Baum darauf
pflanzen, so habe ich nichts dagegen einzuwenden,
damit meine gänzliche Auflösung nicht aufgehalten,
vielmehr durch letztgedachte vermehrte Vegetation
eher befördert und nützlich werde«[8]. Auch Herzog

August wird hier 1822 und 1848 die Herzogin Karoline
Amalia beigesetzt. Auf ihre Anordnung hin war bereits
Jahre zuvor eine Fähre zur Insel hin eingerichtet
worden, »damit jedermann bei dem Grabe des Gerecht-
milden [Herzog Ernst II.] weilen könnte«[9].

Zu diesem Zeitpunkt war der *Herzogliche Park* be-
reits der Öffentlichkeit zugängig. 1783 hatte Goethe an
Frau von Stein geschrieben: »Er war ursprünglich nicht
für die Öffentlichkeit gedacht, sollte vielmehr seinem
Schöpfer während der Mußestunden den ungestörten
Genuß der Natur und eine ruhige wissenschaftliche
Tätigkeit ermöglichen. Nicht wie der Park in Weimar,
Altenstein oder Wörlitz war er eine Stätte heiteren
Lebensgenusses«[10]. 1786 wurde er aber bei Abwesen-
heit des Herzogs »Donnerstags und Sonntags bloß für
die Noblesse und für die Honoratiores zum freien
Spaziergange geöffnet«. 1827 war den Einheimischen
ein Besuch nur freitags, den Fremden aber täglich unter
Begleitung des Obergärtners erlaubt; »eine Verordnung,
die sehr bald außer acht gelassen wurde, ohne daß die-
selbe von Neuem eingeschärft worden wäre«[11].

1804 geht der *Herzogliche Park* laut testamentari-
scher Verfügung des Herzogs in den Besitz des Prinzen
Friedrich (späterer Herzog Friedrich IV.) über und wird
jetzt nach Westen hin erweitert.

». . . da nun noch ein Theil desselben nicht im neuen
Gartengeschmack angelegt war, so wurde er sogleich
mit dazu gezogen, und in eine romantische Partie verwandelt. Der Garten hat überhaupt im vorderen Theile
etwas sanft Melancholisches, besonders die Partie,
welche die Insel umfaßt; dahingegen sich auf der
anderen Seite die angenehmsten Aussichten nach dem
Thüringer Gebirge und Anpflanzungen eröffnen. So be-
schränkt übrigens der Garten zu seyn scheint, so sind
die Abwechselungen von Baumgruppen und Anpflanzungen sehr malerisch hingestellt, und machen ihren
Pflanzer viele Ehre«[12]. Mit diesem Pflanzer ist vor allem
der 1813 verstorbene Obergärtner Wehmeyer gemeint,
dem Prinz Friedrich im gleichen Jahr ein Denkmal
setzen ließ. Es stellt einen in Stein nachgebildeten
Baumstamm dar. Auf einer Steintafel ist die Inschrift zu

lesen: »Den Manen des würdigen Wehmeyer.« In den folgenden Jahren werden auf Veranlassung des Prinzen weitere Denkmale für mehrere, Friedrich nahestehende Hofbeamte errichtet.[13]

Wehmeyers Nachfolger wird 1814 Rudolf Eyserbeck, ein Sohn des Wörlitzer Gärtners Johann Friedrich Eyserbeck, der bereits 1788 als Hofgärtner in Molsdorf eingestellt wurde, weil er »wegen seiner Geschicklichkeit und besitzenden guten Kenntnisse in der Garten-Kunst empfohlen wurde«[14].

1845 besucht Fürst Pückler-Muskau auf dem Weg von Reinhardsbrunn nach Weimar auch den Herzoglichen Park in Gotha. Sein Urteil lautet: »Im Style des classischen Brown gepflanzt« und »mehrere Exemplare einzelner Bäume von großer Pracht« enthaltend. »Auch diese Partien, die bei einiger Steifheit doch großartig gedacht sind, werden nur sehr mangelnd unterhalten«[15]. Bereits 1824 war im »Allgemeinen Teutschen Gartenmagazin« festgestellt worden, daß der Park während der Abwesenheit des Prinzen [aus gesundheitlichen Gründen lebte er längere Zeit in Italien] zwar »im mäßigen Zustande erhalten und bewirtschaftet [wurde], allein man bemerkte doch hie und da Mißgriffe, welche den früher erhabenen Charakter sehr verfinsterten, so daß der Garten öfters das Ansehen eines verwaisten Kindes hatte«[16]. Richard Waitz schreibt 1849 dazu: »Des Prinzen Geschäftsträger schränkten Alles ein; ja sie begnügten sich nicht allein damit, auf die Unterhaltung des Parkes sehr wenig Geld zu verwenden, sondern beraubten denselben auch noch vieler schönen Bäume, um diese zu veräußern«[17].

Vergleicht man die Pläne der Anlage aus den Jahren 1774 und 1795 mit der heutigen Situation, so kommt man zu dem Schluß, daß sich die durch die Anordnung der geschlossenen Gehölzbestände, der Baumgruppen und Einzelbäume ergebende Raumstruktur erhalten hat, sofern man von der sich unkontrolliert ausbreitenden Naturverjüngung und Ergänzungspflanzungen absieht.

Der *Herzogliche Park* in Gotha ist »vielleicht die charakteristischste Schöpfung des Herzogs [Ernst II.]: sie entsprach seiner Sehnsucht nach stillem Frieden, die sich in ihm mit einem tiefen sentimentalen Naturgefühl paarte, wie es besonders seit Rousseau ein bezeichnendes Stück der Empfindungswelt des 18. Jahrhunderts geworden war; sie entsprach aber auch seiner starken Vorliebe für das klassische Altertum und seine Formen, wie sie Winckelmann wieder belebt hatte, und endlich der ernsten Richtung seines ganzen Wesens, die das irdische Tun sub specie aeterni mit dem Göttlichen verbindend mitten im Leben sich mit dem Tod vertraut machte, der für den Einzelnen die Rückkehr bedeute zum All, eine Anschauung, die in des Herzogs Bestimmungen über sein Begräbnis ihren letzten ergreifenden Ausdruck gefunden hat«[18].

So weit das Auge reicht ist die Landschaft um Hohenzieritz gestaltet.
Die Hügelkette der Hellberge
bildet den optischen Rahmen für den Blick vom Schloß.

Christine Hinz

DIE PARKLANDSCHAFT HOHENZIERITZ

Der scheinbar natürliche Reiz der Gegend zwischen Neubrandenburg und Neustrelitz nimmt auch den Eiligen gefangen. Menschlicher Schöpfergeist hat die geschichtliche Entwicklung und die naturgegebene Schönheit der Landschaft zu einer kunstvollen Synthese geführt.

Im Januar 1809 schrieb Goethe an Charlotte von Stein: »Ein nordischer gelehrter Antiquaris, mit Namen Arendt befindet sich hier . . . er besuchte in der Gegend von Neubrandenburg die Stelle, wo Rethra, ein Hauptort eines alten Völkerstammes, gestanden haben soll, und wo man früher merkwürdige, halbgeschmolzene, eherne Götterbilder gefunden hatte.« Der Briefschreiber ahnte nicht, daß die erwähnten Götterbilder Fälschungen waren. Im Jahre 1768 wurden die sogenannten Prillwitzer Idole erstmals publiziert. Die Hintergründe ihrer Entstehung, ihre Bezüge zu dem angeblichen Fundort in der Parklandschaft Hohenzieritz und zu deren Bauherrn, Carl von Mecklenburg–Strelitz, wurden nie gänzlich erforscht.

Die gestaltete Landschaft um Hohenzieritz und Prillwitz ist in ihrem Werden und ihren Wandlungen ein Schlüssel zum Verständnis von Mecklenburg–Strelitz zwischen Aufklärung und Romantik.

Das Herzogtum wurde 1701 durch Erbteilung von Mecklenburg–Schwerin abgespalten. Eine aufgeklärte Erziehung der jungen Generation am Mirower Hof Mitte des 18. Jahrhunderts lag in englischem Interesse. Erzieher war von 1745 bis 1756 Gottlieb Burchard Genzmer, ein Freund Winckelmanns. Prinz Carl bereiste Italien und studierte in Genf, wo er mit den Ideen Jean Jacques Rousseaus und Salomon Geßners in Berührung kam. Ab 1760 nahm er unter Ferdinand von Braunschweig am Siebenjährigen Krieg teil. Im Jahre 1768 heiratete er eine Prinzessin von Hessen–Darmstadt; im gleichen Jahr fiel Hohenzieritz, durch den Tod des Lehnsherrn, an Adolf Friedrich IV. zurück, der es 1770 seinem Bruder Carl schenkte. Herzog Carl hatte sich der Freimaurerbewegung angeschlossen und entwickelte erhebliche Aktivitäten. 1772 wurde er Mitglied der Provinzialregierung der sogenannten Schottenlogen, man übertrug ihm das Amt des Protectors der Hannoverschen und Mecklenburgischen Logen. Er war zu dieser Zeit Meister vom Stuhl in der Schottenloge »Carl zum Purpurmantel« in Hannover. Hier wurde er auch 1776 zum Generalgouverneur, später zum Statthalter ernannt. Seine Schwester, Sophie Charlotte, war 1761 mit Georg III. von England verheiratet worden. Sie lebte ab 1772 vorwiegend in Kew Gardens und förderte die Erweiterung der botanischen Sammlungen. Der Bruder, Ernst von Mecklenburg–Strelitz, hatte 1770 in Celle einen Landschaftsgarten anlegen lassen. Beide Geschwister nahmen am Aufbau von Hohenzieritz lebhaften Anteil.

Die kleine Barockanlage auf der Anhöhe am Südrand des Tollensebeckens erweiterte man durch Hinzunahme von Hangflächen, ehemaligem Bauernland, auf fast 30 Hektar. Zur Umgestaltung nach »modischem Programm« wurde 1771 der englische Gartenkünstler Thompson berufen. Bevor man mit der eigentlichen Parkgestaltung begann, mußte das Gelände mit einem erheblichen Tiefbauaufwand vorbereitet werden.

Bevor die Trennung von Kirchen- und Logenraum
im Bau von Rundkirche und Moschee erfolgte,
war um 1790 eine Kapelle
für beide unter einem Dach erwogen worden.

Die Suche nach neuen Baustilen
lief analog zur Suche nach neuen Gesellschaftskonzeptionen –
die »ägyptische« Variante bei den Vorstudien zur Rundkirche.

Das Relief wurde durch geschickte Eingriffe zum bestimmenden Gestaltungselement im Park ausgeformt. Über ein Röhrensystem verband man benachbarte natürliche Gewässer mit den künstlichen Teichen und dem Wasserfall. Ein Gehölzgürtel von unterschiedlicher Breite, durchzogen von mehreren Schlängelwegen, schloß den Gartenraum nach außen ab. Diese Arbeiten sind wahrscheinlich der Anteil Thompsons an der Gestaltung. Zu seiner Person ist bisher nichts bekannt, er wird auch später nicht mehr erwähnt.

Mit dem Bau der spätbarocken Kavaliershäuser 1776 durch Johann Christian Verpooten war die Umgestaltung zunächst abgeschlossen worden.

Die klassizistische Neugestaltung des Schlosses 1790 steht am Anfang einer reichen baulichen Ausstattung des Parkes, die nach der Regierungsübernahme des Bauherrn 1794 als Carl II. von Mecklenburg-Strelitz auch auf die umgebenden Dörfer und ihre Gemarkungen erweitert wurde. Der Gutsnachbar auf dem in Mecklenburg-Schwerin gelegenen Werder, Joseph von Maltzan, ergänzte seinerseits die Parklandschaft durch den Aufbau der Ortslage *Siehdichum*.

Der Schloßgarten wurde nach außen geöffnet und jede Parkszene optisch zu der Umgebung des Gartens in Beziehung gesetzt.

Aus jener Zeit (1790–1806) befinden sich im Landesarchiv Schwerin über 30 Aquarelle – nicht realisierte Entwurfsvarianten zu den Bauten und Gartenarchitekturen. Diese Blätter ermöglichen, das Ringen um neue Baustile gedanklich nachzuvollziehen. Sie lassen aber auch ein allmähliches Abrücken von den bürgerlichen Idealen der Aufklärung erkennen. Zum Beispiel ist eine Architekturstudie überliefert, die, anstelle der Moschee eine Kapelle darstellt, – entfernt an ein Schweizerhaus erinnernd –, in der Logenraum und Kirche unter einem Dach vorgesehen waren. Die dann 1795, gleichzeitig mit dem ägyptischen Saal im Schloß und in gedanklicher Beziehung zu diesem erbaute Moschee war schon durch ihre Lage im Park, am Punkt mit den besten Sichtbeziehungen und auf gleicher Höhe wie das Schloß, in ihrer Bedeutung herausgehoben. In diesem

erhabenen »Tempel der Weisheit« war ein Raum für die ganze Kirchengemeinde nicht mehr denkbar.

Der Waldaltar im »Heiligen Hain« wurde 1796 mit einem Festspiel »den guten Fürsten Mecklenburgs« geweiht, ursprünglich sollte er aber die volkstümliche Aufschrift: »Meine Brüder« tragen. Auch in der Gestaltung des Wasserfalls läßt sich ein Wandel feststellen. Über der zunächst noch sehr architektonisch gedachten Quellfassung war der »wilde Mann«, Symbol für die frühgeschichtlichen Wurzeln der heimatlichen Kultur, als wasserspendende Brunnenfigur gedacht. Man verzichtete auf sie zugunsten einer großzügigen, naturhaften Gestaltung. Aber mit der Zuordnung des Denkmals für die verstorbenen Angehörigen, 1798 durch Christian Philipp Wolff, verlor diese Parkszene ihren öffentlichen Charakter und wurde zu einer sehr familiären Gedenkstätte. Dafür erfuhr der Schloßberg in Prillwitz mit den Resten der frühdeutschen Burg, durch Hinzufügen eines »Burgturmes« (Abriß um 1950), eine Aufwertung. Er übernahm die Symbolfunktion, zumal man dort den ehemaligen Standort des sagenhaften slawischen Heiligtums von Rethra vermutete.

Als Konsequenz der Entwicklung setzte nach 1800 eine bauliche Umgestaltung ein, die den Gedanken der Volkstümlichkeit weitgehend aufhob und eine klare Trennung zwischen dem der herzoglichen Familie vorbehaltenen Schloßgarten und der Parklandschaft vollzog. Außerdem wurde der scheinbar ebenerdige Zugang ins Schloß durch Freitreppen aufgehoben, die zwar den Ausblick erweiterten, aber eine zusätzliche Distanz schufen.

Das »Borkenhäuschen« mußte einem Sitzplatz, von geschnittenen Linden umgeben, weichen. 1802 wurde das Kruggehöft durch Friedrich Wilhelm Dunkelberg als Gasthaus außerhalb des Schloßbereiches errichtet. Mit dem Bau der Rundkirche 1806, ebenfalls von Dunkelberg, war diese Entwicklungsetappe abgeschlossen, denn der empfindsame Landschaftspark war nach 1800 als ästhetisches Ideal überholt.

Zwischen 1812 und 1815 ließ Herzog Carl zur Erinnerung an seine 1810 in Hohenzieritz verstorbene

Allegorische Figurengruppe
zur Erinnerung an die in Darmstadt verstorbenen beiden Frauen
und fünf Kinder Herzog Carls –
eine frühe Arbeit von Christian Philipp Wolff.

Tochter, Königin Luise von Preußen, den »Luisentempel« als Garten im Garten von Christian Philipp Wolff errichten. Ab 1822 begannen, im Auftrag des Sohnes und Nachfolgers, Georg von Mecklenburg-Strelitz, Erneuerungsarbeiten und wieder Umgestaltungen in Hohenzieritz, die 1825 mit dem Abbruch der Moschee und dem Bau der Schmiede im Stil eines klassizistischen Tempels endeten.

Ab Mitte des 19. Jahrhunderts wurde der Baumbestand wesentlich ergänzt, die Spazierwege durch die Parklandschaft mit Sitzplätzen versehen und mit Blütengehölzen ausgeschmückt. Das Zentrum der Anlage war zeitweilig das malerisch am Wasser gelegene *Prillwitz*, wie geschaffen für die heitere gesellige Zerstreuung.

Der heutige Besucher von *Hohenzieritz* beginnt seinen Parkrundgang am besten am Schloß. Über die Wiese und den unteren Parkteil am Wasserfall hinweg fällt der Blick auf die Hellberge. Nach Nordosten führt der Weg durch eine Senke direkt auf den ehemaligen Standort der Moschee zu, um kurz davor zur Terrassenanlage mit der Weinlaube abzubiegen.

Wo sich vom Parkrand der Ausblick auf Prillwitz öffnet, liegen der obere Teich und der aus dem Bodenaushub geschaffene »Schneckenberg« mit dem Sitzplatz. Der Nachbarhügel trug einst den Waldaltar. Die untere, domartig geformte Lindenallee an der Koppel und der lichte Pfad oberhalb der Lesesteinmauer an der Feldkante umschließen die Parkszene mit dem Wasserfall und dem allegorischen Denkmal. Dieser Teil wurde von den Umgestaltungen nach 1800 kaum betroffen. Allmählich steigt der Parkweg wieder an, führt an einem kontrastreich von Gehölzen umrahmten Rasenoval vorbei auf den »Luisentempel« zu.

Bei allen Veränderungen der Gestaltungskonzeption zwischen 1771 und 1825 wurde stets auf den durch das Relief geprägten, großzügigen Landschaftsraum und die vorhandene Bebauung behutsam eingegangen, so daß die harmonische Einheit der Parklandschaft erhalten blieb.

Gesamtplan, Zustand 1786.
Kolorierter Kupferstich von 1787 von Georges Louis Le Rouge
nach Friedrich Christian von Schatzmann.

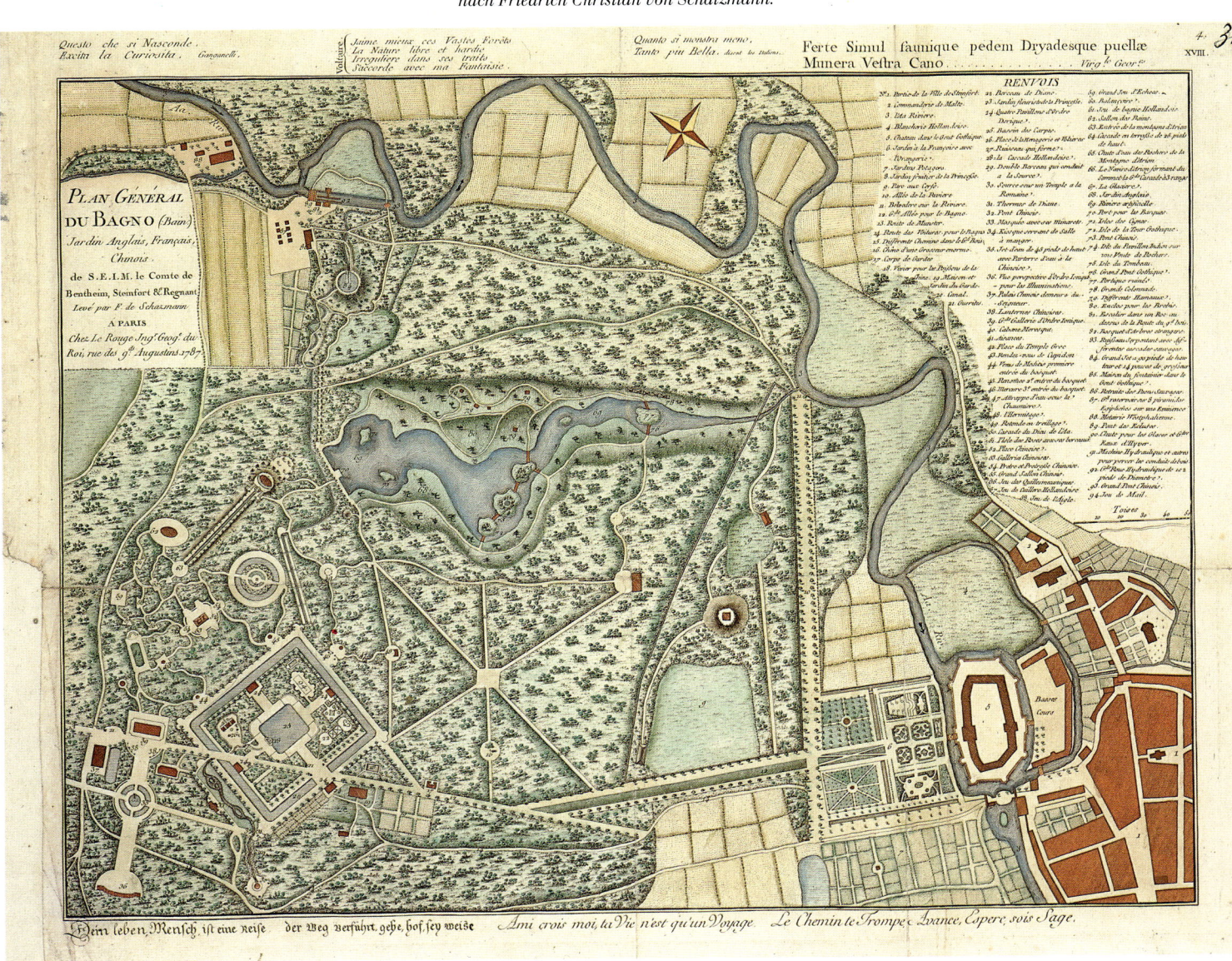

Bernard Korzus

Das Bagno in Steinfurt

Der im westfälischen Steinfurt, südöstlich vom Schloß Burgsteinfurt gelegene, etwa 130 Hektar große und als Naherholungsgebiet genutzte Park ist für den Besucher kaum als historische Gartenanlage erkennbar. Erhalten geblieben sind, neben wenigen Brücken und Gebäuden, ein Teil der Wegeführung des frühen 19. Jahrhunderts und der große See mit seinen künstlichen Inseln. Doch die Fülle der Bild- und Schriftquellen belegt, daß das *Bagno* eine der zu seiner Zeit interessantesten Gartenschöpfungen Nordwestdeutschlands war. Im Verlauf zweier Generationen ständig erweitert und verändert, spiegelt es signifikante Elemente europäischer Gartenmoden des 18. Jahrhunderts. Noch bedarf es umfassender Forschungen, um die einzelnen Entwicklungsphasen, die Rezeption seiner Staffagen aus einer Vielzahl deutscher und ausländischer Gärten oder die Intentionen der an der Gartengestaltung Beteiligten zu erhellen. Erkennbar wird ein komplexes Gefüge, bei dessen Analyse nicht nur bau- und kunstgeschichtliche, sondern auch literarhistorische, politische und nicht zuletzt ökonomische Aspekte zu berücksichtigen sein werden.

Nur wenig wissen wir über die Anfänge des *Bagno* und seinen Begründer, den seit 1750 regierenden Reichsgrafen Karl zu Bentheim-Steinfurt: ein weitgereister, vielseitig interessierter protestantischer Landesherr, dessen Duodezterritorium ihm keine angemessenen Entfaltungsmöglichkeiten bot. Konflikte mit dem Magistrat seiner Stadt und die Etablierung einer Grenadierkompanie einerseits, die Errichtung eines »Komödienhauses«, eines »Kunsthauses« und eines nicht unbedeutenden Hoforchesters andererseits kennzeichnen das Herrschafts- und Repräsentationsgebaren eines spätabsolutistischen, politisch wenig einflußreichen Regenten, der zu Beginn des Siebenjährigen Krieges auf seiten des Kaisers, dem Garanten »altdeutscher Freiheit«, am böhmischen Feldzug teilnahm, 1758 den Militärdienst quittierte und bis zum Kriegsende vorwiegend in Paris lebte.

Versailles und die Gärten der *Ile de France* boten Vorbilder für den Steinfurter Garten, dessen frühester Plan Einflüsse des französischen Rokokogartens zeigt. Dieser Plan bündelt die ersten drei Entwicklungsstufen der Gartenanlagen; die älteste erkennen wir in dem konventionellen, holländischen Einfluß verratenden *Parterre* des symmetrisch angelegten Schloßgartens mit Heckentheater und Wassergräben. Der von zwei Alleen und einem Palisadenzaun umgrenzte Tiergarten, ein ihm vorgelagertes Jagdhaus und ein sechsstrahliger Jagdstern inmitten eines ausgedehnten Eichenwaldes dokumentieren den Zustand um das Jahr 1765, als der neu bestallte Baudirektor Johann Jost von Loen[1] den Auftrag erhielt, im Walde eine Sommerresidenz mit französischem Garten anzulegen.

Angeregt durch einen Aufenthalt im Jagdschloß Clemenswerth, ließ Karl eine von einem Wassergraben umgebene *Maison de Plaisance* errichten. Dieses in keiner Darstellung überlieferte, bereits 1783 abgebrochene Gebäude war von vier Pavillons flankiert, die die Namen gräflicher Besitzungen trugen. Es entstand eine in vier Kompartimente gegliederte, von einer Allee durchschnittene Garteninsel mit Menagerie, Volière, Mail-Spiel und einem zu einer Dianastatue führenden *Berceau*. Eine »Roseninsel«, Statuen des Cupido und Merkur, eine hölzerne »griechische« Tempelfront und ein »römischer Tempel« über einer Quelle, deren Wasser eine kleine »holländische« Kaskade auf der Garteninsel speiste, vervollständigten das um 1770 vollendete Rokoko-Areal.

Die später für die gesamte Parkanlage, anfangs nur für die Garteninsel verwendete Bezeichnung *Bagno*[2], weist auf ein Bad bei der *Maison de Plaisance*, ist möglicherweise aber auch Reminiszenz an die Londoner »Bäder« gleichen Namens, die Karl im Mai 1763 kennengelernt und in einem Reisebericht beschrieben hatte.[3]

Die in England gewonnenen Eindrücke beeinflußten nachhaltig die dritte Gestaltungsphase der Parkanlage. So enthält der Reisebericht Karls eine detaillierte Beschreibung der Londoner *Vauxhall Gardens*, der musikalischen und gastronomischen Angebote, der zahlreichen Besucher aller sozialen Schichten inmitten des illuminierten, baumbestandenen *Pleasure Garden*, der chinoisen und »gotischen« Bauten, der Rotunde oder der Galerie mit Darstellungen aus der englischen Nationalgeschichte. Ende der sechziger Jahre des 18. Jahrhunderts finden wir, anfangs in Paris und Hannover, solche zumeist kommerziell betriebenen *Vauxhalls* auch auf dem Kontinent,[4] seit 1770 gibt es konkrete Hinweise auf ähnliche Bestrebungen in Steinfurt. Kupferstiche mit Darstellungen des für den *Bois de Boulogne* projektierten großen *Vauxhall* sowie Einrichtungsgegenstände für eine geplante Konzertgalerie und einen Speisesaal wurden von Karl noch im selben Jahr in Paris erworben, Blondels idealtypische *Vauxhall*-Beschreibung[5] dürfte nicht ohne Einfluß auf die Planungen in Steinfurt geblieben sein.

Schon 1773/74 entstand hier, nach dem Vorbild der Galerie des *Grand Trianon* und mit aufwendig stuckverziertem Innenraum im *Louis-Seize-Stil*,[6] eine »Gallerie . . ., die zu Concerten und Bällen bestimmt« war. In einem weiten, um die Garteninsel führenden Bogen wurde das Gelände innerhalb weniger Jahre mit den unterschiedlichsten Versatzstücken ausstaffiert. Vor der Konzertgalerie war ein umzäunter Platz mit Goldfisch-

teich und kleiner Fontäne entstanden, begrenzt durch eine bei festlichen Anlässen illuminierte *Treillage*; Wege führten »nach einer Art Labyrinth . . ., wo verschiedene mechanische Spiele jeden einladen, die zu wählen, die bey seiner Nation beliebt sind«; ihnen benachbart stand ein »chinesischer Salon« von buntbemaltem Lattenwerk, umgeben von hohen geschnittenen Hecken, in die auf Palmbaumsäulen gesetzte Balkone mit lebensgroßen Chinesengruppen eingefügt waren; am Ende des ursprünglich kanalartigen Sees wurde – ähnlich wie im *Park von Monceau* in Paris – eine breite Kolonnade errichtet, vermutlich die bei Blondel empfohlene Naumachie.

Komplettiert wurde diese Ausbauphase des *Pleasure Garden* mit der Errichtung eines Hauses für die Grenadierwachen, eines den Küchenbetrieb kaschierenden Schweizerhauses und eines 1777 fertiggestellten Speisesaals, für dessen »gotische« Bau- und Schmuckformen englische Musterbücher die Vorlagen geliefert haben dürften; nur die Maßwerk–Attika war eine Variante der gotischen Lettnerbekrönung aus der Steinfurter Großen Kirche. Zum reichen Wandschmuck des Innenraumes, einer Mischung von Rokoko- und Neogotikmotiven, gehörten drei Holzrelieftafeln mit Darstellungen nach Lohensteins Arminiusroman,[7] teils galante, teils martialische Szenen um Thusnelda und Hermann, der als deutscher Herkules und Sinnbild altdeutscher Freiheit erscheint.[8]

Die neuen Bauten und Wegeführungen hoben die isolierte Lage der Garteninsel auf. Das »Marmorbad«, ein ovaler, fensterloser Pavillon mit vertieftem Wasserbecken am Südrand des Waldes übernahm die »Bagno«-Funktion; Damenbildnisse schmückten die Wand des elegant eingerichteten Raumes, in dem das durch eine Kuppel einfallende Licht »die Nymphen der [!] Cythere beleuchtete«.

Gegen Ende der siebziger Jahre des 18. Jahrhunderts erfüllte der Park eine doppelte Funktion. Refugium fernab der Repräsentationszwänge des Schlosses, ist er zugleich auf begrenzte Öffentlichkeit, mehr auf Attraktionen als auf Repräsentation hin angelegter *Pleasure*

Garden, der – wie die sorgfältig betriebene Registrierung der von Jahr zu Jahr steigenden Zahlen auswärtiger Besucher zeigt –, als gezielt geplante ökonomische Unternehmung zur Förderung der Landeswohlfahrt gesehen werden muß.

Mit gleicher Zielsetzung und größerer Intensität wurden die Arbeiten nach dem Tode des Grafen Karl von seinem Sohn Ludwig fortgesetzt. Im Gegensatz zum Vater weniger kreativ und eher pedantisch, scharf kalkulierender Ökonom und von geradezu beeindruckender Schaffenskraft, zugleich religiös und empfindsam, galt sein Hauptinteresse der Musik und der Gartenkunst. Er selbst spricht von seiner *manie des jardins*, die ihn in die bekannten Gärten Deutschlands, Englands und Frankreichs führte, aus denen, wie seine bisher kaum ausgewerteten Reisejournale zeigen, ausgewählte Staffagen mehr oder weniger variiert für das Bagno übernommen wurden.

So entstanden, nach einem Besuch der Kasseler Gärten im Herbst 1783, originelle Kaskadenwerke; Kassel lieferte auch die Vorbilder für das »Faß des Diogenes« und für die Düsenkonstruktion zu einer neuen großen Fontäne, die aus einem auf hohe Pfeiler gesetzten Reservoir gespeist wurde, das mit Hilfe mehrerer Pumpen aufgefüllt wurde. Ein Schaufelrad schöpfte das Wasser hierfür aus dem Fluß. Ein »gotisches Haus« für den Fontänenmeister erhöhte die Attraktivität dieses Gartenbezirks.

Ergebnisse einer schon im Frühjahr desselben Jahres unternommenen Englandreise waren die Errichtung eines Gästehauses – Nachbildung der Moschee von *Kew Gardens* – und die eine vierte Ausbauphase einleitende Veränderung des See-Areals mit umlaufendem *belt walk* sowie den mit Einzelbäumen und kleinen ländlichen Bauten besetzten Wiesenflächen.

Die meisten Vorbilder scheinen die Gärten Frankreichs geliefert zu haben. So ist das als Sommerresidenz erbaute »chinesische Palais« eine Abwandlung des »chinesischen Hauses« aus der Gartenanlage *Désert de Retz* bei Marly und der auf künstlichem Felsen auf einer Seeinsel stehende »chinesische Pavillon« eine Kopie des Vorbildes im *Garten von Bonnelles*. Selbst Details, etwa die Zelte, Zäune und Laternen[9] des Fontänenplatzes, wurden nachgeahmt.

Pavillons, Windmühlen, Brücken und Grotten, »maurisches« Haus, Eremitage und »gotischer« (Freimaurer-) Turm oder ein großer, nach einer Schweizreise angelegter Wasserfall: Immer neue Versatzstücke füllten den Park, einige, wie die 1785 nach einem Besuch in Ermenonville errichtete Rousseau-Insel, verschwanden bald nach 1789 wieder. Erklärtes Ziel blieb die Steigerung der Attraktivität des Gartens für möglichst viele Besucher. Auf alle, ob aus Westfalen, den Niederlanden oder aus Bremen kommend, warteten amüsante Unterhaltungen: neu bestückte Spielflächen, Karussells und Schaukeln, ein Ballonaufstieg, regelmäßige Konzerte der Hofkapelle, Maskenfeste und »theatralische Aufführungen«, exotische Schiffe auf dem See.

Zudem gelang es, dem *Bagno* breite Publizität zu verschaffen. Während eines Parisaufenthalts Ende 1785 verhandelte Ludwig – als angeblich in Diensten des Reichsgrafen stehender Capitaine Ingénieur Le Brun – mit George Louis Le Rouge; vereinbart wurde die ausführliche Darstellung des Steinfurter Gartens in Le Rouges berühmtem, seit 1775 in Einzelheften erscheinenden Serienwerk der »Jardins Anglo-Chinois«. Schon im August 1787 konnten zwei, ausschließlich dem *Bagno* gewidmete Hefte mit insgesamt 65 Einzelmotiven auf 49 Kupferstichtafeln ausgeliefert werden. Für ein geplantes drittes Heft waren fünf Tafeln fertiggestellt, als die Serie im Sommer 1789 endgültig abbrach.[10] Die zwischen Paris und Steinfurt geführte Korrespondenz enthält detaillierte Angaben sowohl zur Person des vermutlich aus Hannover gebürtigen Le Rouge[11] als auch zu Planung, Finanzierung und Herstellung der Bagnohefte, für die Ludwig den beschreibenden Text und sein Baudirektor Friedrich Christian von Schatzmann die Stichvorlagen lieferten.

Die Hefte, einige von ihnen koloriert,[12] wurden großzügig verteilt. Zu den Empfängern gehörte der Gartentheoretiker Hirschfeld, der zwar die Staffagenfülle des *Bagno* kritisierte, sich aber bereit erklärte, die

VUE DES JLLUMINATIONS CHINOISES

Blick von der Konzertgalerie
über den Fontänenplatz auf die Große Treillage.

Chinesischer Platz und chinesischer Salon,
erbaut 1776.

Vue de la Place et du Sallon Chinois.

Blick über den See auf die Kolonnade, 1789.

Die Moschee, erbaut 1784.

den Kupfern beigegebene Parkbeschreibung in deutscher Übersetzung zu veröffentlichen.[15]

Hirschfelds Kritik blieb nicht ohne Wirkung. Ein Plan aus dem Jahre 1793 zeigt eine grundlegende »Modernisierung« der Anlage, mit erweitertem See und umgruppierten Inseln, veränderten Wegeführungen und starker Reduzierung der Staffagen. Die Intentionen blieben unverändert, die Umwandlung in einen »natürlichen« englischen Garten stabilisierte dessen Attraktivität. Und ebenso wie eine 1792 erschienene, von Ludwig neu verfaßte Bagnobeschreibung,[14] die den Park zum »Volksgarten« erklärt, offenbart auch das zu einer Kapelle umgestaltete Marmorbad – nun mit vorgesetztem Portikus, einer Turmbekrönung und Messias-Versen an den Wänden – einen Wandel der Mentalität: Klopstock verdrängte die kytherischen Nymphen.

Vorübergend wurde das *Bagno* Schauplatz politischer Manifestationen. Streitigkeiten mit dem Steinfurter Magistrat veranlaßten Ludwig, dessen Unruhe angesichts der Erfolge der französischen Revolutionsarmeen wuchs, die Bürger im Sommer 1793 ins Bagno zu rufen. Mit einer emphatischen Rede gegen die jakobinischen Bürgermeister, die einen Freiheitsbaum errichten wollten, gewann er die Sympathie des Volkes; eine im *Bagno* veranstaltete *fête civique* stabilisierte die Lage.

Vor diesem Hintergrund entstand der Plan zur Umgestaltung des »gotischen« Speisesaals. Vorausgegangen war Ende 1792 eine Gartenreise nach Gotha, Weimar, Leipzig, Potsdam und Wörlitz, dessen erweitertes »Gotisches Haus« und neues Schloß im Reisejournal besonders ausführlich beschrieben und dessen Kettenbrücke einschließlich der künstlichen Felsen schon im folgenden Jahr im *Bagno* nachgebaut wurden. Wörlitz dürfte zwar die Anregung zum Neubau des Speisesaals gegeben haben, die vorgezogenen, polygonalen Türme dieses um zwei neogotisch möblierte Gästeappartements erweiterten Gebäudes weisen jedoch ebenso wie der reiche »gotische« Wand- und Deckenschmuck auf englische Vorbilder. Auch das Bildprogramm wurde verändert; vier neue Holzrelieftafeln in eichenlaub-

verzierter Rahmung boten wiederum Darstellungen aus der Arminiusgeschichte, insgesamt sechs Szenen: aus Friedrich Gottlieb Klopstocks »Hermannsschlacht«[15] und nach Kupferstichvorlagen aus Christoph Otto von Schönaichs Hermannsepos[16]. Komplettiert wurde das Programm mit einer von den Brüdern Ludwig Daniel und Johann Wolfgang Heyd 1795/96 in Kassel geschaffenen, lebensgroßen Steinskulptur des Arminius mit Langschild und Schwert und – eine Lohenstein-Klopstock-Synthese – mit Keule und Löwenfell, aber in altdeutscher Tracht: erneute Beschwörung altdeutscher Freiheit als rückwärtsgewandte Utopie; gegen die Jakobiner wurden die Germanen ins Feld geführt.

Eine Vergrößerung des Territoriums durch die 1803 ererbte Grafschaft Bentheim führte zur Überschätzung der politischen Möglichkeiten, die Stabilisierung der Verhältnisse währte nicht lange. Bis zuletzt behielt der Steinfurter Park seine Funktion als attraktives Reiseziel fremder Besucher, Schauplatz festlicher Veranstaltungen und rahmende Kulisse beim Empfang offizieller Gäste, wie etwa des Marschalls Bernadotte, der 1804 für einige Tage im »gotischen« Haus wohnte. Noch 1805 entstand auf einer Seeinsel nach Wilhelmsbader Vorbild ein bewohnbarer Ruinenturm, und klassizistische Architekturen sollten den Park modernisieren. Die »Neue Wache«, ein kleiner Zentralbau im Palladiostil, konnte noch fertiggestellt werden, doch die Planungen für eine neue Residenz nach dem Vorbild des Wörlitzer Schlosses wurden jäh unterbrochen. Im Jahre 1806, mit dem Beginn der französischen Besetzung und der Eingliederung Bentheim-Steinfurts in Joachim Murats Großherzogtum Berg, hörte die Reichsgrafschaft auf zu bestehen. Ludwig verhandelte vergeblich in Paris, erst 1817 – die Grafschaft gehörte inzwischen zur neuen preußischen Provinz Westfalen – kehrte er zurück und starb kurz darauf. Bemühungen, den Verfall der Parkanlage aufzuhalten, schlugen fehl; schnell wurde vergessen, was das *Bagno* tatsächlich gewesen war: ein die Zeitgenossen faszinierender, mit dem *Ancien Régime* versunkener, bunt schillernder Ort zwischen Kythera und Tivoli.

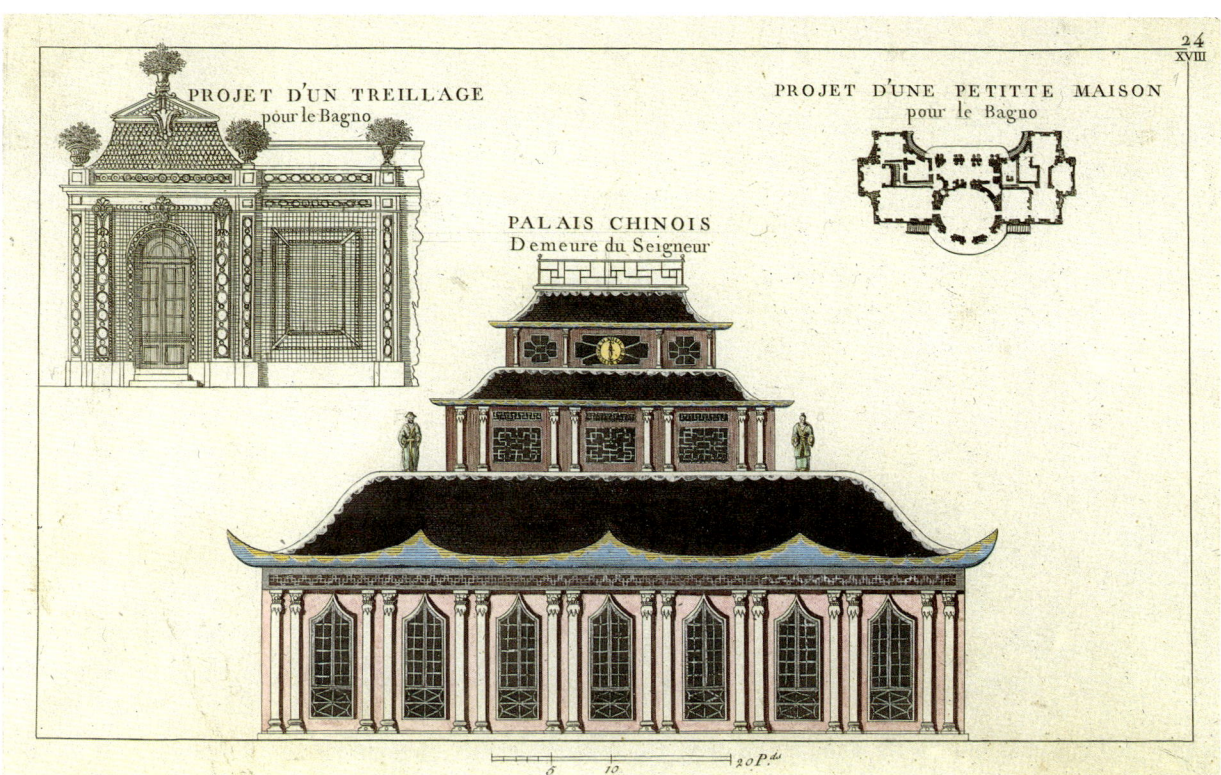

PROJET D'UN TREILLAGE
pour le Bagno

PROJET D'UNE PETITTE MAISON
pour le Bagno

PALAIS CHINOIS
Demeure du Seigneur

Chinesisches Palais, erbaut 1785/86.

oben: Neogotischer Speisesaal (Kiosk) erbaut 1777;
unten: Konzertgalerie (Schnitt), erbaut 1773/74.

KIOSQUE SERVANT DE SALLE
A MENGER.

COUPE DE LA GALLERIE EN LONG.

Kathrin Franz

Das Seifersdorfer Tal

Nördlich der Dresdner Heide, unweit der Stadt Radeberg, erstreckt sich entlang der Großen Röder das *Seifersdorfer Tal.* Ab 1781 wurde in dieser reizvollen, durch malerische Felspartien gekennzeichneten Landschaft ein etwa 40 Hektar großer Landschaftsgarten gestaltet, der weit über die Grenzen Sachsens hinaus Berühmtheit erlangte. Besucher aus allen Bevölkerungsschichten pilgerten hierher, darunter so berühmte Persönlichkeiten wie Christoph Martin Wieland, Jean Paul, Caspar David Friedrich, Christian Gottfried Körner, dessen Sohn Theodor Körner und Gottfried Schadow.

Die Schöpfer und Besitzer der Anlage waren die Gräfin Johanna Margareta Christina, genannt Tina, und ihr Gemahl Graf Hans Moritz von Brühl, jüngster Sohn des in Sachsen einst allgewaltigen Premierministers Heinrich von Brühl, und ab 1791 Generalintendant der preußischen Chaussee-Bauten. Ihrem Wirken ist es zu danken, daß sich in Seifersdorf, abseits vom konservativen Dresdner Hof, eine reges Zentrum philosophischen Gedankenaustausches und musischer Betätigung entwickelte. Anders als der Vater waren er und seine Frau, die aus einer erst später geadelten elsässischen Offiziersfamilie stammte, aufgrund prekärer finanzieller Verhältnisse zu sparsamster Lebenshaltung gezwungen. Als sie 1774 nach Seifersdorf kamen, mußten sie das kleine Herrenhaus des Gutshofes beziehen, denn die notwendige Sanierung des aus der Renaissance stammenden Schlosses überstieg zunächst das vorhandene Vermögen. Bezeichnend für die Geisteshaltung der Brühls ist es, daß sie sich in der Folgezeit nicht auf die Herstellung standesgemäßer Wohnverhält-

nisse konzentrierten, sondern ihre Bemühungen dem etwa eine Viertelstunde Fußweg entfernten Tal widmeten. Hier wurde am 26. Juli 1781, dem Geburtstag des Grafen, als erste Gartenszene der »Tempel der ländlichen Freuden« mit einem Fest eingeweiht, an dem auch die Dorfbevölkerung teilnahm. Im gleichen Jahr lernte der Graf bei einer sächsischen Truppenübung den Herzog Carl August von Sachsen-Weimar kennen. Damit begann eine enge Verbindung zum Weimarer Kulturkreis. Wenn auch das Verhältnis zum Herzog sich bald wieder abkühlte, so fanden die Brühls in der anregenden Atmosphäre Weimars doch zahlreiche Freunde. Diese Kontakte gaben ihnen wichtige Impulse für die Ausgestaltung des Tales.

Ein anschauliches Bild von der Anlage vermittelt die Beschreibung des Dresdner Professors Wilhelm Gottlieb Becker »Das Seifersdorfer Tal« von 1792, die neben umfangreichen textlichen Erläuterungen auch vierzig Kupferstiche enthält. Das Buch war ein wichtiger Leitfaden für den Besucher, indem es den intendierten Rundgang aufzeigte und das Bildprogramm erläuterte. Die kleinräumige Landschaft des Tales, von Becker begeistert geschildert, entsprach dem Ideal des ausgehenden 18. Jahrhunderts. Die Brühls nahmen nur sehr behutsam Veränderungen vor und verzichteten weitgehend auf die Verwendung ausländischer Gehölze. Indessen konzipierten sie eine große Anzahl von Gartenszenen sowohl im Talgrund als auch in den Hangbereichen. Die außerordentliche Fülle von Staffagen sowie die zahlreichen Sinnbilder und literarischen Anspielungen sind charakteristisch für die frühe Phase

Seite 132
Seifersdorfer Tal.
Für den Komponisten Johann Gottlieb Naumann,
einen engen Freund der Brühls und eifrigen Förderer
der deutschen Nationaloper,
war dieser Gedenkstein bestimmt.

des Landschaftsgartens. Der damalige Besucher, vom Schloß und Dorf kommend, traf zunächst auf den »Tempel der Musen« am Ufer der Röder etwa in der Mitte der Anlage. Von hier öffnete sich der Blick zu der auf einem hohen Felsen stehenden »Hermannseiche«. Sie war Arminius, später fälschlich als »Hermann« eingedeutscht, gewidmet, der in der Schlacht im Teutoburger Wald im Jahre 9 n. Chr. die römischen Legionen besiegt hatte. Bereits in der Zeit der Reformation wurde die Gestaltung des Arminius zu einem Sinnbild für nationale Identität und Freiheit des Vaterlandes. In der zweiten Hälfte des 18. Jahrhunderts verarbeitete Friedrich Gottlieb Klopstock dieses Motiv in seinen Dramen im Hinblick auf das in zahlreiche Einzelstaaten zersplitterte Deutschland. In Anlehnung an die englische Bardendichtung verband er die Hermannsgestalt mit der Eiche, die zum deutschen Freiheitsbaum avancierte. Das Seifersdorfer Hermannsdenkmal bezog sich unmittelbar auf die literarische Vorlage Klopstocks.

Becker verwies ausdrücklich auf die enge inhaltliche Verbindung zwischen dem »Hermannsdenkmal« und dem »Tempel der Musen«. Er forderte seine Landsleute auf, die Musen als die Beschützerinnen der Wissenschaften und Künste zu pflegen, damit sie »die Sitten im Vaterland wieder veredeln«. Dies charakterisiert das Motto des Bildprogramms sowie das Anliegen, das die Brühls mit der Ausgestaltung des Seifersdorfer Tals verfolgten: eine ethische Aufklärung breiter Bevölkerungsschichten und daraus resultierend eine Verbesserung der gesamten Gesellschaft. Dabei orientierten sie sich auch direkt an Hirschfelds Werk. Dieser hatte dazu aufgerufen, »Dichtern und anderen verdienten Männern der Nation« Denkmäler zu setzen. Dem folgend stellten die Brühls im »Tempel der Musen« die Büste von Christoph Martin Wieland auf, den sie als Menschen und Künstler hochachteten.

Nach zahlreichen persönlichen Kontakten in Weimar besuchte Wieland im August 1794 das *Seifersdorfer Tal*. Später schrieb er Tina, die er seine »Zauberin« nannte, dankend »für den schönen Traum oder die interessanteste Vision«, die er »vielleicht in seinem ganzen Leben gehabt habe«. Auch die Büste von Johann Gottfried Herder, wie die anderen aus der Werkstatt des Weimarer Hofbildhauers Gottlieb Martin Klauer stammend, hatte ihren Platz im Tal. Ihre Inschrift zitiert die Widmung, mit der Herder den Brühls ein Exemplar seines Werkes »Ideen zur Philosophie der Geschichte der Menschheit« zugeeignet hatte. Seine Theorien dürften wohl am nachhaltigsten auf das inhaltliche Konzept der Anlage gewirkt haben. Tina äußerte nach einer ihrer Weimarreisen: »... Ich habe mit Herdern Verstand gemacht, daß es eine Freude war«. Herders patriotische Haltung und sein unerschütterlicher aufklärerischer Optimismus wurden für die Brühls wichtige philosophische Orientierung.

Die geistige Nähe zu Herder und Wieland trug sicher zur zeitweiligen Distanz zum Klassiker Goethe bei, der einen Verlust von künstlerischer Qualität zugunsten moralisch-didaktischer Bestrebungen, wie er sich im Seifersdorfer Tal darbot, ablehnte. Doch auch seine Büste ließ Tina, wohl nach dem Kuraufenthalt in Karlsbad 1785, aufstellen, nicht im Tal, sondern im Garten am Herrenhaus. In jenen Tagen hatten die Brühls, besonders die schöne und intelligente Gräfin, ein sehr enges Verhältnis zu Goethe, der ihnen drei Gedichte widmete. In der Folgezeit wandte er sich jedoch immer mehr ab, was zahlreiche Zitate belegen. Am 23. Dezember 1795 schrieb Friedrich Schiller an Goethe: »Haben Sie denn auch die schönen Abbildungen vom Seifersdorfer Tal mit Herrn Beckers Beschreibungen gesehen? Als einem so großen Liebhaber von Kunstgärten und sentimentalischen Produktionen empfehle ich ihnen das Werk. Es verdient, neben Racknitz' Schrift, eine gelegentliche würdige Erwähnung in den Horen«. Goethe antwortete: »Die Abbildung des Seifersdorfer Unwesens kenne ich; Sie kennen ja wohl auch die Trude, die es bewohnt und die es so ausgeschmückt hat. Wielands Empfang und Bewirtung selbst im Sommer 1794 gäbe eine vortreffliche Geschichte, wenn er sie aufsetzen wollte, wie er sie erzählt.« Trotz solcher abfälliger Bemerkungen schätzten die Brühls Goethes geistige Größe. Tina war, wie sie 1799 schrieb, nicht gewillt, »die

Hans Moritz Graf von Brühl. Bildnis von Anton Graff.

Tina von Brühl. Bildnis von Anton Graff.

*Dieses Denkmal setzten die Brühls
der Herzogin Anna Amalia von Sachsen-Weimar, auf deren
Landsitz Tiefurt sie oft zu Gast weilten.*

*Denkmal für Johann Gottfried Herder,
dessen Theorien Niederschlag in dem ideellen Konzept
dieses Landschaftsgartens fanden.*

*Das Denkmal in Form einer geborstenen Säule sollte an Laura,
die Angebetete des Dichters Petrarca erinnern.*

Der Gedenkstein auf der Festwiese, 1833 von Karl von Brühl errichtet,
erinnert an den »Tempel der ländlichen Freuden« (1781),
das erste Gartengebäude im Tal.

An einem rauschenden Wehr
wurde mit diesem Sarkophag Leopolds von Braunschweig gedacht.

Vergangenheit à la Goethe zum Teufel zu schicken«. Goethes wohl scherzhafter Aufforderung während ihres Besuches in Weimar 1799, seine Büste schwarz zu streichen, entgegnete sie mit den Worten, »es habe sich bey dem Haus mit seiner Büste eine Nachtigall eingefunden nun dürfte ich um sie nicht zu verscheuchen die Büste nicht schwarz färben lassen«. Um 1800 gestaltete sich das Verhältnis zu Goethe wieder herzlicher, befördert zum einen durch den Dichter Zacharias Werner, der eine Zeit lang gemeinsamer Schützling war, zum anderen durch den Sohn Karl von Brühl, der, von klein auf mit Goethe bekannt, in seiner Eigenschaft als Direktor der Berliner Schauspiele wiederholt Goethes Rat und Hilfe einholte.

Mit dem Denkmal für Anna Amalia von Sachsen-Weimar wurde im Tal einer weiteren bedeutenden Persönlichkeit des Weimarer Kreises gedacht. Die Herzogin-Witwe stand den Brühls, die oft zu Besuch in Tiefurt weilten, menschlich sehr nahe. So finden sich auch viele inhaltliche Parallelen zwischen dem *Tiefurter Park* und dem *Seifersdorfer Tal*. Ein Beispiel dafür ist das Denkmal für Leopold von Braunschweig, den Bruder Anna Amalias.

Für Johann Gottlieb Naumann, den befreundeten Musiker und sächsischen Hofkapellmeister, schufen die Brühls ein Denkmal in Form eines Altars. Naumanns Bestreben um eine deutsche Nationaloper fand ihre Unterstützung. Gemeinsam mit Johann Leopold Neumann, Autor einiger Inschriften im Tal, verfaßte Naumann Lieder, die sich auf das Tal und seine Schöpfer bezogen. Auch für Elisa von der Recke, eine enge Freundin der Brühls, die durch eine erhellende Schrift über den Betrüger Cagliostro Berühmtheit erlangt hatte, war ein Denkmal im Garten des Herrenhauses aufgestellt.

Neben diesen Gartenszenen für bedeutsame Persönlichkeiten gab es mehrere, die literarische Themen beinhalteten. Auch dabei stand die Darstellung eines moralisch vorbildlichen Verhaltens im Sinne des empfindsamen Tugendbegriffes im Vordergrund. In diese Gruppe gehören etwa die dem italienischen Renaissance-Dichter Francesco Petrarca gewidmete

Hütte mit der Säule für seine Geliebte Laura, die »Hütte der Alpenhirtin« mit dem Dorestan-Denkmal nach Motiven der Erzählung »Adelaide« des französischen Dichters Jean François Marmontel, »Lorenzos Grab und Hütte« nach dem Roman »Yoricks empfindsame Reise« von Laurence Sterne sowie die dem Dichter der »Nachtgedanken«, Edward Young, im *Garten am Herrenhaus* errichtete Grotte.

Viele Gartenszenen versinnbildlichten verschiedene Tugenden, wobei die Nähe zur christlich-humanitären Richtung in der Freimaurerei deutlich wird. Hier sind beispielsweise der »Tempel dem Andenken guter Menschen gewidmet« mit dem »Alter der Tugend«, die »Stätte der Versöhnlichkeit«, der »Sessel der Freundschaft«, der »Altar der Wahrheit«, die »Linde der Ruhe« oder der »Tempel der Wohltätigkeit« zu nennen. Selbst bei den Szenen, die für die Mitglieder der Familie konzipiert waren, standen moralische Werte im Vordergrund. Anhand der »Capelle zum guten Moritz« oder des Obelisken wurde das Beispiel des rastlosen, menschenfreundlichen Gutsherren vorgeführt.

Unter dem Sohn, Graf Karl von Brühl, erlebte Seifersdorf einen erneuten Aufschwung. 1819 kam Karl Maria von Weber hierher, um ihm, dem Schauspieldirektor, Passagen aus seiner Oper »Der Freischütz« vorzustellen. Für den Umbau des alten Schlosses, der um 1823 fertiggestellt wurde, zog Brühl Karl Friedrich Schinkel als Berater hinzu. Der Garten um das Schloß wurde gestaltet. Im Tal entstanden noch vier Gartenszenen.

Von den insgesamt fünfundvierzig Gartenszenen ist noch ein Drittel in westlichen Teilen, weitere in Resten bewahrt. Bis auf die Marienmühle, die heute eine Gaststätte beherbergt, haben sich keine Gartengebäude erhalten. Die liebliche Landschaft zeigt deutlich Narben menschlicher Eingriffe, ehemalige Raumbildungen und Blickbeziehungen sind verwachsen.

Doch demjenigen, der viel Zeit und Einfühlungsvermögen mitbringt, um der einstigen Schönheit nachzuspüren, werden sich der oft gerühmte Zauber der Anlage und ein wichtiges Kapitel deutscher Kulturgeschichte erschließen.

*Auf der Festwiese feierte das gräfliche Paar ländliche Feste
mit der Dorfbevölkerung.*

Seite 141
Die Hermannseiche, um 1930 durch Blitzschlag zerstört,
war sowohl gestalterisch
als auch inhaltlich der Mittelpunkt der Anlage.

Blick durchs Seifersdorfer Tal.
Die herrlichen, unter Naturschutz stehenden Buchenbestände
an den Talhängen tragen zum unverwechselbaren Reiz der Anlage bei
und bilden den Rahmen für viele Gartenszenen.

Der Schneckenberg,
aus Aushubmaterial des künstlichen Sees geschaffen.
Ursprünglich befand sich auf der Höhe
des Hügels der Janustempel.

Bernd Modrow

DER STAATSPARK WILHELMSBAD, HANAU

Im Wald von Hanau wurde 1709 eine Heilquelle, der »Gute Brunnen«, entdeckt. Erst siebzig Jahre später, 1777, begann der junge Erbprinz Wilhelm von Hessen-Kassel mit dem Architekten Franz Ludwig von Cancrin den Ausbau als Kur- und Badeort[1]. Durch eine besondere Art der Werbung mit den fingierten »Briefen eines Schweizers über das Wilhelmsbad bei Hanau« in Form eines kleinen Büchleins, das 1780 erschien, und den Kupferstichen des Hofmalers Anton Wilhelm Tischbein, die weit im Lande verbreitet wurden, gelang es, den Badeort bekannt zu machen[2]. Viele Besucher und bekannte Persönlichkeiten, so z. B. auch 1780 der Herzog von Weimar mit Goethe, besuchten die Anlage.

Der Erbprinz verließ 1785, nunmehr als Landgraf Wilhelm IX. und Kurfürst Wilhelm I. von Hessen-Kassel Hanau, um in Kassel zu residieren. *Wilhelmsbad* geriet mehr und mehr in Vergessenheit. Erst 1818 erlangte der Ort noch einmal kurze Bedeutung durch den Besuch der drei Monarchen der Heiligen Allianz, Kaiser Franz I. von Österreich, Zar Alexander von Rußland und König Friedrich Wilhelm III. von Preußen. Wenig später erlosch der Kurbetrieb und die Quelle versiegte. Diesem Umstand ist zu verdanken, daß die Anlage in der Folgezeit von Überformungen weitgehend verschont blieb. Eines der frühesten Beispiele des »empfindsamen« Landschaftsparks in Deutschland mit der Vielzahl vorromantischer Szenerien ist somit heute erhalten, wenn auch die meisten Spiel- und Unterhaltungsmöglichkeiten für die Badegäste im Park, mit Ausnahme des »Karussells«, entfernt wurden. Das Ziel der Gartendenkmalpflege besteht darin, auf der Grundlage eines in Arbeit befindlichen Parkpflegewerkes die gartenhistorische Bedeutung des frühen Badeortes als Gartenkunstwerk wieder deutlicher werden zu lassen.[3]

Aufgrund der derzeitigen Erkenntnisse ist Cancrin im wesentlichen neben den Gebäuden auch die Parkgestaltung zuzuschreiben.[4]

Der bereits im Beitrag Wilhelmshöhe erwähnte Hofgärtner Daniel August Schwartzkopf war gleichfalls in *Wilhelmsbad* tätig, allerdings erst, als Wilhelm IX. sich bereits in Kassel aufhielt, und die Umgestaltungsarbeiten in *Wilhelmshöhe* 1793 weitgehend abgeschlossen waren. Insbesondere die Freilegung von Durchsichten und Pflanzmaßnahmen erfolgten durch Schwartzkopf. Er berichtet am 30. November 1793: »Die Abtragung des Berges, worauf die große Eiche gestanden, ist völlig planiert und die *Clumbs* mit ausländischen Gehölzen bepflanzt. Der Fuß des Berges ist mit einer Raßen-Bordüre beschlagen worden. Die *Vue* von der fürstlichen Burg nach dem Brunnen ist ganz abgefahren«.[5]

Hirschfeld beschreibt ausführlich in seinem 1785 erschienenen Werk »Theorie der Gartenkunst« *Wilhelmsbad*, das er kurz vorher besucht hatte: »Wilhelmsbad, eine halbe Stunde von Hanau, behauptet von der Seite der Anmut unter Deutschlands Bädern wohl den ersten Rang.« Und: »Wilhelmsbad liegt in einer zwar flachen, aber angenehmen Gegend, indem sie rings umher von Wäldern umkränzt ist. Sowohl von der Vorderseite des Arcadenhauses an, als auch hinter ihm verbreiten sich die Anlagen der Spaziergänge fast im Geschmack eines englischen Gartens. Vor dem Arcadenhause erstreckt sich ein ziemlich ansehnlicher Wald von Eichen, der jedoch

Parkpromenade von Wilhelmsbad.
Gemälde von Anton Wilhelm Tischbein, um 1785.

Künstliche Burgruine.
Gemälde von Anton Wilhelm Tischbein, um 1785.

viele große Zwischenräume hat, worin Pflanzungen von mancherley einheimischen und ausländischen Bäumen und Gesträuchen angelegt und mit Blumenstauden vermischt sind. Zur Abwechslung des Spazierganges und der Aussichten sind Vertiefungen und Anhöhen gemacht. Diese werden sich besser ausnehmen, wenn erst ihre Bepflanzung angewachsen ist. Die Gänge winden sich zwischen ihnen umher, steigen und senken sich wieder, und sind gut miteinander verbunden. Die Pflanzung ist noch jung und wird in der Folge den Schatten vermehren helfen, den jetzt die hohen Eichen um sich her verbreiten. Sie ist, um sich dem Wilden des Waldes zu nähern, mehr nachläßig hingeworfen, als malerisch angelegt. Die Spaziergänge sind ziemlich weitläufig. Ueberall findet man weiße Bänke, Sitze, Tische auf den Höhen und in den kleinen Thälern; unter den hohen Eichen und den Buchen, die zwischen ihnen erscheinen, laden beschattete Ruheplätze ein. Das Auge wird zuweilen von grünen mit Klee besäeten Flächen angelockt, vornehmlich in den Vertiefungen. Mancherley Arten von Spielen, die nicht blos zur Zeitverkürzung, sondern auch zur Bewegung dienen, sind auf den freyen Plätzen, zwischen den umpflanzten Spaziergängen angebracht«.[6]

Die ehemalige Kuranlage enthielt zu ihrer Blütezeit eine Fülle von Einrichtungen wie eine Fasanerie, ein Heckentheater, den »Janus-Tempel«, Spielgeräte wie Schaukeln, Wippen, Kegelspiele, eine Schießanlage, Bogenbrücken, prunkvolle Gondeln auf den Gewässern. Einzelne Ausstattungsgegenstände, wie sie Hirschfeld beschreibt, sind verlorengegangen. Vieles ist jedoch heute erhalten.

Entlang der regelmäßig bepflanzten Promenade reihen sich die spätbarocken Gebäude mit »Comoedienhaus«, Arkadenbau, Kavalierhäusern, ehemaliges Badehaus auf. Die Promenade mit der schattenspendenden Lindenallee diente zum Aufenthalt der Gäste. An dieser Promenade liegt auch der Brunnentempel mit der barockmonumentalen Ausstattung der Quelle als »Äskulap-Tempel«. Im Park auf halber Entfernung zum Karussell befand sich das Heckentheater, dessen Wiederherstel-

lung denkbar wäre und im Parkpflegewerk besonders untersucht wird. Wohl aufgrund der mangelhaften Akustik wurde als Ersatz das »Comoedienhaus« gebaut. Dort befand sich auch die Vielzahl der Spielgeräte zur Unterhaltung der Kurgäste. Das »Karussell«, als römischer Rundtempel 1779 gebaut, gilt als Meisterwerk der Ingenieurbaukunst[7]. Von hier bestand ehemals eine malerische Blickbeziehung zur einige hundert Meter entfernten Meierei. Die Meierei hat heute als Reiterhof eine andere Funktion bekommen. Durch den grottenhaften Gang unter dem »Karussell«-Hügel, mit enger Finsternis und Umheimlichkeit, gelangt man in die »Teufelsschlucht« mit Kettenbrücke und dem dahinter liegenden Staudental. Den Rahmen an der Straße bildet ein *Quincunx* mit dem Anschluß an die Promenade.

Das Wasser stellt ein wichtiges Element im Park dar. Der Braubach bildet durch Aufstauung Teiche oder soll den Eindruck eines Flusses erwecken. Auf dem Wasser fuhren kunstvoll gebaute Gondeln. Auf einer Insel befinden sich die ehemaligen Wohnräume des Erbprinzen in Form einer mittelalterlichen Burgruine als Rückzugsmöglichkeit vom höfischen Leben. Die Grundsteinlegung der rustikalen Ruine erfolgte 1779 mit prunkvoller Ausstattung im Inneren mit Boiserien, Schnitz- und Stuckwerken sowie einem prächtigen Kuppelsaal im Obergeschoß. Die neogotische Architektur der 1772 erbauten Burg von *Shrubbs Hill* (England) stellt vermutlich das Vorbild dar[8]. Die unmittelbar neben der Burgruine gelegene kleine Burgruine diente als Küche. Bezüge zur Freimaurerei werden von verschiedenen Autoren vorgetragen[9]. Die Innenausstattung der Ruine wird z. Z. restauriert. Das Mobilar soll ergänzt werden. Das Ziel besteht darin, sie nach Wiederherstellung museal zu nutzen.

Auf einer weiteren Insel – zunächst Halbinsel –, entstand 1784 eine kleine Grabpyramide nach dem Vorbild der Cestius-Pyramide in Rom, die an den frühen Tod des Sohnes von Wilhelm IX. erinnern soll. Als stimmungsvolles, antikes Monument will sie bei dem Betrachter Melancholie und Trauer auslösen.

Aus dem Aushub des Teiches wurde der »Schnecken-berg« errichtet mit dem ehemals bis ins 19. Jahrhundert vorhandenen »Janustempel«. Die aus den Archivunter-lagen nachgewiesenen Ausblicke in den Park über den Braubach bis zur Fasanerie, zum »Karussell«, zur Ruine, zum Brunnentempel und nach Hanau, werden z. Z. vor-sichtig wieder freigelegt.

Die Einsamkeit des Waldes im hinteren Parkteil wurde 1785 durch den Bau einer Einsiedelei ins Melancho-lische gesteigert. Die Grotte mit hölzernem Eremit war als Eremitenwohnung eingerichtet. Als Gegenstück zur barocken Pracht sollte sie bei dem Besucher ent-sprechende Stimmung erwecken. Im Laufe der Zeit er-folgten immer wieder Zerstörungen, bis sie in den letz-ten Jahren wieder provisorisch eingerichtet wurde.

Der Park Wilhelmsbad ist für die Besucher kostenlos zugänglich, Führungen finden statt nach vorheriger An-meldung bei der Gartenverwaltung.

Wilhelmsbad. Teich mit Pyramideninsel.
Gemälde von August Wilhelm Tischbein (um 1785).

Blick zum Karussell von 1779.
Es ist in Form eines römischen Rundtempels gebaut
und stellt ein Meisterwerk damaliger Ingenieurbaukunst dar.

Grabpyramide auf einer Insel;
1784 als Erinnerungsmal für den verstorbenen Prinzen Friedrich errichtet.

Elisabeth Szymczyk-Eggert

»... sogar wäre es mir lieb, wenn Ihr Schwetzingen besuchtet«.

Diese Aufforderung und Bitte richtete Goethe an seinen Sohn August, nachdem sich dieser im April 1808 an der Universität Heidelberg immatrikuliert hatte. Es ist der vielleicht deutlichste Hinweis darauf, daß Goethe den berühmten *Schwetzinger Schloßgarten* aus eigener Anschauung kannte, wenngleich es sehr verwundert, daß sich in den Schriften des interessierten Gartenfreundes keine direkte Äußerung dazu findet. »Kein Reisender von Auszeichnung segelte durch die Gegend, ohne in Schwetzingen Anker zu werfen; fast alle Fürsten, Großen, fast alle berühmten Männer strömten nach diesem *deutschen Versailles*, St. Cloud, Aranjuez, oder wie man diesen merkwürdigen Ort sonst nennen mag«, schreibt Johann Michael Zeyher in seiner Gartenbeschreibung aus dem Jahre 1830.[1] Vielleicht war es gerade der allgemein hohe Bekanntheitsgrad dieses Gartens, der Goethe davon abhielt, darüber zu berichten. Vermutlich bot jedoch das benachbarte Mannheim mit seinen vielfältigen kulturellen Einrichtungen das jeweils Interessante und Mitteilenswerte in höherem Maße als Schwetzingen.

Schwetzingen konnte man sozusagen *en passant* und ohne Anmeldung besichtigen. Bemerkenswert früh, schon zu Beginn der achziger Jahre des 18. Jahrhunderts machte Kurfürst Karl Theodor den Garten für die Öffentlichkeit zugänglich. Er sei »keineswegs entgegen, sondern vielmehr gnädigst gesonnen einem jeden Aus= und Einheimischen ohne Unterschied des Standes den freyen Zutritt in den Schwezinger Herrschafftlichen großen Lust=Garten wie vorher mildest zu gestatten«, heißt es in einer Besuchsordnung aus dem Jahre 1787.[2]

DIE BAUGESCHICHTE

Zu jener Zeit hatte der Garten – jedenfalls in seinen Grundzügen – bereits die Gestalt, wie sie bis heute auf uns überkommen ist. Dies belegt der »Plan von dem Grosherzoglich Badischen Schloßgarten zu Schwetzingen«, Mannheim o. J., vermutlich 1809.[3] Ausgehend vom Schloß mit seinen um 1750 nach Plänen von Alessandro Galli da Bibiena erbauten Zirkelbauten, bescheibt die Parterrezone eine Kreisform, die westlich, als Pendant zu den Zirkelbauten, mit den bogenförmigen *Berceaux de treillage* (Laubengänge) abschließt. Dieser Bereich, nach Plänen des Pfalz-Zweibrückener Hofgärtners Johann Ludwig Petri angelegt, war um 1758 annähernd fertiggestellt.

Dahinter erstreckt sich beidseits der Mittelachse, die *Boskett*-Zone mit dem querrechteckigen »Grossen Bassin« am Ende der Hauptachse. Weitere *Bosketts*, jene mit dem berühmten »Apollo-Tempel«, dem Hirtengott Pan, den wasserspeienden Vögeln und dem »Perspectiv«, befinden sich nördlich des breiten Mittelweges. Dort liegt auch der Bau der Orangerie mit dem von Kanälen umgebenen Orangerieparterre. Für diese Bereiche zeichnet im wesentlichen der 1752 zum kurpfälzischen Oberbau- und Gartendirektor ernannte Nicolas de Pigage verantwortlich. Die Arbeiten begannen 1761 und zogen sich über zehn Jahre hin.

Die zuletzt – ab 1777 – nach Plänen von Friedrich Ludwig von Sckell in Angriff genommenen Teile umgeben den Garten parkartig nach drei Seiten. Die Entwürfe für die darin befindlichen Staffagebauten, wie die

Moschee und den »Merkurtempel« im Süden, oder den »Tempel der Botanik« und das »römische Wasserkastell« im äußersten Norden, stammen von der Hand des älteren Pigage. Die Arbeiten waren zwischen 1785 und 1790 zum Abschluß gekommen.

Johann Michael Zeyher, der 1804 als Hofgärtner nach Schwetzingen berufen wurde, ließ 1823/24 die geometrische Form des »Grossen Bassins« zugunsten einer unregelmäßig gestalteten Uferzone im Sinne des Landschaftsgartens verändern.

DER GARTEN
UND SEINE GESTALTER

Schwetzingens Garten ist eine Besonderheit in dreifacher Hinsicht. Erstens ist es ein Glück, daß er unverstümmelt und ohne irreparable Schäden erhalten blieb und seit einigen Jahren eine behutsame Pflege erfährt. Wer weiß, wie schlecht es um den Schutz unserer historischen Anlagen bestellt ist, erkennt, daß dies hervorgehoben zu werden verdient. Zweitens ist er, obgleich von drei höchst unterschiedlichen Männern gestaltet, ein Kunstwerk ersten Ranges, weil alle drei überragende Künstlerpersönlichkeiten waren. Zu diesen gesellte sich ein kunstsinniger und kunstliebender Bauherr, Kurfürst Karl Theodor von der Pfalz, dessen Berühmtheit sich hauptsächlich auf der Förderung und Pflege der Künste begründet. Drittens ist er für uns heute, wie kaum ein anderer Garten, ein »Lehrbuch« der Gartenkunst im Zeitraum zwischen 1740 und 1800, in dem sich alle Gartenkunstrichtungen dieser Epoche widerspiegeln.

DAS PARTERRE
VON JOHANN LUDWIG PETRI

Der älteste Teil, das in den vierziger Jahren des 18. Jahrhunderts konzipierte, kreisrunde »Parterre«, gibt dem Kunst- bzw. Gartenhistoriker bezüglich der stilkritischen Einordnung einige Rätsel auf. Man möchte Kurt Martin zustimmen, wenn er das Schwetzinger Kreisparterre als

»ein überraschendes und durchaus selbständiges Ergebnis«[4] beurteilt. Seine Behauptung, daß dafür »in der europäischen Gartenkunst weder Vorbilder noch Nachfolger festzustellen sind«, weist Wiltrud Heber ausführlich als unrichtig nach[5]. Doch muß auch ihre Meinung, daß Petri mit seinem Entwurf »dem bedeutendsten Gartentheoretiker der Régence, Dezailler d'Argenville, sehr verpflichtet«, sei,[6] in Frage gestellt werden. Die Zentrierung auf die Parterremitte und die geringe Ausstrahlung nach außen lassen eine Befolgung der dort aufgestellten Regeln kaum nachvollziehen.

DIE VON NICOLAS DE PIGAGE
KONZIPIERTEN GARTENTEILE

Daß die axialen Bezüge, anstatt sich im Schloß zu bündeln, auf die Mitte des *Parterres* weisen, mußte Pigage schon bald als störend empfunden haben. Bezeichnenderweise plazierte er in einem Entwurf für einen Schloßneubau den Baukörper genau in den Schnittpunkt der Längs- und Querachse. Der Neubau sollte die Größe eines Jagd- und Lustschlosses haben, das im Inneren die strenge Symmetrie und Axialität des *Parterres* aufnimmt.[7] Das Filial- bzw. Jagdschloß in der Mitte eines Wegesterns, das hätte nach den gültigen Regeln wieder »gestimmt« und an Vorbilder wie *Lustheim* bei Schleißheim (Enrico Zucalli) oder die *Favorite* in Ludwigsburg (Donato Guiseppe Frisoni) angeknüpft. Aber in Schwetzingen wären Haupt- und Filialschloß zu dicht beieinander gestanden. Das Projekt kam nicht zur Ausführung.

Das Problem war, daß die der Kreisform immanente Beziehung zum Mittelpunkt aufgelöst werden mußte, um Raum zu schaffen, an den das Schloß und weitere Gartenteile mittels axialer Beziehungen angeknüpft werden konnten. »Für Pigage und Petri stellte sich die schwierige und in der europäischen Gartenkunst des 18. Jahrhunderts einmalige Aufgabe, die zentralisierende Tendenz der in sich ruhenden Kreisform des Zirkels mit dem Tiefenzug der Parterreallee und der Hauptallee zu vereinigen«.[8] Diese Aufgabe löste der an

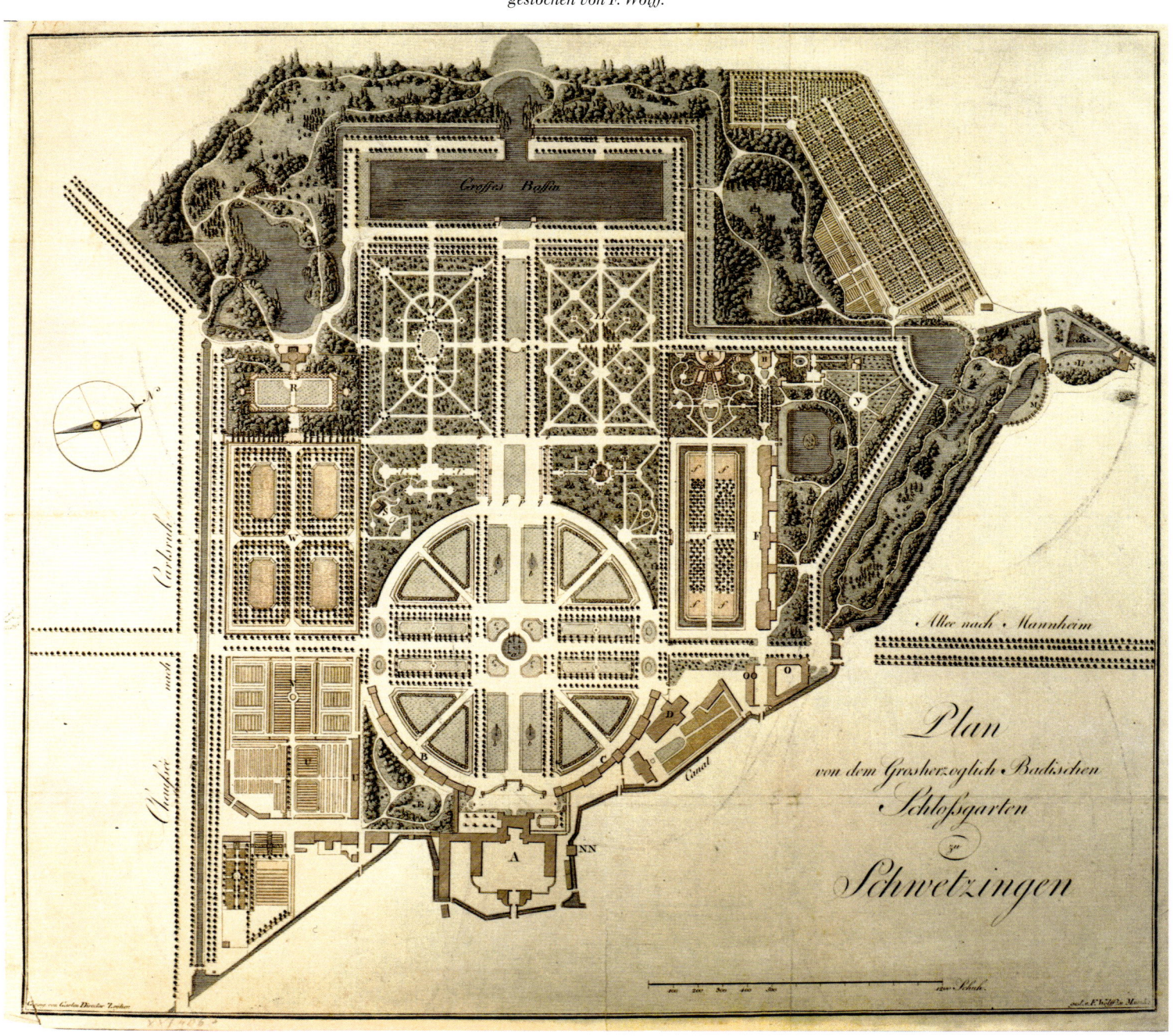

»Plan von dem Großherzoglich Badischen
Schloß Garten Schwetzingen« von Johann Michael Zeyher,
gestochen von F. Wolff.

der Pariser »Académie Royale d'Architecture« geschulte Pigage auf geniale Weise: er öffnete die Tiefenachse und konzipierte eine mächtige, dominierende Mittelperspektive, die als Rückgrat des gesamten Gartens diente. Diesem wird nun die Kreisform untergeordnet, und das Schloß ist, als Ausgangspunkt der Tiefenachse, an die richtige Stelle »gerückt«. Das Motiv der Behandlung der Mittelachse als Rückgrat, an dem sich alle anderen Gartenteile gleichsam »auffädeln« und mittels axialer Beziehung an diesem »festhalten«, tauchte in dem wenig später entstandenen Entwurf für den Ludwigsburger Schloßgarten wieder auf.[9] Die Ausstrahlung der Mittelachse sollte jenseits des »Grossen Bassins« in der »Allée qui conduit au Rhein« ihre Fortsetzung finden.

An der Einrichtung einer monumentalen Mittelperspektive zerbrach die Dominanz der reinen geometrischen Form des Zirkelparterres. »Mit ihr wurde noch einmal eine machtvolle Bewegung für den Garten aufgeboten, die schon nicht mehr zeittypisch war«.[10]

Ebensowenig zeittypisch, stilistisch jedoch der Monumentalität der Hauptachse angelehnt, sind die beidseits von dieser angeordneten *Bosketts*, die eine beinahe schematische, streng symmetrische, vorwiegend von orthogonalen und diagonalen Wegen durchzogene Zeichnung aufweisen. Was diese an Schmuck und *Variété* vermissen lassen, holen die benachbarten Partien nach. »Da sind die recht komplizierten Wegfigurationen, die mitunter ans Labyrinthische grenzen und ein dauerndes Sich-Drehen und -Wenden erzwingen. Da ist die Vielfalt an Bauwerken, Figuren, Brunnen, Wasserspielen, die die Forderung nach ›variété‹ erfüllen...«.[11]

»Pigage hat dem Garten also einerseits ein ausgesprochen monumentales Gesicht gegeben, was für diese Zeit schon als ungewöhnlich gelten kann. Gleichzeitig hat er dem Garten zu Gebilden verholfen, in denen sich das Spielbedürfnis der Rokokogesellschaft ausbreiten konnte«.[12]

In einer zeitgenössischen Beschreibung in französischer Sprache aus den Jahren 1768/69 findet die Anlage höchstes Lob. Dort werden unter anderem Schönheit und Annehmlichkeit des Gartens, die Verschiedenheit der Einzelpartien, der intelligente Grund- und Aufriß, die Ordnung des Ensembles, der Kontrast zwischen »wilder«, ländlicher und »kultivierter« Natur als besonders geglückt hervorgehoben.[13]

DIE ANLAGEN VON FRIEDRICH LUDWIG VON SCKELL

Die von Sckell unter der Oberleitung von Pigage konzipierten Gartenteile lassen sich stilistisch wie chronologisch in drei Bereiche untergliedern: erstens das 1777 in Angriff genommene schmale Feld im Norden mit dem »Tempel der Botanik« und der Ruine des »Römischen Wasserkastells«, zweitens das im Süden liegende, wenig später entstandene Gebiet mit der Moschee und der Ruine des »Merkurtempels«, drittens die parkartige Zone um das »Grosse Bassin«, das die Bereiche im Norden und Süden miteinander verbindet.

Das Gelände, auf dem Sckells Erstlingswerk entstehen sollte, war in seiner schmalen Form zur Entfaltung von Wiesenflächen und Baumgruppen höchst ungeeignet. Zwei Wege schlängeln sich, ohne Verbindung untereinander, »nach dem Schema der Hogarthschen Schlangenlinie« [gemeint ist wohl die Schönheitslinie; Anm. d. V.] entlang den Längsseiten des Grundstückes.[14] Im Inneren bleibt nur ein schmaler Wiesenstreifen übrig, der mit Baumgruppen und einzelnen Bäumen besetzt ist. In der Nordwestecke werden zwei höchst unterschiedliche, in unmittelbarer Nachbarschaft stehende Staffagebauten aufgeführt: der »Tempel der Waldbotanik« und die Ruine des »Römischen Wasserkastells«. Letztere ist »als Stimmungsträger dem »Tempel der Botanik« bei weitem vorzuziehen, und verglichen mit den gezierten Ruinen des Rokoko war es kein geringes Zeugnis von der Selbstbesinnung des Zeitalters, wenn Sckell die zyklopische Schichtung und den kolossalen Ernst der antiken Nutzbauten für seinen Park zu gewinnen versucht hat . . . In ihrer elegischen Wirkung trifft eine solche Anlage den Geschmack Henry Homes und Hirschfelds. Was letzterer tadelt, ist allenfalls die »allzu dichte Nachbarschaft stimmungsmäßig widersprechender Staffagen«.[15] Überblickt man die Gesamtanlage mit den in »kleinlichen Windungen« geführten Wegen, die Vegetation, »die an den Wegrändern klebt und doch nicht wagt, sich frei zu entfalten«[16], so überwiegt wohl der »Eindruck der Unsicherheit eines ersten selbständigen Werkes«[17].

Gleichwohl muß es dem Fürsten so gefallen haben, daß er seine Zustimmung zur Anlage des *Jardin turcque* im Süden des Gartenareals gab. Unter dem *Jardin turcque* hat man im wesentlichen die Moschee mit dem rechteckigen, von Kolonnaden umgebenen Hofbezirk zu verstehen. Eine schmale Randbepflanzung schließt das Geviert nach allen Seiten ab. »Mit der Errichtung eines türkischen Parkgebäudes folgte der Architekt der Mode seiner Zeit. Bekanntestes Parallelbeispiel war die »Moschee im Park von Kew«[18]. Sckell und Pigage kannten *Kew* aus eigener Anschauung; von dort mag die Idee zur Erbauung einer Moschee stammen. Pigage gab »seiner« Moschee jedoch eine individuelle Gestalt, indem er Einflüsse aus dem Sakralbau des Islams, des Christentums und der griechischen Mythologie aufnahm.

Eine weitere, um 1780 errichtete Gartenpartie hat wegen ihres literarischen Programms viel Aufsehen erregt. Es sollte »eine mythologisch-historische Landschaft Ägyptens« nachgebildet werden[19], bestehend aus dem vor der Moschee angelegten See »Möris« und einem, in der Achse des »Grossen Bassins« liegenden, ägyptischen Königsgrab, vermutlich einer Pyramide.

In dieser Gartenszene kulminieren alle sich schon in älteren Gartenteilen befindlichen Anspielungen auf freimaurerisches Gedankengut.[20] In seiner 1785 veröffentlichten Beschreibung berichtet Hirschfeld, der den Garten während der Bauarbeiten an diesem Bezirk besuchte: »Aus der Moschee sieht man gerade nach einer ägyptischen Parthie, woran noch gearbeitet wird . . . Es ist ein Berg, worauf ein Monument des Königs Sesostris neu aufgeführt wird. Das Monument könnte nun wohl zur Täuschung nichts anders seyn, als einige von der Zeit fast ganz aufgeriebene Ruinen. Allein hier ist alles neu, vollständig und geschmückt. In den Ge-

wölben des Berges kommen Begräbnisse und Mumien zu stehen, und die Todten soll, wie man sagt, Charon dahin bringen. Um den Berg wird der See Möris gegraben«.[21] »Die Pyramide des Sesostris auf einer Insel im See Möris . . . war im 18. Jahrhundert eines der bekanntesten Bauwerke der alten Welt, weil es bei Herodot, Plinius, Mela und Diodorus beschrieben wird. Fischer von Erlach versuchte in seinem ›Entwurf einer historischen Architektur‹ von 1721 dieses Inselgrab zu rekonstruieren. Es ist fraglich, ob Fischers Rekonstruktion das Inselgrab in Schwetzingen beeinflußte«.[22]

Die von Hirschfeld in Augenschein genommene Anlage wurde verändert, noch ehe sie nach dem ursprünglichen Plan vollendet war. An Stelle des Grabmals des Sesostris errichtete man auf dem gleichen Hügel die Ruine des »Merkurtempels«, die nun nicht auf einer Insel liegt, sondern am Ufer des Sees, fast gegenüber der Moschee. Womöglich war Hirschfelds vernichtendes Urteil Anlaß zu dieser Veränderung. Wie empfindlich man auf dessen Kritik reagierte, zeigt die Tatsache, daß Zeyher noch dreißig Jahre später in seiner Beschreibung des Schloßgartens meint, seinen Vorgänger Sckell in Schutz nehmen zu müssen: »Mit Unrecht nennt Hirschfeld dieses eine vom Himmel herabgefallene egyptische Parthie, und den Tempel ein Monument des Königs Sesostris; zwar war anfänglich die Rede davon, daß hier ein Grabmal des Sesostris errichtet werden sollte – diese Idee wurde aber abgeändert. In der ganzen Anlage ist nicht das mindeste, welches einen egyptischen Charakter trüge; die Pflanzung ist vortrefflich und hinreißend schön«.[23]

Mit der Fertigstellung dieser Partie endet die überaus glückliche und ersprießliche, neunzehn Jahre währende Zusammenarbeit Pigages und Sckells in Schwetzingen. Beide haben sich gegenseitig geachtet, sie sind »gemeinschaftlich zu rathe gegangen,« wenn es darum ging, »eine Garten-Scene noch zu verschönern . . . Herr von Pigage wußte wohl, daß ich als Gartenkünstler, auch mit der Baukunst nothwendiger weihse bekannt sein mußte. Beide Künste sind zu sehr miteinander verbunden, und Gartenanlagen können

Der Merkur-Tempel.

Der Tempel der Botanik.

Der Apollotempel;
im Vordergrund das Naturtheater und eine Gruppe von Sphingen.

ohne die Baukunst zu Hülfe zu nehmen, nicht wohl betrieben werden«, schreibt Sckell nach dem Tode seines Vorgesetzten an den Kurfürsten.[24]

Zur Zeit der Ausgestaltung der hinter – und östlich neben – dem »Grossen Bassin« liegenden Parkteile, in der zweiten Hälfte der achtziger Jahre des 18. Jahrhunderts, lebte Pigage allerdings noch. Seine Mitwirkung ist nur deshalb ausgeschlossen, weil sich in dieser Zone keinerlei Architektur- bzw. Staffagebauten befinden. Eine Ursache hat dies vielleicht in dem in jenen Jahren einsetzenden Zwang zur Kosteneinsparung, vielleicht aber auch darin, daß Sckell sich mit der Konzeption dieser Partie einer Schaffensphase näherte, die Hallbaum als die »klassische« bezeichnete und worin Sckells Meinung zur Geltung kam, »daß Gärten auch ohne diese Verzierungen sich auszeichnen, gefallen und in einem ästhetischen Werth erscheinen sollten«[25]. Hier spürt man nichts mehr von der vorher beobachteten Befangenheit im Umgang mit den natürlichen Kompositionsmitteln. Hier, am Zusammenstoß des formalen und des Landschaftsgartens, kommt auch Sckells besondere Leistung zum Ausdruck. Durch behutsames Gestalten der Nahtstellen verbindet er diese beiden Gartenteile zu einem harmonischen Ganzen. »Indem er den barocken Garten bestehen ließ und die Grenzlinie zum neuen Teil raffiniert verwischte, gelang ihm eine überzeugende Verbindung der beiden Parkstile, die sich später in Nymphenburg zu einer echten Synthese im Geiste des aufgeklärten Absolutismus des bayerischen Königshauses steigern sollte«.[26]

APOLLO UND DIE DICHTER

Unter der reichen Ausstattung mit Steinbildwerken, die nicht nur Augenweide, sondern zugleich Bedeutungsträger waren[27], hat keine Figur die Gemüter so bewegt wie Peter Anton Verschaffelts musizierender Sonnengott im Schwetzinger »Apollo-Tempel«. Seine Besonderheit: er spielt die Leier mit der linken Hand. Diesen Umstand hat er der Genese vom heiligen Xaverius zum *Apollo Musagetes* zu verdanken. »Der Gott ist aus einem Marmorblock entstanden, der bestimmt war für eine Statue des heiligen Xaverius, dessen rechter ausgestreckter Arm mit dem Kreuz bereits herausgemeißelt war. So mußte der Künstler dem Gott die Leier in die linke Hand geben«, antwortete Goethes Heidelberger Freund Sulpiz Boisserée auf dessen Nachfrage, weswegen der Gott die Lyra mit der linken Hand spiele.[28] Vermutlich war die Rückenpartie auch schon fertiggestellt und für einen Heiligen angemessen ausgefallen, für einen Apoll wohl weniger: »Der Apollo-Tempel steht gar heilig auf seiner Anhöhe, nur hat der linke Gott darin einen erbärmlichen Hintern«, urteilte im Sommer 1780 der Dichter Wilhelm Heinse in einem Brief an den Philosophen Friedrich Jacobi.[29] Auch für Schiller war das Handicap des Schwetzinger Apolls Anlaß zum Spott, den er in einem Seitenhieb auf den Schauspieler und Dramatiker August Wilhelm Iffland zum Ausdruck brachte. Mit der Überschrift »Apollos Bildsäule in einem gewissen Gartentempel« schrieb er ein Xenion: »Mit der linken regiert er die Leyer, wen nimmt es noch Wunder, daß er in diesem Revier immer so linkisch gespielt?«[30]

Verschaffelt, von seinem fürstlichen Auftraggeber zur Rede gestellt, antwortete mit schlagfertigem Humor: »Apollon seroit une pitoiable Divinité, s'il ne savoit pas jouer à deux mains« (Apollo wäre ein bedauernswerter Gott, wenn er nicht mit beiden Händen spielen könnte).[31] Soviel Gelassenheit kann sich nur ein Großer leisten. Verschaffelt war seit 1758 Direktor der Mannheimer Zeichenakademie, die auch als Werkstatt von Entwürfen für Schwetzinger Gartenmotive diente. Goethe hatte schon in jungen Jahren Verbindung zu ihm aufgenommen und war ihm und seinem Sohn Maximilian freundschaftlich verbunden. »In Mannheim angelangt, eilte ich mit größter Begierde, den Antikensaal zu sehen, von dem man viel Rühmens machte... Direktor Verschaffelts Empfang war freundlich«, schrieb er, als er sich von Straßburg kommend in Mannheim einfand.[32] Er wird des Freundes Werke auch in Schwetzingen bewundert und vielleicht auf diese Weise persönliche Bekanntschaft mit dem Garten gemacht haben.

Blick auf die Moschee.

Römisches Wasserkastell und Aquädukt.

»Der Sibillen-Tempel«, 1795–1800.
Kolorierte Aquatinta nach einer Zeichnung von Victor Heideloff.

»Das Rathaus», 1795.
Kolorierte Aquatinta nach einer Zeichnung von Victor Heideloff.

Elisabeth Szymczyk-Eggert

DAS DÖRFLE
WAR NICHT ENGLISCH
ODER
DAS MISSVERSTÄNDNIS
VON HOHENHEIM

»Hohenheim d. 16. Juli 1781 Montag.
Es wahr heite zemlich Kill, ich geng vormitag
nicht in das Dörfle,
dar gegen brachten der Herzog einen ganzen Tisch
voll frichten mit aus dem Dörfle,
Grumbirn bonen schefen hember u. Blomen mit,
um 3. uhr fierden mich Ihro Durchleicht
spatzieren in das Dörfle . . .«[1]

So idyllisch, wie es uns aus diesen Zeilen entgegentritt, war das Leben des Herzogs Carl Eugen von Württemberg mit seiner Maîtresse und späteren Gemahlin Franziska von Hohenheim freilich nur in *Hohenheim*, seit 1776 Sommerresidenz und in den folgenden Jahren Hauptwohnsitz des fürstlichen Paares.

Die »Hohenheimer Ära« kennzeichnet die Spätphase der Regierungszeit des Herzogs, in der er sich – vom Glanz der kostspieligen Hofhaltungen in *Ludwigsburg* und auf der *Solitude* abgewandt – zum »gerechten Landesvater geläutert« hat, der unter dem Einfluß Franziskas »seine freien Stunden dem einfachen Leben auf dem Lande widmete«[2]. Diese Läuterung, im Bußreskript zu seinem 50. Geburtstag mit dem Versprechen vernunftsgemäßer Regierung der Öffentlichkeit kundgetan, kam nicht von ungefähr: 1770 wurde er vom Reichshofrat in Wien gezwungen, die alte Verfassung und die Rechte der Landstände, die er jahrelang in grober Weise mißachtete, voll anzuerkennen. »Carl Eugen war in seine Schranken verwiesen worden und er verstand es, das Beste daraus zu machen. Durch die Hinwendung zu neuen Interessen und neuen privaten

Aktivitäten versuchte er seine politische Niederlage zu überspielen«[3].

Es begann bescheiden – wie so oft bei diesem widersprüchlichen Menschen – und endete verschwenderisch. Ab 1772 ließ er das alte Wasserschlößchen in Hohenheim ausbessern und die Gutsanlagen erweitern. Auch der Lustgarten um den Wassergraben wurde neu angelegt. Im westlichen Flügel des Gutshofes richtete er für sich und Franziska eine Wohnung ein. Dies war der vergleichsweise anspruchslose häusliche Rahmen, in dem er sich bis zum Ende seines Lebens aufhielt und offenbar wohl fühlte.

Zum Wohlbefinden trug in hohem Maße die zur selben Zeit begonnene Anlage des »Dörfles« bei, über das viel diskutiert und geschrieben wurde; am ausführlichsten von dem Stuttgarter Kaufmann Gottlob Heinrich Rapp im »Taschenbuch für Natur und Gartenfreunde« in den Jahren 1795–1799.

Die »englische Anlage«, wie das Dörfle auch genannt wurde, umfaßte ca. 21 Hektar. Sie lag abseits von den eigentlichen Schloß- und Gutsgebäuden in einem eigenen Bezirk und war durch gerade geführte Pappelalleen von der umgebenden Landschaft streng abgegrenzt. Sie erstreckte sich über ein schmales, längliches, nach Süden abfallendes Terrain, in das über hundert Baulichkeiten, bzw. »sechzig architektonische Gruppen«[4] hineinkonzipiert waren[5].

Die der Konzeption des »englischen Dörfles« zugrunde liegende »Idee seines Stifters [des Herzogs Carl Eugen] war, eine Colonie abzubilden, die sich unter den Trümmern einer römischen Stadt niederließ. Dies muß man nothwendig wissen, um es schicklich zu finden, daß so viele kleine und grössere neue Häuser mit den Ruinen einer fremden und prächtigen Bauart durchwebt sind. Sobald uns aber diese Idee klar ist, wird es uns vergnügen, wenn wir hier das Haus des Vermöglichen, dort die Hütte des ärmern Colonisten finden, und doch bei jedem noch das Stückchen Feld, das seinen Besitzer zu nähren scheint. Wir nehmen lebhafteren Antheil an diesen Wohnplätzen, die wir benutzt glauben, und staunen zugleich die Überbleibsel schöner Tempel und fester Mauern an, die so dastehn, als hätten sie sich schon Jahrhunderte durch der Vergänglichkeit entzogen. Der schöne Sibillen-Tempel, den wir, wie einem zweyhäuptigen Janus vornen so ernsthaft alt, und von hinten so freundlich neu erbliken, ist nun kein Räthsel mehr. Ein Reicher hat die schönen Reste mit Klugheit benutzt, eine erhaltene Seite mit Schonung behandelt, und sich nach seiner Bequemlichkeit daran fest angebaut. Nun wissen wir erst, warum so viele Wohnhäuser, warum ein Rathaus, ein Schulhaus, Wachthaus, Mühle, Kapelle und Pfarrhaus etc. in dem Garten stehen. Es sind lauter Bedürfnisse der friedlichen Einwohner, die sich hier ansiedelten«[6]. Die Antikenkopien sind im Maßstab 4:1, die Gebäude 1:0,75 ausgeführt.

Von den über sechzig Baulichkeiten sei nur eine davon einer näheren Betrachtung unterzogen[7].

Die Mühle. »An Bauernhäuser hie und Bauernhäuser da, wovon jedes immer auch kleine Fruchtfelder in einem Bezirk hat, schließt sich die Mühle an ... Die Kolonie hat ihren Müller in der Mitte, er selbst ist ein Glied ihrer glücklichen Gesellschaft ... Die Partie besteht aus drei verschiedenen, unter sich aber zusammenhängenden Gebäuden. Das erste ... macht die geräumige Werkstätte des Müllers aus ... Das zweite Gebäude ist das Wohnhaus des Müllers, an dieses stößt ein drittes, buntbemaltes Lusthaus an ... Die Verbindung des letzteren mit den zween andern läßt sich nicht so deutlich erklären; wahrscheinlich gehört es nicht dem Müller ... Dieses Gebäude schließt einen großen Saal ein, der ganz mit Mahagoniholz getäfelt und mit kostbaren Möbeln versehen ist«[8].

Wer waren nun die »friedlichen Bewohner« dieses idyllischen Dorfes? In der Hauptsache Carl Eugen und Franziska selbst. »Die Hoheiten steckten gemeinsam Erbsen und Bohnen«, und in Franziskas Tagebuch heißt es im Juni 1781: »... *auch säde ich im Dörfle salad und der herzog rechneden ihn hinein*«[9].

»Montag d. 3. [Juli 1786].
An dem heidigen Tag Geschahe nichts merckwürdiges.
Im Dörfle friestigde man u. von
da geng ich hernach korn bliede zu samlen«.[10]

»Donnerstag d. 13. [Juli 1786]
Beim See wurde wieder friegestigdt u. ich blieb
meiner Kohlerhütte bis 11. uhr ...
u. abends fur man
in die Sibille« [zum Sibyllentempel i. Dörfle].[11]

Das gemeinsame Frühstück – im Frühjahr im Treibhaus, im Sommer beim See oder bei der Köhlerhütte – war zur Gewohnheit geworden. Der Herzog verließ Franziska nach dem Frühstück, um Geschäften nachzugehen, während Franziska sich vormittags oft im Dörfle aufhielt. Wirklich bewohnt war eigentlich nur eines der sechzig Gebäude: die Köhlerhütte, Franziskas Bibliothek, wo sie beinahe jeden Tag lesend verbrachte. Manchmal kochte sie in der Küche des »Großen Schweizerhauses«, in der sich eine vollständige Geschirreinrichtung befand, »für sich und den Herzog ein Ragout oder kochte Zwetschgengesälz ein«[12], die Gelegenheiten waren jedoch selten, der Herzog war mit den Regierungsgeschäften und dem Bau des Hohenheimer Schlosses viel zu beschäftigt. Die übrigen Bewohner, die Kolonisten, hatte man sich zu denken, die gab es nur in der Phantasie.

Bei den Festen allerdings erwachte das Dörfle zum Leben, besonders an den Namens- und Geburtstagen Franziskas und bei hohem Besuch. Nach einem genauen, in der Regel vom Herzog selbst aufgestellten Festprogramm, das das ewig wiederholte Thema – die Tugend und das wohltätige Herz der Franziska – zum Inhalt hatte, mußten die Bediensteten bei Hof, Bürger des nahe gelegenen Dorfes Plieningen und vor allem die

Eleven der »Hohen Carlsschule«, in phantasievolle Kostüme gesteckt, sich entsprechend ihrer Rolle als Apotheker, Dorflehrer, Schäfer etc. bewegen und beim Vorübergehen Franziskas die passenden Worte zu ihrer Huldigung sagen. Auch der Eleve bzw. angehende Mediziner Friedrich Schiller hatte daran, namentlich in den Jahren 1779 und 1780, seinen Anteil. »Man kannte ihn bereits, auch höchsten Orts, als Poeten und feurigen Rhetoriker«[13]. »Wo Franziska hineintritt, wird ein Tempel«, lautete eine Zeile der Huldigungsgedichte, oder: »Die Traurigkeit blühet vor Ihr auf, und die Freude jauchzet ihr nach«.

»Donerstag d. 18. (Mai 1786).
Um halb 2 uhr kam der Printz de Lign benebst einem
Spanischen Edelmann und Einem officir . . .
Nach Tisch firden der herzog die herrn Gleich
herum . . . dann fur man in das Dörfle u. besahe
dorden alles«.[14]

Seine Eindrücke über den Dörfle-Besuch faßte Charles Joseph, Prinz de Ligne, in seinem 1786 herausgegebenen Band »Coup d'Oeil sur Bel Oeil«[15] zusammen. Er begeisterte sich an den sechzig, durch Baumgruppen und Büsche voneinander abgetrennten Szenen und fand die Idee von der in den Trümmern einer versunkenen römischen Stadt angesiedelten Kolonie »très–ingénieux«. Wenn allerdings der Hof sich in diesem »délicieux hameau« aufhalten würden, fände er das »beaucoup [plus] piquant«.

Die Anspielung auf den *Hameau* Marie Antoinettes im Park von Versailles mit dem gesellschaftlichen Leben dort ist unverkennbar. Indem er das Hohenheimer Dörfle als *hameau* begreift, sagt er auch völlig zu Recht, *»qu'on ne puisse pas dire que c'est un jardin Anglais«* [man kann nicht sagen, daß es ein Englischer Garten ist]. So wie es türkische, chinesische, sogar japanische Elemente in der Anlage gäbe, fände man auch englische, gleichwohl könne von einem Englischen Garten nicht die Rede sein.

Während der Prince de Ligne die Dörfle-Anlage im Sinne des Rokoko billigte und sich daran erfreute, fiel das Urteil des aufgeklärten Schriftstellers Friedrich Nicolai fünf Jahre früher sehr viel kritischer aus. Er selbst kannte das Dörfle nicht aus eigener Anschauung, äußerte sich aber zum Urteil von Freunden, die ihm berichteten, »daß daselbst die Menge der Gebäude und ihre Mannichfaltigkeit verwirre, daß die inneren Auszierungen derselben nebst den kleinlichen Dimensionen der meisten ins Unschickliche und Spielende falle, und daß man Einheit und Absicht allenthalben vermisse... Die angebliche Kolonie besteht nur bloß in der Imagination, in einer poetischen Idee; man findet nirgendwo ihre Existenz und Thätigkeit beim wirklichen Wandeln im Garten . . . Welche ganz andere Wirkung würde eine solche Idee haben, wenn z. B. der Herzog von den vielen Leuten welche aus Wirtemberg bey hunderten auswanderten, einige nach Hohenheim gezogen, sie sich wirklich da hätte ansiedeln lassen, und sie in guten Wohlstand gebracht hätte . . .«[16].

Auch der durch seine ausführliche Schilderung des Dörfles so verdienstvolle Gottlob Heinrich Rapp sah sich bereits 1797 genötigt, das Dörfle einer kritischen Würdigung zu unterziehen, da »eine Prüfung der verschiedenen Urtheile . . ., die von der höchsten Lobpreisung bis zu der tiefsten Herabwürdigung« reichten, bewiesen, »daß der Garten [gemeint ist das Dörfle] ebenso viele Mängel als Schönheiten enthalte«[17]. Über die einzelnen Gebäude äußerte er: »Die Kleinlichkeit der Bauart, das Auseinanderziehen der Wohnungen, wodurch oft eine einzelne mit drey Kammern, von außen drey verschiedene Hütten vorstellen muß, machen den anscheinenden Reichthum wieder arm und wenn man fragte, wie groß die Menschen seyn dürften, die hier bequem wohnen, und sich von den kleinen Grundstücken nähren könnten, so käme höchstens eine Gattung heraus, die zwischen dem Lilliputaner und dem gewöhnlichen Menschen mitten inne stünde . . . Eben so wenig paßt es, daß man hier unter der kleinen Colonie, ein Caffeehaus, ein eigenes Billard, einen Conzertsaal antrifft. Sollten die armen Colonisten schon so viele eingebildete Bedürfnisse haben? oder gehört das alles dem reichen Mann, der unter den armen

Leuten eine verfeinerte Lebensart einführen wollte, etwa dem Herrn, der sich hier ein prächtiges Boudoir gebaut, und den kleinen Hütten und Häusern immer den besten Raum für seine kostbaren Zimmer weggenommen hat? – So etwas leidet gar keine Untersuchung, wenn es nicht zur Satyre werden soll, wie die innere Einrichtung des Rathauses es an sich schon ist ... Wenn die Sachen auch nicht alle brauchbar und wahr sind, so sind sie doch alle sehr pittoresque hingestellt.«

Friedrich Schiller rezensierte 1795 in der »Allgemeinen Literaturzeitung« Rapps im »Taschenbuch ...« von 1795 erschienene »Fragmentarische Beiträge zur ästhetischen Ausbildung des deutschen Gartengeschmacks«, die ihm, wie er in einem Brief an den Stuttgarter Freund und Bildhauer Johann Heinrich Dannecker versichert, viel Vergnügen gemacht haben[18] und nutzt die Gelegenheit, um die eigenen Gedanken über Hohenheim zu Papier zu bringen. Für ihn ist die Hohenheimer Landschaft eine versinnbildlichte Geschichte der Gartenkunst. »Die in ›Fruchtfeldern, Weinbergen und wirtschaftlichen Gärten‹ kultivierte Natur signalisiert den ›erste[n] physischen[n] Anfang der Gartenkunst‹, die ›französische Gartenkunst‹ begegnet uns in den ›schroffen Pappelwänden, welche die freie Landschaft mit Hohenheim in Verbindung setzen‹«[19]. Der Höhepunkt ist im Dörfle erreicht, wo die »Denkmäler versunkener Pracht, an deren trauernde Wände der Pflanzer seine friedliche Hütte lehnt, eine ganz eigene Wirkung auf das Herz machen ... Es ist eine mit Geist beseelte und durch Kunst exaltierte Natur ...«[20]

Goethe, der im Spätsommer 1797 mit einem Empfehlungsschreiben Schillers an Rapp und Dannecker in Stuttgart ankam und bei seinem mehrtägigen Aufenthalt auch Hohenheim besichtigte, äußerte sich bekanntermaßen kurz und abfällig: »Bei diesen vielen kleinen Partien ist merkwürdig, daß fast keine darunter ist, die nicht ein jeder wohlhabender Partikulier ebensogut und besser haben könnte, nur machen viele kleine Dinge zusammen leider kein großes«[21].

Fünf Urteile, die meisten von Kunstkennern ersten Ranges, die so verschieden ausfallen![22] Mit Ausnahme des Prince de Ligne betrachten sämtliche zitierte Autoren das Dörfle unter dem Blickwinkel eines »englisch« konzipierten Gartens (oder was man dafür hielt), weil die Bezeichnung »Englische Anlage« dazu verführte. »Englisch« ist weder die Konzeption und schon gar nicht die Funktion des Dörfles, dessen Vorbild wohl im *Garten des Kaisers von China* zu suchen ist – beschrieben in der vielgelesenen, 1772 erschienenen »Dissertation« on Oriental Gardening« von William Chambers – wo sich eine vollständige Reproduktion des Staates *en miniature* befand, eine Stadt mit Palast, Markt, Gericht, Rathaus und Felder mit Miniaturbauernhöfen. Der von Chambers so gelobte Garten von Peking wurde aber von seinen Landsleuten aufs heftigste kritisiert. »Die Stadt auf dem Land (*urbs in rure*) aber galt als despotische Spielerei zur Belustigung der Herrschenden, die der Idee des Englischen Gartens zutiefst widersprach, weil ja Natur die Grundlage und die Stadt die Zielrichtung der liberalen Ideologie darstellte. Eher schien der chinesische Gartenstaat mit der Funktion des höfischen Barockgartens vergleichbar.«[23] Auch das »Dörfle« in Hohenheim hätte – da von seiner baulichen Konzeption und der ihm übertragenen Bestimmung als Ort für höfische Festivitäten von ähnlich absolutistischem Gedankengut geprägt wie die Miniaturstadt im *Pekinger Garten* – eher mit entsprechenden Anlagen aus der Zeit des Barock und Rokoko verglichen werden müssen, als an den Idealen des Englischen Gartens gemessen zu werden. Darin liegt meines Erachtens die Wurzel des Mißverständnisses.

Zum Vergleich findet sich in den höfischen Barock- und Rokokogärten des Kontinents – aber auch noch in frühen Landschaftsgärten – so manches »Garten-Dorf«, das zum Zweck der *Variété* – sowohl in gartenkünstlerischer, als auch in gesellschaftlicher Hinsicht – errichtet wurde. Zum Beispiel »das Dörfchen« in *Nymphenburg*, oder das »Fischer-Dorf« in *Laxenburg*, das »Holländische Dorf« auf der Salettchenwiese im *Park von Schönbusch* und *Mulang*, das »chinesische Dorf« im *Park von Wilhelmshöhe*, das ebenfalls auffallend auf die von Chambers erwähnte *Anlage in Peking* hinweist.

Goethe in Stuttgart, 1797.
Scherenschnitt von Luise Duttenhofer.

Herzog Carl Eugen von Württemberg
und Franziska von Hohenheim.
Schattenriß-Radierung von Johann Friedrich Knisel, 1787.

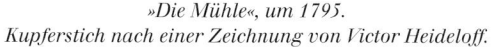

»Die Mühle«, um 1795.
Kupferstich nach einer Zeichnung von Victor Heideloff.

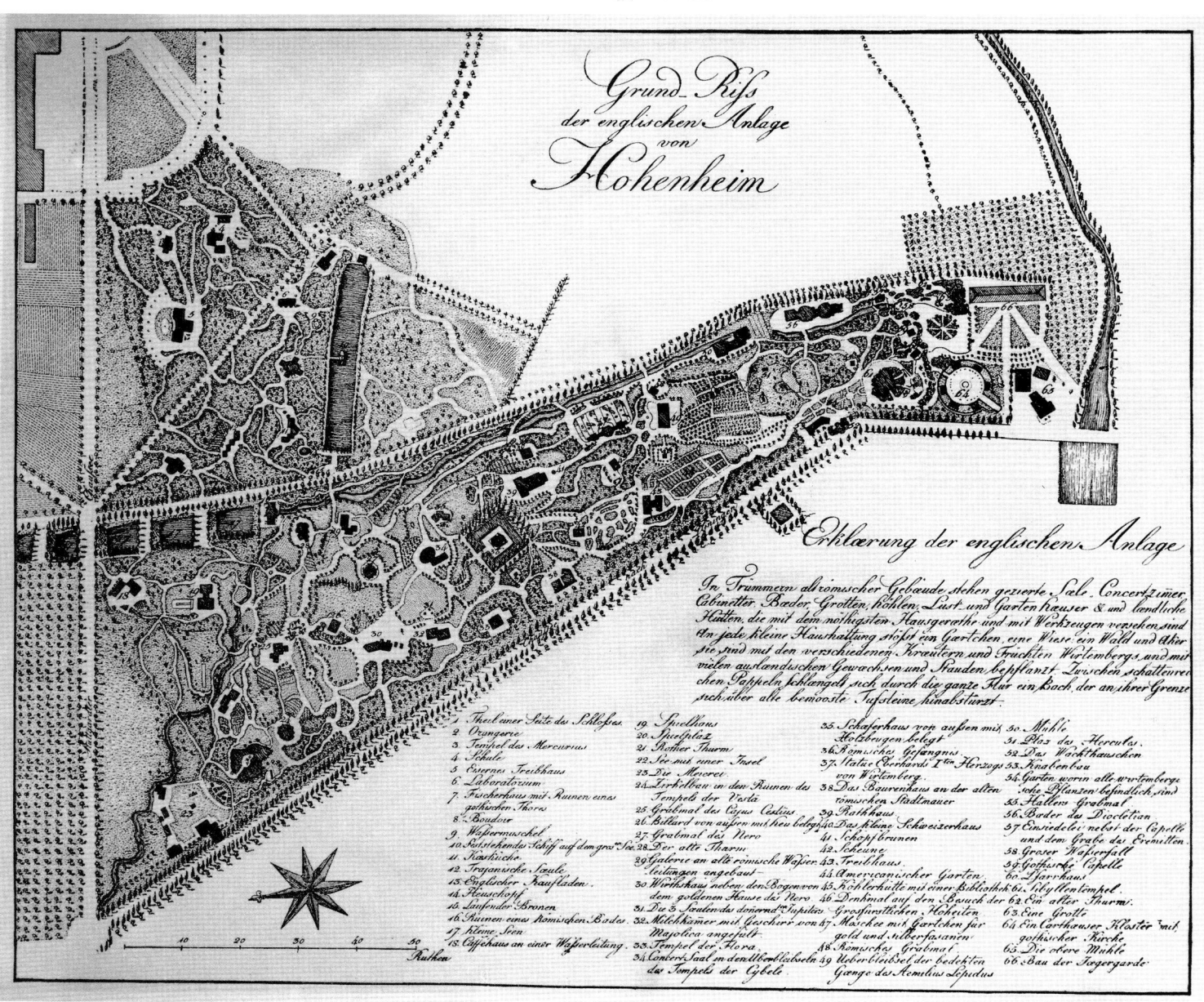

»Grund-Riss der englischen Anlage von Hohenheim«
von Victor Heideloff, 1795–1800.

Allen genannten Dörfchen, einschließlich dem *Hameau* bei Versailles und erst recht dem »Dörfle« in Hohenheim ist gemeinsam, daß sie in verkleinertem Maßstab, gewissermaßen verniedlicht, gebaut wurden. Ihre Anordnung und Gruppierung geschah nach malerischen Gesichtspunkten; funktionale Zusammenhänge waren meist uninteressant. Ihre Bewohner waren nicht Bauern und arme Leute – die wollte man schon gar nicht im Garten haben – sondern die höfische Gesellschaft. Entsprechend kostbar war die innere Ausstattung der Bauernhäuser. Um der Überraschung willen wechselte man zwischen dürftiger und äußerst aufwendiger Inneneinrichtung. Mit anderen Worten: Man wollte ein »Modell-Dorf«, mit dem und in dem man spielen konnte.

Die im Zusammenhang mit der Beschreibung des Hohenheimer Dörfles genannten Begriffe wie »piquant« (Prince de Ligne), »das Spielende« (Nicolai), »pittoresque« (Rapp) verraten den Geist und die Ideale der höfischen Gesellschaft des Rokoko. »Brauchbar, wahr« (Rapp), »nützlich, moralisch, sittlich« sind Begriffe der Aufklärung, des Neuhumanismus bzw. der deutschen Klassik am Ende des 18. Jahrhunderts. Diese Kategorien sind auf das Hohenheimer Dörfle nicht anwendbar. Das übersah Rapp, der Hohenheim durch die Brille der »liberalen Existenz« (Goethe über Rapp), des aufgeklärten Bildungsbürgers, betrachtete. Auch Nicolai urteilt mit dem Blick des humanistischen Gelehrten, wenn er die ungenutzten, innen teuer aufgeputzten, nur der Maskerade dienenden Häuschen für moralisch und gesellschaftspolitisch verwerflich hält angesichts des Exodus' Hunderter württembergischer Bauern infolge des Elends und der Armut im Lande.

Immerhin gesteht Nicolai dem Garten eine »poetische Idee« zu, und ausschließlich diese Idee ist es, die Schiller in seiner »Rezension . . .« beschäftigte, wobei er offensichtlich gewisse Erinnerungen aus seiner Jugend verdrängte und hinsichtlich der Realität des Dörfles, das er ja sehr gut kannte, beide Augen zudrückte, beispielsweise wenn er schrieb, dem Stifter gebühre Dank, daß er nichts getan habe, um die Idee der ländlichen Kolonie inmitten römischer Ruinen Lügen zu strafen.

Das tat der Stifter eben doch, denn in welcher Epoche zwischen der römischen Antike und dem ausgehenden 18. Jahrhundert konnte sich ein Müller ein kostbar ausgestattes Lusthaus neben seiner Mühle leisten? Waren die Kolonisten sozial so unterschiedlich strukturiert, daß sich einzelne üppig und teuer einrichten konnten, während andere dürftig versorgt waren? Welcher Bürgermeister konnte sich je erlauben, seinen Ratssaal in eine »Schönheitsgalerie« mit Porträts schöner Damen zu verwandeln? Schiller kannte das alles, zog es aber vor, um der unterlegten Idee willen, wegzusehen. Er, der einstige Mitspieler, wußte allzu gut, daß das Dörfle nur Bühne war für Kostümfeste, um die fürstliche Gesellschaft zu unterhalten, und Franziskas »Spielzimmer«, wo sie das spielen konnte, was sie dem Grunde nach war: eine einfache, in jeder Hinsicht anspruchslose Frau.

Schiller wußte natürlich, daß zwischen der Idee und der Wirklichkeit vor Ort einiges nicht in Einklang zu bringen war und bat für seinen einstigen Herzog um Nachsicht: »... man müßte sehr ungenügsam sein, wenn man in ästhetischen Dingen nicht ebenso geneigt wäre, die That für den Willen, als in moralischen den Willen für die That anzunehmen«[24].

Was ließ ihn so nachsichtig sein? Darüber kann man nur spekulieren. »Vielleicht spielt die Tatsache eine Rolle, daß er mit Rapp befreundet war, und ferner, daß er nach dem Tode des Herzogs Carl Eugen . . . um eine objektivere Beurteilung von dessen Verdiensten bemüht war«[25].

Das »Dörfle« in Hohenheim ist, das zeigt die Analyse der Gebäude und deren Nutzung, seinem gesellschaftlichen Wesen nach als fürstlicher Zeitvertreib zu charakterisieren. »Künstlerisch gesehen gelangt es im Grunde über eine Aneignung und Anhäufung von Bild-, Form- und Wissenselementen . . . nicht hinaus«[26]. Es offenbart Geist und Ideale einer – zur Zeit der Entstehung des »Dörfles« – schon im Untergang begriffenen Epoche. Die unterschiedliche kritische Auseinandersetzung der Zeitgenossen mit dem »Dörfle« zeigt aber auch deren formale Unsicherheit bei der Beurteilung des neuen (englischen) Gartenstils.

Hauptallee mit Gartenportal.

DER SCHLOSSPARK RHEINSBERG

Nur schemenhaft läßt sich der Entwicklungsgang des Ortes *Rheinsberg* an der Grenze des Landes Ruppin zu Mecklenburg seit seiner frühen Erwähnung 1375 als fester Platz – Rynsberg – im Landbuch Karls IV. bis Mitte des 18. Jahrhunderts nachzeichnen. Dem eher bescheidenen Rittersitz mit einer Wasserburg, deren Hauptflügel in der Mitte des 16. Jahrhunderts als zweigeschossiger Bau aufgeführt wurde, waren Wirtschaftsgebäude sowie ein Nutz- und Baumgarten zugehörig. Erst als am 16. März 1734 König Friedrich Wilhelm I. in Preußen einen Kaufkontrakt zugunsten seines Sohnes, des Kronprinzen Friedrich, unterzeichnete, begann der entscheidende Entwicklungsabschnitt. Dieser kennzeichnete den Ausbau Rheinsbergs als prinzliche Residenz zu einer bedeutsamen Schöpfung der Bau- und Gartenkunst des 18. Jahrhunderts.

Vorausgegangen war die Einwilligung Friedrichs in die anempfohlene Heirat mit der braunschweigischen Prinzessin Elisabeth Christine im Jahre 1732. Sie war entscheidend für das Wohlwollen des Vaters, das ihm auch die Stelle eines Obersten im Infanterieregiment von der Goltz in Neuruppin einbrachte. Die Bekanntschaften mit dem ansässigen Adel führte Friedrich zu der hugenottischen Familie de Beville nach *Rheinsberg*. Die Wahl des Ortes für die zu errichtende Residenz war wohl durch den Reiz der Rheinsberger Landschaft, durch den Wechsel von Wasser, Feld und Wald, von flachem und hügeligem Gelände befördert worden und stieß auf das Verlangen, fernab vom preußischen Hofe in Berlin und Potsdam eine Welt der Musen und Philosophie erstehen zu lassen, um den Restriktionen des Vaters entgehen zu können. So vereinte sich in Rheinsberg eine freisinnige Hofgesellschaft, zu deren engerem Kreis der ehemalige Offizier und nachmalige Baumeister Georg Wenzeslaus von Knobelsdorff gehörte. Die geführten Tafelgespräche drängten ungebunden in die Welt der Antike und Aufklärung, in die philosophischen Strömungen der Zeit. Sie wurden auch zum tragenden Moment für das in Rheinsberg begonnene, später sehr wechselhafte Verhältnis zu Voltaire. Nur so wird sich der von Friedrich 1739 verfaßte »Antimachiavell« deuten lassen, in dem er dem Herrscher die Rolle des ersten Dieners im Staate zuerkannte. Es war dies die Entgegnung zur Schrift Niccolò Machiavellis »Il Principe« aus dem Jahre 1552, der alle Mittel des Staates für die Erhaltung der Macht rechtfertigte. In diesem geistigen Spannungsfeld wurde in Rheinsberg ein Bauprogramm angesiedelt, das zwar vorsichtig tastend in der Form, aber sicher im Wollen, ein neues Kunst- und Naturverständnis verdeutlicht.

Sogleich mit dem Besitzerwechsel verpflichtete Friedrich Wilhelm für den erfolgreichen Um- und Ausbau zur kronprinzlichen Residenz den seit 1731 als Baudirektor in der kurmärkischen Kammer tätigen Johann Gottfried Kemmeter. Im Gegensatz zu älteren Darstellungen wird diesem nunmehr die Grundkonzeption des Schlosses als Dreiflügelanlage mit Rundtürmen an den Giebeln der Seitenflügel und einem verbindenden Säulengang zuzuschreiben sein. Erst als Knobelsdorff im August 1736 von einer Italienreise zurückgekehrt war, wurde sein Einfluß auf das Baugeschehen spürbar. Er hatte jedoch die Grunddisposition des Außenbaus zu wahren.

Orangerieparterre mit Sphinxtreppe.

Seiten 172, 173
Blick vom Parterre über den Grienerick-See zur Terrassenanlage
und zur Feldsteingrotte.

Bis 1739 dürfte dieser vollendet gewesen sein – »Friderico tranquillitatem colenti MDCCCXXXIX« – so die Friedrich gewidmete Inschrift in der Kartusche über dem Haupteingang des Schlosses. Zwar sind die Fassadenabwicklung und die gefundene Grundrißlösung für die Schloßanlage in der Berliner Schloßbaukunst nicht einzigartig, sie hatte sich aber merkbar von den allgemeinen Regeln hochbarocker Anlagen gelöst. In diesen lag der Ehrenhof auf der Stadtseite und nicht wie nun in *Rheinsberg* der Landschaft, dem »Grienerick-See«, zugewandt. Dabei schuf die zwischen den Seitenflügeln des Schlosses eingespannte Kolonnade die eigenwillige Intimität des Ehrenhofes, jenes aus der kontemplativen Betrachtung hervorgehende Spannungsverhältnis von innen und außen, das die natürlich anmutende Umgebung zum unabdingbaren Bestandteil des Ganzen werden läßt. Ähnliches bewirken auch die Straßenführungen in dem von Knobelsdorff 1740 nach dem erneuten Stadtbrand vorgelegten Plan zum Wiederaufbau. Das orthogonale Grundraster ordnet die zentralen Bereiche fast gleichberechtigt zueinander, ohne daß eine auf das Schloß zuführende zentralisierende Mittelachse den Stadtgrundriß prägt.

Die Gartenanlagen auf der neugebildeten 120 x 100 Meter großen und von einer Hecke umgebenen Schloßinsel lagen an den drei der Stadt abgewandten Seiten des Schlosses mit einem deutlichen Bezug zu seiner Grundrißgliederung. Auf der Seeseite, der Fläche zwischen der Kolonnade und dem »Grienerick-See«, war in der Fortsetzung der Mittelachse des Schlosses ein von zwei seitlich gelegenen Rasenstücken eingefaßtes »bassin von Rosen« geschaffen worden, vermutlich ein mit Rosen bepflanztes Rondell. Vor dem Nordflügel in der gesamten Breite der Insel lagerten drei Quartiere, vornehmlich bestanden mit »Franz-Bäumen«, überwiegend Äpfel und Birnen, die auf schwachwachsenden Unterlagen veredelt wurden, um so leichter die »Busch-Ketten« formen zu können. Diese Neigung, Lust- und Nutzgarten unmittelbar zu vereinen, darf zu den Merkmalen friderizianischer Gartenkultur gerechnet werden. Vor dem Südflügel des Schlosses waren drei mit Zier-

stücken versehene Rasenstücke angeordnet, die deutlich auf die Bevorzugung dieses Schloßbereiches als Wohnung des Kronprinzenpaares verwiesen. Im Bereich der Mittelachse des Schlosses war die Hecke unterbrochen, um das Betreten der Insel von den Booten aus und um den Ausblick auf den »Grienerick-See« und das gegenüberliegende Ufer zu ermöglichen. Axial auf die Risalite des Schlosses wurden die Brücken über den Umfassungskanal bzw. den Rhin, den Abfluß des »Grienerick-Sees«, ausgerichtet. Die über den Rhin errichtete, ursprünglich mit Putten gezierte Brücke, die Schloßgartenbrücke, führte zu dem südlich gelegenen, auf den alten Flurkarten als Weinberg ausgewiesenen Gelände, das noch 1734, vor Beginn der Gestaltung, als »unfruchtbarer Ort« galt. Unter der Leitung von Knobelsdorff und dem Gärtner Johann Samuel Sello wurde nun das Gelände am Südufer des »Grienerick-Sees« zur Anlage eines Lustgartens genutzt.

»Die Gärten zu Rheinsberg, die längst an der Seite des Sees hin sich erstreckten, haben ihre Vollkommenheit noch nicht erreicht, denn sie sind nur seit wenig Jahren angelegt. Der Plan davon ist groß und schön . . .«, schrieb am 30. Oktober 1739 der Freiherr von Bielefeld, ein Mitglied der Tafelrunde am Rheinsberger Hof. Und er erwähnt Teile des Ausgeführten.

Fertiggestellt war das bestimmende Gestaltungselement dieser ersten Ausgestaltung, die in Nord-Süd-Richtung verlaufende, etwa 300 Meter lange Hauptachse, eingespannt zwischen dem Risalit des Südflügels und einem außerhalb des Gartens errichteten Obelisken. Noch als ordnende barocke Achse gedacht, war sie jedoch schon ihrer Zügigkeit und Dominanz beraubt, denn unmittelbar hinter der Schloßgartenbrücke wurde ihr Tiefenzug durch ein in das ansteigende Gebäude gelegtes ovales *Parterre* unterbrochen. Es war von einem oberhalb der einfassenden Feldsteinmauer errichteten Laubengang umgeben. Zwei die Hauptachse flankierende Figurengruppen, den »Raub der Proserpina« sowie »Apollo und Daphne« darstellend, bezeichneten gewissermaßen den Auftakt für das mit Buchsbaumhecken, Blumen- und Rosenbeeten und auch durch

Kübelpflanzen gezierte Parterre. Die axial gelagerte Treppenanlage mit den seitlich gestellten Sphinxen, vermittelt noch heute zum höher liegenden Teil der anfangs durch Laubengänge gefaßten Achse. Etwa auf halber Höhe, am Kreuzungspunkt mit der in Ost-West-Richtung verlaufenden Querallee, erweiterte sie sich zu einem erneuten Parterrestück. Den letzten nach Süden führenden Abschnitt der Hauptachse begleiteten doppelte, alternierend aus Fichten und Linden bestehende Baumreihen. Das Ende dieser Baumallee, zugleich die südliche Grenze des Gartens, bezeichnete das Gartenportal mit den vierfach gekuppelten Säulen, denen die Sandsteinskulpturen Flora und Pomona als Sinnbilder der Blumen- und Fruchtkultur beigestellt wurden. Dieses Portal wurde mit der schon außerhalb des eigentlichen Gartens gelegenen regelmäßigen Lindenpflanzung – dem Rosenplan – Vorbild für den östlichen Abschluß der Querallee im Park von Sanssouci.

Seitlich der so gebildeten Hauptachse lagen von Hecken umgebene Obstquartiere, denen sich östlich die *Buscagen* anschlossen, die wald- und hainartigen Gartenpartien. Die westliche Grenze der Quartiere an der Hauptallee markierte ein Wassergraben, der durch eine Brücke im Verlauf der etwa 600 Meter langen Querallee überspannt wurde. Prägend für das sich daran anschließende Revier war ein Gartenpavillon von Georg Wenzeslaus von Knobelsdorff, dessen Mittelteil erhalten geblieben ist. Seine bislang genannte Bestimmung als Orangerie wäre aber mehr vom Bautyp abzuleiten, nicht nur wegen der Nord-Süd-Stellung, sondern weil die Gärtnerei mit den Treib- und Glashäusern südlich des ehemaligen Weinberges errichtet wurde. Den Hang gliederten drei mit Nischen versehene Talutmauern, die vornehmlich der Anzucht von Wein und Spalierobst dienten. Auch in den Heckenquartieren im Bereich des Pavillons wurden Obstbäume kultiviert.

Für das im Entstehen begriffene Wegesystem war die vom Pavillon nach Westen als Lindenallee verlaufende Querachse die Bezugslinie. Sie blieb auch bei der weiteren gärtnerischen Ausgestaltung unter Einbeziehung des »Grienerick-Sees« als natürliches Land-

schaftselement bestehen. Die für das Wegesystem gewählten Motive – *étoile* und *patte-d'oie* – verweisen noch auf das barocke Ordnungsgefüge, ohne diesem aber verpflichtet zu sein. Zwar wurden die einzelnen Gartenpartien durch eine orthogonale Grundrißstruktur verbunden und auch die Wegachsen führten auf Blickpunkte, jedoch fehlten die sonst klaren, dem barocken Kanon verpflichteten und in den dreißiger Jahren des 18. Jahrhunderts durchaus noch üblichen Abfolgen, die die überragende Stellung des Schlosses unterstrichen hätten. Man vermißt die großflächigen, übersichtlichen, der Repräsentation dienenden Gartenbezirke. Sie waren dem Gestaltungsprinzip des additiven Nebeneinander gewichen, so daß das ganzheitliche Raumbild des Barock keine Gültigkeit mehr besaß. Bei dem erstrebten Miteinander von Kunst und Natur bezeichnete nun Natur auch die landschaftlichen Gegebenheiten, in der die Stimmungswerte durch die eingebrachten Architekturen und Bildwerke zu erzielen waren, wie durch die Grotte und »Eremitage« im Boberow-Lustwald oder durch die »Remusinsel« im Rheinsberger See als Gegenstand wissenschaftlicher Erörterungen und sehnsuchtsvoller Sentiments für das Vergangene. Alles aber schien eingebettet in die *Fêtes galantes* der Malerei Watteaus, dessen Gemälde Friedrich in Rheinsberg zu sammeln begann.

Doch der Kronprinz verließ 1740 nach dem Thronwechsel als Friedrich II. in Preußen die unvollendeten Anlagen in Rheinsberg. Am 28. Juni 1744, nachdem offensichtlich geklärt war, daß Berlin und Potsdam die Residenzstädte blieben, und die Absicht für die Anlage eines neuen Gartens reifte – anfangs nur ein Weinberg, dann aber die Keimzelle für die umfassenden Anlagen von Sanssouci –, schenkte Friedrich Rheinsberg seinem Bruder Heinrich. 1752, nach der Vermählung mit der Prinzessin Wilhelmine von Hessen-Kassel, bezog Heinrich seine neue Residenz.

Die seit 1740 lediglich auf die Instandhaltung der Anlagen ausgerichteten Maßnahmen im Garten wurden nun schlagartig umfassender. Sie begannen 1753 bzw. 1754 unter der Leitung des neuen Intendanten Johann

Georg von Reisewitz mit der Einzäunung des Gartens und dem Bau der romantisierenden »Feldsteingrotte« am »Grienerick-See«. Es war der Beginn der entscheidenden Umgestaltungen und Erweiterungen von denen der Abbé Jacques Delille in seinem Gesang über die Gärten 1796 berichten konnte: »Reich ausgestattet mit seinen Wäldern, Wiesen und Gewässern, bietet Le Germain überdies neue Vorbilder, wer kennt nicht Rheinsberg mit seinem großen See, wo die Künste gedeihen . . .«.

Unbeirrt von den Ereignissen des Siebenjährigen Krieges erfolgten die Arbeiten im Garten. Die vorgefundenen Grundstrukturen wurden aufgenommen, erweitert und mit einer Vielzahl von Parkarchitekturen und Gartenpartien, die dem heraufziehenden landschaftlichen Gestaltungsideal verpflichtet waren, angereichert. Eindeutiger stellte sich nun das ordnende rechtwinklige, aus Haupt- und Querachse bestehende Grundgerüst mit der durchgehenden alleeartigen Bepflanzung dar, in der Querallee einheitlich mit Linden und in der Hauptallee vom Portal bis zur »Sphinxtreppe« unter Aufgabe des *Parterres* am Kreuzungspunkt im Wechsel von Linde und Fichte. Das in den Hang geschobene *Parterre* erhielt eine schachbrettartige Rasterung durch Rasen- und Wegeflächen und diente als Orangerieparterre ausschließlich zur Aufstellung der Kübelpflanzen in den Sommermonaten. In der östlichen Parkpartie wurde das Heckenquartier eingerichtet, und westlich des Orangerieparterres wurden zum Andenken an den 1758 verstorbenen Bruder August Wilhelm eine Büste und Urne in einem Rondell mit einer im Mittelpunkt jung gepflanzten Fichte aufgestellt.

Auf dem ehemaligen Weinberg entstand 1761 nach dem Entwurf von Johann Gottfried Büring der »Fortuna-Tempel«, ein *Monopteros*, mit seitlich gelegenen *Bosketts* als Zentrum eines achtstrahligen Wegesterns. Die nach Norden führenden Wege erschlossen das Gartenrevier zwischen dem Tempel und der am Ufer des »Grienerick-Sees« gelegenen »Feldsteingrotte«. Nach 1760 entstanden in diesem Bezirk ein mit Lärchen umstandenes Rondell und ein durch Hecken markierter Boskettbereich mit unregelmäßigen Konturen bei den mit Gehölzgruppen bestandenen Rasenflächen. Die in diesen Bereichen aufgestellten birnenförmigen Sandsteinvasen betonten die vom Tempel auf den »Grienerick-See« weisende Mittelachse. Sie wurde im Uferbereich nochmals gefaßt durch eine *Quincunx*-Pflanzung von Linden, die sich wie ein Riegel zwischen Heckenquartier und See schob. Dieser Gestaltung zugehörig war auch der südwestlich der Grotte in der Bucht am »englischen Stück« 1771 errichtete gotisierende »Pharus« mit Gondelhafen. Er gehörte wie der Nordturm des Schlosses, der Eiskeller im Bereich der Gärtnerei und die Ruinen auf den südlich des Gartens gelegenen Lehmbergen, eine aus Holz errichtete Scheinarchitektur, zu den Blickpunkten des Wegesystems.

Mit der Anlage der drei bogenförmigen übereinanderliegenden Terrassen durch den Baukondukteur Christian Friedrich Ekel nach einer Idee des Intendanten von Reisewitz wurde 1762 auch das dem Schloß gegenüberliegende Ufer des »Grienerick-Sees« unmittelbar in die weitere Ausgestaltung einbezogen. Für die mit Fichten im Wechsel mit Bildwerken auf den Böschungskronen bestandenen Terrassen war die »Trajanssäule« am Ende der leicht ansteigenden Rasenböschung in der Mittelachse der Anlage der bestimmende Blickpunkt. Sie wurde 1790 auf Veranlassung Heinrichs durch einen Obelisk von Michael Philipp Boumann als ein Erinnerungsmal an den Siebenjährigen Krieg ersetzt. Heinrich verewigte dort die Namen der Generäle und Offiziere, die nach seiner Auffassung entscheidend für den Sieg gewirkt hatten – eine Entgegnung zu der von Friedrich II. gestützten Darstellung.

Dieser Terrassenbereich war auch der Bezugspunkt für die weitere Erschließung und Ausgestaltung der als »Boberow-Kabeln« bezeichneten Bürgeräcker und des Boberow-Waldes unter der Intendanz von Langner in den Jahren 1764 bis 1767 und des Nachfolgers Carl Wilhelm Hennert. Hennert trat neben seiner umfassenden Tätigkeit als Baumeister auch durch seine 1778 und 1792 erschienenen Beschreibungen von Rheinsberg und einer Reise nach Harbke hervor. 1765 entstand nach dem Entwurf von Carl Friedrich Fechhelm das »chinesische Haus« im südöstlichen Parkteil, wohl gedacht als eine Reminiszenz an das »chinesische Teehaus« in *Sanssouci*, bei dessen Einweihung 1764 Heinrich zugegen war. Vielleicht war es sogar das Resultat eines Wettbewebes, da die Schwester Ulrike, Königin von Schweden, in Drottningholm ebenfalls eine chinoise Baugruppe, aber nach Vorbildern von William Chambers, errichten ließ und die Baurisse, wie bei einem rivalisierenden Vergleich, ihrem Bruder Friedrich schickte. Gleichfalls im Geschmack der Chinamode erfolgten die Ausgestaltung des östlich vom Orangerieparterre gelegenen Heckenquartiers und die Gestaltungen auf der »Remusinsel« im Rheinsberger See. Besonders die Aufschmückung der dem Schloß gegenüberliegenden Uferpartie des »Grienerick-Sees« scheint mit hoher Intensität betrieben worden zu sein. An exponierten Geländepunkten errichtete man Ziegelmauerwände, auf die antike Bauwerke – der Tempel der Concordia und der Konstantinbogen – gemalt wurden. In der Obelisk-Achse nahe des »Böberecken-Sees« entstanden das »Grabmal des Vergil« mit der noch erhaltenen blockhaften Lindenpflanzung und etwas nördlich davon die Denkmalgruppe mit dem »Jupiter- oder Freundschaftstempel«, dem »Tempel für teure Verstorbene«, dem Hügel für die »Amalien-Vase« und der »Malesherbes-Säule«. Diese antikisierenden und mit Sentiments belegten Bauwerke wurden durch ein weitgreifendes Alleensystem verbunden. Erst nach 1790 erscheint die landschaftlich gestaltete Partie mit einer »ägyptischen Pyramide« und den sogenannten Katakomben südlich der Obelisk-Achse. Deutliche Ansätze landschaftlicher Gestaltungen belegte das »englische Stück« beiderseits der Querallee, die mit der 1790 errichteten »Egeria-Grotte« und dem antikisierenden Tempel sowie den Pyramidenpappeln auf der dahinterliegenden Anhöhe einen südländisch anmutenden Abschluß erhielt. Vom »Einbruch des natürlichen Gartenstils« zeugten auch die vom Gärtner Christian Friedrich Müller zwischen 1772 und 1776 angelegten »englischen Partien« am ehemaligen Weinberg.

Schon 1768 wurden auf den Rasenspiegeln um den Pavillon vier die Jahreszeiten darstellende Marmorfiguren von Giovanni Antonio Cybei aufgestellt. Diesen Veränderungen zugehörig waren auch die Überformungen auf der Schloßinsel im gleichen Jahr. Das vorhandene Wegesystem blieb erhalten. Die dazwischen liegenden Flächen wurden als Rasenspiegel ausgebildet, auf denen, der Mode der Zeit folgend, Blumenkörbe zur Zierde Aufstellung fanden. Die fünf Marmorskulpturen von Cybei – Apollo und die vier Elemente Feuer, Wasser, Luft und Erde – entstammen gleichfalls dieser Umgestaltung.

Auch bei der Neuordnung und Überarbeitung der Räume im Schloß wurden die veränderten Formvorstellungen sichtbar. Der offensichtliche Platzbedarf führte schon 1766 zu ersten Planungen von Carl Gotthard Langhans. Doch erst 1786 unter der Bauführung von Boumann d. J. erfolgte der Anbau der Eckpavillons. Und mit dem von 1802 bis 1805 erfolgten Aufsetzen der Kegeldächer auf die Türme waren die einschneidenden Veränderungen am Außenbau des Schlosses abgeschlossen.

Der sich nach 1780 verstärkende Einfluß landschaftlicher Kompositionsprinzipien bewirkte auch die Umgestaltung des Heckenquartiers an der »Feldsteingrotte« und die Neuanlage von Parkpartien auf den vormaligen Bürgeräckern, insbesondere östlich der Obelisk-Achse. In diesen neuen Partien erschienen Lärchen, Robinien und Weymouthskiefern neben den bestimmenden Gehölzarten Eiche, Linde und Hainbuche. In Verbindung mit den antikisierenden Bauwerken dürften diese fremdländisch wirkenden und mit Sentiments unterlegten Gehölzarten den zeitgenössischen Vorstellungen südlicher Landschaften entsprochen haben. Vereint mit dem Stilpluralismus und der Vielzahl von Staffagen trugen sie wesentlich zur bildhaften Ausdeutung der Szenerien bei. Merkbar wuden nun auch die Bezüge zur Idyllendichtung, zum Traum von der paradiesischen Existenz auf dem Lande. Die Rheinsberger Anlagen hatten sich gelöst von der Rokoko-Tändelei, von Waldwiesen mit Faun und Nymphen. Sie verwiesen schon in

*Blick von der ehemaligen Meierei
zum Schloß und Park.*

den siebziger Jahren des 18. Jahrhunderts auf die nach malerischen Bildfolgen aufgebauten Anlagen. Spürbar ist auch das Bestreben, die verschiedenen Szenerien um den »Grienerick-See« einem dem *locus amoenus* verpflichteten ganzheitlichen Gedanken anzugliedern. Noch verharren die »englischen Stücke« im landschaftsgärtnerischen Naturalismus. Jedoch erschien das Geschaffene würdig genug zu sein, um den Obergärtner Steinert aus Rheinsberg für die Anlage der »englischen Partien« 1774/75 nach *Sanssouci* zu verpflichten.

Diese Überformungen und Erweiterungen, weitreichend für den Entwicklungsgang der Gartenkunst, waren auf das engste mit der Person des Prinzen Heinrich verbunden. Fast wie ein Anachronismus der Zeit erschien die von ihm zeitlebens kultivierte französische Lebensart des *Ancien régime*, die er auch noch beibehielt, als er sich angesichts der Französischen Revolution 1789 seinen Wunsch, nach Frankreich überzusiedeln, versagte. Weitreichend aber waren seine kulturellen oder diplomatischen Impulse, von den vielbesprochenen Theateraufführungen am Rheinsberger Hof bis zur Vertretung Preußens bei den polnischen Teilungen. Darüber steht das Bau- und Gartenensemble mit sichtbarem Respekt gegenüber dem vormals Geschaffenen, so daß das Rokokohafte immer, wenn auch latent, wirksam blieb. Jedoch weist sich Rheinsberg in der zweiten Hälfte des 18. Jahrhunderts als ein früher, wohl dem *Jardin anglo-chinois* verpflichteter Landschaftsgarten aus. Das letzte von Heinrich selbst beeinflußte Bauwerk war sein eigenes als Pyramidenstumpf errichtetes Grabmonument, in dem er 1802 beigesetzt wurde. Sein Ableben beendete auch die Blütezeit dieser Garten- und Parkschöpfung.

Sein Bruder Ferdinand, ließ als nachfolgender Besitzer nur die notwendigsten Reparaturen durchführen, wobei ein Großteil der Parkarchitekturen auf Grund des schlechten Zustandes schon abgetragen werden mußte. Auch unter Ferdinands Sohn August, der Rheinsberg von 1813 bis 1843 besaß, bis das Anwesen als Hausfidei-Commißgut an die königliche Familie zurückgeführt wurde, änderte sich in den Gartenanlagen nichts wesentliches. Einschneidend war dafür aber die Aufforstung der »Boberow-Kabeln«.

Umfassende Verschönerungsarbeiten im Garten und im Bereich des Boberow, die im wesentlichen die pflanzliche Aufschmückung einzelner Partien betrafen und noch heute anhand des artenreicheren Gehölzbestandes zu erkennen sind, unternahm der von 1878 bis 1910 als Leiter der Parkverwaltung tätige Hofgärtner Gustav A. M. Gottgetreu. Seit Ende des 19. Jahrhunderts richteten sich die Pflegemaßnahmen zunehmend auf den Erhalt der Anlage, wenn nicht immer nach denkmalpflegerischen Kriterien, so doch mit großer Stetigkeit und Sachkenntnis bis zur Auflösung der Hofkammer im Jahre 1946.

Mit der neuen Nutzung des Schlosses ab 1953 als Diabetiker-Sanatorium wurde dann 1956/57 die Schloßinsel in Anlehnung an die ehemalige Grundrißlösung neu gestaltet. Vielfältige Bemühungen waren erforderlich, um den Schloßpark vor dem drohenden Verfall zu retten. 1975 waren die Voraussetzungen geschaffen, um mit den praktischen Maßnahmen zur umfassenden Restaurierung einschließlich der Parkarchitekturen zu beginnen. Wieder eingerichtet werden konnte dabei auch die Orangerie als besondere Zierde des Rheinsberger Schloßparkes.

Boberow-Allee.

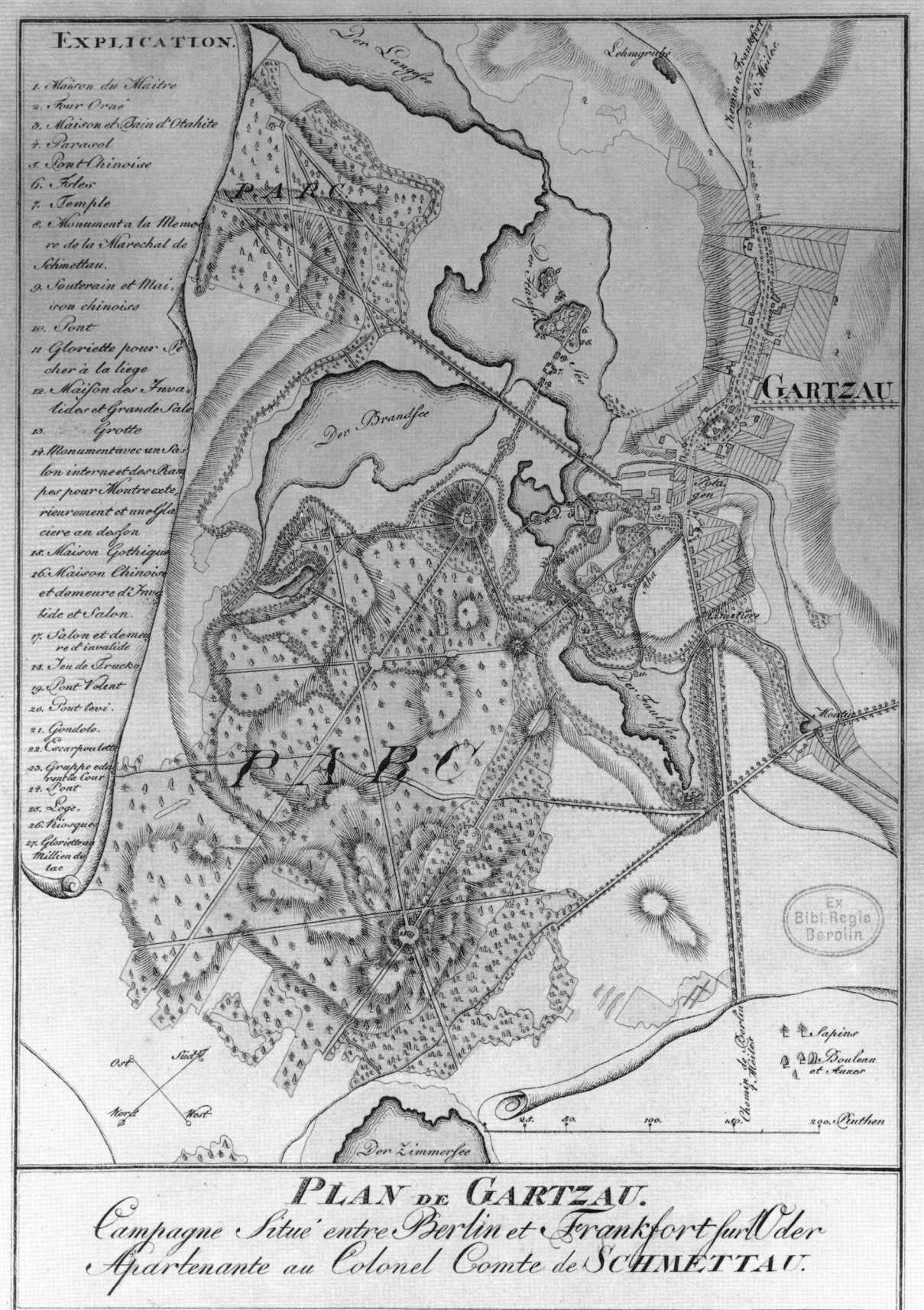

EXPLICATION.

1. Maison du Maitre
2. Four Orné
3. Maison et Bain d'Otahite
4. Parasol
5. Pont Chinoise
6. Isles
7. Temple
8. Monument a la Memoire de la Marechal de Schmettau.
9. Souterain et Maison chinoise
10. Pont
11. Gloriette pour Pêcher à la ligne
12. Maison des Invalides et Grande Salle
13. Grotte
14. Monument avec un Salon interne et des Rampes pour Montre exterieurement et une Glaciere au deßon
15. Maison Gothique
16. Maison Chinoise et demeure d'Invalide et Salon.
17. Salon et demeure d'invalide
18. Jeu de Trucko
19. Pont Volant
20. Pont levi
21. Gondole
22. Escarpoulette
23. Groupe edile trentle Cour
24. Pont
25. Loge
26. Kiosque
27. Gloriette au Millieu du lac

Der Langsee

Lehmgrube

PARC

Der Brandsee

GARTZAU

PARC

Der Zimmersee

Ost   Süd
Nord West

Der Faulsee

Sapins

Bouleau et Aunes

Ex Bibl. Regia Berolin

25. 50. 100. 150. 200. Ruthen

PLAN DE GARTZAU.
Campagne Situé entre Berlin et Frankfort surl'Oder
Apartenante au Colonel Comte de SCHMETTAU.

Dümble sc.

Der Landschaftsgarten
in Garzau

Unweit von Strausberg bei Berlin, im südöstlichen Teil der Barnimhochfläche, liegt das 1247 erstmals urkundlich erwähnte Dorf *Garzau*.[1] Ein seit Ende des 14. Jahrhunderts neben dem Ort bestehendes Rittergut erlangte mit der Zeit einen immer stärkeren Einfluß auf die Gestaltung der gesamten Ansiedlung. Erste Hinweise, daß auch Gärten angelegt worden waren, gehen aus einer Werttaxe aus dem Jahre 1775 hervor, in der es heißt: »Gärten: solche sind sowohl zum Nutzen als Vergnügen eingerichtet«[2]. Über das Aussehen fehlt jedoch jede Beschreibung. Mit der Übernahme von Gut und Dorf durch den Domherren zu Havelberg und Preußischen Generalleutnant Friedrich Wilhelm Karl Reichsgraf von Schmettau am 13. 12. 1779 begann eine neue bedeutende Periode für *Garzau* mit seinem inzwischen etwa 700 Hektar umfassenden Rittergut.

Der Reichsgraf, ein Sohn des Feldmarschalls Samuel von Schmettau, seit 1763 militärischer Adjutant des Prinzen Ferdinand von Preußen, war Offizier und gleichzeitig ein bekannter Kartograph, Naturwissenschaftler und Militärschriftsteller.[3] Aufgrund seiner kritischen Haltung zum König wurde er 1778 aus dem Militärdienst entlassen, erwarb nun umfangreichen Landbesitz und betätigte sich mit großem Eifer als Bauherr und Landschaftsgärtner.[4] Unter König Friedrich Wilhelm II. 1787 erneut in den Militärdienst aufgenommen, nahm er nach großer Verärgerung 1790 selbst seinen Abschied. Friedrich Wilhelm III. rehabilitierte den Reichsgrafen wieder und beförderte ihn zum »Generalmajor von der Armee«. Im Kriege gegen Frankreich am 14. 10. 1806 bei Hassenhausen schwer verwundet, kam er nach Weimar in das Haus der Frau von Stein, die ihn versteckte und pflegte. Vor einer Plünderung des Hauses durch französische Soldaten floh Schmettau in das Stadtschloß, wo er am 18. 10. 1806 starb. Der natürliche Sohn des Reichsgrafen mit der Prinzessin Ferdinand, Prinz August von Preußen, bestellte bei Goethe ein Grabmonument für den Vater. Der von Goethe dazu angefertigte Entwurf wurde jedoch nicht ausgeführt und ein anderes Grabmal auf dem Jakobsfriedhof in Weimar 1808 errichtet[5].

Als Schmettau *Garzau* übernahm, fand er neben den in Ansätzen vorhandenen Gärten eine durch Hügel und Niederungen sehr abwechslungsreich gegliederte Umgebung vor, die sich für die Gestaltung eines Landschaftsgartens bestens eignete.

Auf einem Plateau nördlich vom Dorf befanden sich die Gutsgebäude mit dem aus der Zeit des Besitzers von Berger errichteten zweigeschossigen Herrenhaus. Von hier aus bestand eine prächtige Aussicht auf die umgebende Landschaft, in die der »Brandsee«, der »Große« und »Kleine Haussee« und der »Faule See« eingebettet waren. Diese von der Natur bevorzugte Gegend begann der Reichsgraf tiefgreifend umzugestalten und schuf von 1780 bis 1786 das gesamte Anwesen zu einer »prachtvollen Einheit von Park und Landwirtschaft«[6] um.

In der Zeit von 1782 bis 1784, als am intensivsten an der Gestaltung des etwa 180 Hektar umfassenden Parkgeländes gearbeitet wurde, hielt sich Schmettau im Juni 1783 in *Wörlitz* auf, um die dortige Anlage zu studieren. Der sich daraus ergebende Einfluß war in Garzau auf Grund der Ähnlichkeit mit der Wörlitzer Landschaft besonders bei den elf Brücken, den Fähren und den Wasserpartien unverkennbar. Auch die Eindrücke einer längeren Reise von 1783 bis 1784 zu den berühmten Parks in England und Frankreich sind in der Gestaltung zu erkennen. In nur kurzer Zeit war ein Landschaftsgarten entstanden, der ebenbürtig mit Wörlitz zu den bedeutendsten der Zeit gerechnet werden muß.

Von Berlin kommend, erreichte man auf einer von Birken, Ahorn und Fichten gesäumten Allee das Schloß mit seinem Vorhof, der durch lampentragende Figuren einen besonderen Schmuck erhielt. Auf der Gartenseite war dem Gebäude ein weiter Rasenplatz vorgelagert, umsäumt von Ahorn, Linden und Robinien. Ein wassergefüllter »Aha-Graben«, der sich vom Vorhof bis zu einem Angelhaus im »Faulen See« hinzog, bildete die westliche Begrenzung des Parks zum Dorf. Weit ging der Blick vom Schloß über das »Aha« bis zu einem an der Westspitze des »Faulen Sees« als *point de vue* gelegenen Aussichtspavillon.

Ein barock anmutender Weg, der das Schloß mit dem auf einer Anhöhe liegenden offenen »Borkenhäuschen« verband, führte in den Park. Auf ihm gelangte man durch dichte Pflanzungen, abwechselnd mit weiten Aussichten, an einem Spielplatz vorbei zum »Mühlenfließ«, das hier vom »Kleinen Haussee« in den »Faulen See« abfloß. Kurz vor einer hohen Bogenbrücke über das »Fließ« kreuzte die Achse einen an der Dorfstraße beginnenden und in sanften Schwüngen der Geländemodellierung folgenden Weg. Dieser führte an einer im Gebüsch verborgenen Strickschaukel vorbei über »einen finsteren« Gang, den der Gesang der Vögel lebendig machte, zu einem finsteren schattenreichen Platz, auf welchem ein Badehaus steht . . .«[7] Das mit Birkenborke bekleidete und mit einem doppelten Dach versehene Gebäude war das erste nach Anregungen aus den Reiseberichten von James Cook und Georg Forster entstandene »otahitische Bad« in Brandenburg-Preußen. Als symbolischer Aufruf zu »tahitischer Freiheit«[8] diente es als Vorbild für zahlreiche andere Parkanlagen.

Dem Weg weiter folgend, zog bald am jenseitigen Ufer des Mühlenfließes eine malerisch unter Erlen gelegene Grotte die Aufmerksamkeit auf sich. Nicht weit davon entfernt, geleitete eine Brücke über das »Fließ« zu einem »finsteren Cabinet hoher Felsen«[9]. Ein »chinesischer Pavillon« krönte das in einem Erdhügel verborgene Bauwerk. Ruhebänke luden zum Verweilen und Betrachten des hier aufgestellten Marmorbildes einer Minerva ein. Auf dem Weg am Wasser entlang erreichte man über eine niedrige Brücke, die einen herrlichen Blick auf das Schloß gewährte, eine locker mit Bäumen bestandene Insel im »Kleinen Haussee«. Ein vom Schloß her ebenfalls zum Wasser verlaufender Weg führte über eine Bogenbrücke, »der berühmten Brücke zu Rialto ähnlich«[10], ebenfalls zur Insel. Mittels einer Seilfähre bestand die Verbindung zu einer weiteren Insel, auf der man sich »in ein Elysium versetzt«[11] glaubte. Hier hatte der Graf unter babylonischen Weiden seiner verstorbenen Mutter ein würdiges Denkmal gesetzt. Ein Parasol am Ufer der Insel gewährte eine besonders schöne Aussicht über das Wasser und auf die umgebenden Gartenszenen. Eine wiederum anders gestaltete Brücke, diesmal mit einem Pavillon in der Mitte, verband die Insel mit dem gegenüberliegenden Ufer, wo auf einem Wege im Schatten von Erlen schnell der den Mittelpunkt des Parks bildende Weinberg, gekrönt von einer stattlichen Pyramide, erreicht wurde.

Diese Pyramide, ebenfalls eine Tahiti-Rezeption, verwoben mit freimaurerischer Symbolik[12], enthielt innen neben einer Eisgrube mehrere übereinanderliegende Gewölbe. Schmettau hatte sie zu seiner letzten Ruhestätte bestimmt. Von der Spitze dieses die ganze Parkanlage beherrschenden Bauwerkes gingen weite Blicke auf die umliegenden Dörfer, aber auch auf »das ganze Gemälde des herrlichen Gartens, schöne klare Wasserflächen, wohlgepflanzte Büsche, leuchtende Wiesen, Viehtriften und ihre Herden, weite Kornfelder, Mühlen und im Hintergrunde Garzau und das herrliche Wohnhaus«[13]. Ein gerader Weg in südlicher Richtung verlief vom Weinberg durch einen umzäunten »Baumgarten« zur Kahnanlegestelle im »Großen Haussee«. Mit einer Seilfähre konnte man zu einer mitten im See befindlichen Gloriette und von hier zu einer mit Bäumen

Vue à Gartzau
du Point 4 Pl. Nro 14.

Blick vom Parasol in der Nähe des Schlosses
über den Kleinen Haussee zur Pyramide.

Blick von der Pyramide zu den beiden Inseln
im Kleinen Haussee und zum Schloß.

I. VUE À GARTZAU
Campagne Située entre Berlin & Franckfurth sur l'Oder. Appartenante au Collonel Coës de Schmetten.

Seite 185
Blick über das Mühlenfließ auf eine Stele
mit dem Brustbild der Minerva vor einem unterirdischen Gang
mit einem chinesischen Pavillon.

bewachsenen Insel übersetzen. Dicht der Uferlinie folgend verlief ein Weg um die ganze Insel und führte zu zwei idyllisch am Ufer gelegenen Kiosken. Über eine weitere Fähre war eine benachbarte kleinere Insel mit einem Parasol als Aussichtspunkt zu erreichen.

Auf einem anderen, gerade von der Pyramide in den Park verlaufenden Weg gelangte man in nordöstlicher Richtung zu dem auf einem Geländevorsprung oberhalb des Brandsees gelegenen »chinesischen Haus«. Nach Norden durchlief eine lange, in der freien Landschaft endende Achse den Park. Eine Schneise durch das Gehölz verband in nordwestlicher Richtung die Pyramide mit dem offenen »Borkenhäuschen« auf einer Anhöhe. Die höchste Erhebung am nordwestlichen Rand im Park, markiert durch die Kreuzung zweier Wege, erhielt durch ein »gotisches Haus« ihre besondere Bedeutung.

Während die Partien um die Seen und Flußläufe durch wunderbar an die natürliche Geländemodellierung angepaßte Wege erschlossen waren, durchzogen größtenteils willkürlich in der Landschaft beginnende und endende Achsen, die etwas höher gelegenen, reich gegliederten Parkflächen. In ihrem Verlauf an barocke Sternschneisen erinnernd, nahmen sie keine Rücksicht auf die Geländegestalt.

Ein langer Bestand war den *Garzauer Anlagen* nicht beschieden. Ökonomische Schwierigkeiten und die Wiederaufnahme des Offiziersberufes veranlaßten den Reichsgrafen von Schmettau, sich 1802 von Garzau zu trennen. Die Einnahmen des Rittergutes reichten nicht aus, um den empfindlichen und aufwendigen Landschaftsgarten in der feuchten Lage zu erhalten, so daß nach dem Verkauf ein schneller Verfall einsetzte. Das Denkmal für seine Mutter von der »Elysium-Insel« hatte der Reichsgraf bereits in den Garten des von ihm 1804 erworbenen Schlosses *Köpenick* versetzen lassen, wo es sich noch heute befindet. 1815 erhielt auch das klassizistische Eingangsportal zur Pyramide einen neuen Standort an der Annenkapelle der Marienkirche in Strausberg.

Mit dem Abriß der alten Wassermühle und der Vertiefung des »Mühlenfließes« verschwanden nach 1880 der »Faule« und der »Kleine Haussee« gänzlich. Nur wenige Reste, wie die Ruine der ehemaligen Pyramide, der durch einen Hügel gekennzeichnete Standort der Grotte sowie Reste des ehemaligen Wegesystems durch ein völlig zugewachsenes Gelände erinnern an die einst zu schneller Berühmtheit gelangte, aber ebenso schnell wieder untergegangene und in Vergessenheit geratene Gartenanlage von Garzau.

Monument et Grotte au jardin de Gartzau. Nº 9. Pl.

Vom »Englischen Dreieck«
bietet sich dem Besucher die reizvollste Ansicht der einst
vom Wasser umgebenen Schloßanlage.

Kathrin Franz

DER MACHERNER GARTEN

Seit 1430 bestimmte das alte und einflußreiche meiß-nische Adelsgeschlecht derer von Lindenau die Ge-schicke des Rittergutes *Machern*. Bereits zu Ende des 17. Jahrhunderts werden in den Kirchenbüchern »Hoch-adeliche Lindenauische Gärtner« erwähnt, jedoch fehlen gesicherte Angaben über die Lage und Ge-staltung der Gärten in dieser Zeit. Unter Heinrich Gott-lieb von Lindenau, sächsischer Oberstallmeister, ent-standen die ersten, noch stark von der Formensprache des Rokoko beeinflußten Gartenpartien jenseits des Wallteiches, der das Schloß umgab: das »Dreieck« und die »Eremitage«.

Doch erst der Sohn, Karl Heinrich August von Lindenau, hob Machern in den Rang einer Stätte der Gartenkunst. Er und seine Gemahlin, Christiane Henriette geb. Arnim, gestalteten ab 1782 mit beträcht-lichem Aufwand einen Landschaftsgarten, der durch seine eigenwilligen Bauten und den großen Reichtum an botanischen Seltenheit für beträchtliches Aufsehen sorgte.

Der Graf hatte in seiner Jugend dank seiner beiden Hofmeister eine sorgfältige Ausbildung genossen. Wolf-gang Behrisch, der zuerst diese Stelle bekleidete, mußte trotz bester Kenntnisse 1767 den Dienst wieder auf-geben, da der Herrschaft sein Umgang mit dem jungen Leipziger Studenten Goethe, den er oft auch in dem Lindenauischen Familienbesitz »Auerbachs Keller« pflegte, mißfiel. Sein Nachfolger war Lessings Freund Ernst Theodor Langer. Auch dieser suchte die Freund-schaft Goethes, der rückblickend in »Dichtung und Wahrheit« darüber schrieb: »Ich fand mich diesem be-deutendem Manne umso mehr verpflichtet, als mein Umgang ihn einiger Gefahr aussetzte: denn als er nach Behrischen die Hofmeisterstelle bei dem jungen Grafen Lindenau erhielt, machte der Vater dem neuen Mentor ausdrücklich zur Bedingung, keinen Umgang mit mir zu pflegen. Neugierig, ein so gefährliches Subjekt kennen zu lernen, wußte er mich mehrmals am dritten Ort zu sehen. Ich gewann bald seine Neigung . . .« Neben Goethe, dem späteren preußischen Staatskanzler von Hardenberg und einigen anderen nahmen auch Langer und der junge Graf Unterricht an der Zeichenakademie von Adam Friedrich Oeser.

1786 erhielt Karl Heinrich August von Lindenau einen Ruf an den Hof des preußischen Königs Friedrich Wilhelm II. und wurde bereits 1789 zum Oberstall-meister befördert. Beträchtliche Summen seines Ver-dienstes verwendete der Graf für die Gestaltung des Macherner Gartens. Aus einer Urkunde in dem Knopf der Schloßturmhaube ist ersichtlich, daß bis 1785, also noch vor dem Amtsantritt in Preußen, die Partie um den »Schneckenberg« mit der als gotische Kirchenruine ge-stalteten Schießwand, die kreisförmige Anlage des Monuments für die verstorbene Mutter des Grafen sowie die »Hölle« mit dem »Käuzchenbad« fertiggestellt worden waren. Als leitende Gärtner sind Johann Gott-fried Nehring und dessen Sohn Johann Christian auf-geführt. Großen Wert maß Lindenau der Verwendung von seltenen fremdländischen Pflanzen bei, insbeson-dere neuer, aus Nordamerika eingeführter Arten. So-wohl deren ästhetische Qualitäten als auch eventuelle wirtschaftliche oder offizinelle Nutzbarkeit interessierten den Grafen. Die Beschaffung sowie die Anzucht dieser Pflanzen in der eigenen Baumschule bildeten den Schwerpunkt der Arbeiten zwischen 1786 und 1790, als sich durch die dienstliche Anspannung Lindenaus eine Stagnation abzeichnete. 1791 entstand an der Stelle des abgebrochenen alten Brauhauses am Hof eine kleine Gartenpartie mit einem Sitzplatz am Ufer des Wallteiches. Die Teichkette entlang des Flüßchens Gottschalke, die Gestalt und Charakter des Gartens wesentlich prägte, wurde durch einen Kanal bereichert, der den Lehmgrubenteich mit dem Schwemmteich, dem Herzstück des Gartens, verband. Diesen Kanal überspannte die »Gothische Brücke«, von der sich eine eindrucksvolle Aussicht über das Gewässersystem bot.

Einen deutlichen Aufschwung nahmen die Arbeiten nach einer Englandreise des Grafen im Jahr 1792. Von dort brachte er wohl eine Fülle von gartenkünstlerischen Anregungen und Pflanzenmaterial mit. Für die nun einsetzende umfangreiche Bautätigkeit betraute Lindenau den unter seiner Leitung am Oberhofmarstall tätigen Bauinspektor Ephraim Wolfgang Glasewald. Noch im gleichen Jahr entstand ein neues Orangeriegebäude und in einem größeren Waldstück, das sich nordöstlich vom Schwemmteich den Hang hinaufzieht, wurden verschiedene Staffagen eingeordnet. Hervorzuheben sind das »Bauernhaus« nach einer Vorlage in Hirschfelds »Theorie der Gartenkunst« und die »Wilhelmsruhe«, deren Benennung von einem Besuch des preußischen Königs 1792 herrührte. Außerdem begann der Bau der Pyramide, die als Monument für den verstorbenen Vater Heinrich Gottlieb von Lindenau gedacht war. Zwischen 1795 und 1796 wurde am äußersten nordöstlichen Rand des Gartens eine neogotische Ruinenanlage, die »Ritterburg«, errichtet. Der »Hygieia-Tempel«, 1797 nach Entwürfen Glasewalds als Fassung für eine mineralhaltige Quelle am südlichen Ufer des Schwemmteiches realisiert, zeigt, im Gegensatz zu den anderen Gartengebäuden, eine klassische Formensprache.

Die geistige Haltung Lindenaus und seine Zugehörigkeit zum Freimaurerbund finden besonders in den Konzeptionen der »Ritterburg« und der Pyramide ihren Ausdruck. Der Eintritt in die »Ritterburg« konnte nur durch einen mehr als dreißig Meter langen, unterirdischen mit verschiedenen schauerlichen Effekten ausgestatteten Gang erfolgen. Dieser diente mit großer Wahrscheinlichkeit der Aufnahmezeremonie von Neulingen in die Loge bzw. von Brüdern in einen höheren Grad. Die sich immer reicher darbietende Ausgestaltung der drei übereinanderliegenden Räume des Turmes und der krönende Abschluß durch eine Aussichtsplattform versinnbildlichten den Weg »von der Nacht zum Licht«, den ein Freimaurer in seinem Streben nach Erkenntnis durchschreiten mußte. Die westlich von der »Ritterburg« gelegene Pyramide umschließt ein Wegesystem in der Form eines *Skarabäus*, der in der freimaurerisch-rosenkreuzerischen Symbolik eine entscheidende Rolle spielte. Im Inneren der Pyramide waren in mehreren, mit dem Namen von bedeutenden Lindenauischen Vorfahren versehenen Nischen Urnen aus braunem *Wedgewood*-Ton aufgestellt. Ein raffiniertes System von versteckten Öffnungen zwischen dem Innenraum und der darunterliegenden Gruft sowie zwei seitlichen Gängen ermöglichte spiritistische Rituale. Den Schilderungen Theodor Fontanes in den »Wanderungen durch die Mark Brandenburg« ist zu entnehmen, daß sich im *Park Marquardt* bei Potsdam eine Grotte mit vergleichbarer Disposition und Nutzung befand. Der Park gehörte dem preußischen Adjutanten und engen Freund Lindenaus Johann Rudolf von Bischoffswerder, der als Rosenkreuzer großen Einfluß auf den König ausübte. Im ikonographischen Konzept der »Ritterburg« und der Pyramide ist ebenfalls eine Manifestation angestammter Adelsrechte evident, die zweifellos eine Reaktion auf die Ergebnisse der Revolution in Frankreich darstellte.

Der Überlieferung nach soll Goethe während eines Besuches seinen Schriftzug in der »Ritterburg« hinterlassen haben. Gelegenheit hätte er dazu während seiner Aufenthalte in Leipzig zum Jahreswechsel 1796/97 oder im Frühjahr 1800 gehabt, doch bleiben dies Vermutungen.

GRAF von LINDENAU
König: Preuß: Ober
Stallmeister

Graf Karl Heinrich August von Lindenau,
Kupferstich von Meno Haas
nach einem Gemälde von Schröder, 1794.

Hygieia-Tempel. Aquatinta
nach Johann Gottfried Klinsky von Carl August Senff, 1799.

Den historischen Zustand des Gartens verdeutlicht ein Plan von J. E. Lange aus dem Jahre 1795. Von Langes Hand stammen auch die elf Kupferstiche, die der ersten Beschreibung des Gartens von Paul Christian Gottlob Andrea beigefügt worden waren. Verschiedene Veröffentlichungen schilderten in der Folgezeit die Macherner Anlage in Wort und Bild und zeigen damit, daß sie seinerzeit zu den berühmtesten gehörte. Hervorzuheben ist das Heft von Ephraim Wolfgang Glasewald, das den oft gerühmten reichen Pflanzenbestand des Parkes detailgetreu überliefert.

1802 verkaufte Lindenau seinen Macherner Familienbesitz und zog ganz nach *Klein-Glienicke*, das er bereits 1796 erworben hatte. *Machern* kam in die Hände des Leipziger Kaufmanns Gottfried Wilhelm Schnetger, der um 1806 noch den »Agnes-Tempel« im Garten errichten ließ. Durch den Bau der ersten deutschen Ferneisenbahnstrecke Dresden–Leipzig ab 1836 wurde die Wasserader unterbrochen, die den Wallteich speiste. Das Trockenfallen des Teiches brachte eine deutliche Verminderung der gestalterischen Qualität der Schloßumgebung mit sich.

Im 20. Jahrhundert erlitt der Garten durch Grundstücksverkäufe und Bebauung einige Flächenverluste; seine heutige Größe beträgt etwa 35 Hektar. Manche der Gartengebäude, wie das »Bauernhaus«, die »Eremitage« oder die Schießwand, gingen durch Vernachlässigung und mutwillige Zerstörung verloren. Die »Ritterburg« brannte vollständig aus. Ungeachtet dessen ist die ehemalige Struktur des Gartens noch deutlich zu erkennen. Charakteristisch sind die kleinen, einst mit zahlreichen Schlängelwegen durchzogenen Gartenpartien, die sich um den zentralen Schwemmteich gruppieren, über dessen Wasserspiegel sich reizvolle Blickbeziehungen ergeben. Zum Teil haben sich noch die verschiedenen Alleen erhalten, die den Garten durchzogen bzw. Verbindungsglieder zur Ortslage und der freien Landschaft bildeten. Wie bereits zu seiner Entstehungszeit ist auch heute noch der *Macherner Garten* ein beliebtes Ausflugsziel in der mit landschaftlichen Schönheiten nicht verwöhnten Leipziger Umgebung. Seit einigen Jahren laufen umfangreiche Restaurierungsarbeiten am Schloß und im Garten mit dem Ziel, das Ensemble in Anlehnung an den Zustand um 1800 wieder herzustellen.

Der Turm der Ritterburg am nordöstlichen Rand
des Gartens wirkt wie eine Bastion weit in die umgebende Landschaft.

Bei der Pyramide,
die als gräfliches Mausoleum gedacht war, verbinden sich ägyptische
und griechische Bauformen in eigenartiger Weise.

Blick auf die künstlichen Ruinen
im Englischen Garten von Meiningen.

Günther Thimm

DER ENGLISCHE GARTEN IN MEININGEN

»Die Herzöge wenden Erde und alte Mauern um, und machen Thorheiten, die ich gerne verzeihe, weil ich mich meiner eigenen erinnere. Sie fragen mich um Rath, und ich habe gelernt, nicht mehr zu rathen, als was ich sehe, daß auszuführen ist«,[1] schrieb Goethe am 12. April 1782 aus Meiningen an Frau von Stein. Vielleicht hat er damit auch oder überhaupt die Anfänge des *Englischen Gartens* gemeint, der im gleichen Jahr begonnen wurde. Die Planung hierfür wird allgemein Georg I., Herzog von Sachsen-Meiningen, zugeschrieben: »Der geschmackvolle Englische Garten bei Meiningen ... ist ganz sein Werk.«[2] Es ist durchaus denkbar, daß er Anregungen hierfür auch in Gotha bekommen hat, denn Herzog Ernst II. war sein Schwager und schon dreizehn Jahre zuvor hatte man hier mit der Anlage eines Landschaftsgartens nach Wörlitzer Vorbild begonnen. Bei Georgs I. Gestaltungsabsichten wurde er vom Oberhofgärtner Zocher und dem Hofgärtner Siegmund Friedrich Buttmann, vor allem aber von dessen Sohn Carl Ludwig unterstützt, der 1803 die Verantwortung über den Englischen Garten übertragen bekam.

Die ersten Spatenstiche erfolgten in der Nähe des Gasthofes »Zum Halben Mond« an der Stelle eines Tier- und Fasanengartens, der sich im Bereich des heutigen westlichen Parkeingangs in unmittelbarer Nähe des Meininger Theaters befand. In den folgenden Jahrzehnten entstand hier nun eine Anlage, die nicht nur zu den frühen Landschaftsgärten in Thüringen, sondern auch zu den wenigen in diesem Gebiet zählt, die so reich mit sentimental-romantischen Parkarchitekturen ausgestattet waren. Als erstes Bauwerk wurden 1793/94 die »Gotischen Ruinen« nach Entwürfen des Hofbaumeisters Johann Andreas Schaubach errichtet, deren Ausführung kaum vom Entwurf abgewichen ist und die sich bis heute im wesentlichen erhalten haben. Es folgten der »Tempel der Harmonie«, die »Fischerhütte«, die »Eremitage«, das »Blaue Haus«, der sogenannte »Schirm« und die »Orangerie«. Eine nahegelegene Quelle ermöglichte es, einen Kanal anzulegen und diesen an zwei Abschnitten teichartig zu erweitern. Auf einer mit Pyramidenpappeln umstandenen Insel – sie erinnert an die »Rousseau-Insel« in Wörlitz – wurde ein Gedenkstein für den 1782 verstorbenen Herzog Carl aufgestellt. Ein als »Denkmal des Danks und der Liebe auf der gemeinschaftlichen Ruhestätte Herzog Georgs und seiner verewigten Mutter«[3] geplanter klassizistischer Tempel ist dagegen nicht ausgeführt worden.

An der nordöstlichen Grenze des Parkes errichtete man 1787 die herzogliche Meierei, deren Gelände 1858 aber durch den Bau der Werra-Eisenbahn in Anspruch genommen wurde. Um 1800 war der Englische Garten offensichtlich fertiggestellt, wie ein Grundriß der Stadt und Gegend von Meiningen, besonders aber Ansichten des Landschafts- und Architekturmalers Wilhelm Adam Thierry zeigen, der von 1793 bis 1810 als Hofmaler und Architekt in Meiningen arbeitete. Von den Parkarchitekturen sind heute nur noch die »Gotischen Ruinen« und der Gedenkstein für Herzog Carl erhalten.

Ab 1821 wurden an der Westseite des Parkes das »Große Palais« (heute Landratsamt) und ein Kauf- und Gewerbehaus (heute als Schule genutzt) errichtet. 1827 entstand der erste Theaterbau, der nach einem Brand

Die Insel im Englischen Garten.

Eingang in den Englischen Garten zu Meiningen.
Kupferstich.

1908 vernichtet wurde, aber schon ein Jahr später wurde mit dem Neubau des heutigen Theaters begonnen. Durch die im 19. Jahrhundert begonnene Stadterweiterung wird der Englische Garten heute nach allen Seiten hin umschlossen.

1829 erhielt Theodor Buttmann die durch den Tod seines Vaters Carl Ludwig frei gewordene Hofgärtnerstelle. Eine seiner künftigen Hauptaufgaben war die Überarbeitung des *Englischen Gartens*. Ein Vergleich der heute noch vorhandenen Pläne aus den Jahren 1797, um 1820, 1827 und 1839 zeigt, daß er in diesem Zusammenhang die ehemals kleinteilige und enge Raumstruktur des Parkes aufgegeben hat, indem er auf die Vielzahl der Wegeführungen verzichtete und den Besuchern über wenige, weitgeschwungene Wege abwechslungsreiche Bilder von der Gesamtanlage vermittelte. In die miteinander korrespondierenden Parkräume bezog er auch die am Westrand bis dahin entstandenen Baulichkeiten ein, insbesondere das »Große Palais«, aber auch die »Gotischen Ruinen« und den »Tempel der Harmonie«, der erst 1887 abgerissen wurde. Der gartenkünstlerische Einfluß der sentimentalen Parkarchitekturen auf das Erscheinungsbild der Anlage war nun nicht mehr spürbar.

Der am Südostrand des Parkes gelegene alte Friedhof mit der 1839 errichteten neogotischen Gruftkapelle und den wertvollen barocken und klassizistischen Grabmälern wurde nach 1841 nicht mehr belegt und das Friedhofsgelände 1894 dem Park zugeordnet.

In der zweiten Hälfte des 19. Jahrhunderts errichtete man verschiedene Denkmäler für Persönlichkeiten, die zu ihrer Zeit das Meininger Kulturleben mitbestimmt haben (Jean Paul, Johannes Brahms). 1909 kommt der »Ludwig-Bechstein-Brunnen« hinzu und 1937 das Max-Reger-Denkmal (er leitete von 1911 bis 1914 die Meininger Hofkapelle). Der »Buttmann-Stein« erinnert an drei Gärtnergenerationen der Familie Buttmann, die sich große Verdienste um diese Parkanlage erworben hat.

1949 wurde der heute zwölf Hektar große *Englische Garten* in »Goethepark« umbenannt. Seit 1990 trägt er wieder den alten Namen. Seine Grundstruktur hat sich in den vergangenen 130 Jahren nicht wesentlich verändert, aber die einstige gartenkünstlerische Qualität ist durch die umgebenden verkehrsreichen Straßen und das Bahnhofsgelände, aber auch durch die Bebauung an seinem Westrand stark beeinträchtigt. Gerade hier setzten einmal das Meininger Theater und die Palais- und Villenbauten bauliche Akzente in einer weiten Parklandschaft, die auch den Schloßpark mit einbezog. Nunmehr müssen sich diese Gebäude in das umgebende Stadtgebiet einordnen und haben so städtebaulich ihre repräsentative Stellung verloren.

Adrian von Buttlar

DER ENGLISCHE GARTEN
IN MÜNCHEN

Der *Englische Garten* in München[1] nimmt unter den Parkanlagen seiner Zeit eine Sonderstellung ein: Er ist der erste in jener langen Reihe von Volksparken und Stadtgärten, die im Laufe des 19. Jahrhunderts zunehmend das Bild der deutschen Städte mitbestimmten und den Wandel der sozialen Funktion der Gartenkunst im Industriezeitalter anzeigen.

Tatsächlich war dieses erste »demokratische Grün« fast eine direkte Folge der Französischen Revolution. Der Bayerische Kurfürst Karl Theodor, der sich bei aller aufgeklärten Liberalität durchaus noch als absoluter Herrscher verstand, hatte ursprünglich in den Isarauen nordwestlich des alten Stadtkerns nur Militärgärten anlegen lassen wollen. Die Soldaten sollten hier – abseits von den Verlockungen der Residenzstadt – zum Zwecke nützlicher und gesunder Freizeitbeschäftigung Gemüse und Obst anbauen. Am 1. Juli 1789 wurde eine Militärgarten-Kommission gebildet, die der Sozialreformer und damalige Bayerische Minister Benjamin Thompson – seit 1792 Reichsgraf Rumford – leitete. Rumford schlug jedoch schon wenige Wochen später die Erweiterung des Militärgarten-Projektes zu einem Volkspark vor: Nach dem Sturm auf die Bastille (14. Juli) fürchtete der gebürtige Amerikaner, der heute nicht zuletzt durch die nach ihm benannte Armensuppe (Rumfordsuppe) bekannt ist, Unwillen und Aufruhr unter der Bevölkerung, zumal der aus der Pfalz stammende Kurfürst in München nicht übermäßig beliebt war.

Gleichsam zur Beruhigung der erhitzten Gemüter unterzeichnete Karl Theodor am 13. August 1789 das Dekret, »den hiesigen Hirschanger . . ., diese schönste Anlage der Natur dem Publikum in ihren Erholungsstunden nicht länger vor zu enthalten«, und geruhte, dem »Chevalier de Thompson die Herstellung dieser öffentlichen Spaziergänge und Anlegung eines allgemeinen englischen Gartens . . . nach seinem bereits vorgelegten Plan . . . gnädigst [zu] übertragen«[2].

Die bayerische Regierung griff mit diesem Volkspark-Projekt eine Idee auf, die der Kieler Gartentheoretiker Christian Cajus Laurenz Hirschfeld schon seit mehr als einem Jahrzehnt in seiner »Theorie der Gartenkunst« propagiert hatte. Der Aufklärer Hirschfeld hielt die Schaffung solcher öffentlichen Parkanlagen für eine Aufgabe der »gesunden Staatskunst«, hatte dabei aber auch noch »die Verhütung aller Unordnung unter der vermischten Menge« im Auge. So duldete er für Volksgärten sogar die vielgeschmähte Symmetrie und gerade Alleen, »weil sie die Aufsicht der Polizey, die an solchen Plätzen oft unentbehrlich ist, erleichtern«[3].

Bei der Anlage des *Englischen Gartens* in München war hingegen die moralisch-sittliche Wirkung der freien Natur des englischen Landschaftsstiles von Anfang an Programm: Der Park sollte, wie dessen künstlerischer Schöpfer Friedrich Ludwig von Sckell in seiner »Denkschrift« zur Neugestaltung des Englischen Gartens (1807) schrieb, »zum traulichen und geselligen Umgang und Annäherung aller Stände dienen, die sich hier im Schoose der Natur erquicken.«[4] Rumford selbst bekannte fast gleichlautend: »Mein Werk soll nicht bloß einem Stande, sondern dem ganzen Volke zugute kommen.«[5]

Friedrich Ludwig von Sckell, 1825.

Plan des Englischen Gartens von München
von L. Emmert, um 1840.

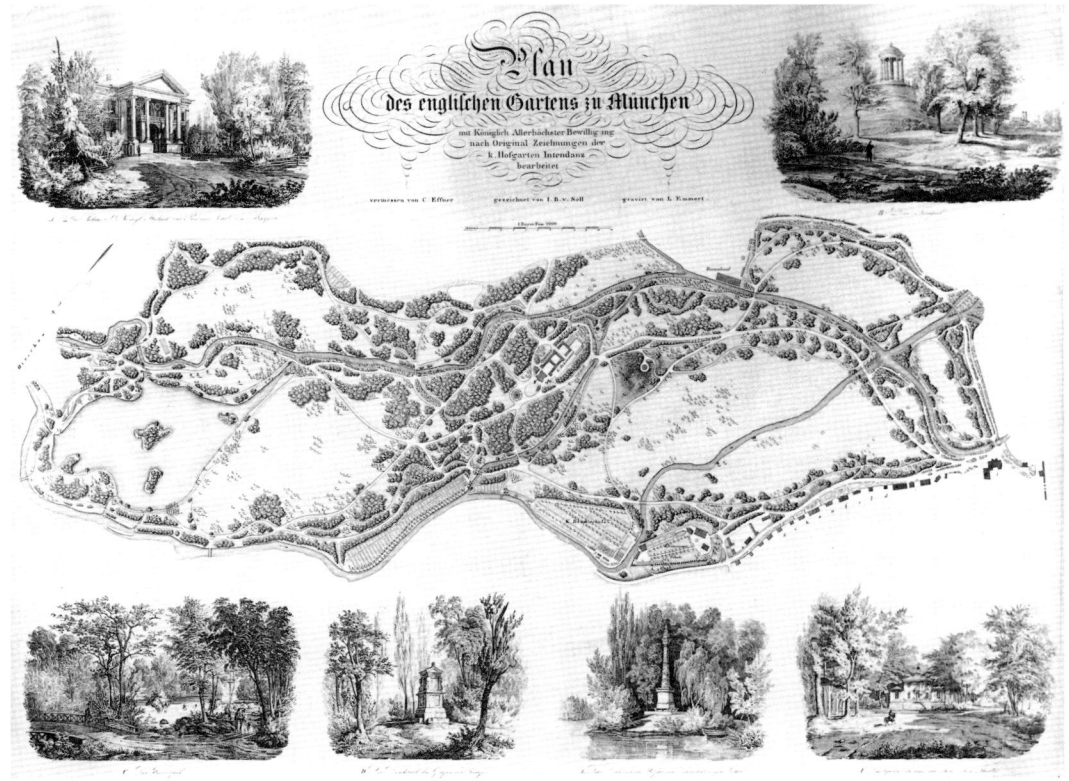

An die Stelle einer bloßen Öffnung von älteren fürstlichen Parken für das Volk, wie sie im *Berliner Tiergarten* (1765), im *Wiener Prater* (1775) sowie im *Münchner Hofgarten* (1776) bereits praktiziert worden war, war eine ganz neue Konzeption, nämlich die des Volksparks, getreten. Dies wird schon auf den ersten Blick daran sichtbar, daß der *Englische Garten* keinen Achsen- oder Sichtbezug zur Münchner Residenz besitzt, sondern sich, dem Isarlauf und der Schwabinger Landstraße (der späteren Ludwigstraße) folgend, vom ehemaligen Bastionengürtel und der Schönfeldvorstadt aus fast wie zufällig nach Norden erstreckte, um allmählich in der weiten Feld- und Auenlandschaft hinter dem Dorf Schwabing aufzugehen. Diese Lage war übrigens der des Weimarer *Ilm-Parks* recht verwandt, nur daß dieser vom Schloß seinen Ausgang nimmt.

Heute hat die Millionenstadt München mit ihrem Häusermeer und ihrem Straßennetz den *Englischen Garten* von allen Seiten eingekreist. Um so höher ist – nach über zwei Jahrhunderten – der Erholungswert und die ökologische Rolle dieser 373 Hektar großen Parklandschaft einzuschätzen, die schon Andrew Jackson Downing, einer der Initiatoren des New Yorker *Central Parks*, nach seinem Münchenbesuch 1848 modernen demokratischen Staaten zur Nachahmung anempfahl: »There is truely a democracy in that, worth imitating in our more professedly democratic country.«[6]

Die Frage nach der gestalterischen Autorschaft des Parks in den letzten Jahrzehnten seiner Entstehung ist keineswegs leicht zu beantworten. Zwar war noch vor der Dekretierung des Kurfürsten der Landschaftsgärtner Friedrich Ludwig von Sckell aus Mannheim als damals prominentester Fachmann hinzugezogen worden; bereits am 7. August soll er mit dem mannshohen Zeichenstock »in der Natur selbst den ersten Weg« (vom »Prinz-Carl-Palais« zum »Chinesischen Turm«) gezeichnet haben. Sckell, der nach einer längeren Studienreise durch Frankreich und England den *Schwetzinger Schloßpark* Karl Theodors um die »Englische Partie« (1776–1785) bereichert hatte, konnte aber den Fortgang der Arbeiten vorerst nur aus der Ferne seiner pfäl-

zischen Ämter verfolgen. Keiner der frühen Gartenpläne des 18. Jahrhunderts stammt von ihm, und in der bereits zitierten Gründungsurkunde sowie in den ältesten Quellen wird ausschließlich Rumford hervorgehoben. Die Kritik, die Sckell nach der Übernahme der Bayerischen Hofgärtenintendanz und seiner damit verbundenen Übersiedlung nach München (1804) am damaligen Zustand des Englischen Gartens übte, läßt darauf schließen, daß die Planung anfänglich ganz in den Händen Rumfords (bis zu dessen Weggang nach England 1798) und dann in denen seines Amtsnachfolgers Freiherr Reinhard von Werneck lag, der den Englischen Garten bis 1804 betreute.

Betrachten wir Entwicklung und Gestalt des *Englischen Gartens* etwas genauer: Voraussetzung aller Kultivierungsarbeit war, daß Straßen- und Wasserbaudirektor Adrian von Riedl durch den Bau des 1790 fertiggestellten Isardammes die stets überschwemmte Auenlandschaft im Norden der Stadt entwässern konnte. Gleichzeitig wurden auf Befehl Karl Theodors die barocken Stadtbefestigungen aufgelassen und somit die alten Grenzen zwischen Stadt und Land übersprungen.[7] Die natürliche Gliederung des ehemaligen Jagdreviers in vier immer ländlicher werdende Abschnitte bestimmt den Charakter der Parkanlage noch heute: Der weite Wiesenbereich vom Nordzipfel des Hofgartens bis zu den letzten Häusern der Schönfeldvorstadt, der west-östlich verlaufende Querriegel des alten »Hirschangerwaldes« mit den spektakulärsten Staffage-Gebäuden, die im Stil der *ferme ornée* gestaltete Feld- und Weidelandschaft bei *Schwabing* mit dem von Werneck um 1802 künstlich angelegten »Kleinhesseloher See«, und ganz im Norden dann die 1799 angegliederte, in freie Landschaft übergehende »Hirschau«. In dieser Abfolge scheint bereits das für die Parklandschaften des 19. Jahrhunderts charakteristische Prinzip der Zonierung vorweggenommen.

Offensichtlich nahmen die Arbeiten an dem Park, der nach seinem Stifter zunächst »Theodor-Park« genannt wurde, einen raschen Fortgang. Tausende von hochgewachsenen Bäumen aus den Baumschulen von Freising, Biburg und Schwetzingen wurden angepflanzt, der freie Lauf der Stadtbäche bedurfte der Regulierung. Das Unterholz mußte gelichtet und ein Wegenetz angelegt werden. Sogar nachts wurde bei künstlicher Beleuchtung weitergearbeitet, mit dem Erfolg, daß schon im Mai 1790 eine erste Besichtigungsfahrt des Kurfürsten stattfinden konnte.[8] Sein Interesse galt in erster Linie den Szenen mit den Parkbauten, die im »Hirschangerwald«, dem eigentlichen Zentrum der Anlage, errichtet worden waren: dem »Chinesischen Turm« (von Militäringenieur Josef Frey – 1952 rekonstruiert), einer fünfstöckigen hölzernen Pagode, die wohl von der großen Pagode in *Kew Gardens* bei London (1762) inspiriert worden war, und der ebenfalls hölzerne »Apollotempel«, ein malerisch an einer Bachinsel gelegener *Monopteros* dorischer Ordnung. Wenig später war auch die »Chinesische Gastwirtschaft« beim Turm fertiggestellt worden, die sich noch heute großer Beliebtheit erfreut (Neubau 1912), ferner das kleine Casino im klassisch-palladianischen Stil, »Rumford-Saal« genannt, das ganz dem Hofe vorbehalten war (beide von Johann Baptist Lechner). Weitere heute verschwundene Bauten, etwa der etwas abseits gelegene »Diana-Tempel« (1792), zwei zum »Chinesischen Turm« gehörige »gotische« Kioske und eine »Chinesische Brücke«, boten dem Spaziergänger eine hinreichende Abwechslung an Gartenbildern.

Die gedrängte Fülle der kleinteiligen Szenen und die exotischen Staffagen erinnerten – wie einige der frühesten Ansichten der Münchner Künstler belegen[9] – eher an das bühnenhafte Spektakel, das der englische Hofarchitekt William Chambers im königlichen Park von *Kew Gardens* bei London inszeniert hatte, als an die klassischen Landschaftsgärten des liberalen Adels in England. Tatsächlich ist für die ersten Jahre noch die Nutzung des neuen »Theodor-Parks« für höfische Feste überliefert, während das Münchner Publikum den Park eher zögernd aufnahm und sich fragte, wozu denn solche schönen Naturbilder eigentlich nütze seien? Schon 1791 wandte sich ein Engagierter im »Baierischen Landbot« gegen solches Banausentum: »Diese Frage . . .

hat meinen ehemaligen Stolz, ein Bayer zu sein, ungemein gedemütigt; denn weder ein Athenienser noch ein Römer, weder ein Pariser noch ein Londoner, ja kein Bürger eines Staates, wo auf Geschmack und Bildung Ansprüche gemacht werden, würde sich jemals eine solche Frage haben in den Sinn kommen lassen . . . Öffentliche Prachtgebäude, Theater, Gallerien, Gärten etc. erhielten von jeher ihren entscheidenden Wert von der Wirkung, die sie auf den Geist und die Denkungsart der Menschen, die unter dem beständigen Anblicke und Genuß solcher Kunstwerke aufwachsen, hervorgebracht haben.«[10] Zwei Jahre später wurden die Volksbildungsabsichten durch den Bau eines Freilicht-Amphitheaters nahe der Königinstraße bekräftigt, das bis 1807 Bestand hatte und 1985 in der nördlichen »Hirschau« auf der Basis privater Spenden rekonstruiert wurde.

Darüber hinaus hatte Rumford im *Englischen Garten* noch einen weiteren aufklärerischen Gedanken eingebracht, indem er die sogenannten »ländlichen« Partien als Zierfarm nutzte. Die Idee der *ornamental farm* hatte zuerst 1712 der englische Essayist Joseph Addison in einem Aufsatz in der Zeitschrift »Spectator« propagiert. Der Dichter William Shenstone realisierte sie auf seinem vielbeachteten Landgut *The Leasowes* (Shropshire) in den vierziger Jahren, und der gesellschafts-reformerisch gesinnte, den Ideen der Physiokraten nahestehende Adel Frankreichs griff ihn begeistert auf. So erhob auch Rumford die Feldlandschaft bei *Schwabing* zu einem malerischen Bild des neuen Volksparks. Er richtete hinter der »Chinesischen Wirtschaft« eine Schweizerei, ein Mustergut zur Viehzucht und zur Bewirtschaftung des Parks ein, und installierte eine Schäferei sowie eine Baumschule. Auch die Gründung der »Vieh-Arzney-Schule« (1790) am westlichen Parkeingang bei der Königinstraße – heute der veterinärmedizinischen Fakultät der Universität zugehörig – entsprach diesem fortschrittlichen Denken. Rumford wurde schon 1795 als Dank der Münchner Bürger in der südöstlichsten Ecke des Parks ein Denkmal von Franz Schwanthaler errichtet.

Seine endgültige Gestalt gewann der *Englische Garten* durch die ausgereiften Planungen Friedrich Ludwig von Sckells in den ersten Jahrzehnten des 19. Jahrhunderts. Nach der Übernahme der Hofgärtenintendanz (1804) hat Sckell eine minutiöse Planaufnahme des Zustandes bei seiner Amtsübernahme angefertigt. Drei Jahre später reichte er diese zusammen mit einem umfangreichen und kritischen Gutachten sowie seinen in einem zweiten Plan zusammengefaßten Gestaltungsvorschlägen ein. Sie wurden zum größten Teil realisiert. In der »Denkschrift« (1807)[11] formulierte er nicht nur wesentliche Grundsätze zur Anlage von Volksparks, sondern bemängelte auch, daß die von ihm 1798 bei der Gründung vorgeschlagene Konzeption unter Graf Rumford nicht hinreichend verwirklicht wurde. So seien aus den Anpflanzungen keineswegs »jene pittoresken Ansichten hervorgegangen, die man doch hätte erwarten sollen«. Sckell beklagte das Fehlen der Hogarthschen »Wellenlinie«[12] und die »größtenteils steifen monotonen grünen Wände«, die man aus »gemeinen teutschen Pappeln und der traurigen Rothtanne« gebildet habe. Unnatürlich, kleinlich und trocken nennt er die Gestaltung. Darüber hinaus wandte er sich gegen Stil und Charakter der Staffagen: »Keine einzige geschmackvolle und solide Verzierung; kein Gebäude von reiner Baukunst, kein Monument, kein Ruhesitz, keine Brücke von Geschmack und guter Form, kein natürlicher Wasserfall!!!« Entsprechend plädierte er sogar für den Abriß des bei den Münchnern so beliebten »Chinesischen Turmes«.

Vor allem aber ging es Sckell darum, die Kleinteiligkeit der szenischen Gestaltung zu überwinden und wenige große Charakterzüge der Landschaft herauszuarbeiten. Sckells Neugestaltung markiert den Übergang zu jenem großflächigen, oft als »klassisch« (Hallbaum) bezeichneten Landschaftsstil, der in der weichen, abgerundeten und ausbalancierten Sequenz seiner Naturbilder den Einfluß seines großen englischen Vorbildes, des englischen Landschaftsgärtners »Capability«-Brown, verrät. In der Weite der offenen Wiesengründe komponierte Sckell, ähnlich wie Brown, mit sanfter

Terrainmodulation und den heute noch gut erkennbaren *clump*-Pflanzungen, die tiefgestaffelte Sichtschneisen eröffnen. Dabei spielte das ferne Bild der Stadt eine wichtige Rolle: »Damit man die Stadt München im Vordergrund und den ehrwürdigen Wald Hirschanger im Hintergrund . . . als malerische Bilder recht oft gesehen hätte«, begründete Sckell seine Wegführung, die – der Weite des Raumes angemessen – nun wesentlich großzügiger geworden ist. Der Vergleich der beiden Pläne von 1804 und 1807 zeigt,[13] wie viele der kleinen, unorganisch geführten Pfade und Pflanzungen zugunsten klarer Akzentuierungen aufgegeben wurden. Die Bürgerhäuser der Schönfeldvorstadt verbarg Sckell durch einen Baumgürtel (*belt*). Durch den »Hirschangerwald« sollte hingegen in Nord-Südrichtung eine breite Sichtschneise bis zum Dorf *Schwabing* geschlagen werden, »damit das Auge in die inneren Teile eindringen und die ganze Tiefe der Anlage bemessen könnte«. Dieser schon 1789 vorgetragene Vorschlag wurde auch im zweiten Anlauf nicht verwirklicht.

Ein weiteres Anliegen war die bessere Einbeziehung der fließenden und stehenden Gewässer. So sollten etwa die Ufer des »lieblichen Oberjägermeister Bachs . . . viel sanfter, und da wo sie keine schönen Linien bezeichnen, verbessert . . . werden«. 1811 wurde der »Kleinhesseloher See« erheblich vergrößert, um 1815 konnte Sckell endlich den lange geplanten »Großen Wasserfall« an der Kreuzung des Schwabinger Baches und des Eisbaches nach einem Modell des Hofbauintendanten Andreas Gärtner verwirklichen.

Es galt dabei stets, dem von Chambers seinerzeit gegen Brown erhobenen Vorwurf zu entgehen, die gestaltete Garten- und Parklandschaft sei der freien Natur bis zur Unkenntlichkeit angeglichen. Vielmehr ist eine ins Ideale gesteigerte Natur gefordert, die hier »in ihrem festlichen Gewande erscheint, in welchem sie außer dieser Grenzen nicht mehr gesehen wird«.[14] Sollten die majestätischen Baumgruppen und Fernblicke an die italienischen Landschaftsgemälde Claude Lorrains erinnern, so standen für den Wasserfall die nordischen

Der Monopteros, 1836/37.

Kleinhesseloher See, 1802/1811.

Wildbachdarstellungen Jakob van Ruisdaels Pate. Mit diesem Wandel zur Weite und malerischen Harmonie des »klassischen« Gartenstils war auch ein Wandel in den programmatischen Aussagen des Volkparks verbunden. Das Selbst- und Staatsverständnis des inzwischen entstandenen Königreichs Bayern (1806) unter König Max I. Joseph forderte einen monumentaleren und ernsthafteren Stimmungswert. Die Volksgärten sollten nicht mehr nur erfreuen und bilden, sondern auch den »National Ruhm verbreiten helfen«, wie Sckell in seiner Denkschrift forderte. So war auf einer Insel des »Kleinhesseloher Sees« ein »Denkmal der grossen vaterländischen Ereignisses« geplant – ganz im Sinne jenes aufgeklärten Patriotismus, den auch Hirschfeld in seiner »Theorie der Gartenkunst« vertrat. Es wurde ebensowenig ausgeführt wie das von Sckell am Ende des weitläufigen Reitwiesenareals vorgeschlagene Pantheon, das den »würdigsten Regenten Bayerns«, also der regierenden Wittelsbacher-Dynastie, gewidmet sein sollte. In diesem Zusammenhang ist auch die Idee des Kronprinzen Ludwig aus dem Jahre 1811 zu erwähnen, die seit längerem geplante, aber erst 1830–1842 an den Ufern der Donau erbaute »Ruhmeshalle aller Teutschen«, die »Walhalla«, innerhalb des *Englischen Gartens*, genauer: im Gebiet der nördlichen »Hirschau«, zu errichten.[15]

Anstelle dieser nicht realisierten Projekte traten unter König Ludwig I. neue Monumente zur Ausschmückung des Parks: 1836/37 schuf Hofbauintendant Leo von Klenze auf einem künstlichen Hügel vor der Baumkulisse des Hirschangerwalds den *Monopteros* in Form eines griechisch-ionischen Rundtempels. Er ist mit seinen stark farbigen Ornamentmotiven eines der frühesten Beispiele für die Wiederanwendung des antiken Polychromie-Prinzips, das Klenze auf seiner Griechenlandreise 1834 studiert hatte.[16] Der altarförmige Denkstein im Inneren ist den Parkstiftern Kurfürst Karl Theodor und König Max Joseph gewidmet. Vom Tempel aus eröffnet sich ein einzigartiger Panoramablick auf die Stadtsilhouette Münchens. Auf den Fundamenten des 1837 wegen Baufälligkeit abgerissenen hölzernen

»Apollotempels« entstand eine halbkreisförmige pompejanische Steinbank nach dem Entwurf Klenzes, und auf einer Halbinsel im »Hesseloher See«, wo Sckell ursprünglich das Nationaldenkmal »vaterländischer Ereignisse« vorgesehen hatte, wurde 1824, ein Jahr nach Sckells Tod, eine Ehrensäule mit den Allegorien der Jahreszeiten für den großen Landschaftsgärtner aufgestellt. Der Bildhauer Ernst von Bandel führte sie nach Klenzes Entwurf aus. Auch Werneck wurde vom König ein Denkmal gesetzt (1838).

All diese Monumente verweisen nicht mehr auf die Sphäre der bürgerlichen Tugenden und staatspolitischen Ideale der Aufklärung, sondern auf den inzwischen ein halbes Jahrhundert alten Volkspark als bereits historisch gewordenes, soziales Kunstwerk. Als solches hat der *Englische Garten* die Jahrhunderte relativ unbeschadet überstanden. Dazu mag beigetragen haben, daß die Nachfolger im Amt des Hofbauintendanten, Sckells Neffe Carl August Sckell, Ludwig Carl Seitz, Carl von Effner und ihrer Nachfolger dem Gartenstil Sckells verpflichtet blieben. Das Gartenrestaurant »Seehaus« am »Kleinhesseloher See« (1882 von Gabriel von Seidl, 1935 und 1985 durch Neubauten ersetzt) stellt eine der wenigen – inzwischen für Volksgärten und Stadtparks unverzichtbaren – Ergänzungen des Parkprogramms dar. Die Kriegszerstörungen haben zwar dem botanischen Bestand erheblich zugesetzt, doch wußte die Parkpflege (Gärtenabteilung der Bayerischen Verwaltung der Staatlichen Schlösser, Gärten und Seen) die Grundzüge der Sckellschen Konturen zu retten und zu erneuern.

Lediglich die Eingangssituation von der Stadtseite her ist heute völlig entstellt. Schon Sckell hatte in seiner Denkschrift (1807) beklagt, daß es keinen Bezug zwischen dem Stadtkern, der Residenz und dem *Englischen Garten* gäbe. Er wollte diese Verbindung über den (im ersten Drittel des 17. Jahrhunderts angelegten) *Hofgarten* und den *Salabertschen Privatgarten* hinter dem »Prinz-Carl-Palais« (1804) schaffen. Der kontinuierliche Übergang von der formalisierten Natur des Hofgartens zur freien Natur des *Englischen Gartens* sollte sich dabei als Sinnbild der Versöhnung von Fürst und

Volk, Kunst und Natur, Stadt und Land darstellen und das Zonierungsprinzip in letzter Konsequenz vollenden. Doch der Bau der Prinzregentenstraße (1890), die Verbreitung der Von-der-Tann-Straße in den dreißiger Jahren, die Anlage des vierspurigen Altstadtrings mitsamt der monumentalen Untertunnelung des »Prinz-Carl-Palais« (1968-71) und schließlich der umstrittene Neubau der Bayerischen Staatskanzlei im *Unteren Hofgarten* (1990–1992) haben diese Sicht- und Sinnbezüge

endgültig zerschnitten.[17] So steht die antikische Statue des »Harmlos« (eigentlich des »Genius der Gärten« nach dem Typus des Antinous) von Franz Schwanthaler, die der damalige Kultusminister Graf Topor Morawitzky 1803 den Münchner Bürgern als Memento beim Eintritt in den Volkspark stiftete, heute auf verlorenem Posten. Seine Inschrift hat jedoch nichts von ihrer Gültigkeit verloren: »Harmlos wandelt hier, dann kehret neu gestärkt zu jeder Pflicht zurück.«

Auf einem der mit dem Bodenaushub
der Gewässer geschaffenen Hügel ließ Edzard Mauritz 1797
den schlichten »Tempel der Freundschaft« errichten:
Monument eines hehren Ideals und Denkmal
seiner langjährigen Verbindung
mit dem Berliner Oberfinanzrat Ransleben.

Dieter Hennebo

DER LÜTETSBURGER PARK

Wie eine Insel von malerischer Schönheit und vegetabilischer Vielfalt liegt der *Lütetsburger Park* – wenige Kilometer südöstlich der Stadt Norden – in der weiten und herben ostfriesischen Küstenlandschaft. Die Errichtung dieses frühromatischen Gartenkunstwerkes, eines der bedeutendsten und schönsten seiner Zeit in Norddeutschland, begann im Jahre 1790, als der Reichsfreiherr und spätere Graf Edzard Mauritz zu Inn- und Knyphausen den Herzoglich-Oldenburgischen Hofgärtner Carl Ferdinand Bosse beauftragte, Vorschläge für die Umgestaltung des überkommenen Barockgartens zu machen, und der Lütetsburger Gärtner Franke (der – wie der Bauherr selbst – wohl auch bei der Planung mitwirkte) die ersten Arbeiten anleitete. Jedenfalls notiert Mauritz 1790 in dem alten »Hausbuch« seiner Familie: »Ich dachte daran, den wüst gewordenen Garten zu verbessern. Zwischen der großen Lindenallee, welche im Westen den Schloßgraben begrenzt, und dem vormaligen Blumenstück im Süden des Schloßgartens, welches mein sel. Bruder schon in ein Rasenstück umgeschaffen hatte, lag ein breiter Fischteich. Dieser Teich wurde ausgefüllt, das hölzerne Tor am Eingang des Gehölzes beseitigt und dort freie Aussicht geschaffen, das Rasenparterre mit Lustgebüschen umpflanzt.«

Das waren die ersten Ansätze zu Veränderungen und Neuanlagen, die sich nun von Jahr zu Jahr immer weiter ausdehnten. Durch Pflanzung von Eichen, Buchen oder Tannen, aber auch von zahlreichen fremdländischen Bäumen, die den Park auch zu einer dendrologischen Sehenswürdigkeit machten, wurde das »Gehölz ansehnlich vergrößert«, und an die Stelle der alten, regel-

mäßigen Gartenkompartimente mit ihren Randalleen oder Baumreihen traten schwingende Wiesenflächen mit kulissenartig angeordneten Solitärbäumen, Baumgruppen oder Hainen, umgeben von dichten, variationsreichen Gehölzbeständen.

Um das gänzlich ebene Gelände mit seinem hohen Grundwasserstand brauchbarer und abwechslungsreicher zu machen, hob man Gräben und Teiche aus, die – in Verbindung mit vorhandenen, nun aber in »eine natürlichere Gestalt« verwandelten Bassins und Kanälen – schließlich ein zusammenhängendes, weite Teile des Parkes durchziehendes System von Wasserläufen bildeten. So konnten ihn die Besucher (ähnlich wie den *Wörlitzer Park*, den Edzard Mauritz kannte und bewunderte) in unterschiedlicher Weise durchstreifen und erleben: zu Fuß, auf den Bahnen des relativ dichten Wegenetzes, das bis zum angrenzenden, offenen »Pflugland« und zu dem (zur selben Zeit eingerichteten) Lütetsburger Forst führte, und mit dem Boot auf dem im vorderen Parkteil ähnlich dichten Netz vielfach gewundener Wasserzüge.

Den durch ihren Aushub der Wasserläufe gewonnenen Boden nutzte man zur Modellierung des Geländes und zur Aufhöhung einzelner Inseln.

Seit 1794 wurde der Park mit Monumenten ausgestattet – zuerst mit einer dem Andenken der Mutter und Gemahlin des Bauherrn gewidmeten Pyramide. 1797 entstanden zwei seiner prägenden (und sehr zeitgemäßen) Hauptmotive: Der »Tempel der Freundschaft« und die »Insel der Seligen«. Den Kuppelraum des auf einem Hügel errichteten »rustikalen« Rundtempel-

Blicke in den Park zu Lütetsburg.

Ein als »Styx« bezeichneter Graben umschließt
die »Insel der Seligen«,
den romantischen Begräbnisplatz der Familie Inn- und Knyphausen.
Szenen der Melancholie und der Heiterkeit,
der Erhabenheit und ländlicher Idylle prägen das
Erlebnisspektrum des Lütetsburger Parkes.

chens schmückt das Medaillonbildnis des damals in Berlin ansässigen Geheimen Oberfinanzrates Ransleben mit dem Edzard Mauritz in enger Freundschaft verbunden war. Gegenseitige Besuche, gemeinsame Wanderungen und Reisen (u. a. nach Wörlitz) und ein umfangreicher Briefwechsel, bei dem es häufig um praktische, ästhetische und weltanschauliche Aspekte der von beiden Männer geliebten Gartenkunst ging, kennzeichnen diese ebenso zeittypische, d. h. der damals gern herausgestellten Vorurteilslosigkeit gegenüber Standesunterschieden entsprechende, wie in ihrer Kontinuität und Innigkeit ungewöhnliche Beziehung zwischen dem adligen Großgrundbesitzer und dem bürgerlichen Beamten.

Über die vom »Styx«, einem brückenlosen, düsteren Gewässer umgebene »Insel der Seligen« schreibt Edzard Mauritz: »Lange war ich mit dem Gedanken beschäftigt gewesen, meiner Familie im Garten einen Begräbnisplatz einzurichten, weil ich dieses der Bestimmung des Menschen angemessener hielt als die Beisetzung in Kirchengewölben, und der Garten selbst dadurch an Interesse gewinnt, sich in Stunden der Erinnerung ohne Schauer zur Gruft der Vorfahren zu begeben und sich den Gefühlen nach dem Maß ihrer Liebe überlassen zu können.«

Nach dem Tode seiner ersten Gemahlin hat er dieses Vorhaben realisiert und seither wurden alle Mitglieder der Familie auf der Insel beigesetzt. Aber auch der um den Park so verdiente Gärtner Franke hat hier seine letzte Ruhestätte gefunden.

In den folgenden Jahren wird über weitere Pflanzungen und Ausschachtungen berichtet, und 1802 waren alle Wasserpartien des südlichen Parkbereiches fertiggestellt, hatte man mit dem gewonnenen Boden u.a. einen dem Ahnherrn des Hauses, Unico Manninga, gewidmeten Aussichtshügel angelegt und »zur Ver-

zierung dieser Parthie . . . eine Kapelle von wildem Holtze erbaut«.

Die in ihr angebrachte Inschrift »Natur und Tugend führen zu Gott« verweist ebenso auf die fundamentale Sinngebung des Parkes als Gleichnis menschlichen Daseins und Strebens, wie die in ihm verstreuten Szenen, Denkmäler und (meist auf den Lehnen der Bänke angebrachten) Inschriften, die den Besucher zu entsprechenden Empfindungen und Reflexionen anregen sollten.

1814, das belegt der damals von Julius Bosse (dem Sohn des Carl Ferdinand) angefertigte »Plan des Gräflichen Gartens zu Lütetsburg bey Norden«, war die Anlage im wesentlichen vollendet. Sie ist – anders als das 1897 und 1905 durch Feuer zerstörte und jeweils in anderer Form neu erbaute Schloß – bis heute weitgehend erhalten geblieben. Schon 1796 hatte Edzard Mauritz ihre Entstehung in seinem Testament so begründet: »Durch Verschönerung und Erweiterung der Gartenanlagen suchte ich mir und meinen Nachfolgern den Aufenthalt auf den Gütern angenehmer und anziehender zu machen. Dies hält den Besitzer im Schoß der Familie zurück und gewährt ihm in ländlichen Beschäftigungen ein Vergnügen, das Andere durch Aufwand, Spiel oder Reisen oft mit dem Ruin der Familie erkaufen.«

Daß die Nachfolger diesem Gedanken folgten, bestätigt der gute Zustand des Parkes, an dessen Unterhalt inzwischen freilich der Landkreis und/oder die Stadt Norden beteiligt sind.

Er war von vornherein für jedermann zugänglich und wurde deshalb frühzeitig den Kurgästen des ältesten (1797 eröffneten) Nordseeheilbades Norderney als besondere Sehenswürdigkeit und lohnendes Ausflugsziel empfohlen. Das ist er – ein bemerkenswertes Beispiel kontinuierlicher Gartendenkmalpflege – nach wie vor.

Eine charakteristische Partie ist auch
die »Carolinen-Insel«, auf der Edzard Mauritz 1813 ein Denkmal
zur Erinnerung an seine
früh verstorbene Lieblingstochter errichtete.

Harri Günther

DER NEUE GARTEN,
POTSDAM

Schon 1783, vor dem Tode Friedrichs II. von Preußen, hatte sich der Thronfolger Friedrich Wilhelm am »Heiligen See« ein Grundstück mit einem größeren Haus gekauft, aus dem vom geselligen Treiben der Potsdamer Offiziere zu hören war. Das Grundstück bildet noch heute mit dem »Marmorpalais« den Kern des Gartens. In jenem Jahre muß auch der Gedanke, dort einen *Neuen Garten* (im Gegensatz zu den alten *Sanssouci-Gärten*) anzulegen geboren worden sein. Die meisten nach und nach erworbenen Grundstücke wurden bis dahin als Weinberge genutzt, deshalb hieß das Terrain Ende des 18. Jahrhunderts vielfach »des Königs Weinberg«. Aus dieser Zeit stammen noch einige der alten Gebäude im Park, wie das »Braune Haus«, ebenfalls das »Weiße«, das »Graue« und auch das »Rote Haus«.

Nach seiner Thronbesteigung ließ Friedrich Wilhelm II. von Preußen bis etwa 1793 etwa zweiundzwanzig Grundstücke um den 36,9 Hektar großen »Heiligen See« aufkaufen, die die Wasserfläche von drei Seiten umschließen. Der Park umfaßte damals wie heute eine Fläche von 73,9 Hektar. Nicht leicht zu lösen war die Formgebung für den neu anzulegenden Garten, da es unter den Potsdamer Hofgärtnern niemanden gab, der sich mit feinem Gefühl dem gerade neu aufkommenden Landschaftsgartenstil zuwandte, wie er beispielsweise in Wörlitz zu finden war. Da Friedrich Wilhelm II. dem Fürsten Leopold III. Friedrich Franz von Anhalt-Dessau ohnehin freundschaftlich verbunden war, lag es nahe, sich aus dem dortigen Gartenreich einen Landschaftsgärtner zu erbitten.

Johann August Eyserbeck kam Ende der achtziger Jahre, etwa fünfundzwanzigjährig, aus dem Dessau-Wörlitzer Kulturkreis nach Potsdam und zeichnete 1790 den ersten Plan für den *Neuen Garten*. Er war später in Charlottenburg tätig; von dort aus überwachte er auch die Ausführung des Gartens.

Dieser frühe Entwurf, der zeitlich mit dem Entstehen des Dessau-Wörlitzer Gartenreiches, der Weimarer Anlagen und auch des Parkes in Gotha zusammenfällt, ist ein Kleinod seiner Zeit. Die Kleinteiligkeit der Partien, die salonartige Ausformung einzelner Gartenteile, die Verwendung regelmäßiger Pflanzungen, auch die Schonung vorhandener, streng ausgerichteter Baumreihen kann nicht auf den erst nach und nach erfolgten Grundstückserwerb zurückgeführt werden, sondern ist vielmehr im Wandel der Gartenkunst vom Rokokogarten zum Landschaftspark zu suchen. Wir finden kleine, stimmungsvolle Gartenräume durch Wege oder schmale Sichten zu einem Gesamtkunstwerk verbunden, das durch Architekturen besonders betont wurde. Hier im *Neuen Garten* wurden das »Marmorpalais« (1787–1790, verändert und erweitert 1790–1797) und die Ruine des versinkenden »Tempels des Mars« zu bedeutenden, dem Garten zugeordneten Bauwerken.

Die Gartenräume, auf das Stimmungsvollste ausgestattet, waren, wie im Eyserbeck-Plan zu erkennen, in Beziehung zueinander geordnet. Sie ergaben aber noch keine Veduten, wie sie sich dann im 19. Jahrhundert herausbilden sollten.

Nicht in allen Teilen konnte die Eyserbeck-Planung ausgeführt werden. In den Jahren bis zum Tode Fried-

Seite 214
· Vor dunklem Eibengebüsch
leuchtet die marmorne Gedenkurne für die Gräfin Ingenheim.

Seite 217
Unter dunklem Nadelgehölz kündet
eine Isis von Rosenkreuzer-Mythen im Neuen Garten.

Im Neuen Garten wird unter dichtem Platanengeäst
die ägyptisierende Fassade der
Orangerie sichtbar.

Seite 218
Die Pfaueninsel und der Neue Garten
sind durch tiefe Sichtachsen miteinander verbunden.

rich Wilhelms II. war auch manches zu ändern. Der von Friedrich Ludwig und Carl Krüger um 1800 aufgenommene Plan gibt davon Kenntnis.

Von den Eingangs-Pavillons (1789/90); Carl Philipp Christian von Gontard) eilt in ganz unenglischer Art eine Pyramidenpappel-Allee (seit 1864 durch Pyramideneichen ersetzt) zum »Marmorpalais«, das man damals noch vom *Sanssouci*-Hügel aus sehen konnte. Westlich dieser Allee liegen die »Holländischen Häuser«, von denen das größte und letzte, das Damenhaus, ursprünglich einen kleinen Turm tragen sollte, um der Reihung der Gebäude einen Abschluß und den Charakter eines holländischen Dorfes zu geben. An dieses auffallende Bauwerk schließt sich die »Orangerie« (1791–1793; Carl Gotthard Langhans) an, deren Schaufassade mit vier Säulen, die eine ägyptische Sphinx tragen, einen eigenen Architekturbereich bildet.

Der östlich folgende Gartenteil erschließt sich durch fast starr geführte Wege; nur der Weg entlang des Wassers nimmt die geschmeidigen Uferformen auf. Die Gehölzpflanzungen kleben ängstlich-starr an den Wegen. Der »Felsen mit der Sonnenuhr«, steif eingefaßt von vier Wegen, wird ebenfalls dicht von Bäumen umhüllt. Unter dunklen Nadelgehölzen verbirgt sich die Isis, eine Nachbildung der Diana von Ephesus. Diese Plastik gehört, ebenso wie die ägyptisierenden Plastiken an der Orangerie und die inzwischen längst verschwundenen Kanopen (Nachbildungen altägyptischer Eingeweidegefäße), zum Gedankengut des Rosenkreuzer-Ordens, dem Friedrich Wilhelm II. verbunden war. Nur der »Gotische Turm« am Südende des Sees liegt wieder offen am Wasser, ganz zum Ausblick über See und Landschaft bestimmt. Diesem als Bibliothek genutzten, belvedereähnlichen Bau entsprach auf der Nordseite des Sees der »Temple mauresque«, der »Maurische Turm«, den eine Ananas krönte, wenngleich deren Heimat in Mittelamerika liegt. Er mußte wegen Baufälligkeit schon in der Mitte des 19. Jahrhunderts abgetragen werden.

Der Zielpunkt der Eingangsallee ist – vor Anfügung der Seitenflügel – das »Marmorpalais« mit seiner belvedereartigen Kuppel. Es hat zwei Lebensbereiche: östlich den See in seiner ganzen Längsdehnung mit dem »Gotischen« und dem »Maurischen Turm« sowie der gegenüberliegenden bukolischen Landschaft mit fünf Windmühlen, diese teils mit neogotischen Anbauten als Parkstaffagen, und dem zweiten Bereich westlich des »Marmorpalais« mit den empfindsamen Gartenpartien. Infolge der Palaiserweiterung um zwei Seitenflügel verlor dieser parterreähnliche Teil seine fast zerbrechliche Leichtigkeit räumlicher Eleganz und bekam eine spürbare Westrichtung. Ein schmaler Pfad verband nun Schloßvorhof mit entfernteren Pflanzungen, wobei die seitlichen Alleen in unterschiedlicher Wertigkeit erhalten wurden. Das Schindelhaus, um 1790 von Gontard nach Anregungen aus dem französischen Stichwerk des Le Rouge entworfen, hat die Bedeutung eines Thorhauses für diesen Zugang.

Ein großes, ovales Gehölzstück folgte nördlich des Parterres. Der Innenraum dieser Baumpflanzung bewahrte zunächst noch das grünliche Licht- und Schattenspiel kleiner Gartenfreiräume, bis er die wundervolle Marmorurne zur Erinnerung an die Gräfin Ingenheim erhielt: Kern und Schale wurden nun ein Ganzes, zu deren sinnvollem Erleben noch heute eine alte Marmorbank einlädt.

Unmittelbar zum See liegt die 1791/92 ebenfalls nach dem Le Rouge-Vorbild von Carl Gotthard Langhans errichtete Pyramide. Ihre nüchterne Nutzung als Eiskeller mindert den Wert als Gartenstaffage nicht, zumal das Bauwerk durch die vergoldeten Planetenzeichen über der Tür und die auf das Freimaurerwesen deutenden Reliefplatten auch die Gedankenwelt des Gartens anklingen läßt.

Die nördlichen Parkteile zeigen nicht die Feinteiligkeit der übrigen Partien. Regelmäßige Baumpflanzungen, schnurgerade Alleen, geschwungene Wege mit Pyramidenpappel-Pflanzungen wechseln mit ausgedehnten offenen Flächen und dichten, waldartigen Partien, wobei das leichte, heitere Erlebnis des Gartenfreiraumes vor allem in Verbindung zu den ruhigen Wasserflächen aufkommt. Und doch barg gerade dieser nördliche Teil

Seite 221
Nordwestlich des Mamorpalais
hebt sich die Pyramide aus silbergrauem Kalkstein
von dem Grün der Bäume ab.

eine Fülle kleiner Gartenarchitekturen, die ihm etwas Besonderes verliehen. Das »Rote Haus« nahe der Pyramide gab den Auftakt, dem der »Kaninchenberg« mit seinem weiten Blickfeld und das »Grüne Haus« am Ende des Sees folgten. Der »Temple mauresque« mit der im Laubgrün besonders leuchtenden vergoldeten Ananas lag inmitten strahlenartiger, fast barocker Pflanzungen, während die Themistokles-Herme am Hasengraben, der kanalartigen, seit 1737 bestehenden Verbindung zur Havel, den Abschluß gab. An der Nordseite dieses Grabens ermöglichte nur eine Drehbrücke den Zugang.

Drei kostbare Kleinarchitekturen belebten das Parkufer am Jungfernsee. An der östlichen Spitze, dem »Quapphorn«, versteckte sich die »Eremitage« unter dickem Strohdach hinter dem Laub der Bäume. Als kleiner, fein durchgearbeiteter Bau, im Inneren mit kostbaren Wandtäfelungen und Marmorfußboden, zeigte er sich nach außen sehr hinfällig, wie es bei solchen Staffagebauten üblich war. Der Gegensatz zwischen anscheinend verfallendem Äußeren und feinster Innenarchitektur erhöhte die Wirksamkeit. Am Ufer weiter westlich, vor einer ganz leichten Höhe, liegt die Grotte mit ihrer reichen Innenraumausgestaltung aus buntem Gestein: Neben Oranienburg und Rheinsberg die dritte große Grotte im Brandenburgischen. Und an der Nordwestecke richtet sich die Meierei (1791 von Langhans als neogotischer Staffagebau errichtet) zur Grotte aus, so daß sich ein breiter Uferstreifen gegen das dichte Gehölz abgrenzt.

In etwas mehr als zehn Jahren war der *Neue Garten* in seiner ganzen Vielfalt herangewachsen, nach dem Tode Friedrich Wilhelms II. jedoch etwas unbeachtet geblieben. Die jungen Pflanzungen nahmen an Größe zu, Pflegeeingriffe machten sich erforderlich, die nicht immer den Vorstellungen des jungen Königs Friedrich Wilhelm III. entsprachen. Deshalb suchte man nach einem jungen Gartenarchitekten und betraute 1816 Peter Joseph Lenné mit der Überarbeitung des Gartens, die sich über viele Jahre hinzog.

Im gleichen Jahre legte Lenné die erste Bearbeitung vor, der 1820, 1825, 1828, 1846 und 1864 weitere folgten. Wenn auch der Garten in seinen Grundzügen erhalten blieb, die Gartenarchitekturen sorgsamst geschont und in die frische Formenwelt des 19. Jahrhunderts eingefaßt wurden, so wuchs seit 1816 ein neuer Gartentyp heran. Die Umgebung fand immer mehr Aufmerksamkeit. Indem Lenné die Verschönerung der Insel Potsdam durchdachte, verband sich der *Neue Garten* zu einem Teil mit diesen Verschönerungen und nahm im Verlauf der Jahre auf die Umgebung, zum Beispiel *Glienicke* und die *Pfaueninsel*, auch *Babelsberg* und den *Pfingstberg*, Bezug.

Die meisten alleeartigen Wegepflanzungen mußten bis auf die Eingangshalle entfernt werden. So manche Kleinteiligkeit, die für das letzte Drittel des 18. Jahrhunderts prägend war, wandelte sich in fast waldartige Partien, Baumgruppen oder Einzelbäume, die nun die langen, nicht sehr breiten Blickachsen rahmen und vielfach auf Architekturen in der Landschaft ausgerichtet sind. Um dem Garten die geringe Tiefe (im allgemeinen etwa 300 Meter) zu nehmen, pflanzte Lenné schräg verlaufende Sichten.

1913 bis 1917 wurde nach Plänen von Paul Schultze-Naumburg das Schloß Cecilienhof im nördlichen Teil des Parkes eingefügt, in dem 1945 die Potsdamer Konferenz stattfand.

Der *Neue Garten* wird in seinem gewachsenen Bestand gepflegt, wobei entsprechend der Entwicklung die Lennéschen Formen seit 1964 durch umfangreiche Rekonstruktionsmaßnahmen besonders betont werden.

Günther Thimm

DER PARK WILHELMSTHAL BEI EISENACH

»In Wilhelmsthal ist mirs zu tief und zu eng...«[1], schreibt Goethe am 13. 9. 1777 von der Wartburg aus an Charlotte von Stein. Wenige Tage zuvor war er zum ersten Mal hierher gekommen, »aber weder Schloß noch Garten – beide damals allerdings arg vernachlässigt – bewegten sein Empfinden, kein Wort gab es darüber zu sagen, die innere Beziehung blieb aus«.[2] Auch in den folgenden Jahren äußerte er sich kaum über diesen von Carl August konzipierten Landschaftsgarten.

Schloß und Park *Wilhelmsthal*, acht Kilometer südlich von Eisenach gelegen, haben eine sehr bewegte Geschichte, die überschaubar erst um 1670 unter Johann Georg I., Herzog von Sachsen-Eisenach, begann. In den folgenden Jahrzehnten bis 1703 entstand hier eine Sommerresidenz der Eisenacher Herzöge, zu der auch ein regelmäßiger Garten gehörte, der sich terrassenförmig zum Wilhelmsthaler See, einer etwa 7 Hektar großen, künstlich aufgestauten Wasserfläche, erstreckte.

1741 kam Wilhelmsthal in den Besitz der Weimarer Herzöge und auf Veranlassung von Herzog Ernst August I. begann eine Neugestaltung der Anlage nach Entwürfen des Architekten Gottfried Heinrich Krohne, in die zunächst auch der Garten eingeschlossen war. Dieser Plan, wie der für ein neues Schloß, blieb jedoch unausgeführt. 1748 starb Ernst August, und *Wilhelmsthal* geriet in Vergessenheit. Erst 1777 wurde das Schloßgebäude für den Besuch des jungen Herzogs Carl August, in dessen Gefolge sich auch Goethe befand, wieder wohnlich hergerichtet und der Garten leidlich instandgesetzt. So blieb es bis 1795. Im gleichen Jahr schreibt Carl August an Goethe: »Damit ich hier nicht

ganz müßig gehe, und beym Brunnen Gelegenheit zur Bewegung habe, laße ich den hiesigen Garten verändern und anglisieren...«[3]

Das ist der Beginn eines neuen Entwicklungsabschnittes in der Geschichte Wilhelmsthals. In den folgenden vier Jahren entstand nun, umgeben von waldbedeckten Höhenzügen und fast ausschließlich nach den Vorstellungen des Herzogs, ein Landschaftsgarten mit großen Wiesenflächen, Gehölzgruppen und unregelmäßig ausgeformtem Seeufer. »Wenige Wege führten in weitgeschwungenen Linien wie zufällig zum Schloß hin, das von Laub- und Nadelbäumen umgeben war. Nur zwei durch einen Säulengang verbundene Gebäude davon traten als Hauptgruppe frei hervor, andere Gebäude blieben durch Bäume fast verdeckt.«[4]

Am Einlauf der Elte, einem Gebirgsbach, in den Wilhelmsthaler See wurde eine Kaskade geschaffen, über die das Wasser in den See stürzt. Oberhalb davon entstand der sogenannte Wasserspiegel, eine langgezogene, ebenfalls unregelmäßig ausgeformte Bucht, die gleichzeitig als Geröllfang diente. Der See und der »Wasserspiegel« wurden durch eine künstlich aufgeschüttete Halbinsel voneinander getrennt. Am Seeauslauf wiederholte sich der Wasserfall über eine zweite Kaskade.

Zwischen 1801 und 1805 ließ Carl August das Schloßensemble umbauen. Gebäude wurden abgebrochen, neue kamen hinzu, wie das »Waldhaus« und das »Schweizerhaus«, letzteres in Form eines alpinen Blockhauses. In diesen Gebäuden wohnte das Jagd- und Stallpersonal. All diese Baulichkeiten fügten sich zwanglos in den neuen landschaftlichen Rahmen ein. Die durch abgebrochene Gebäude gewonnenen Flächen wurden dem Park zugeordnet.

»Trotz der langen Bauzeit war das Wilhelmsthal Carl Augusts ein Werk wie aus einem Guß. In ihm überwogen die Züge der klassischen deutschen Landschaftsgartenkunst, weil vor allem jegliche Staffage als romantisches Stimmungsmittel fehlte. Dem gesunden Naturempfinden des Herzogs war derlei Beiwerk zuwider, hier wie in den gleichzeitig vollendeten Teilen des *Weimarer Parkes*. In *Wilhelmsthal* gab es keine Tempel, gotische Ruinen oder sonstige Einbauten, keine Gartenplastiken, Vasen, Urnen, keine Inschriften, keine künstlich geschaffenen Erinnerungsstätten unter babylonischen Weiden.«[5] Der Komponist Johann Friedrich Reichardt schreibt 1808 schwärmerisch über *Wilhelmsthal*: »O Natur! O Natur! ... Wie schwindet neben dir doch alle Kunst zu nichts! Da hab ich nichts von Einsiedeleien, nichts von Ritterburgen und Teufelsbrücken gesehen; und doch ist der Eindruck der ganzen hoch einfachen Naturbildung größer, tiefer, inniger als es jene Künsteleien nur je erreichen vermöchten!«[6] Goethe, der 1801 zum letzten Mal nach *Wilhelmsthal* kam, bemerkt dagegen nur: »Bei Eisenach sah ich, ... des Herzogs neue Anlagen in Wilhelmsthal.« Nach Carl Augusts Tod im Jahr 1828 wurde die Anlage zwar von den Hofgärtnern im Eisenacher Karthausgarten instandgehalten; durchgreifende Verjüngungen unterblieben jedoch. Aus diesem Grund erhielt Carl Eduard Petzold von Maria Paulowna den Auftrag, einen »speziellen Einrichtungsplan« zur Verjüngung des Parkes auszuarbeiten, doch verwirklicht wurde er nicht.

1845 besuchte Hermann von Pückler-Muskau *Wilhelmsthal*. Seine Eindrücke beschreibt er so: Wilhelmsthal liegt »in einem tiefen Grund, am Rande ausgedehnter Wiesen, die theils mit Laubholz, theils mit Schwarzwald malerisch eingefaßt sind, und auf der anderen Seite dominirt es einen ansehnlichen See spiegelklaren Wassers, dem einzigen von dieser Ausdehnung, glaube ich, im Thüringer Gebirge ... Es wäre

daher auch kein Theil des Gebirges so passend zu einer der großartigsten Anlagen im Fach der Landschaftsgärtnerei, als diese Gegend.« Aber »dermalen [sieht] alles sehr todt und verlassen in Wilhelmsthal aus«.[8]

Acht Jahre später sollte sich dieses Bild verändern. 1853 wird der Eisenacher Hofgärtner Hermann Jäger von Großherzog Carl Alexander beauftragt, eine Denkschrift über die Wiederherstellung des Parkes anzufertigen, in der es heißt: »Bei einer Veränderung des Parkes von Wilhelmsthal muß als Grundsatz festgehalten ... und durchgeführt werden, daß die Landschaft ein von waldigen Bergen umgebenes Thal ... ist. Dieser Ausdruck der Eigentümlichkeit [Charakter] kommt besonders durch breite Wiesengründe und eine Fülle von Wasser zur Geltung; daher muß alles, was sich hierauf bezieht, auf das Vorteilhafteste gezeigt werden. Da die umgebenden Berge mit den herrlichsten Laubwaldungen bekleidet sind und aus der Ferne dunkle Schwarzholzpartien sehr ausdrucksvoll schattiren, so hat die Landschaft, ... hinlänglich zusammenhängende Schattenmassen in der zweiten und dritten Ferne, und das Thal selbst darf bis nahe an die Abhänge nur wenige dichte Holzmassen zeigen, vorzüglich aber solche Pflanzungen, welche das Licht brechen und vermitteln, also lichte Gruppen und Haine.«[9]

Noch 1853 begannen die Arbeiten in engem Zusammenwirken mit Pückler, der Carl Alexander seine Mithilfe angeboten hatte. Zwei Jahre später (1855) waren die Arbeiten abgeschlossen. Während Jägers Zeit erfolgte die Instandhaltung nach den Grundsätzen der genannten Denkschrift. Um 1900 wurden diese Leitlinien aufgegeben und Massenpflanzungen von Bäumen veränderten die Raumstruktur. Empfindlich geschädigt, zum Teil zerstört, wurde Wilhelmsthal, »der schönste große Lichtpunkt im westlichen Theile« des Thüringer Waldes jedoch erst nach dem zweiten Weltkrieg.

Es fällt heute schwer, den gartenkünstlerischen Wert dieser Anlage, der einst in der harmonisch-schlichten, ländlichen Erscheinung des Schloßensembles und in ihrer Einheit mit der umgebenden Landschaft bestand, nachzuvollziehen.

Harri Günther

Die Anlagen von Paretz

»Nur immer denken, daß Sie für einen armen Gutsherrn bauen«, äußerte wiederholt, aber kurz angebunden, Kronprinz Friedrich Wilhelm, seit 1797 auf dem preußischen Königsthron, zu seinen Baumeistern und Gärtnern, die in der teils bruchig-feuchten, teils sandig-dürren Landschaft nordwestlich Potsdams das Gutshaus und den Park von _Paretz_, aber auch Dorf und Umgebung aufbauten. Dem schweigsamen, zurückhaltenden fünfundzwanzigjährigen Kronprinzen Friedrich Wilhelm war das ihm nach Vermählung (1795) mit der Mecklenburg-Strelitzer Prinzessin Luise zugewiesene Schloß _Oranienburg_ nördlich von Berlin zu aufwendig-prunkvoll, wenngleich die Landschaft um diesen Ort der von Paretz nicht ganz unähnlich war; viel Wasser und dürrer Sand.

Dieser fehlenden Zuneigung zu Oranienburg wußte der General Johann Rudolf von Bischofswerder, später Gutsnachbar in _Marquardt_ und dem Kronprinzen als enger Vertrauter des Königs vermutlich nicht immer genehm, schnelle Abhilfe zu schaffen. Er vermittelte im Herbst 1795, dem Jahre des Baseler Friedens, den Kauf des Gutes Paretz, das die Blumenthals seit 1658 besaßen, an den Kronprinzen. Vermutlich kannte und schätzte dieser den Besitz, denn der Verkäufer Hans August von Blumenthal war Prinzengouverneur Friedrich Wilhelms gewesen.

Die verwickelten Verhandlungen führte der Hofmarschall des Kronprinzen, Valentin von Massow, der in Steinhöfel ein Gutshaus und einen kunstvollen Garten besaß. 1794, während des Polnischen Feldzuges, war das Kronprinzenpaar dort zu Gast. In _Steinhöfel_ hatte der Hofmarschall den Landbaumeister David Gilly als Architekten beschäftigt, den er nun auch für _Paretz_ gewann. 1796 begann hier nach den Gillyschen Planungen der Landhausbau, der bereits im folgenden Jahr abgeschlossen werden konnte.

Gleichzeitig setzten die Arbeiten am Garten ein, zunächst in der Umgebung des Landhauses, die Massow dem Neu-Töplitzer Erbpächter-Sohn David Garmatter anvertraute. Vom Februar 1797 bis 1821 pflanzte und pflegte Garmatter die nach und nach entstehenden drei Gartenteile. Gemäß dem »Engagement« erhielt er neben den sogenannten Benefizien (freie Wohnung, freies Holz usw.) 20 Reichstaler Gehalt. »Ob er durch seine gute Aufführung auf ein dauerhaftes Brodt bey Sr. Königl. Hoheit wird rechnen können«, hänge sowohl von seiner Kunst als auch von seinem »ruhigen und stillen Wandel« ab. Garmatter wird dem gewiß entsprochen haben, war er doch fast ein Vierteljahrhundert in Paretz tätig.

Die Fläche des Landhaus-Vorplatzes bis zur Dorfstraße füllte ein Rasenhalbkreis, der die Vorfahrt zur zurückhaltend-vornehmen Landhaus-Fassade ordnete. Nur wenige Blumenbeete, meist mit Rosen bepflanzt, brachten etwas Farbe zum Grün des Rasens, dafür begleiteten modische Pyramidenpappeln die halbkreisförmigen Fahrwege.

Zwischen Landhaus und Schloßgraben lag der »eigentliche« Park mit drei gedehnten Gartenräumen, ruhig und kleinteilig, ohne aufregende Blickachsen. Auf der Ostseite des Parkes ermöglichte die »Kettenbrücke« die Überfahrt über den breiten Schloßgraben nach Uetz.

Seite 224
In Paretz wird hinter dichtem Baumbestand
die neogotische Schmiede sichtbar,
heute als Gaststätte genutzt.

Der Zierat aus Ketten hatte ihr den Namen gegeben. Als viele Jahre später ein spanischer Infant über die Brücke fuhr, erhielt sie den Namen »Infantenbrücke«.

Eines fällt bei der Planung in Paretz sogleich auf: die allgemeine Abgeschlossenheit des Parkes, die stilles, zurückhaltendes Leben verspricht, und die wenigen, aber weiten Ausblicke nach Süden, über nasse, leicht neblige Wiesen zur Havel. Man konnte von hier den »Pfingstberg« sehen, auf dem Königin Luise 1804 am Pfingstsonntag den Sonnenaufgang als ein Naturwunder erlebte. Man sah aber auch die trockenen, dürren Höhen von Töplitz und Phöben.

Gilly hatte den Landhausbau zwischen Wirtschaftsgebäuden eingeordnet, denn Friedrich Wilhelm und Luise wollten in Paretz lediglich als Gutsherrn leben, damit den Brühls in *Seifersdorf* vergleichbar. Hier wie dort wurden gemeinsame Erntefeste mit den Bauern gefeiert, und es wurde auch zur Selbstverständlichkeit – freilich nur hier –, daß Luise, die Gutsherrin, sogar Krankenbesuche machte. Das recht gleichwertige Nebeneinander von Landhaus und Gutsgebäuden war die Ursache dafür, daß die allgemein übliche Freifläche vor der Gartenfassade leicht seitlich, ein wenig an den östlichen Teil der Gartenfassade verschoben werden mußte, und damit von vornherein allem streng Axialen auswich. Da der Gartensaal mit tropischen Pflanzendarstellungen auf feingemalten Tapeten ausgeschlagen war, gab es nur eine dünne Trennung zwischen drinnen und draußen, Innenraum und Gartenraum waren ineinander verwoben.

Der hohe Grundwasserstand der Havelwiesen bedingte, daß ein Teil der Fläche südlich des Landhauses bald zu einem kleinen Teich wurde, zu einer Ausbuchtung des Schloßgrabens. In ihm spiegelte sich trotz des Abstandes die formvollendete Gartenfassade. Wenig geschwungene Wege, oft nur durch schmale Baum-und Strauchpflanzungen auseinandergehalten, lassen langsame Spaziergänge zu, das zu vielfach eingeordneten Sitzplätzen führt, die meist kreisrund ausgeformt sind.

Nur wenige Schrägsichten, durch den Park etwa 100 Meter langgezogen, fallen auf: so vom östlichen Landhausflügel zum »Japanischen Haus« mit der Grotte auf der Südseite des Hügels. Wie der Park still und verschlossen nur mit wenigen Ausblicken mit der Landschaft verzahnt ist, so teilt sich auch dieses Gebäude, das seine Anregungen aus dem Massowschen Steinhöfel bezieht in die völlige Abgeschlossenheit des Unterbaues und das heitere, achteckige »Japanische Haus« als Überbau. Ein Japangitter grenzt die Höhe der Grotte ab, so daß sich ein breiter balkonartiger Umgang, überdeckt vom weit vorspringenden, zeltartigen Dach des Japanhauses, ergab.

Und von hier aus waren die lockenden Ausblicke, die im Park vermieden wurden, möglich: über die Havel, das Phöbener Bruch zum »Wachtelberg« der Phöbener Heide oder über den »Göttinsee« zum »Alten Weinberg« an den Alt-Töplitzer Wiesen, aber auch nach Osten, zur Kettenbrücke, entlang der Pappelallee nach Uetz. Widerspruchsvoll zeigte sich auch das Innere des Hauses: chinoisierende Bilder auf Leinwand und Chinesenfiguren in farbigen bleiverglasten Fenstern, japanisches Bambusstabwerk und gotisches Maßwerk, *anglois-chinois* nannte es die Zeit. Die Wände des Grottenraumes unter dem Japanhaus waren mit Muscheln, farbigen Steinen, Tannenzapfen und Rinde geschmückt, ein schwacher Abglanz der märchenhaften Grotte im *Neuen Garten*.

Unmittelbar an die Westseite des Hügels, der das Japanhaus über die Landschaft erhob, hatte Friedrich Wilhelm in den angeschnittenen Hügel das »Dorische Ruinenstück« bauen lassen, vor einem Mauerwerk – seitlich von Bruchsteinen gefaßt – zwei Säulen, die ein Sandsteingebälk tragen.

Es wurde ein Platz der Erinnerung an seinen Lieblingsbruder Ludwig, der mit Friederike von Mecklenburg-Strelitz, der Schwester seiner Gattin, verheiratet war. Ludwig war am 28. Dezember 1796 als Kommandeur der Schwedter Dragoner in Schwedt verstorben, und Friedrich Wilhelm ließ ihm hier eine Reliefplatte mit den Worten »Er ist nicht mehr« setzen. Davor befinden sich nochmals zwei Säulenstümpfe, deren einer gern von Luise als Sitzplatz genutzt wurde. Nach deren

Tod ließ Friedrich Wilhelm auf der Sandsteinplatte die Worte einmeißeln: »Gedenke der Abgeschiedenen«. So wurde der kleine Park nach dem Tode der Luise noch ruhiger, noch stiller, nur noch ein Gedenken.

Gedacht wurde hier auch an Goethe, den das Paar auf Badreisen kennengelernt hatte. Eckermann erwähnt in einem Gespräch mit Goethe am 11. Oktober 1828, daß sich die Königin Luise mit dem »Meister« besonders vertraut gemacht habe.

1795/96 arbeitete man an einer Erweiterung des Parkes auf der Nordseite des Landhauses jenseits der Straße, dem Kirchgarten. Während dieser Gartenteil bereits vor mehr als einem Jahrzehnt wiederhergestellt werden konnte, hat eine gründliche Pflege des Gartens am Schloß erst 1991/92 eingesetzt. Zur Straße war der *Kirchgarten* durch eine niedrige Feldsteinmauer abgegrenzt, den axialen Eingang betonten zwei gußeiserne Vasen. Die fast dreieckige Fläche füllten im Westen Kirche und Pfarrhaus, im Nordosten die neogotische Schmiede (heute als Gaststätte genutzt) und das hinter einer Pergola versteckte Hofgärtnerhaus. David Gilly hatte die alte Feldsteinkirche modernisiert, 1797/98 neogotisch umgebaut. Gleichzeitig erhielt auch der Neubau der Schmiede an der Nordostseite des Kirchgartens ein neogotisches Äußeres mit gotisierenden Blendarkaden. Der Weg am Parkeingang, axial auf das Landhausportal ausgerichtet, löste sich in diesem leicht bewegten Gelände in weich geschwungene Wege auf. Auch Rundplätze, wie am Parkteil des Landhauses, fügten sich ein, ohne dessen Intensität der Gestaltung zu erfahren. Nur zwei größere Gartenfreiräume, zum Hofgärtnerhaus und zur Kirche, waren erlebbar. Als Überraschung dieses Parkteiles war zwischen zwei leichten Sandhügelchen noch 1806 eine kleine gußeiserne Brücke eingefügt worden, die man jedoch schon zu Beginn unseres Jahrhunderts entfernte. Die unterschiedliche Lage im Vergleich zum Landschaftsgarten, höher liegend, sandig und trocken, ließ andere Formen erkennen; das Persönliche, fast Private fehlte hier. Nordwestlich folgte der dritte, heute überbaute Gartenteil, der *Rohrhausgarten*. Nur locker ist diese Gartenanlage mit dem Vorangegangenen verbunden, jedoch in Form und Inhalt diesem folgend: Keine weitläufigen Gartenräume, die sandigen Partien lose mit Bäumen besetzt. Auf einem leichten Hügel, an dessen Südseite ein bescheidener Weinberg grünte, grüßte das neogotiche »Rohrhaus« weit in die Landschaft. Eine entfernte Verwandtschaft mit dem »Rohrhaus« im Neuen Garten in Potsdam läßt sich leicht erkennen.

Friedrich Gilly, Sohn des Landbaumeisters, hatte den Entwurf für den 1799 errichteten, mit Stroh gedeckten Bau geliefert, schon Ende des 19. Jahrhunderts war er zerfallen. Der im Grundriß sechseckige Bau ließ durch drei, teils mit farbigen Gläsern gefüllte Fenster und drei offene Vorhallen weite Blicke in die Landschaft zu.

Die gleiche Lust, weit in die Landschaft zu schauen, kennzeichnete auch das »Belvedere« auf dem »kleinen Kapellenberg« bei Knobloch, nördlich von Paretz. 1803 war dieser viereckige gotische Ruinenturm nach Plänen von David Gilly, erbaut worden. Dieses »Belvedere« entstand im gleichen Jahr wie das neogotische »Belvedere« auf dem »Brauhausberg« in Potsdam. Von der Plattform ließ sich wiederum die weite Landschaft bewundern. Nach 1945 wurde das »Belvedere« abgetragen. Im Zusammenhang mit dem Bau des Landhauses und der Anlage des Parkes ist auch das ganze Dorf neu aufgebaut worden. Dazu hatte David Gilly die Pläne geliefert, die einen sehr einfachen, jedoch besonders farblich wirkungsvollen Neubau der Bauern- und Kossätengehöfte vorsahen. Für *Paretz* hatte Friedrich Wilhelm III. bereits 1800 die Gutsuntertänigkeit aufheben lassen, während es für ganz Preußen erst 1807/08 erfolgte.

Dorfgestaltung, Landhaus und Park fügten sich zu einer Einheit, die weit in die Landschaft ausstrahlte, das einstige »Belvedere« auf dem Knoblocher »Kapellenberg« war der äußerste Punkt. So begrenzt der kleine Park mit dem »Japanischen Haus« südlich des Gillyschen Landhauses auch war, um so lockerer und durchsichtiger werden die sich nördlich anschließenden Gartenpartien. Allen bleibt jedoch ein ruhiger, fast verschlossener Charakter eigen, den kleine, phantasievolle Gebäude erhöhen: das Erlebnis der Havel-Landschaft.

Michael Seiler

DIE PFAUENINSEL

Beim Anblick der tahitischen Flotte
fiel uns die Seemacht der alten Griechen ein . . .
Die Ähnlichkeit beider Völker ließe sich
meines Erachtens wohl noch in mehreren Stücken
sichtbar machen, allein es war mir nur
darum zu tun, sie durch einen Wink anzudeuten.
Georg Forster, 1778[1]

Am 12. November 1793 ließ der preußische König Friedrich Wilhelm II., der sich erst vor wenigen Wochen vom Kriegsschauplatz der europäischen Verbündeten gegen das revolutionäre Frankreich zurückgezogen hatte, um sich den preußischen Interessen bei der zweiten Teilung Polens zuzuwenden, seinen Minister von Struensee wissen: »Zu dem Amt Bornstedt gehört eine in der Havel liegende Insel, genannt der Kaninchenwerder, welche ich der Lage halber zu einigen Anlagen selbst übernehmen will.«[2]

Es war das Jahr, in dem zur Vollendung des *Neuen Gartens* die letzten fehlenden Grundstücke erworben werden konnten. Unter den vielfältigen Motiven dieses Gartens fehlte die dem Landschaftsgarten so teure Insel. Doch vom »Marmorpalais« im *Neuen Garten* war der in der Havel sich mit steilen Ufern erhebende Kaninchenwerder in weniger als vier Kilometer Entfernung sichtbar und bequem durch Gondelfahrten zu erreichen. Dies meinte der König mit den Worten »der Lage halber«, nämlich die ganz natürliche Zuordnung der Insel zu seinem gegen das Land mit einer hohen Mauer abgeschlossenen *Neuen Garten*. Oft hatte der Hof bei Wasserfahrten die unbewohnte, vom Potsdamer Militärwaisenhaus extensiv bewirtschaftete Insel be-

sucht, dort die orientalischen Zelte aufgeschlagen und war der Jagd auf Wasservögel, denen der dichte Schilfgürtel reichlich Lebensraum bot, nachgegangen. Daß mit diesen Inselfahrten der Phantasie reichlich Stoff geboten wurde, sich in die paradiesischen und geheimnisvollen Inselwelten der Südsee zu träumen, zeigt die Einrichtung des »Otaheitischen Kabinetts« (Otaheite-Tahiti) in einem der beiden Türme des 1795 auf der Westspitze der Insel erbauten Schlosses, dessen Äußeres »ein alt verfallenes Römisches Land Haus«[3], vorstellen will, wohingegen in dem als Bambushütte ausgemalten Kabinett die Aussichten die Pfaueninsellandschaft mit tropischer Vegetation zeigen.

Die Schilderungen, die Louis-Antoine de Bougainville in seiner »Voyage towards the South Pole and round the World«, London 1777, und andere Autoren von den großartigen Naturschönheiten der Südseeinseln, den freien Liebesverhältnissen und der vorbildlichen sozialen Organisation ihrer Bewohner gaben, waren attraktiver Gesprächsstoff in den Salons Europas am Vorabend der Französischen Revolution und steuerten der Bewegung »Zurück zur Natur« die abenteuerlich-exotische Komponente bei. Ein zweites Moment könnte für den dem Rosenkreuzorden angehörenden König den Besitz der Insel zusätzlich erstrebenwert gemacht haben: In der Zeit von 1685 bis 1688 diente sie dem Alchimisten Johannes Kunckel als Geheimlaboratorium für seine Experimente zur Herstellung seltener Gläser. Waren auch, nachdem König Friedrich I. Kunckel in Ungnade entlassen hatte, die von ihm errichteten Gebäude und Schmelzöfen niedergebrannt worden, so war gerade dadurch der Insel das Odium des

Geheimnisvollen und Exotischen geblieben. Allerdings zeugte bis 1795[4] der Name »Kaninchenwerder« von der profanen Nutzung als Hegegebiet von Kaninchen. Nachdem der König 1795 auf der Insel Pfauen, die man von dem gegenüberliegenden Gut Sacrow bezogen hatte, aussetzen ließ, gab man ihr den Namen dieser königlichen Vögel. Wahrscheinlich auch in Erinnerung daran, daß sie vordem, so zuletzt auf einer Karte von 1803, bereits »Pfau Werder« hieß, eine Benennung, die sich vermutlich auf die mittelniederdeutsche Bezeichnung für Pferd bezieht[5].

Zunächst unterstand die Pfaueninsel dem Hofgärtner des Neuen Gartens, Morsch dem Älteren, der die landschaftsgärtnerischen Arbeiten auf der Insel nach den Angaben oder Entwürfen Eyserbecks ausführte. Der natürliche Bewuchs der Insel, ein lichter Laubwald, war geprägt duch 300 bis 400 alte Hute-Eichen, die sich zu eindrucksvollen Baumgestalten entwickelt hatten, da man sie zur Förderung der Eichelmast freigestellt hatte. Diese Bäume, die 300 Jahre und mehr zählten, wurden als willkommene Elemente der Gartengestaltung berücksichtigt.

Beim Tode Friedrich Wilhelms II. am 16. November 1797 war die in Ost-West-Richtung gestreckte, 67 Hektar große Insel nur etwa zur Hälfte ihrer Fläche umgestaltet. Die andere Hälfte deckte in der Mitte der Insel der Wald, der, abgesehen von der Hindurchführung weniger Wege, unangetastet blieb. Die beiden kultivierten Bereiche, die hohe Westspitze und das tiefgelegene Nordostende, schlossen sich jeweils an. Damit war die Insel in ihrer Gesamtheit als landschaftsgärtnerische Einheit proklamiert. Bereits im März 1794 wurde mit dem Bau des Schlößchens durch den Potsdamer Zimmermeister Brendel unter Umgehung des Hofbauamtes begonnen. Nach einem Jahr war der Bau weitgehend vollendet, während die Fertigstellung der Innenräume noch das ganze Jahr 1795 erforderte. Der Fachwerkbau wendet die Hauptansicht seiner kulissenhaften Fassade dem *Neuen Garten* zu. Sie tritt dort durch den weißen Anstrich ihrer Eichenbohlenverkleidung als lockende, ferne Vedute an zentraler Stelle ins Gartenbild. Diese

Orientierung erklärt die auffällig irreguläre Anordnung des Schloßgrundrisses zur Uferlinie der Insel. Auch die Hauptansicht der Meierei, deren Bau etwa gleichzeitig mit dem des Schlosses begonnen wurde, wendet sich dem Neuen Garten zu. Sie zeigt sich aber erst bei der üblichen Bootsfahrt von diesem Garten zur Pfaueninsel auf halbem Wege und sorgt so bei dem schließlich auf der Insel Landenden für Neugier und Interesse, dieses Eiland bis in seine fernsten Winkel zu durchstreifen. Sowohl beim Schloß als bei der Meierei deuten Mauerreste vermeintlich und seit langem zerstörte weitere Geschosse an. Diese Ruinenhaftigkeit steht in überraschendem Kontrast zur erlesenen Wohnlichkeit der Innenräume. Sie dient der Suggestion der zeitlichen und räumlichen Entrücktheit der Insel. Die Kennzeichnung des Schlößchens als römisches Landhaus will wohl den Gegensatz eines altertümelnden, Rundbögen und Quaderwerk handhabenden Baustils zu dem gotisierenden Stil ausdrücken, wie ihn die zeitgenössische französische Gartenkunst auffaßte.[6]

Es gibt einen nicht datierten Entwurf von Georg Friedrich Boumann zu einem Bootshaus im *Park Charlottenburg*, dessen frappierende Ähnlichkeit mit dem Schlößchen die Vermutung nahelegt, daß die Idee zu dem nicht ausgeführten Bootshafen in Charlottenburg von Brendel für den Auftrag auf der *Pfaueninsel* benutzt wurde.[7] Zugleich mit dem Schloß entstand in seiner Nähe, in den Uferhang geduckt, ein Küchengebäude im »holländischen Stil« nebst Eiskeller. Die Abgelegenheit der Insel machte 1795 den Bau eines Wohnhauses für einen Kastellan notwendig. Man gab dem Haus ein als ländlich und natürlich empfundenes Aussehen, faßte die Fensterfaschen mit farbigen Granitfindlingen ein und benagelte das Fachwerk des zurückgesetzten Obergeschosses mit Eichenrinde. Es ist an der Überfahrtstelle zum Festland derart in den Hang hineingebaut, daß seine beiden Geschosse jeweils vom Freien her zugänglich sind. Ein als Heuschober drapierter Pfauenstall und eine Kegelbahn vervollständigen das Bild.

Den auf den Rasenflächen erhaltenen Eichen-Solitären wurden *clumps* aus Laub- und Nadelhölzern und

Gruppen blühender Gesträuche beigestellt. In einiger Entfernung vom Schloß entstand eine rechteckige Baumschule. In deren Zentrum täufte man unter der Krone einer mächtigen Eiche einen Brunnen ab und »masquirte« ihn mit der miniaturhaften Nachbildung der seit 1630 zerstörten Reste des »Serapis-Tempels« vom Aureliansforum in Rom.

Das Gebiet der Meierei war in Art einer *ferme ornée* gestaltet und die großen Flächen der Feuchtwiesen von Gehölzen frei gehalten, zur Ernährung der dort gehaltenen Kühe. Die Baumpflanzungen folgten alleeartig den geschwungenen Wegen. Die Meierei selbst beherbergte einen Stall für Milchkühe, eine Wohnung für den Meier und eine Molkenstube, in der die Majestäten mit Butterfässern und anderem Gerät der Milchwirtschaft hantieren konnten. Als Überraschung findet sich in der ersten Etage des turmartigen Gebäudeteils ein Saal mit hohen Fenstern, den der vielbeschäftigte Theatermaler Bartolomeo Verona in einer phantasievollen Gotik ausgemalt hat. An den südlichen Uferrand des als Wildnis belassenen Eichenwaldes im Herzen der Insel versetzte man 1796 einen Jagdschirm aus Beelitz, einem Waldrevier südlich von Berlin. Dieser blockhafte Holzbau mit rustizierten Pilastern ist gänzlich mit Eichenrinde verkleidet und stellt einen Gebäudetypus des Landschaftsgartens dar, der die natürlichen Grundlagen der Architektur demonstriert.

Als Friedrich Wilhelm II. dreiundfünfzigjährig starb, hatte er selbst noch keine Gelegenheit gefunden, das Schlößchen auf der Insel zu bewohnen. Ein Jahr nach seinem Tod erschien bei dem Potsdamer Buchhändler Carl Christian Horvath in dem Buch »Potsdams Merkwürdigkeiten« die erste Beschreibung der Pfaueninsel. Die Insel muß schon allgemein zugänglich gewesen sein, denn bei Horvath heißt es: »Wer diese Schönheiten sehen will, meldet sich bey dem Königlichen Büchsenspänner, Herrn Brandes, der im Hause an der Ueberfahrt wohnet.«

Der Sohn und Thronfolger, Friedrich Wilhelm III., mied die Plätze, an denen sich das von ihm verabscheute Leben des Vaters abgespielt hatte. Eine Ausnahme bildete die Pfaueninsel, die ganz seinem Verlangen nach ländlicher Zurückgezogenheit und bürgerlichem Lebensstil entsprach und eigentlich von seinem Vater nicht mehr bewohnt worden war. Unter den ererbten königlichen Gärten kam die Pfaueninsel am meisten dem gleich, was das Kronprinzenpaar in *Paretz* gesucht und verwirklicht hatte.

War die Insel unter Friedrich Wilhelm II. ländliche Inszenierung, so wurde aus der theatralischen Geste redliche Weltanschauung. Der wortkarge und eher schüchterne König hatte Freude an der Haltung interessanter Tiere. Dies führte zur Entstehung einer Menagerie auf der Insel. Den Grundstock bildeten bengalische Hirsche und chinesische Schweine, die der Oberstallmeister und Besitzer des benachbarten Glienicke, Graf Lindenau, 1802 aus dem Bestand seines Parkes *Machern* entnahm.

Für die sich ausweitende Milchwirtschaft erbaute man 1801 nördlich der Meierei einen massiven Rinderstall in den Formen einer gotischen Kapelle. Damit wurde die Idee der Meierei von 1795, daß die hier betriebene Landwirtschaft sich in den baulichen Zeugen einer einst bedeutenden Klosteranlage eingenistet habe – eine Situation, deren Vorbild sich in den säkularisierten Klöstern der Mark Brandenburg Lehnin, Chorin und anderen findet –, eigenständig weitergesponnen.

Die Insel galt inzwischen als gärtnerisch eigenständig und wurde vom jüngeren Morsch betreut, der aber weiterhin vom Neuen Garten zur Insel herüberrudern mußte, weil es hier noch keine Gärtnerwohnung gab. Dem wurde 1803/04 mit dem Bau des ersten Kavaliershauses im Zentrum der Insel abgeholfen. Der langgestreckte, von zwei niedrigen Türmen flankierte Bau enthielt schlichte Räume für königliche Gäste neben der Wohnung für den Hofgärtner. Diese bezog 1804 nicht Morsch, der die Stelle seines im selben Jahr verstorbenen Vaters im *Neuen Garten* erhielt, sondern Joachim Anton Ferdinand Fintelmann, ein bedeutender Sproß einer alten Gärtnerfamilie. Sein dreißigjähriges Wirken auf der Insel, insbesondere in Zusammenarbeit mit Peter Joseph Lenné, bestimmte deren künstlerisch

gültiges Bild. Etwa um die Zeit der Fertigstellung des Kavaliershauses – die letztgenannte Nutzung bestimmte die Namensgebung – ist auch die Umwandlung der gesamten Insel zu einer *ferme ornée* anzunehmen. Seit 1805 jedenfalls läßt sich nachweisen, daß auf der Insel sechs Felder von je zwölf Morgen Flächeninhalt geschaffen und nach dem Prinzip des Fruchtwechsels ohne Brache bewirtschaftet wurden, wie es Albrecht Daniel Thaer, den Friedrich Wilhelm III. 1804 im Interesse der Verbesserung der Landwirtschaft nach Preußen berufen hatte, lehrte.

Das Ergebnis der durch Fintelmann geprägten zweiten Gestaltungsphase der *Pfaueninsel* ist auf dem von ihm 1810 gezeichneten Plan festgehalten.[8] Er zeigt, daß die von Eyserbeck bereits gestalteten Bereiche um das Schloß und die Meierei unverändert erhalten sind, während der Kernbereich der Insel eine grundlegende Umwandlung erfahren hat. Fünf große Ackerflächen dehnen sich buchtenreich in dem gerodeten Wald aus, der nur noch in Form schmaler trennender Kulissen fortbesteht. Allerdings sind, über die Äcker verstreut, die individuell dargestellten alten Eichen sämtlich erhalten. Nach der Niederlage Preußens gegen Napoleon 1806 mußte Fintelmann die Insel mit den geringsten Mitteln unterhalten. 1810 wurde aus Sparsamkeit die frei gewordene Kastellanstelle mit der des Hofgärtners vereint, und Fintelmann durfte das Kastellanhaus beziehen. Diese Personalunion blieb für die nachfolgenden Hofgärtner der *Pfaueninsel* bestehen.

Nach dem für Preußen glücklichen Ausgang der Befreiungskriege zog es den in schwerster Zeit Witwer gewordenen Monarchen wieder zu der Stätte einstigen ungetrübten Glücks. Kopisch schrieb 1853 über die *Pfaueninsel*: Des Königs »Entschluß, daselbst von 1816 ab jeden Sommer eine Zeit lang zu wohnen, gab Veranlassung den Garten östlich vom Schloß wieder parkartig bis an die Waldmassen im zweiten Drittel der Insel auszudehnen. Unter Zuziehung des Garteningenieurs Lenné verwandelte der Hofgärtner Fintelmann dazu die Ackerfelder wiederum in die vormaligen Auen, schwang den geraden durch die Baumschulen gehen-

den Weg in angenehmer Kurve mehr nach Osten, nahm die oblonge Baumschule ganz hinweg und schmückte die gewonnenen Räume mit englischen *Clumps* und Obstgruppen.«[9].

Peter Joseph Lenné befaßte sich also sogleich zu Beginn seines Wirkens in Potsdam mit der *Pfaueninsel* und begegnete dort dem 15 Jahre älteren und sehr sozial denkenden Ferdinand Fintelmann. Die Freundschaft und das fachliche Einvernehmen waren von entscheidendem Einfluß auf die Qualität und die Arbeitsweise bei der gärtnerischen Umgestaltung der Pfaueninsel in den folgenden 18 Jahren. Lenné, der in der Anfangszeit gehalten war, Verschönerungspläne zu entwerfen und diese für *Sanssouci*, den *Neuen Garten* und den *Berliner Tiergarten* fertigte, scheint das im Falle der Pfaueninsel für entbehrlich und unangebracht gehalten zu haben. Die Umgestaltung dieser Parkanlage hat sich bei der freundschaftlichen Übereinstimmung der beiden Beteiligten durch gemeinsame Absprachen im Gelände vollzogen. Die Plandarstellung der Insel wurde weiterhin durch Fintelmann besorgt, dem bezeichnenderweise die modifizierte Beibehaltung seines charakteristischen, eigenen Zeichenstils, der sich deutlich von dem Lennés und seiner Schule unterscheidet, zugestanden wurde. Erst nach der Versetzung Ferdinand Fintelmanns zum Schloßpark Charlottenburg, 1834, ließ Lenné durch seinen Schüler Gerhard Koeber einen Plan der Pfaueninsel anfertigen, der das künstlerische Ergebnis des achtzehnjährigen gemeinsamen Wirkens in Lennéscher Planzeichentechnik auf eindrucksvolle Weise zeigt.

Beim Ankauf einer über 11 000 Pflanzen zählenden Rosensammlung für die Pfaueninsel 1821 hob Lenné den besonderen Schmuckwert der »hochstämmig und kunstvoll erzogenen Rosenbäume«[10] hervor. Als Ort für den ersten Rosengarten Preußens wählte Lenné das leicht geneigte Plateau des sanften Hügels auf der Südseite der großen Schloßwiese. Er legte seinen Rosengarten in später von ihm niemals wiederholter landschaftlicher Form an. In der Balance zwischen spannungsreicher Dynamik des landschaftlichen Raumes und der ruhigen

Geschlossenheit dieses Sondergartens liegt das Außerordentliche seiner Plazierung und Gestaltung. Noch zu Lebzeiten Lennés mußte er wegen Schädlingsbefall aufgegeben werden. 1870/71 wurde er erneuert, war aber schon gegen Ende des Jahrhunderts nicht mehr nachweisbar. Er wurde nach Grabungsbefunden und Planmaterial 1989 zum Lenné-Jubiläum wiederhergestellt.

Dem schon unter Friedrich Wilhelm II. zwischen Schloß und Kastellanhaus erbauten Pfauenstall in Form eines Heuschobers hatten sich bei der Interessenlage des Königs Affen-, Adlerkäfig und einige andere Tierbehausungen hinzugesellt; dem auf die Dauer unhaltbaren Zustand sollte Lenné mit einer Verlegung der Menagerie ins Zentrum der Insel abhelfen. Spätestens seit dem Winter 1822/23 beschäftigte er sich mit dieser Aufgabe, für die er besonders durch seinen Aufenthalt 1811 im Pariser *Jardin des Plantes* geeignet war.

Der König hatte jene Anlage 1815 nach dem endgültigen Sieg über Napoleon kennengelernt und wollte »die fremden Thiere« in ähnlicher Weise auf der Insel verteilt wissen.[11] Mit der breiten, malerisch unterbrochenen und von jeder Bebauung freien Bahn, an deren Rändern er die Tiergehege gruppierte, ging Lenné aber einen eigenen, ganz neuen Weg. Gleichzeitig mit der Anlage der Menagerie-Bauten wurde auf der Insel eine künstliche Gartenbewässerung – die erste dauerhaft funktionierende in einem preußischen Garten – installiert. Im Wohnhaus des Maschinenmeisters Friedrich am Südufer der Insel förderte eine englische Dampfmaschine das Havelwasser in ein Reservoir auf dem höchsten Punkt der Insel.

Auf Anregung des Kronprinzen wurde in diesem Reservoir ein großer, zweischaliger »Römischer Brunnen« aus Gußeisen aufgestellt. Am 3. August 1825, dem 55. Geburtstag des Königs, konnte das Schauspiel des aus dieser Fontäne sich ergießenden Wassermantels erstmalig besichtigt werden. Bis zum Jahre 1826 wurden dann fast 1,5 Kilometer Tonrohre als Wasserleitung verlegt, die sich jedoch nicht bewährten und ab 1834 durch eine gußeiserne Wasserleitung ersetzt wurden.

Ebenfalls 1824/25 baute man das Kavaliershaus von 1804 nach Karl Friedrich Schinkels Entwurf um. Man ersetzte den südlichen Turm durch einen Neubau, dem die spätgotische Fassade eines 1823 in der Brodbänkengasse in Danzig dem Abbruch verfallenen Hauses vorgeblendet wurde. Schinkel variierte die Formensprache dieser in denkmalpflegerischer Absicht erworbenen Fassade bei der Außengestaltung des um ein Stockwerk erhöhten Kavaliershauses, das nun vornehmlich die Zimmer der Prinzen und Prinzessinnen aufnahm. 1828 wurde der Ausbau der Menagerie nach den von Lenné vorgelegten »Vorschlägen zur ferneren Verschönerung der Pfaueninsel« fortgeführt. Dem Adlerkäfig, dem Affenhaus, der Fasanerie, der Volière und dem pagodenartig in einem künstlich angelegten Teich stehenden Haus für Wasservögel gesellten sich eine Bärengrube, ein Stall für Känguruhs, ein Stall für Wolf und Füchse und ein Stall für chinesische und brasilianische Schweine hinzu. 1832 wurden 847 Tiere als Bestand der Menagerie verzeichnet.

Mit der Anlage der Menagerie wurde die Grundidee der Lennéschen Raumgestaltung der Insel sichtbar. Zwei konvergierende Raumachsen durchziehen die Insel in west-östlicher Richtung, verzweigen sich dabei in zahlreiche Nebenräume, die in immer neuen Rahmungen den blinkenden Spiegel der Havel heraufschimmern lassen und so die Tiefe des Himmels unter den Horizont ziehen und geradezu die Gewölbtheit und Unendlichkeit der Erdoberfläche bewußt machen. Die optischen Kraftfelder dieser Lennéschen Räume werden von dem neu geordneten Wegesystem, das weitgehend die alten Richtungen beibehält, aber im Detail umgeformt ist, in Kurven unter spitzen und stumpfen Winkeln geschnitten, so daß jene Verwicklung, Spannung und Illusion von Unendlichkeit aus dem Zusammenwirken beider Systeme entsteht, die der Lennéschüler Gustav Meyer in seinem Lehrbuch der schönen Gartenkunst andeutet.[12] Die beiden großen Raumachsen der Insel, die sich auf der großen Schloßwiese außerhalb des Wegesystems kreuzen, unterscheiden sich insofern, als die nördliche die

Meierei und den fernen Wasserspiegel zum Ziel hat, während die südliche, die wir Menagerie-Achse nennen wollen, im Zentrum der Insel, weil dort mit geringem Winkel gebrochen, verdämmert. An diesem Brechpunkt liegt der Wasservogelteich, von dem dann allerdings in gegensätzlicher Richtung nach Westen das Schloß und nach Osten der ferne »Havelberg« mit der davorgelagerten Insel Schwanenwerder zu sehen sind.

Die Krönung der Entwicklung der Insel war 1830 der Bau des großen Palmenhauses für die in Paris erworbene Fulchironsche Sammlung ungewöhnlich großer Palmen. Albert Dietrich Schadow führte diesen im Äußeren funktionalen Bau, dessen im indisch-islamischen Stil dekoriertes Innere mit exotischer Pracht überraschte, nach Schinkels Idee[15] aus, (nur die Bilder Karl Blechens geben uns noch einen Eindruck vom Reichtum der Innenausstattung). Damit steigerte sich die Bedeutung des fast leeren Raumes der großen Schloßwiese.

Es bietet sich folgende, das Wesen der Insel enthüllende Interpretation an. Im Westen liegt die Geschichtlichkeit der Insel mit der Tahiti-Anspielung im Inneren des kulissenhaften Schlosses. Ungewöhnlich für Lennés Sichtachsen, schiebt sich hier die Schloßarchitektur einengend an die Fernsicht. Das im Süden auf dem Hügel ausgebreitete Rosenlabyrinth korrespondiert über die sanft abfallende Wiese hinweg mit dem in der Gehölzkulisse im Norden stehenden gläsernen indischen Feenpalast des Palmenhauses. Beide Anlagen verbindet noch ein weiterer Bezug, der ferne Orient, der nach der Inselwelt der Südsee die europäische Zivilisation, namentlich England, an der Wende vom 18. zum 19. Jahrhundert beschäftigte. Es war die Einführung der indischen oder chinesischen Rose Ende des 18. Jahrhunderts, die eine Rosenbegeisterung und Rosenzüchtung bisher unbekannten Ausmaßes hervorbrachte. Im Winter 1821 hatte man am preußischen Hof die orientalische Romanze »Lalla Rookh« des irischen Dichters Thomas Moore in lebenden Bildern aufgeführt, und ein Jahr später gab dieser Stoff das Libretto zu Spontinis Oper »Nurmahal oder das Rosenfest von

Kaschmir« her. Von dort gingen die Impulse für die Bezüge der Pfaueninsel zu indischer Architektur, exotischer Vegetation und Rosenflor aus. Auf der Ostseite der Schloßwiese, in der vierten Himmelsrichtung, werden das Naturschöne und die Unendlichkeit durch die beiden schon besprochenen Raumachsen aufgerufen. So finden wir Anspielungen, Andeutungen und Kompositionen, die einer vielseitigen und vielschichtigen Auslegung fähig sind. Es sei noch nachgetragen, daß die Umgebung des Palmenhauses mit Blattpflanzen geziert war und ist, bei deren Anblick sich das frühe 19. Jahrhundert in die scheinbar paradiesischen Sozial- und Naturverhältnisse der Tropen träumen konnte. Die Pfaueninsel gilt als die Wiege der Blattpflanzenmode, mit der F. Fintelmann, möglicherweise durch das »otaheitische Kabinett« inspiriert, schon 1810 begann.

Als 1829 der Sandsteinportikus des Mausoleums für die Königin Luise in Charlottenburg durch einen solchen aus rotem Granit ersetzt wurde, brachte man das Original auf die Pfaueninsel und erweiterte es zu einer Gedächtnishalle. Ganz angemessen plazierte man dieses Bauwerk in den südlichen Waldrand des Meiereigebietes, in den Bereich der Insel, der ein Aussehen wie in den Tagen der Königin bewahrt hatte. Dieses Gebiet entsprach völlig der Vorstellung, die Lenné von einer geschmückten Feldflur hegte und war deshalb kaum verändert worden.

Die intensive Pflege der Insel machte ein weiteres Wohnhaus für Gärtner notwendig, das zwischen Kastellanhaus und Schloß auf dem hohen Ufer 1830 nach Schinkels Entwurf als Schweizerhaus errichtet wurde, wodurch ein weiteres Ideal von Urwüchsigkeit und gesellschaftlicher Unverdorbenheit dem Gesamtbild der Insel eingefügt wurde. Mit dem 1830 nach Albert Dietrich Schadows Entwurf errichteten »Lama-Haus« wurde dem architektonischen Kosmos der Insel ein Gebäude im italienischen Villenstil der Schinkelschule hinzugefügt. Der von demselben Architekten 1832 erbaute Fregattenhafen am Südufer der Insel gesellt der Vielfalt der landschaftlichen Eindrücke den einer Wassergrotte hinzu, wenn er auch zuvörderst die Aufgabe hatte, die aus England geschenkte seetüchtige Miniaturfregatte »Royal Louise« vor dem Winter zu schützen.

Wohl wurden bei Meierei und Rinderstall Elemente kirchlicher Bauten zitiert, doch einen Sakralbau selbst gab es auf der Insel nicht. Einem Wunsch Friedrich Wilhelms III. entsprechend, wurde 1834 bis 1837 auf dem hohen, der Insel im Süden gegenüberliegenden Ufer für die Bewohner der Pfaueninsel und des Dorfes Klein-Glienicke die Kirche St. Peter und Paul in landschaftlich überaus reizvoller Beziehung zur Insel errichtet. Der einzigartige Blick von dieser Höhe über das Eiland hatte schon 1819 den König veranlaßt, dort das russische Blockhaus Nikolskoe erbauen zu lassen, von dessen Balkon man den Ausblick über die Insel genießen konnte. Die Nachbarschaft zu diesem Blockhause veranlaßte den König, für die Kirche russische Stilelemente in Form der Vorhalle und der Zwiebelkuppel zu wählen.

Mit dem Tode Friedrich Wilhelms III., 1840, ist die Glanzzeit der Insel vorüber, die eigentlich schon um 1834 ihren Höhepunkt erreicht hatte. Er fand seinen gartenkünstlerischen Ausdruck auf dem Lenné-Koeber-Plan. Dieser Plan besticht durch die Anschaulichkeit, mit der er die Dynamik der sich immer weiter verästelnden Raumstrukturen und den Spannungsreichtum der in ihnen geführten Wege vorträgt.

Lennés Bestreben, die Fülle von Architekturen und Sonderanlagen einer alles in einer Raum- und Bildfolge umschließenden arkadischen Parklandschaft unterzuordnen, ist offensichtlich. Die Insel gliedert sich in drei unterschiedliche Gestaltungszonen mit fließenden Übergängen. Um die sanft modellierte große Schloßwiese gruppieren sich die Schmuckanlagen am Schloß, der Runde Garten, der Rosengarten und der Bereich der Blattpflanzen und exotischen Gewächse vor dem Palmenhaus. Im Zentrum der Insel stehen zu seiten der hainartig gefaßten Wiesenbahn die Menageriegebäude, während der Ostteil noch immer den Charakter der *ferme ornée* bewahrt hat.

Friedrich Wilhelm IV. wollte die Insel als Erinnerungsstätte an seine Eltern erhalten. Es fanden daher keine nennenswerten Überformungen mehr statt, so daß als denkmalpflegerisches Idealbild der durch Lenné geprägte Zustand um 1834 mit Einschränkungen gelten kann. Allerdings führten die vielen neuen Unternehmungen des Königs in Potsdam zu einer drastischen Verringerung der Unterhaltungsmittel für die Insel, so daß Verluste durch langjährige Vernachlässigung eintraten. 1842 wurde der größere Teil der Menagerie aufgelöst und als Grundstück dem neu gegründeten Berliner Zoologischen Garten überwiesen.

Die übrigen der auf der Insel verbliebenen Menageriegebäude wurden mit einer Ausnahme um 1870 wegen Baufälligkeit abgebrochen. Der größte Verlust trat ein, als 1880 das einzigartige Palmenhaus ein Raub der Flammen wurde. Im ersten Baedeker von Berlin und Potsdam 1878, heißt es von der Pfaueninsel knapp, sie »wird wenig besucht«. In ihrer Glanzzeit dagegen waren es an den allgemeinen Besuchstagen, Dienstag und Donnerstag, jeweils über 6000 Besucher gewesen. 1924 erklärte man die Insel zum Naturschutzgebiet, um sie vor Parzellierung und wirtschaftlicher Ausbeutung zu retten. Sie untersteht der Verwaltung der Staatlichen Schlösser und Gärten, seit diese Institution im Jahre 1926 gebildet wurde.

Die Pfaueninsel kann mit der Fähre das ganze Jahr besucht werden. Mit dem Eintritt wird gleichzeitig die Fährgebühr entrichtet. Zur Fährstelle verkehren ganzjährig Busse vom Bahnhof Wannsee. Im Sommer fahren Linienschiffe von Potsdam und Wannsee aus zur Pfaueninsel. Dem Wanderer ist der schöne Uferweg von der Glienicker Brücke über Moorlake und Nikolskoe zu empfehlen (40 Min.). Die Räume des Schlosses werden vom 1. April bis zum 31. Oktober gezeigt.

Auf der Pfaueninsel, die noch ganz in die Wälder der gegenüberliegenden Ufer eingebettet und die zu keiner Zeit der nun fast zweihundertjährigen Pflege entglitten ist, vernimmt der heutige Besucher sowohl die Sprache der ursprünglichen Inselwildnis wie die der ihr eingeprägten drei Epochen europäischer Kulturgeschichte, von denen die letzte, die von Peter Joseph Lenné, die dominierende ist.

Blick auf die Pagodenburg, 1717-1719.

Adrian von Buttlar

Der Nymphenburger
Schlosspark
in München

Die von Friedrich Ludwig von Sckell seit 1801 geplante und 1804–1823 durchgeführte Umgestaltung des barocken *Nymphenburger Schloßparks*[1] stellt im Vergleich zum *Englischen Garten* ein komplementäres Beispiel seiner gartenkünstlerischen Auffassung dar. Diese auf das Vorbild von Versailles und den Stil André Le Nôtres zurückgehende Anlage beim damaligen Sommersitz Nymphenburg war Anfang des 18. Jahrhunderts unter Kurfürst Max Emanuel durch die Le-Nôtre-Schüler Charles Carbonet (hier tätig ca. 1692–1705) und Dominique Girard (tätig ca. 1715–1738) geschaffen worden. Zur Zeit der Aufklärung wurde die absolutistische Selbstdarstellung fürstlicher Macht durch Gartenkunst unzeitgemäß. Man begriff nun die Nymphenburger Planung, die von der Stadt aus durch einen langen Kanal und das Rondell der Kavaliershäuser vorbereitet und dann jenseits des Schlosses in Parterres, Bosketts, Kanal, Bassins und Blickachsen fortgesetzt wurde, aufklärerisch-kritisch als den »garstigen Versaillischen Bankert« (Wilhelm von Kobell). Dennoch bestand der Kurfürst und nachmalige König Max I. Joseph in einer richtigen Einschätzung des barocken Gesamtkunstwerks darauf, bei der landschaftsgärtnerischen Überarbeitung die Grundlinien des Achsensystems zu bewahren. Die Aufgabe Sckells bestand somit in der Versöhnung der beiden gegensätzlichen Gartenstile in einer echten Synthese, wie sie dem aufgeklärten Absolutismus – dem Bedürfnis nach königlicher Repräsentation bei gleichzeitiger Darstellung liberaler und humaner Gesinnung durch das Ideal freier Natur – entsprach.

Sckell löste das Problem eines »erträglichen Übergangs« zwischen Natur und Kunst, der Verbindung dieser »im auffallendsten Widerspruch stehenden Charaktere«[2], indem er die funktionalen Bewegungsachsen des Barockparks naturalisierte und in komponierte Landschaftsbilder verwandelte. Seine nie ganz verleugnete Wertschätzung der historischen Barockgärten konnte sich hier bewähren. In den theoretischen Diskussionen um die Vorzüge der formalen und der landschaftlichen Gartenkunst, die im letzten Jahrzehnt des 18. Jahrhunderts noch einmal besonders intensiv geführt wurde, vertrat Sckell eine Position, die gerade in der näheren Umgebung fürstlicher Schloßanlagen formale Grundlinien für unerläßlich hielt, und zwar nicht nur aus ästhetischen Gründen: Nur solche ehrwürdigen Auffahrten [d. h. Alleen in der ›majestätischen Pracht Le Nôtres] »... vermögen zu verkünden, daß sie zum Prachtwohnsitz eines Regenten hinführen, und nur diese sind imstande, Fürstengröße durch ihren majestätischen Charakter, der ihnen ganz eigen ist, auszudrücken.«[3]

In *Nymphenburg* wurden die *Broderie-Parterres* »von ihren kleinlichen Schnirkeln und Laubwerken, mit Bux erkünstelt, befreit« und durch eingefaßte Rasenflächen *à l'angloise* ersetzt, die *Bosketts* in natürliche Haine aufgelöst, zahlreiche Wasserspiele beseitigt. Beidseitig des langen Parkkanals wurde das Beschneiden der Bäume aufgegeben. Die vom »Großen Bassin« am Kanalkopf ausstrahlenden Diagonalalleen verwandelte Sckell in langgestreckte Wiesentäler mit begleitenden landschaftlichen Wegen, deren großzügige Schwingungen stets neue Naturbilder erschließen. Sie führen auf die beiden Parkschlösser von Hofbaumeister Joseph Effner zu, zur »Pagodenburg« (1716/19) und zur »Badenburg«

(1718/21), die ursprünglich selbst Zentren geometrischer Gärten waren. Auch sie wurden durch Naturszenen ersetzt. Die barocken Bassins wichen natürlich geformten Teichen, die Kanäle mäandrierenden Bachläufen. Allerdings entsprechen die barocken Kleinbauten, die auf die Raumbildung des geometrisch-architektonischen Gartens berechnet waren, nicht ganz den Anforderungen an eine fernsichtig prägnante Staffagearchitektur. Aus diesem Grunde wurde die »Badenburg« 1826 von Klenze klassizistisch überarbeitet.

Als vorbildlich muß die Überwindung der starren Symmetrie des Barockgartens mit Hilfe der sehr unterschiedlichen Charaktere gelten, die Sckell in den Wiesentälern lebendig werden ließ. Ihr Stimmungswert ist durch die unterschiedliche Formung des Terrains, durch Auswahl verschiedener Gehölze und durch den Variantenreichtum der Baumkulissen überaus kontrastreich. Wirkt das *Pagodenburger Tal* eher heiter und lieblich, so zeigt das größere *Badenburger Tal* einen erhabenen und monumentalen Charakter, das *Löwental*, das sich von der »Badenburg« in südlicher Richtung erstreckt, scheint hingegen fast arkadisch-wild. Nicht zuletzt die Behandlung des Wassers erzeugte solche Ausdruckswerte. Im Gegensatz zu dem idyllischen »Pagodenburger See« (1812/13) wirkt der sehr viel größere, über dem Niveau des Kanals aufgestaute »Badenburger See« (1805) ernst und feierlich. Das klassisch-mediterrane Bild wird noch durch den nach Leo von Klenzes letzten Entwürfen errichteten *Monopteros* (1862/65), eine Stiftung König Ludwigs I. nach seiner Abdankung, gesteigert.[4] Er ersetzt den hölzernen Vorgängerbau Sckells (1818) und erinnert durch seine Inschrift an die Gründer des *Schloßparks*, Max Emanuel und Max I. Joseph.

In Spannung zur Großräumigkeit der Gesamtanlage (ca. 200 Hektar) steht nicht nur der Kontrastcharakter der beiden Parkhälften, sondern auch die differenzierte Behandlung der einzelnen Gartenszenen näher beim Schloß. Die für Kurfürst Max Emanuel 1725–1728 von Hofbaumeister Effner errichtete »Magdalenenklause«, eine der bedeutendsten religiösen Eremitagebauten der ausklingenden Barockzeit, lag ursprünglich in einem geometrisch umrissenen Boskettstück. Nach der Naturalisierung dieser Partie trat der romantische Charakter ihrer Ruinenarchitektur stärker hervor. Das Pendant bildet auf der gegenüberliegenden südlichen Seite der Hauptachse die 1734–1739 erbaute »Amalienburg« von Effners Nachfolger François Cuvilliés d. Ä., die Kurfürst Karl Albrecht seiner Gemahlin Amalie als Jagdschlößchen widmete. Heiter und ländlich ist ihre von Sckell anstelle des Rokokogartens arrangierte landschaftliche Einbettung. In unmittelbarer Nähe der Süd- und Nordfront des Schloßes blieben die beiden »geheimen« Kabinettgärtchen in veränderter Form erhalten. Von der schon biedermeierlichen Liebe König Max Josephs zu Blumen künden die nördlich des Hauptparterres angelegten formalen Blumengärten mit den von Sckell konzipierten Gewächshäusern in Glas-Eisen-Konstruktion, die zu den ältesten ihrer Art in Deutschland gehören (1807, 1816, 1820). Diese Anlage leitet heute zu dem sich am nördlichen Parkende anschließenden neuen *Botanischen Garten* (1909–1914) über. Charakteristisch für die dem barocken Bestand gegenüber einfühlsame Stilhaltung ist auch die Wiederherstellung der beiden großen Fontänen mittels maschineller Pumpwerke durch den Ingenieur Joseph Baader (1803 und 1817) sowie die dekorative Aufstellung neuer Skulpturen, etwa der Gruppe des flöteblasenden Pan von Peter Lamine beim Wasserfall nahe der »Badenburg« im Jahre 1815.

Die bedeutendste Leistung Sckells besteht jedoch in der gestalterischen Vereinigung der gegensätzlichen Stilformen. Während die breit gelagerte und helle Front des Schlosses von den diagonalen Blickachsen des Parks aus immer wieder nur als ausschnitthafter *point-de-vue* zwischen den Baumgruppen des Landschaftsgartens hindurchschimmert, fühlt sich der Parkwanderer, sobald er die Hauptachse betritt, in eine andere, eine höfische Welt versetzt. Die repräsentative und klare geometrische Ordnung der übernommenen barocken Struktur führt die ganze Tiefe der Anlage, die machtbewußte Ausdehnung der Schloßfront, aber auch das ornamentale Spiel der Broderieeinfassungen, der springenden Wasser und Skulpturengruppen vor Augen – ein Kontrast, dessen Harmonie Sckell nicht durch harte Konfrontation (wie Alfred Hoffmann meinte)[5], sondern durch die geschickten Abmilderungen und Vereinfachungen des ursprünglichen Formen- und Farbenreichtums erreichte: »Sie [die Natur] übet auch schon an diesen Grenzen ihre Rechte aus und greifet kräftig in die symmetrischen Gestalten ein, die aber auch ihrerseits schon da allmählig aufhören, sich mehr in strengem scharfen Ebenmaße auszudrücken . . .«[6] Friedrich Ludwig von Sckell schuf damit den Prototyp des »gemischten Stiles« des 19. Jahrhunderts, der sich nicht nur in der Transformation barocker fürstlicher Gartenanlagen, sondern auch in den Neuschöpfungen der großen Stadtparkanlagen der Lenné-Meyerschen Schule in der zweiten Hälfte des 19. Jahrhunderts bewähren sollte.[7]

Der flötespielende Pan von Peter Lamine,
1815 aufgestellt.

Humboldt-Grabstätte mit der »Spes«
von Berthel Thorvaldsen für Caroline von Humboldt.

Klaus-Henning von Krosigk

DER TEGELER SCHLOSSPARK

Berlin verfügt noch immer über eine Reihe gut erhaltener, mehrheitlich aus dem 18. und 19. Jahrhundert stammender Gutsparke innerhalb der Stadtgrenzen: *Britz* und *Marienfelde* im Süden und *Neu-Kladow* im Westen der Stadt. An herausragender Stelle muß jedoch *Tegel*, ehemals im Kreis Niederbarnim, heute im Bezirk Reinickendorf gelegen, genannt werden. In der Literatur als »ein märkisches Weimar« beschrieben, verkörpern Schloß und Park nicht nur einen wichtigen Abschnitt deutscher Geistes- und Kulturgeschichte, sondern der Park muß auch als ein bemerkenswertes Zeugnis deutscher Gartengeschichte gewertet werden.

Im Gegensatz zu den vielen von Peter Joseph Lenné im 19. Jahrhundert in Berlin, Potsdam und der Mark verschönerten Parkanlagen ist der Gutspark *Tegel* nicht nach einem einheitlichen Gesamtkonzept entstanden, sondern setzt sich aus ganz unterschiedlichen »Parkbereichen« zusammen, die als gewachsenes Ganzes in Berlin ein seltenes Beispiel einer *ornamented farm* darstellen.

Die Anfänge gartenkünstlerischer Entwicklung in Tegel gehen in die sechziger Jahre des 18. Jahrhunderts, auf den königlichen Kammerherren und Obristwachtmeister der Kavallerie, Alexander Georg von Humboldt, Vater der berühmten Brüder Wilhelm und Alexander, zurück. Seine Frau Marie Elisabeth von Colomb, verwitwete Freifrau von Hollwede, brachte das Schlößchen, das Vorwerk *Tegel* und mehrere Inseln im Tegeler See 1766 in die Ehe ein. Humboldt baute nun das im Kern noch aus der Mitte des 16. Jahrhunderts stammende, ehemals kurfürstliche Jagdschloß aus, er-

neuerte den alten Weinberg und legte in unmittelbarer Nähe des Hauses einen Garten an.

Ein im Berliner Landesarchiv erhaltener Lageplan von Schloß, Gutshof und Park *Tegel* aus der Zeit um 1770, veranschaulicht das Geschilderte erstmalig. Die ebenfalls abgebildete Maulbeerplantage und der mit Maulbeerbäumen alleeartig bepflanzte, durch die Feldflur nach Heiligensee führende mittelalterliche Mühlenweg – nach 1790 durch die heute zweihundertjährige Lindenallee abgelöst – zeigen das noch bis 1803 auch auf Tegel lastende friderizianische Pflanzedikt.

Entscheidend jedoch ist, daß der nur wenige Jahre alte und damit für Berlin wohl früheste landschaftlich sentimentale Garten, eingespannt zwischen Weinberg und königlichem Forst, ebenfalls schon dargestellt ist. Wir müssen davon ausgehen, daß der zur gleichen Zeit mit der Anlage von *Wörlitz* beschäftigte und mit Alexander Georg Humboldt freundschaftlich verbundene Herzog Franz von Anhalt-Dessau einen gewissen Einfluß auf den in *Tegel* entstehenden sentimentalen Park ausgeübt hat. Goethe und Carl August von Weimar, die im Mai 1778 direkt von Wörlitz nach Berlin kamen, machten auch einen Besuch in Tegel. So tritt neben der Verbindung *Wörlitz – Weimar* die zwischen *Wörlitz* und *Tegel* hervor. Und da die topographische Situation Tegels der im *Ilm-Park* zu Weimar ähnelt, wird auch hier eine Beziehung deutlich.

Der heute fast waldartig gehaltene »eigentliche« *Tegeler Park* mit den für die Frühzeit der landschaftlichen Gärten typischen Schlängelwegen, Staffagebauten – belegt sind unter anderem ein »Diana«– und

Schloß Tegel mit Humboldt-Eiche im Vordergrund,
Lithographie, 1858.

Humboldts Schloß in Tegel.
Kolorierter Stahlstich von J. Poppel nach L. Rohbock, um 1875.

ein »Teetempel« – und seltenen Pflanzen wurde zugleich unter der Einflußnahme von Wilhelms und Alexanders langjährigem Hauslehrer Gottlieb Johann Christian Kunth vervollkommnet. Ihm ist es mit zu danken, daß die durchweg aus der »Tegeler Baumschule« des Freiherren von Brabeck erworbenen Bäume und Sträucher in gemeinschaftlichen Pflanzaktionen im Park gesetzt wurden. Beide Brüder erinnerten sich noch bis in das hohe Alter an jeden einzelnen dieser jung gepflanzten Bäume, und Wilhelm von Humboldt bemerkte wenige Jahre vor seinem Tod: »Ich habe eine besondere Liebe zu den Bäumen, und ich lasse nicht gern einen wegnehmen, nicht einmal gern verpflanzen.«[1]

Alexander, der, von Jena kommend, ab 1790 in Hamburg seine Studien fortsetzte, machte dort im übrigen die Bekanntschaft mit dem Baron Kaspar von Voght und hielt sich häufig auf seinem vor den Toren der Stadt gelegenen Flottbecker Landsitz auf, wo er mit Interesse dem ersten und hochbedeutenden der schönen Hamburger Parke an der Elbe begegnete. Die naturwissenschaftlichen Neigungen Alexander von Humboldts, die auf dem Gebiet der Planzengeographie eine enge Anlehnung an die morphologischen Prinzipien Goethes brachte, sollten schon bald zu einem besonders herzlichen, lebenslangen Kontakt zwischen ihm und Goethe führen, an dem sich Wilhelm von Humboldt gleichermaßen beteiligte.

Anton Friedrich Büsching weist 1779 in seiner Reise nach Kyritz darauf hin, daß der Kammerherr von Humboldt »schöne Spazierörter nicht nur im engländischen Geschmack, sondern auch im wilden, mehrerenteils von amerikanischen Bäumen anlegte«[2]. Die noch heute im Park vorkommenden amerikanischen Roteichen, der amerikanische Zuckerahorn, die Weymouthskiefer und der amerikanische Geweihbaum bestätigen Büschings Beschreibung, wenn auch fehlende Nachpflanzungen und Gehölzpflege inzwischen im Park zu einer einseitigen Dominanz von Spitzahorn und Robinie geführt haben. Sicher wurden die Experimente mit ausländischen Gehölzen durch die zu einer gewissen Berühmtheit gelangten forstlichen Versuchs-

pflanzungen des Forstrates Friedrich August Ludwig von Burgsdorff im benachbarten Tegeler Forst beeinflußt. Burgsdorff, der bis 1792 in *Tegel* blieb, hat vermutlich auch die im Tegeler Park- und Forstrevier noch heute vielfältig anzutreffenden Rotbuchen erstmalig eingeführt. Die beiden berühmten Eichen im Park, die »Dicke Marie«, deren Alter auf 800 Jahre geschätzt wird, und die »Humboldt-Eiche«, mit ca. 400 Jahren, sind jedoch mittelalterliche Pflanzrelikte.

Noch bevor Wilhelm von Humbolt, der nach der Erbteilung mit seinem Bruder Alexander im Jahre 1802 zum alleinigen Eigentümer *Tegels* wurde, seinen Besitz im 19. Jahrhundert zu einem bedeutenden Musenhof aus- und umbaute, war der Park nicht zuletzt wegen seiner landschaftlichen Schönheit ein gern besuchter Ort. Friedrich Nicolai hat in der 1786 erschienenen Beschreibung Berlins den Garten und Weinberg zu *Tegel* geschildert: »Auf der anliegenden Kette von Höhen, die sämtlich mit Bäumen bepflanzt sind, hat man sehr mannigfaltige Spaziergänge und an vielen Orten sehr reizende Aussichten über den Tegelschen See nach Spandau und den anliegenden Orten. Besonders vorzüglich sind die von einem Lusthäuschen auf einer Anhöhe nahe bei dem Wohnhaus von einem weiterhin liegenden offenen Tempel, worin eine Statue der Diana steht.«[3]

Im 19. Jahrhundert sollten unter anderem Heinrich Seidel, dem *Tegel* das Schönste unter allen Landschaftserlebnissen der unmittelbaren Berliner Umgebung war, aber auch Gottfried Keller, der *Tegel* zwei seiner bezauberndsten Dichtungen[4] widmete, und natürlich Theodor Fontane, der *Tegel* in seinen märkischen Wanderungen mit besonderer Liebe und Ehrfurcht »besang«, von Park und Landschaft fasziniert werden.

Zu einem völlig neuen Akzent in der Freiflächenentwicklung *Tegels* kam es im Zusammenhang mit dem Umbau des Schlosses und der Errichtung der Humboldt-Grabstätte in den zwanziger Jahren des 19. Jahrhunderts. Bedingt durch den Abschied aus dem Staatsdienst im Jahre 1819 und beeinflußt durch seine

Eindrücke in Rom schuf sich Wilhelm in den Jahren 1821 bis 1824 schließlich durch Schinkel und Rauch in *Tegel* sein eigenes, den Villen Plinius d. J. verwandtes *Tusculum*. Hier wurde nach und nach eine Vielzahl der ausgegrabenen, erworbenen und geschenkten Antiken aufgestellt, *Tegel* damit seinen spezifisch musealen und unverwechselbaren Reiz gebend. Sichtbarer, fast monumentaler Ausdruck der vielfältigen geistig-künstlerischen Bande zwischen *Tegel* und *Weimar* ist das gewaltige Haupt der »Ludovisischen Juno«, von der Goethe sagte: »Keine Worte geben eine Ahnung davon, – es ist wie ein Gesang Homers«. Abgüsse der Juno zieren sowohl den Antikensaal in *Tegel* als auch Goethes Haus am Frauenplan.

Von 1801 bis 1809 mit seiner jungen hochgebildeten Frau Karoline von Dacheröden als Gesandter Preußens beim Heiligen Stuhl akkreditiert, empfing er hier im Kreise von Rauch, Thorwaldsen, Schick, in den später auch der junge Schinkel eintrat, bleibende künstlerische Eindrücke. Zu den ebenfalls bleibenden, jedoch nachhaltig schmerzenden römischen Eindrücken gehört der frühe Tod zweier Kinder, die an der Cestius-Pyramide begraben wurden, wie später auch Percy Shelley und John Keats und 1830 Goethes Sohn August.

Schinkel war es, der im Auftrag Humboldts unmittelbar nach dem 1829 erfolgten Tod Karolines eine antikische Grabstätte am Rande des Parkes, in Gegenüberstellung zur Wohnstätte der Familie, schuf. Es war der Wunsch Karolines gewesen, hier im Schatten einer uralten Eiche in Blickbeziehung zum Schlößchen, beschützt von Thorwaldsens »Hoffnung« beerdigt zu werden. Diese Figur, in der rechten Hand die Blüte des Granatapfels als ein Versprechen auf die Zukunft haltend, hatte Karoline noch selber in Rom bestellt, und sie wurde schließlich auf einer hohen Porphyrsäule mit ionischem Kapitell plaziert. Das Weiß der marmornen »Spes« war trotz der beträchtlichen Entfernung zum Haus vor der dunklen Fichtenwand gut sichtbar. »Um die strenge antikisierende Hippodromform der Familienlege auch räumlich wirksam werden zu lassen, wurde sie vollständig mit einer dichten Fichtenpflanzung um

geben«,[5] wie Kalesse in den Untersuchungen zum Parkpflegewerk *Tegel* eindeutig belegen konnte. Trotz partieller Nachpflanzungen in den letzten Jahren ist dieser Eindruck bei weitem noch nicht wieder erreicht.

Der dunkel-feierlichen, immergrünen Nadelholzwand wurde eine heiter–symbolische, aus blühenden Rosensträuchern und Vergißmeinnichtbeeten gerahmte und gittergesäumte Grabanlage gegenübergestellt. Unter schlichten Efeuhügeln, einheitlich mit kleinen Steinplatten belegt, ruhen hier die Mitglieder einer Familie, die nach Theodor Fontane »wie kaum eine zweite, diesen Sand zum Ruhm und Ansehen gebracht haben«. Alexander von Humboldt bezeichnete den Platz treffend als »einen Ort des gemeinsamen Stillebens der Familie«. »Später als alles vollendet und aufgestellt war, konnte Humboldt an Goethe eine Ansicht der Anlage als Steindruck übersenden, begleitet von einem Brief, den der Empfänger freilich nicht mehr lesen sollte, da man ihn erst am Begräbnistage, dem 26. März 1832 in Weimar eröffnete.«[6] Das strenge Grabgitter und die bedeutungsvolle steinerne Exedra[7] weisen Schinkels edle Handschrift auf, letztere lädt zum stillen Verweilen ein, zugleich den schönen Blick über Feld und Wiese zum Schloß zurück erlaubend, wo ebenfalls eine heute nicht mehr vorhandene hölzerne Exedra einen wundervollen Blick in die Tiefe der Lindenallee ermöglichte.

In unmittelbarer Nähe des Hippodroms wurde schließlich 1830 noch ein lindenumsäumtes Grabmal für den Hauslehrer Kunth – eine Stele mit Giebelkrönung – in einem Halbkreis aus Feldsteinen in dem von ihm mitgeschaffenen Park angelegt. Die Grabinschrift »Grata Quiescentem cultorum arbusta loquuntur« hält die Erinnerung an Kunths gestalterische Tätigkeit in *Tegel* für wach, denn: »Die Liberalität des Besitzers hat einen freien Eintritt in den Garten gestattet, dessen mannigfaltige Spaziergänge die schönsten Punkte für den Genuß der Landschaft berühren«, wie Schinkel in den Erläuterungen zu seinen Tegel-Tafeln in der »Sammlung architektonischer Entwürfe« ausführt.

Zu den besonderen gärtnerischen Höhepunkten gehörte die Frühsommerzeit, wenn um das Schloß der

*Blick von der Humboldt-Eiche
durch den offenen Parkraum nach Westen.*

uralte, noch immer grünende große Fliederbusch, die Pfingstrosen, der Jasmin und viele andere blühende Sträucher wie *Spiraen, Lonicera, Myrica* und anderes mehr blühten. Der teilweise »überwölbte Laubgang«, am Fuße des Weinberges zur Grabstätte hin, verwandelte sich in dieser Zeit zu einer »Rosenpromenade«[8], da die *Centifolien* dort dann in schönster Blüte standen.

Jedoch schon um die Mitte des 19. Jahrhunderts wurde der nicht mehr lohnende Weinbau eingestellt, so daß der ungenutzte Hang langsam verwilderte und der ursprünglich völlig offene, von Rosen und einzelnen Akazien gesäumte Weg heute fast gänzlich im Gehölzaufwuchs verschwunden ist.

Bis weit in das zwanzigste Jahrhundert hinein, wurde die Behauptung tradiert, daß als genialer Schöpfer der *Tegeler Anlagen* nur Peter Joseph Lenné in Frage käme. Auch Paul Ortwin Rave, der einfühlsame »Cicerone« Tegels, hängt in seinen »Gärten der Goethezeit«[9] noch diesem Irrtum an. Für jeden Kenner Lennéischer Garten- und Parkanlagen gibt es vor Ort jedoch nicht einen einzigen gestalterischen Hinweis, noch irgend einen Beleg bei Humboldt selber. *Tegel* besteht vielmehr aus einzelnen, im Laufe der Zeit additiv ergänz-

ten Gartenpartien, nach einer über zweihundertjährigen Entwicklungsgeschichte nunmehr fast unmerklich zu einer scheinbar gestalterischen Einheit verschmolzen.

Im Zentrum der ganzen Anlage, um einen heute geschlossen-monumental wirkenden Raum, gruppieren sich die aus der Kunth-Zeit stammende große Lindenallee, die ganz im Westen liegende Schinkel-Grabstätte und der nördlich sich hinziehende, inzwischen zugewachsene Weinhang, mit dem sich anschließenden waldartig hochgewachsenen kostbaren frühen Landschaftsgarten aus der Zeit Alexander Georg von Humboldts. Für den Kenner der subtilen Gartenentwicklung *Tegels* klingt insbesondere hier noch immer das stille Dankgefühl von *Tiefurt* oder *Belvedere* an: »Die Städte, die ein guter Mensch betrat, ist eingeweiht; nach hundert Jahren klingt sein Wort und seine Tat dem Enkel wieder.«

Da das Schloß nach wie vor von den Nachfahren Wilhelms von Humboldt bewohnt wird, ist ein Besuch des Hauses und des ca. 25 Hektar großen Parkes nur eingeschränkt möglich. In den Sommermonaten sind die jeweiligen Öffnungszeiten an einer am Eingang befindlichen Informationstafel zu entnehmen.

Muskau. Blick zur Gloriette und dem Amtshaus.

Anne Schäfer

DER MUSKAUER PARK

Von seinen mehrjährigen Wanderungen durch Süd-deutschland, die Schweiz, Italien und Frankreich zurückgekehrt, suchte Hermann Graf von Pückler im Jahre 1810 Goethe in Weimar auf. Den Dichter mögen die gartenkünstlerischen Ambitionen des jungen Mannes sowie dessen begeisterte Landschaftsschilderungen, die in ihm den guten Beobachter erkennen ließen, veranlaßt haben, ihm zum Abschied ermunternd zu sagen: »Verfolgen Sie diese Richtung . . . Sie scheinen Talent dafür zu haben: die Natur ist das dankbarste, wenn auch unergründlichste Studium, denn sie macht den Menschen glücklich, der es sein will.«[1]

Wenige Monate später, am 19. 01. 1811, übernahm Pückler nach dem Tode des Vaters die Standesherr-schaft *Muskau*, wurde Baron von Groditz und Erbherr von Branitz.

Die wechselvollen Besitzverhältnisse des jahrhundertealten Heidezentrums Muskau, das unmittelbar im Durchbruch der Görlitzer Neiße durch den Lausitzer Grenzwall liegt, lassen sich bis ins 13. Jahrhundert zurückverfolgen.[2]

Die einflußreichen Herren von Bieberstein waren ab 1447 über einhundert Jahre die ersten namhaften Eigentümer der Herrschaft. Danach besaßen die von Schönaich und die Burgrafen zu Dohna die Standes-herrschaft. Seit 1644 in den Händen derer von Callen-berg, trat Reichsgraf Hermann sie seiner einzigen Toch-ter Clementine nach deren Vermählung mit Ludwig Erdmann von Pückler ab. Dreizehn Jahre später über-trug die Reichsgräfin von Pückler dem Gatten und dem Sohn ihr Eigentum.[3]

Als Graf Pückler die Standesherrschaft Muskau erbte, umfaßte sie etwa 8,5 Quadratmeilen Land und fast vier-zig Dörfer. Obwohl auf dem Besitz Schulden von etwa 450 000 Reichstalern lasteten, ließ er bereits 1811 die ersten Arbeiten im Muskauer Park vornehmen.[4]

Der langgestreckte Talraum der Neiße, der in zwei Flußterassen mit einem Höhenunterschied von 20 bis 50 Metern eingebettet ist, sowie das an die westliche Hügelkette geschmiegte Städtchen Muskau mit dem Schloß bildeten die landschaftlichen Voraussetzungen für die Planungen des neuen Besitzers.

Seine Forstleute bepflanzten zunächst die Berglehnen östlich des Flusses zwischen den späteren Standorten des »Englischen Hauses« und der »Prinzenbrücke« sowie den Wehreichen.[5]

Damit setzte Pückler die während der Regierungszeit des kunstsinnigen, musikalisch und schriftstellerisch begabten Großvaters Hermann von Callenberg auf jener Uferseite begonnenen Anlagen fort.

Sie sollen, da Fürst Pückler »Von Kindheit an . . . den Plan [hatte], die Gegend und das Schloß zu verschö-nern . . .«[6], kurz vorgestellt werden.

Anläßlich der Rückkehr des Grafen Callenberg, der sich 1771 auf eine Reise über Schweden nach England begeben hatte, ließ dessen Schwester 1773 das »Zapfen-häuschen« auf dem »Herrenberg« errichten. Dieser acht-eckige Pavillon, der »zu einem Lieblingsaufenthalt der gräflichen Familie« wurde, bildete den Auftakt für die Gestaltung der Neißehänge.

Das Bauwerk war »ganz mit Tannenzapfen verkleidet, auch im Inneren Kron- und Wandleuchter aus Tannenzapfen, dazu ein Kamin mit Muscheln und Austernschalen ausgelegt.« Die Wände schmückten Mosaike »mit hübschen chinesischen, auch von Tannenzapfen inwendig austapezierten Verzierungen von Landschaften, die mit buntem Moos durchwebt waren.«[7] Die Erneuerung des baufällig gewordenen Häuschens erfolgte 1781. In der oberen Etage des nun massiven Gebäudes, das der schönen Aussicht wegen »Bellevue« genannt wurde, war ein Zimmer im orientalischen Geschmack eingerichtet.

1784 schuf Hermann von Callenberg den »Clementinengang« aus Anlaß der Verehelichung seiner Tochter. Diese ausgedehnte, sich in mehrere Wege verzweigende Promenade begann an der Clementineneiche und verlief bergan in Richtung »Saras Walk« bis zu den Braunsdorfer Feldern und dem »Bellevue«. Zum Verweilen luden mehrere Ruheplätze wie ein »Rasensopha«, ein »mit Rasenbänken besetztes Rondell«, eine halbrunde Rasenbank sowie ein »von Rasen ausgesetztes Amphitheater, in dessen Mitte ein ebenfalls »von Rasen gemachter Altar« stand, ein. Das kleine Naturtheater, in dessen Nähe ein natürlicher Wasserfall lag, der »nach Belieben verstärkt« werden konnte, war über eine Brücke, die sich zwischen zwei hohen Fontänen befand, erreichbar. Die Feldflur hangaufwärts war mit einer Kirschbaumallee geschmückt, die Callenberg anlegen ließ. Er hatte, »das Schöne mit dem Nützlichen« verbindend, die »Anpflanzung vieler tausend Obstbäume und anderer Bäume in Allee«[8] veranlaßt.

Diese aufgeschmückte Tallandschaft bildete das Schlüsselerlebnis für die späteren Schöpfungen Hermann von Pücklers. Er schrieb 1855 an den Gärtner Eduard Petzold: »Von Kindheit an hatte ich den Plan, die Gegend und das Schloß zu verschönern; die Ausdehnung wuchs mit dem Fortschritt«.

Durch eine kolorierte Ansicht aus dem Jahre 1742 sowie die Karte A aus den »Andeutungen über Landschaftsgärtnerei« haben wir Kenntnis über den von Pückler westlich der Neiße vorgefundenen Zustand des Parkes:

Die dreiflügelige Schloßanlage, die Curt Reinicke I. 1647 auf den Grundmauern der alten Burg erbaut hatte,

und der vorgelagerte äußere Schloßhof waren allseitig von einem gemauerten Wassergraben umzogen. Auf dem Vorhof, den drei Brücken mit dem Land verbanden, befanden sich der Marstall, Wohn- und Wirtschaftsgebäude sowie das im 17. Jahrhundert von Callenberg II. halb in den Schloßgraben gebaute Amtshaus. Vom Schloß führte eine auf steinernen Pfeilern lagernde Zugbrücke aus der Zeit Graf Alexanders von Callenberg in einen regelmäßigen Garten von etwa 9 Hektar Größe, der nach Norden und Osten unmittelbar an den Graben anschloß. Die Brücke war der Ausgangspunkt für eine Lindenallee, die sich geradlinig auch jenseits der Neiße bis zur »Clementineneiche« fortsetzte. Sie wurde von einer zweiten Lindenallee durchquert, die vom Schloßvorwerk an der Grenze des alten Gartens nach Norden verlief.[9]

Inmitten der späteren »Hirsch- oder Tränenwiese« befand sich die Fasanerie. Hier stand das Fasanenhaus, ein großes, zweistöckiges Gebäude, in dem die Forstbeamten wohnten. Westlich davon lag die alte Orangerie. Da die Bauten die Aussicht vom Schloß störten, ließ Pückler sie 1811 abreißen. Das neue Orangeriegebäude wurde an der Südseite der Schloßwiese wieder aufgebaut. Gleichzeitig erfolgten zwischen der Begräbniskapelle und dem Amtshaus Pflanzungen, die die Stadt vom Park abschirmten. Außerdem bemühte sich Pückler um Arrondierung des Parkgeländes durch Eintausch von Grundstücken.[12]

In den folgenden Jahren kamen die landschaftsgärtnerischen Arbeiten Pücklers durch die Auswirkungen der Befreiungskriege zum Erliegen. Er nahm selbst am Feldzug gegen die Fremdherrschaft der Franzosen teil und zog 1814 mit den Alliierten in Paris ein. Von dort reiste er nach England und kehrte erst im April 1815 nach Muskau zurück.

Am 1. Mai bekundete er in einem öffentlichen Brief den Bürgern der Stadt seinen Willen, in *Muskau* einen großen Park anzulegen. Da er beabsichtigte, dafür ein Gebiet von 2000 Morgen zwischen Köbeln, den Braunsdorfer Feldern und Berg aufzukaufen, bat er die Bewohner, die in diesem Bezirk Ländereien hatten,

Fürst Hermann von Pückler-Muskau.
Kreidezeichnung von Karl Christian Vogel von Vogelstein, 1846.

Blick vom Südosten zum neuen Schloß.
Situation 1860 bis 1870. Gezeichnet u. lithogr. von C. W. Arldt.

Der Blaue Garten mit der Fuchsienbrücke.
Aus den »Andeutungen über Landschaftsgärtnerei«, 1834.

Englisches Haus.
Aus den »Andeutungen über Landschaftsgärtnerei«, 1834.

Schloß Muskau, vom Bowlinggreen gesehen.
Zeichnung von August Wilhelm Schirmer nach einem Entwurf
Karl Friedrich Schinkels.
Aus Pücklers »Andeutungen über Landschaftsgärtnerei«, 1834.

Pleasureground am Badepark.
Aus den »Andeutungen über Landschaftsgärtnerei«, 1834.

ihm »dieselben gegen vernünftige Bedingungen abzulassen«.[11] Der Grundstückserwerb, der bis zum Sechsfachen des eigentlichen Wertes vonstatten ging, verteuerte die Kosten des Parkes erheblich.

Von April bis Herbst 1816 waren durch die Abwesenheit des Grafen Pückler die Parkarbeiten wiederum unterbrochen. Im November verlobte er sich mit Lucie Reichsgräfin von Pappenheim, der Tochter des preußischen Staatskanzlers Karl August Fürst von Hardenberg. Der bevorstehende Umzug der Braut von Berlin nach Muskau sowie deren nicht unbedeutendes Vermögen aktivierten Pücklers Parkpläne von neuem. So begann er zunächst mit dem »Cassieren der Schloß und Amtshaus umgebenden alten Wallgräben, ferner [dem] Cassieren einer ganzen Straße mit zum Theil ansehnlichen Gebäuden, welche vom Amtshaus in gerader Linie nach der Neißemühle führte und erst der Stadt abgekauft werden mußte«.[12]

Anfang 1817 beschäftigte er 200 Arbeiter – Maurer, Zimmerleute und Tagelöhner eingerechnet – im Park und im Tiergarten. Seiner Verlobten teilte er mit, daß er in zwei Monaten 36 000 Taler ausgegeben habe und versuchte sie zu beruhigen: »Was fertig ist, hoffe ich, wird Dir nicht mißfallen; . . . es geht im Grunde alles nach Möglichkeit rasch vorwärts, nur kostet es ein Bischen viel Geld. Das mußt Du nun freilich hergeben, dafür werde ich für Dich sorgen, wenn wir erst verheiratet sind und dann müssen auch die Anlagen mit etwas weniger Vehemenz fortgesetzt werden.«[13]

In dem Jahr scheint Pückler auch die Arbeiten auf dem Südteil der Tränenwiese, den er wahrscheinlich als »Schnuckental« bezeichnete, fortgeführt zu haben. »Das Schnuckenthal breitet sich unter den Fenstern Deiner künftigen . . . Wohnung, jenseits des Schloßteichs bis an die begränzenden, mit Busch bewachsenen Hügel aus. Ein eiserner englischer auf 50 Schritt schon unsichtbarer Zaun umschließt die Schnucken im Thale. Ein Weg führt rings umher, der mit Blumenparthieen und blühenden Gesträuchen reich verziert ist.«[14]

Am 9. Oktober 1817 fand die Hochzeit mit Lucie statt. Diese feinsinnige, kluge Frau, die Pückler zärtlich »Schnucke« nannte, teilte seine Parkleidenschaft, und wir wissen, daß er ihr gärtnerisches Urteil sehr schätzte und viele ihrer Vorschläge ausführen ließ. Jedoch ist der bedeutende Anteil, den sie am Entstehen des Parkes hatte, leider nur ungenügend bekannt, da sie ihre zwischen 1817 und 1833 geschriebenen Briefe vernichtete. Weiterhin trat Obergärtner Jacob Heinrich Rehder, der sich durch einfühlsames, beharrliches und aufopferungsvolles Eingehen auf die Pläne Pücklers um den Park außerordentlich verdient gemacht hat, seinen Dienst in Muskau an.

Ab 1819 wurden gesonderte Gartenrechnungen geführt, die uns genau über die Geschichte des Parkes informieren.[15] In diesem Jahr erfolgten Abpflanzungen zur Stadt zwischen Postbrücke und Kirchdammtor. Jenseits der Neiße wurden Flächen planiert und Vorbereitungen für Anpflanzungen getroffen.

1820 veränderte Pückler die Grenzpflanzungen zur Stadt an der »Tränenwiese«. Hier und auf der »Bergwiese«, die östlich der Neiße in der Nähe der Gitterbrücke am Hang liegt, ließ er große Bäume mit Ballen setzen. Die Baumschule wurde erweitert und das »Englische Haus« eingerichtet, wo im folgenden Jahr Gestaltungsarbeiten begannen, die sich über Jahre hinzogen.

Spätestens seit März 1820, wahrscheinlich schon 1819, arbeitete Pückler mit dem Architekten Karl Friedrich Schinkel zusammen, der insgesamt drei Umbaupläne für das Schloß anfertigte.

Das erste, sehr kostenaufwendige Projekt wurde jedoch verworfen. Im zweiten Plan gestaltete Schinkel die oberen Geschosse der Türme durch eine umlaufende Galerie ionischer Säulen um und ersetzte die beiden Turmhauben durch Akroterien. Mittels einer »offene(n) Säulenhalle mit ionischen Säulen« verband er die beiden Flügelbauten und führte eine fünfbogige, mit Orangenbäumchen besetzte Steinbrücke, deren Zugang zwei hohe, mit Pferdeplastiken besetzte Torpfeiler bildeten, über den Schloßgraben.[16]

In seinem dritten Umbauvorschlag fügte Schinkel unter Beibehaltung des zweiten Projekts Amsthaus,

Schloß und Theater zu einem großartigen Architekturensemble zusammen. Architekt und Bauherr beabsichtigten so, den »Gedanken des Gewachsenseins aus der Zeit und der Örtlichkeit« durch die Verbindung von Gebäuden unterschiedlichen Alters und deren Zusammenwirken mit den neuen Gebäudeformen und Anlagen (besonders dem künstlichen See) darzustellen.[17] Es kam aber lediglich die elegant zum *Pleasureground* schwingende Rampe 1825 zur Ausführung. An ihren Fußpunkt pflanzte Pückler im März des Folgejahres die noch heute so prächtig wirkende Blutbuche, die bereits als großer Baum für rund 34 Taler in Groß-Schacksdorf bei Forst gekauft wurde.[18] Die Fürstin ließ 1827 die Umfassungsmauern der Rampe und die monumentale, zum *Bowlinggreen* führende Treppe mit Steinplatten versehen. Da bei der Anlage der Auffahrt die Basis des Schlosses verfüllt worden war und Pückler einen Rundgang um das Schloß und den dortigen Blumengarten wünschte, erfolgte 1830/31 die Korrektur der Rampenlinie. Beträchtliche Erdmengen mußten bewegt und die alten Mauern gebrochen werden, um die Zufahrt auf den Schloßhof schmaler bauen zu können.[19]

Als Pückler 1820 eine der Publikationen des bedeutenden Gartengestalters Humphry Repton studierte, faßte er die »lumineusesten Ideen«[20]. In dem Werk fand Pückler seine Empfindung bestätigt, daß die Partie östlich des Schlosses einer Umgestaltung bedurfte. Wegen der schönen, alten Alleen, die dort verliefen, war er sich aber nicht im klaren, wie das zu geschehen habe. Da die Fürstin die Veränderung der Situation forderte, lud er 1821 Repton nach Muskau ein, um sich von ihm beraten zu lassen. Pückler wußte nicht, daß dieser bereits verstorben war.

Im November 1821 traf Pückler wahrscheinlich in *Neuhardenberg,* dem Gut seines Schwiegervaters, mit Peter Joseph Lenné zusammen. Beide zeichneten gemeinsam auf dem Muskauer Parkplan, was für Pückler, den Lernenden, sicher anregend und gewinnbringend war. Lenné riet, die »Lindenallee« auf der »Schloßwiese« durch eine weite Öffnung, in der noch einige Bäume stehenbleiben sollten, aufzulösen, um so, von der Ost-

seite der Neiße erlebbar, malerische Veduten zu gestalten, in denen das Schloß sichtbar werden sollte.

In Vorbereitung dieser bedeutenden Veränderungen wurden 1821 Flächen auf der Schilfwiese rigolt, die den Neißehang im Osten des Schlosses ansteigen ließen. Im Herbst setzten auch die Grabungen für die »Hermannsneiße«, einen künstlichen Flußlauf ein, die anfänglich in Richtung Schloß ausgehoben wurde. Für die Schachtungen waren hauptsächlich die Bergleute des Alaunbergwerkes eingesetzt.[21]

Als im April 1822 anstelle des Vaters John Adey Repton, der jedoch »mehr Architekt als Gartenkünstler« war, und der Gärtner Vernal nach Muskau kamen, begann das Auslichten der vom Parkvorwerk in nördlicher Richtung verlaufenden »Lindenallee«.[22] Obwohl sogleich über 50 Bäume gefällt wurden, ließ Pückler das Ausholzen behutsam über Jahre fortsetzen. Auch der Abbruch des Marstalls wurde in Angriff genommen, aber erst zwei Jahre später beendet.[23]

Für einen Umbau des Schlosses im Stil der Neorenaissance fertigte Repton eine kleine, durchgearbeitete Zeichnung. Der Architekt sah für die Stirnseiten des *Corps de Logis* und der beiden Seitenflügel Staffelgiebel vor und besetzte die beiden oberen Turmabschlüsse mit je vier derartigen Giebeln. Vermutlich kannte er Schinkels früher entstandenen zweiten Entwurf, da sich die Brücken in beiden Zeichnungen ähneln, wenngleich ihre Formensprache der des jeweiligen Schloßbaues entspricht und der Engländer anstelle der Orangenbäumchen Hermen mit laternenähnlichen Aufsätzen vorschlug. Dieses Projekt wurde jedoch verworfen. Im November 1822 zeichnete Schinkel einen sehr schönen Entwurf für das Orangeriegebäude, das durch die Wegnahme der Allee auf der Schloßwiese sehr ins Blickfeld gerückt war.[24]

Pückler verfolgte den Plan seines Freundes jedoch nicht weiter, bis er sich Ende der zwanziger Jahre entschloß, das Gebäude aus gestalterischen Gesichtspunkten abzureißen.[25]

1822 erhielt Pückler den Fürstentitel, verbunden mit einer Entschädigung von 40 000 Talern für die infolge des Übergangs seines sächsischen Besitzes an Preußen eingebüßten standesherrlichen Rechte.[26] Durch diese Abfindung konnte jedoch der wirtschaftlichen Misere, in der sich Pückler befand, nicht abgeholfen werden. Die Situation verschlechtete sich noch, als nach dem Tod seines Schwiegervaters die erhoffte Erbschaft ausblieb.

Da die Fürstin Pückler nicht nur eine geschickte Gartenherrin, sondern auch eine überaus umsichtige Wirtschafterin war, veranlaßte sie auf Empfehlung des Kreisphysikus Dr. Kleemann, die auf dem Gelände des Alaunwerkes entspringenden Heilquellen und das südlich von Muskau gewonnene Moor für die Einrichtung eines Bades zu nutzen.[27]

Bereits 1823 fand die Eröffnung des »Hermannsbades« statt, von dem sich das Paar eine spürbare Verbesserung seiner Einkünfte versprach. In Erwartung der Badegäste wurde vorrangig daran gearbeitet, den Park vom »Badedamm« über den »Eichbusch« bis zum »Englischen Haus«, einer ländlich eingerichteten Gastwirtschaft, durch Wege zu erschließen und gestalterisch zu vervollkommnen. Auf diesem Terrain entstanden umfangreiche Pflanzungen, der Weg von der Post- nach der Doppelbrücke über den Mühlendamm, der Weg um den »Eichbusch« und von der Gitterbrücke zum »Englischen Haus« sowie die Wege in der alten Fasanerie. Den Bereich um das »Englische Haus« mit Kegelbahn, Tanzsaal, »laubenartigen Ruhesitzen« und einem »Pavillon für die Herrschaften« hatte Pückler »mit Gitterwerk von rohen Aesten eingezäunt und als *pleasureground*, jedoch in einer weniger sorgfältigen Nüance behandelt.«[28]

Im Jahr darauf begann die Fürstin, den Park am Bad, zu dem Logierhäuser, Moor- und Mineralbäder sowie eine »Trinkgalerie« gehörten, anzulegen. Am Schloß setzte eine der kostspieligsten und tiefgreifendsten Umgestaltungsmaßnahmen ein. Die Gebäude des Schloßvorhofes mit Ausnahme des Amtshauses und die Umfassungsmauern des alten Wallgrabens wurden abgerissen, um hier eine große Wasserfläche, den »Lucie-See«, ausformen zu können.[29] Auf der Schilfwiese erfolgten umfangreiche Entwässerungsarbeiten.

An mehreren Stellen wurde gepflanzt und auf dem Oberberg die neue Baumschule angelegt.[30]

1825 erweiterte Pückler den mit einem niedrigen, eisernen Zaun eingefaßten *Pleasureground* entlang des neu entstandenen Weges bis zur Gloriette, einem schlichten, achteckigen Bau mit Zeltdach und einer Brüstung aus einfachem, eisernen Gitterwerk.[31]

Fürst Pückler orientierte sich in seinem Parkschaffen weitgehend am Werk Humphry Reptons und verwies wie dieser auf den Unterschied zwischen Malerei und Landschaftsgestaltung, der in der statischen Betrachtungsweise eines Gemäldes »im Gegensatz zu den aus der Bewegung heraus erlebbaren Bildern im Garten«[32] bestand. Pücklers meisterhaft gestaltete »Veduten wandeln sich im Gehen zu immer neuen, überraschend-frischen Gartenbildern, bald aus urwüchsigen Eichen, eleganten Buchen, wippenden Hainbuchen und alles übersteigenden Eschen geformt«.[33]

Auch für die auf einem »bunten Blumenhügel« stehende Gloriette hatte der Fürst eine heute nicht mehr vollständig erlebbare Ausblickfolge von vier »Parkbildern« konzipiert: den Blick über den Eichsee nach dem »Englischen Haus«; über die Neiße mit den bewaldeten Flußterrassen; zum Schloß mit der »Tränenwiese«; zur Kirchruine des Dorfes Berg.[34]

Repton schenkte der »allgemeine[n] Benutzbarkeit ... Bequemlichkeit und Angemessenheit«[35] (der Form und Ausstattung) in der Umgebung des Hauses besondere Aufmerksamkeit und legte Terrassen, formal gestaltete, historisierende Separatgärten und *Pleasuregrounds* an. Er war bestrebt, durch den allmählichen Übergang »unterschiedlich strukturierter, ausgestatteter und nutzbarer Teilbereiche« ein »stimmiges« Gesamtkunstwerk zu schaffen.[36] So bildete der reich mit Gehölzgruppen, Staudenpartien und Kleinarchitekturen ausgestattete *Pleasureground* das »Verbindungsglied zwischen dem Park und den eigentlichen Gärten«.[37]

Dieses »Zonierungsprinzip« übernahm Pückler und legte in Muskau drei Blumengärten – den Schloßgarten, den die »Hermannsneiße« begleitenden Blauen Garten und den sich daran anschließenden Herrengarten, an,

Partie am Eichsee.

Der Eichseewasserfall.

die von einem ausgedehnten *Pleasureground* gerahmt wurden.[38] Die ersten Wege in den Blumengärten entstanden 1826. Außerdem erfolgte der Bau der »Karpfenbrücke« und der »Fuchsienbrücke« im Blauen Garten, den stahlblaue Hellebarden und Ketten umgaben und in dem die ausschließlich aus Eisen bestehende Ausstattung himmelblau und weiß gestrichen war.[39]

Nach seiner Englandreise beschäftigte sich der Fürst, den Reptons Gärten in *Ashridge* besonders inspiriert hatten, 1831 mit der Umgestaltung der Blumenbeete im Schloßgarten, die nun erst die Form erhielten, wie sie durch die Karte C aus Pücklers Gartenwerk bekannt ist. Neben runden, ovalen, viereckigen und nierenförmigen Beeten hatte Pückler Blumenstücke u. a. in Gestalt eines »S«, einer Rosette, eines Sterns mit »H« und eines Füllhorns anlegen lassen. Ein Jahr später wurde auch der Herrengarten völlig neu arrangiert.[40]

1826 erfolgte auf der Höhe über der Schilfwiese eine große, den Wiesenhang rahmende Pflanzung. Nach seiner im selben Jahr vollzogenen Scheidung im September begab sich Pückler nach England in der Hoffnung, eine Frau mit Vermögen als Ausweg aus seiner finanziellen Not zu finden. Über Weimar reisend, machte er Goethe seine Aufwartung und führte mit ihm ein angeregtes Gespräch über Literatur, Politik und den Muskauer Park.[41] Pücklers Einladung, ihn dort zu besuchen, nahm Goethe nicht wahr. Er veröffentlichte aber auf Anregung Karl August Varnhagen von Enses 1830 eine anerkennende Rezension über Pücklers »Briefe eines Verstorbenen« in der 59. Ausgabe der »Berliner Jahrbücher für wissenschaftliche Kritik«, die wesentlich zum Erfolg des Werkes beitrug.[42]

Während der Fürst in England, Irland und Wales zahlreiche Parkanlagen besuchte und Erfahrungen auf gartenkünstlerischem Gebiet sammelte, führte Lucie umsichtig die Arbeiten im Park weiter. Zwischen den einzelnen Reiseorten und Muskau gingen Gartenpläne und Briefe hin und her, mit denen sich Lucie und Pückler über den Fortlauf der Parkgestaltung verständigten. Ende 1826 ließ Pückler seinen Obergärtner Rehder zu einer fünfwöchigen Studienreise, die beide gemeinsam

verbrachten und die für ihre weitere Zusammenarbeit sehr bedeutsam war, nach Englang kommen. Von 1827 bis 1829 leitete Lucie während der Abwesenheit des Fürsten die Gestaltung der Anlagen zwischen der Neiße und den Braunsdorfer Bergen. Nach seiner Rückkehr ließ Pückler auf dem Kapellenberg Tausende von Bäumen setzen. Beim Bad wurde viel gepflanzt, mit dem kostenaufwendigen Faschinieren der sandigen Berglehne begonnen, und es wurden Wege gebaut.

Ein in *Chiswick* gesehenes Vorbild regte den Fürsten an, 1830 die Pflanzung der drei hochaufgeasteten Pappeln in der Nähe des Schlosses vorzunehmen, durch die er dem Gartenraum, den die Neißehänge mit dem späteren Mausoleum begrenzten, eine großartige Tiefenwirkung verlieh.[43] Bei der Umgestaltung des »Lucie–Sees« im Bereich des Amtshauses, die Pückler auf Wunsch der Fürstin ausführte, brachte er Erfahrungen ein, die er durch die Begegung mit John Nash gewonnen hatte. Der englische Architekt vermittelte ihm vieles über die Gestaltung von Gehölz- und Wasserflächen. Im gleichen Jahr wurden die steinerne Brücke am Eichsee und die Brücke über »Saras Walk« neu gebaut sowie auf der Gornika und Granitza große Bäume gepflanzt.

1831 entstand der Fahrweg zum Grab des Unbekannten und auf der Schilfwiese, der Kesselwiese und bei der Schluchtbrücke über »Saras Walk« wurde rigolt. Im nächsten Jahr ließ Pückler auf dem Neißehang östlich des Schlosses ein Plateau anlegen, auf dem eine Begräbniskapelle nach einem Entwurf von Schinkel erbaut werden sollte, der jedoch nicht realisiert wurde. Unter Traugott Hermann von Arnim erfolgte 1888 durch Julius Raschdorf der Bau des neogotischen Mausoleums, das 1945 zerstört wurde.[44]

Zwischen 1832 und 1834 wurde jenseits der Neiße intensiv Wegebau betrieben und auf der »Kesselwiese«, den Köbelner und Braunsdorfer Bergen gepflanzt. Bei den Bergschen Familienhäusern, auf den Badebergen und im Weinbergbezirk setzten die Parkarbeiten ein und der »Eichsee« wurde angelegt.

1834 veröffentlichte Pückler, ermutigt durch die große Resonanz, die die »Briefe eines Verstorbenen« gefunden hatten, die »Andeutungen über Landschaftsgärtnerei«. Darin stellte er seine Gedanken über die Hauptidee, die er der Gestaltung des Muskauer Parkes zugrunde legte, dar. Diese Hauptidee »war eben keine andere als die, ein sinniges Bild des Lebens unserer Familie, oder vaterländischer Aristokratie, wie sie sich eben hier vorzugsweise ausgebildet, auf eine solche Weise darzustellen, dass sich diese Idee im Gemüth des Beschauers, so zu sagen, von selbst entwickeln müsse. Hierzu war nur nöthig, dass das schon Gegebene benutzt, hervorgehoben und in demselben Sinne bereichert, der Lokalität und ihrer Geschichte aber nirgends Gewalt angethan würde.«[45] Pücklers Worte verdeutlichen, daß er ein »Übergesamtkunstwerk« (Hans Sedlmayr) schaffen wollte, »das Geographie, Gesellschaft und Geschichte eines ganzen Gebietes« widerspiegeln sollte.[46] Er war bestrebt, mit Schinkels Projekten für die mittelalterliche Burg, das Schloß und die Grabkapelle sowie die Einbeziehung der ihm untertänigen Mediatstadt auf die geschichtliche Entwicklung seines Adelssitzes zu verweisen. »Daß der hier abverlangten Mehrschichtigkeit der künstlerischen Aussagen gegenüber die verfügbaren Mittel landschaftlicher Gartenkunst zu versagen beginnen mußten, ist begreiflich.«[47] Wenn die Gestaltung des Muskauer Parkes unvollendet blieb, so nicht allein wegen mangelnder finanzieller Mittel, »sondern weil das Ganze romantisch geplant war«.[48]

Auf der Suche nach neuen Themen für seine Schriftstellerei begab sich Pückler von 1834 bis 1840 in den Orient. Während dieser Zeit ließ Lucie vorrangig im Bergpark Wiesen anlegen, Rigol- und Wegearbeiten durchführen. Zwischen 1835 und 1837 entstand der Fahrweg zwischen der Stadt und dem Dorf Berg, und in den zwei folgenden Jahren wurde der Fahrweg vom »Kapellenberg« nach dem Bad gebaut. Nachdem 1835 das Bett des »Eichsees« und eines Teiles der »Hermannsneiße« vertieft worden war, wurde das Strohmwehr am Eichsee angelegt. Hier setzte man drei Jahre später den markanten großen Findling von den Braunsdorfer Feldern ein.[49]

Nach seiner Rückkehr bezog Pückler die Braunsdorfer und Köbelner Feldfluren, die er in Form einer *ornamental farm* gestaltete, in den Park ein. Die Häuser des Dorfes Köbeln wurden größtenteils abgerissen, der Ort jenseits der Neiße wieder aufgebaut und die Köbelner Neißebrücke stromabwärts verlegt. Die Parkgrenze, die vorher am »Englischen Haus« verlief, verschob Pückler um 500 Meter nach Norden und ließ dort ein Tor, das »Tor terrible« bauen. In dieser Zeit erhielt auch das Orangeriegebäude nach einer Zeichnung von Gottfried Semper eine neue Fassade.[50] 1842 wurden die Baumschule auf dem »Oberberg« vergrößert und von diesem Jahr an hauptsächlich Verschönerungsarbeiten auf den Braunsdorfer und Köbelner Feldern ausgeführt.

1845 war Pückler schließlich gezwungen, seinen Besitz für 1 170 000 Taler zu verkaufen. Die Größe des Parkes betrug zu diesem Zeitpunkt 257 Hektar.

Prinz Friedrich der Niederlande war von 1846 bis 1881 Eigentümer der Herrschaft Muskau. Er stellte nach dem Tod Rehders den von Pückler geschätzten Gartenfachmann Eduard Petzold als Obergärtner ein. Petzold erweiterte den Park auf 600 Hektar und legte von 1857 bis 1867 auf einer Fläche von 55 Hektar das Arboretum unter Mitarbeit von Georg Kirchner an. Von 1864 bis 1866 erfolgte der Umbau des Schlosses. Petzold trat 1878 in den Ruhestand. Seine Nachfolger waren Parkinspektor Carl Wilhelm Roth und Gustav Schrehfeld.

Nach dem Tod des letzteren übte Rudolph Lauche von 1891 bis 1928 das Amt des Parkinspektors aus. Von 1883 bis 1945 waren die Grafen von Arnim die Besitzer von Muskau. Ab 1931 übernahm Georg Potente die fachliche Betreuung des Parkes. Diese Arbeit wurde von 1945 bis 1957 durch Hermann Schüttauf fortgesetzt.

Der auf deutschem Territorium liegende, seit 1955 unter Denkmalschutz stehende Park umfaßt 206 Hektar. Durch eine Vereinbarung, die 1989 zwischen deutschen und polnischen Denkmalpflegern geschlossen wurde, entstand eine wichtige Voraussetzung, den Park als Gesamtkunstwerk wiederherzustellen.

Im alten Schloß, das als Museum genutzt wird, ist eine Ausstellung zur Geschichte des Parkes zu besichtigen.

*Ansicht von Schloß Glienicke
und der Löwenfontäne vom blumenbeetgesäumten
Hauptgartenweg.*

Die Parkanlagen
Klein-
Glienicke

Den Potsdamer Grundakkord in der Einheit von Architektur, Gärten und gestalteter Landschaft vollendeten im 19. Jahrhundert in genialer und alles Frühere zusammenfassender landschaftsverschönernder Tätigkeit Peter Joseph Lenné und als kongenial mitwirkender Auftraggeber Friedrich Wihelm IV. Der Park von *Glienicke*, in Sichtweite Potsdams gelegen, ist daher nicht als isolierte Einzelschöpfung zu werten, sondern als Teil einer in ein einmaliges Kunstwerk umgeformten Landschaft, einer »Gesamtschöpfung«, die mit Recht als preußisch empfunden wird – ein Phänomen, dem mit der Ratio allein kaum beizukommen ist.[1]

Erste nachweisbare gärtnerische Anlagen in Glienicke sind für das 17. Jahrhundert belegt. Unter dem Großen Kurfürsten wurden neben dem barocken Garten am Jagdschloß auf dem südlichen Gelände des heutigen Glienicker Parkes ein »Baumgarten«, im nördlichen Teil und auf dem »Böttcherberg« Weinberge angelegt. Das im Kern bis heute erhalten gebliebene, von Persius zum Matrosenhaus umgebaute ehemalige Weinmeisterhaus aus dem 18. Jahrhundert weist noch immer auf die ursprüngliche Zweckbestimmung der Glienicker Höhen hin. Nach dem Tode König Friedrichs I. (1713) gerieten neben den Anlagen des Jagdschlosses auch die Weinberge und der Baumgarten in Verfall. Die Krone veräußerte das Anwesen und es kam im Laufe des 18. Jahrhunderts zu mehrmaligem Besitzerwechsel, bis das Gut schließlich 1796 in den Besitz des vermögenden sächsischen Oberstallmeisters und General-Adjudanten Friedrich Wilhelms II., Karl-Heinrich August Graf von Lindenau kam, »ein eifriger Schüler Hirschfelds und

eigenständiger Gartenschöpfer«[2]. Obwohl Lindenau ab 1791 mit der umfassenden Neugestaltung seiner in der Nähe Leipzigs gelegenen Macherner Anlagen beschäftigt war, baute er Glienicke, das er wegen der Nähe zum Preußischen Hof erwarb, zu einem herrschaftlichen Landsitz um und aus. Glienicke und der Hauptwohnsitz Friedrich Wilhelms II., das »Marmorpalais«, lagen in Sichtweite. Auf Lindenau geht insbesondere die Errichtung des Billardhauses mit Kegelbahn (Kasino), einer Orangerie und der sogenannten Kleinen Neugierde zurück, aber auch der Umbau des Schlößchens in Formen des Frühklassizismus. Die Orangerie, an deren Stelle 1839 Ludwig Persius das Stibadium erbaute, ist vermutlich um 1800 zu datieren. Dieses Gebäude bestand aus einem großen Gesellschaftsraum in der Mitte, an den sich beidseitig verglaste Treibhäuser anschlossen. Der Blick aus der Orangerie ging über einen gußeisernen Brunnen und Schmuckbeetanlagen auf die Anfang der neunziger Jahre des 18. Jahrhunderts angelegte Berlin-Potsdamer-Chaussee.

Eine erhebliche Vergrößerung erfuhr der Lindenausche Besitz durch Ankauf des sogenannten Alten Weinberges, jetzt »Böttcherberg«, von dem Glienicker Einwohner Böttcher. Mit dem Ausbruch des Krieges 1806 zog sich Lindenau allerdings auf seine Güter in der Neumark zurück. Zwar konnte er das gesamte Anwesen 1811 an den Baron Karl August von Hardenberg, den späteren Fürsten und Staatskanzler, vermieten, mußte es aber schon 1812 an einen Kaufmann Rosentreter veräußern. Dieser verkaufte 1814 den Besitz mit Gewinn an den nunmehrigen Fürsten Hardenberg, der nach Beendigung der Befreiungskriege nicht nur wirtschaftlich in der Lage war Glienicke zu erwerben, sondern offensichtlich als Mieter Gefallen an der »so reizend gelegenen Besitzung« gefunden hatte. Im übrigen erhielt Hardenberg im selben Jahr das Gut Quilitz in der Mark, das 1815 in Neu-Hardenberg umbenannt wurde, als Dotation. Auch hier sollten Schinkel und Lenné für den Fürsten tätig werden.

Mehrere farbige Abbildungen und ein überlieferter Plan von 1805 zeigen anschaulich den während der Lindenauschen Zeit erreichten bau- und gartenkünstlerischen Zustand. Bemerkenswert hierbei ist, daß das Areal am Schloß bereits deutlich abgegrenzt wurde und sich schon um die Wende vom 18. zum 19. Jahrhundert südlich des Schlosses eine »englische Gartenpartie« erstreckte, die wir als Keimzelle des späteren Schloßgartens ansprechen müssen.

Dieser kleine Park zeichnete sich nicht nur durch einen besonderen Reichtum an Gehölzen und blühenden Gewächsen, sondern auch durch einige für den späteren *Pleasureground* so charakteristisch werdende Elemente wie geschwungene Wege, Skulpturenschmuck und Wasserkünste aus. Aus dieser Zeit sind sowohl zwei Sphingen aus Sandstein, die ursprünglich die Eingangsstufen zum Gartensalon der Orangerie zierten – späterhin den Aufgang eines gußeisernen Laubenganges flankierend –, als auch einige wertvolle Gehölze erhalten. Hierbei sei insbesondere auf das Linden-Oktogon zwischen Schloß und Kasino hingewiesen, welches im Plan von 1805 dem Rundplatz Schatten spendet, der im Zentrum der die Nutzgartenflächen kreuzenden Hauptwege lag. Das durch Geländeankauf bis zum damaligen Weg von Potsdam nach Sacrow erweiterte Gutsareal schloß im übrigen im nördlichen Bereich eine englische Waldpartie ein, wobei allerdings im erheblichen Umfang großflächige Felder, durch geradlinig geführte Alleen erschlossen, den Gesamteindruck beherrschten. Aber erstmals unter Hardenberg sollte die eigentliche Entwicklung zum heutigen Glienicker Park und Garten einsetzen. Sie ist mit dem Namen Peter Joseph Lenné auf immer verknüpft.

Dieser legte im Herbst 1816, kurz nach seiner Anstellung als »Gartengeselle« in Potsdam, dem Fürsten einen Entwurf für die Um- und Neugestaltung der Glienicker Gärten vor. Lenné beschränkte sich vorerst auf die Neuplanung der zwischen Schloß und Havelbrücke gelegenen Gartenteile. In diesem Entwurf sind die ursprünglich dem Schloß nur südlich vorgelagerten »englischen Gartenpartien« mit den übrigen umfangreichen geometrischen Nutzgartenflächen und den Obstterrassen zu einem einheitlichen, im landschaftlichen Stil gestalteten Gartenbereich verschmolzen. Bestimmendes Merkmal dieses schloßnahen, nach englischen Vorbildern *Pleasureground* genannten kleinen Landschaftsgartens wurden drei, mit Laubgehölzen besetzte Bodenerhebungen, die so geschickt angeordnet waren, daß der zwischen diesen Hügeln sich zur Havel herabsenkende Wiesengrund durch Schaffung mehrerer und je nach Standort wechselnder Fernsichten eine nicht vorhandene Weite und Großzügigkeit erreichte.

Schon kurz nach dem Tode des Fürsten Hardenberg kaufte Prinz Carl von Preußen, drittältester Sohn von König Friedrich Wilhelm III. und der Königin Luise, im Frühjahr 1824 Glienicke für 50 000 Taler. Noch im selben Jahr fertigte Lenné einen weiteren Entwurf für den nunmehr über 150 preußische Morgen großen Besitz an. Die ursprünglich landwirtschaftlich genutzten Flächen des Gutes sollten nach dem Willen des neuen Besitzers nun als Parkflächen behandelt werden und zeigen schon die angestrebte großzügige, sich an der Havel hinziehende Parklandschaft.

Es ist ein aussichtsreicher, mit Wegen und Plätzen, mit weiten Wiesenräumen und abwechslungsreichen, kulissenartigen Baumgruppen durchsetzter Landschaftspark, der durch Fahrwege erschlossen wird. In der ersten großen Bepflanzung 1824/25 wurden über 25 000 Bäume eingesetzt, sowohl einheimische Laubgehölze, wie Rotbuchen, Eichen, Ulmen, Linden, Eschen, Pappeln und Birken, als auch ausländische, wie Weymouthskiefern, amerikanische Roteichen, Robinien und mehrere tausend Ziersträucher.

Ebenfalls 1824 wird Schinkel in Glienicke tätig und beginnt mit dem Umbau des alten Billardhäuschens zum Kasino. Hierzu hatte der Kronprinz Friedrich Wilhelm eine Skizze für eine am Wasser gelegene »italienische Villa« mit seitlichen Pergolen, geliefert, die Schinkel für den Umbau als Vorbild diente. Mit dem Kasino dokumentiert sich auch in Glienicke die zeitgenössische Sehnsucht nach Italien, der Wunsch, das Ideal südlicher Landschaft und Architektur in die Mark Brandenburg zu übertragen, wobei bemerkenswert ist, daß Schinkel der erste war, der der Vorstellung seines Auftraggebers, folgend, Kasino und Schloß durch Applizierung echter Reste der Antike einen möglichst authentischen Charakter zu verleihen wußte.

Ab 1825 erfolgte, ebenfalls durch Schinkel, der Umbau des Schlosses in sparsamen, klassizistischen Formen, mit flachem Dach, den ländlichen und privaten Charakter des Anwesens unterstreichend. 1837 entsteht die »Löwenfontäne« vor einer in Naturstein ausgeführten Stützmauer.

Der Erweiterungsplan aus dem Jahre 1831 sah vor, daß der Park noch einmal um mehr als das Dreifache nach Osten vergrößert werden sollte. Ausgeführt wurde lediglich der Bereich bis zum Nikolskoer Weg, womit der Park seine endgültige Grenze erreichte. Südlich der Berlin-Potsdamer Straße hat Lenné in diesem Entwurf auch den »Böttcherberg« als beherrschenden Aussichtspunkt und als Verbindung zum ab 1833 für den Prinzen Wilhelm, den älteren Bruder des Prinzen Carl, entstehenden Babelsberger Park in die Gesamtplanung mit einbezogen.

Der *Pleasureground*, bereits im Entwurf von 1816 grundsätzlich festgelegt, wird nun nach und nach durch Ein- und Umbauten von Parkgebäuden, durch eine immer reicher werdende Ausschmückung mit ausländischen Gehölzen, exotischen Blattpflanzen, seltenen Blumen, wertvollen Kunstwerken, Brunnen und Pergolen künstlerisch aufs Höchste verfeinert und vollendet. Das sorgfältig geplante Lennésche Wegesystem erschloß auf subtile Weise diesen Bezirk und ermöglichte auf relativ begrenztem Raum, in Abhängigkeit

von der Geländemodellierung und den wechselnden, reizvollen »Hauptgesichtslinien«, ein Optimum an Eindrücken und Empfindungen.

Im Jahre 1839 erhält Glienicke die zur Bewirtschaftung des reich mit Blumen und Kübelpflanzen ausgestatteten *Pleasuregrounds* dringend notwendigen, von Ludwig Persius entworfenen, modernen Orangerie- und Treibhäuser, die während des Zweiten Weltkrieges zerstört, inzwischen aber wiederhergestellt wurden.

Zusammen mit dem 1850 von Ferdinand von Arnim erbauten «venezianischen» Klosterhof erstreckt sich damit eine malerische und rhythmisch aufgebaute Gebäudegruppierung, die, zwischen Schloßbauten und Kasino eingespannt, zugleich die nördliche Begrenzung des *Pleasuregrounds* darstellt.

1840 wird am östlichen Rand des *Pleasuregrounds* anstelle eines älteren Gewächshauses das von Persius entworfene Stibadium errichtet, ein erhöhter Sitzplatz in Form einer halbrunden Bank mit bevorzugtem Blick nach Potsdam. Neben der schon früher vorhandenen sogenannten Kleinen Neugierde, eines an den Straßenraum gerückten »antiken« Teepavillons, sei schließlich noch die »Große Neugierde« oder »Rotunde« erwähnt. Sie wurde 1835 bis 1837 nach einem Entwurf von Schinkel an hervorragender Stelle am Havelbrückenkopf erbaut. Als Belvedere dienend, erschloß sich hier dem Besucher ein großartiges Panorama von Babelsberg im Süden, Stadt Potsdam, »Pfingstberg« im Westen, bis hin nach Sacrow im Norden.

Um die Mitte des 19. Jahrhunderts sind dann die gesamten Parkanlagen noch einmal in einer Lithographie festgehalten worden. Dieser Plan, der neben dem Park auf dem »Böttcherberg« auch die 1859 für den Sohn des Prinzen Carl erworbene und umgestaltete Anlage am alten, aus dem 17. Jahrhundert stammenden und später umgebauten Jagdschloß zeigt, verdeutlicht zugleich Höhepunkt und Abschluß einer über fünfzigjährigen, auch für den Potsdamer Kulturraum außergewöhnlichen gartenkünstlerischen Entwicklung.

Wie sein ältester Bruder, Friedrich Wilhelm IV., besaß Prinz Carl viel künstlerisches Feingefühl, das schon

Das am Jungfernsee gelegene Kasino mit der gartenseitigen
Exedra und dem nördlichem Pergolenarm.

Antike Steinfragmente mit Säulentrommeln
vom Poseidontempel in Kap Sunion.

Blick aus dem Pleasureground
an der Süd-Pergola des Kasinos vorbei.

in frühester Jugend durch seinen Gouverneur, den Freiherrn Menu von Minutoli, entscheidend gefördert wurde. Carl verstand es zeit seines Lebens, die wichtigsten Künstler und Gelehrten, Schinkel, Persius, Rauch, Tieck, Krüger, A. v. Humboldt, Lenné u. a., bei seinen vielfältigen Projektierungen für Glienicke hinzuzuziehen und im Laufe von Jahrzehnten in schöpferischer Gemeinsamkeit aus Glienicke einen arkadischen Sommersitz zu gestalten. Fürst Pückler bewog dies, sein berühmtes, 1834 erstmalig erschienenes Buch »Andeutungen über Landschaftsgärtnerei«[3] Prinz Carl als »Kenner und Beschützer des Schönen« ausdrücklich zu widmen. Eine langjährige, über reine Garteninteressen hinausgehende gegenseitige Achtung und Anerkennung wird hierdurch deutlich.

Prinz Carl hatte schon vorher mit der Übersendung eines großen eisernen Blumenkorbes, ein Gestell aus Eisendraht für rankende Pflanzen, in Muskau helles Entzücken ausgelöst. Deutlich wird nicht nur eine vertiefte Kennerschaft im gartenkünstlerischen Detail, sondern auch eine gegenseitige Achtung vor den Leistungen einer noblen und auch im Biedermeier durchaus nicht alltäglichen fürstlichen Leidenschaft.

Die auf vielen Reisen mit scharfem Sachverstand gesammelten antiken und mittelalterlichen Plastiken wurden in Glienicke unter Beratung von Schinkel und Rauch im Bereich der Gebäude angebracht, aber auch teilweise im *Pleasureground* aufgestellt oder aber, insbesondere die unzähligen architektonischen Spolien, für den Bereich des Schloßinnenhofes »zum Einmauern in die Veranda bestimmt«. Auch das Kasino und – in Prinz Carls zweiter Lebenshälfte – der Klosterhof dienten zur Aufnahme einer Vielzahl von Plastiken.

Daß Prinz Carl auch auf gärtnerischem Gebiet nicht nur anregend, sondern selbst in hohem Maße mitarbeitend seine Besitzung gestaltete, was ihm von seiner späteren Frau in vielen Briefen die zärtliche, aber doch treffende Benennung »my dearest planter« einbrachte, ist vielfältig belegt. Häufig kam der Prinz anläßlich größerer Pflanzaktionen extra nach Glienicke, um mit dem »Pücklerschen Prinzip der leitenden Hand« ernst zu

machen; notierte doch der Kammerdiener im Journal: 4. April 1834: »Seine königliche Hoheit kamen von Berlin, zu bestimmen, wo die aus Tegel und Zerbst angekommenen Blutbuchen und Tulpenbäume gepflanzt werden sollen«[4].

Wenngleich Peter Joseph Lenné bis in seine letzten Lebensjahre in Glienicke verkehrte und beratend tätig war, so ist doch für dieses Gebiet ebenfalls überliefert, daß Prinz Carl gegenüber den vielfältigen Strömungen des 19. Jahrhunderts auch auf dem Gebiet der Gartenkunst stets aufgeschlossen war. Kennzeichnend hierfür ist unter anderem das langjährige Vertrauen, das der Prinz dem Landschaftsmaler Wilhelm Schirmer erwies, mit dem er seit Ende der dreißiger Jahre gemeinsam an der landschaftlichen Gestaltung einzelner Parkabschnitte arbeitete.

Ab 1827 mit Marie, Prinzessin von Sachsen-Weimar, der älteren Schwester der späteren Kaiserin Augusta, verheiratet, entfaltete Prinz Carl mit der glänzend gebildeten und im »geistigen Bannkreis Goethes« aufgewachenen Prinzessin sowohl in Glienicke, als auch im Palais am Wilhelmplatz ein reges gesellschaftliches Leben. Durch den Eintritt der Prinzessin Marie, Tochter der Erbgroßherzogin Maria Paulowna und des Erbgroßherzogs Karl Friedrich von Sachsen-Weimar, in Carls Leben werden nicht nur die bestehenden dynastischen Beziehungen zum russischen Kaiserhaus verstärkt – die Schwester Charlotte war mit Zar Nikolaus I. vermählt und damit Schwägerin von Maria Paulowna –, sondern auch enge Beziehungen zum geistigen und künstlerischen Musenhof Weimar geknüpft, Beziehungen, die nicht ohne gute Folgen für Glienicke bleiben sollten.

Von ihrem Großvater, Herzog Carl August, zum Paten gebeten, begleitete Goethe das weitere Leben der kleinen Prinzessin stets mit Interesse und freute sich an ihrem Heranwachsen und gab manche Ratschläge für ihre Erziehung. Zum 12. Geburtstag, 1820, hatte er Prinzessin Marie einen Stich von Raffaels Madonna »Die schöne Gärtnerin« mit einem Gedicht gesandt, ahnungsvoll ihr Wesen und ihren Lebensweg andeutend:

Sitzplatz mit einer Rundbank aus Eisenguß
nach Karl Friedrich Schinkel.

Sanftes Bild dem sanften Bilde
Unsrer Fürstin widmet sich;
Solche Ruhe solche Milde
Immerfort umschwebe dich!

Denn ein äusserlich Zerstreuen,
Das sich in sich selbst zerschellt,
Fordert inneres Erneuen,
Das den Sinn zusammenhält

Aus dem bunten Weltbeginnen
Wende Deinen holden Blick
So vertrauensvoll nach innen,
Wie auf's heilige Bild zurück.[5]

Wie sehr Goethe an seinem Patenkind gehangen hat, wird im übrigen an dem bewegenden Abschied der Braut aus Weimar deutlich, wo Goethe der scheidenden Prinzessin noch auf offener Straße ein Abschiedsgedicht überreicht und nach herzlichen Glückwünschen sich durch die dichtgedrängte Menschenmenge zu Fuß einen Weg zur Stadt zurückbahnte »seit Jahren zum ersten Mal, daß er sich wieder auf der belebten Straße zeigte«[6].

Die bisher noch wenig erforschten kunstgeschichtlichen Verbindungen Glienickes und Weimars finden sicherlich ihren schönsten Ausdruck in der jeweils herausgehobenen Präsentation der »Ildefonso-Gruppe«, Castor und Pollux darstellend. Mit dem Bronzeabguß, genommen vom Vorbild in Weimar, überraschte Prinz Carl Marie 1828, indem er sie an zentraler Stelle des Gartenhofes aufstellen ließ, gleichsam als ewigen Gruß aus dem elterlichen Weimar. Marie kannte seit frühester Kindheit die beiden griechischen Jünglinge sowohl aus dem Treppenhaus des Goetheschen Hauses am Frauenplan, als auch vom Ilm-Park, wo die später in die Stadt translocierte Gruppe in der Nähe des Hauses der Frau von Stein stand. 160 Jahre nach Aufstellung begrüßt noch immer die Skulptur an alter Stelle den ankommenden Besucher, wie das in unmittelbarer Nähe im Schloßeingang in Stein verewigte »Salve«. Auch dies eine Reminiszenz an Weimar, wo die Eingangsschwelle im ersten Stock von Goethes Haus am Frauenplan in gleicher Weise vorbildhaft geziert ist.

Abschließend sei noch auf einen bemerkenswerten Umstand hingewiesen, der die Glienicker Gartenanlagen in besonderem Maße auszeichnet: Es ist dies die augenfällige Beachtung des Prinzips des zonierten Landschaftsgartens, d. h. eine strikte Beachtung der räumlich, gestalterisch und ordnungsmäßig zu trennenden Parkbereiche vom Hausgarten (*Pleasureground*) und Gartenhof. Im Gegensatz z. B. zum benachbarten Babelsberg gibt es in Glienicke nicht nur von Anfang an eine inhaltlich und gestalterisch getrennte Entwicklung, sondern es gibt auch eine völlige visuelle Eigenständigkeit von Park und Garten, jeder Bereich ist für sich alleine denkbar und auch alleine »lebendig«. Die vom Verfasser schon lange gehegte und an anderer Stelle bereits dargelegte Vermutung[7], daß der Glienicker *Pleasureground* der erste preußische »Villengarten« im Sinne einer ausgedehnteren Wohnung und damit seiner Zeit weit vorauseilender Vorläufer und Initiator einer bedeutenden stilgeschichtlichen Bewegung gewesen ist, hat sich bestätigt.

Die Auswertung der zur Verfügung stehenden Quellen zum Glienicker *Pleasureground* unterstreichen dies vielfältig; das Leben der prinzlichen Familie spielte sich während des Sommerhalbjahres je nach Tageszeit und Anlaß an immer wechselnden Partien im *Pleasureground* ab, während der große Park vorrangig für Ausflüge in Form von Kutschfahrten genutzt wurde.

Der Garten als »erweiterte Wohnung« zum Leitbild der architektonisch orientierten Gartenreformer zu Beginn des 20. Jahrhunderts erhoben, ist in der Tat keine neue Erfindung, sondern der an »privater« und nicht mehr vordergründig repräsentativer Nutzung orientierte *Pleasureground* hat hier frühe und, wie mir scheint, bisher unterschätzte Akzente gesetzt.

Nach dem Tode des Prinzen Carl im Jahr 1883 und der Übernahme der Verantwortung durch seinen Sohn litt der Besitz unter Stagnation, die nach dem Zusammenbruch 1918 in ernste Auflösungserscheinungen münden sollte.

Das nach dem Tode des Enkels, Prinz Friedrich Leopold von Preußen, einsetzende schwerste Geschehen führte schließlich zum abschnittsweisen Erwerb Glienickes durch Berlin noch in den dreißiger Jahren. Die Verwüstungen des Zweiten Weltkrieges und falsche Nachkriegsentwicklungen machten schließlich eine grundlegende Restaurierung der nun städtisch gewordenen Park- und Gartenanlagen erforderlich. Die seit 1978 in Verantwortung der Berliner Gartendenkmalpflege durchgeführten konservatorischen Maßnahmen[8], haben inzwischen zu einer vielbeachteten Wiedergewinnung des Glienicker *Pleasuregrounds* und des Jagdschloßparkes geführt. Es bleibt zu hoffen, daß die nächsten Jahre dem großen Landschaftspark sein ursprüngliches Gesicht zurückgeben werden.

Alle heute im Vermögen des Bezirksamtes Zehlendorf befindlichen Parkteile Glienickes sind ganzjährig unentgeltlich für das Publikum geöffnet. Das Schloß selber ist inzwischen für eine museale Nutzung hergerichtet; ein dazugehöriges Restaurant im ehemaligen Remisengebäude steht schon jetzt das ganze Jahr über den Parkbesuchern zur Verfügung.

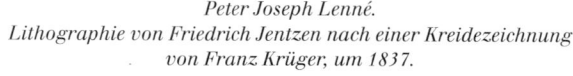

Peter Joseph Lenné.
Lithographie von Friedrich Jentzen nach einer Kreidezeichnung
von Franz Krüger, um 1837.

*Sehr reizvolle Sicht
aus dem Zentrum des friderizianischen Rokokoparkes
auf das Schloß Charlottenhof.*

Gerd Schurig

Die Anlage
Charlottenhof,
Potsdam

Recht spät im Vergleich zu den anderen hier beschriebenen Anlagen erfuhr der Park _Sanssouci_ im Süden noch eine beträchtliche Vergrößerung.

Es war am Ende des Jahres 1825, als dem König Friedrich Wilhelm III. für 30 000 Taler ein reichlich 50 Hektar großes Grundstück in eben jener Gegend zum Kauf angeboten wurde. Hofmarschall von Maltzahn, zum Gutachten über das Gelände aufgefordert, äußerte sinngemäß, daß die Erweiterung des Gartens von Sanssouci um dieses Gelände eine große Bereicherung und Verschönerung bei geringen Kosten bringen würde. Zweifellos war sein Bericht von Lenné beeinflußt, der sich – ebenso wie 30 Jahre vorher Johann August Eyserbeck – sofort im klaren war, welche gute Möglichkeit zur Abrundung des _Sanssouci_-Parkes und somit auch zur Landesverschönerung hier bestand. Daraufhin entschloß sich der König, _Charlottenhof_ samt allem Inventar seinem Sohn, dem Kronprinzen Friedrich Wilhelm, zum Geschenk zu machen. Diesem wurde völlig freigestellt, wie er mit seinem neuen Besitz verfahren wollte: es galt die Wahl zu treffen zwischen weiterer landwirtschaftlicher Nutzung oder »neuen Anlagen« – also parkartiger Gestaltung. Als Entscheidungshilfe waren bereits der Schenkungsurkunde erste Planvorschläge Lennés beigefügt. Der Kronprinz wählte die Parkanlage.

Wie war das Gelände beschaffen, das der neue Besitzer am Anfang des Jahres 1826 vorfand? Südlich eines alten Triftweges, der heute im Werderschen Weg noch in Resten vorhanden ist und ehemals bis weit in den Park führte, befanden sich teils sumpfige, teils sandige Flächen in völliger Ebene. »Das Grundstück . . . setzte sich aus Kartoffel- und Getreideäckern sowie aus Wiesenland zusammen. Wald und Wasser fehlten völlig. Das Gehöft wies damals außer dem Herrschaftshause vierzehn größere und kleinere Gebäude auf, die sämtlich eingeschossig, mit Ziegeldächern gedeckt waren . . .«[1]

Östlich und südlich vom Haus befanden sich kleine Obst- und Küchengärten, aber nicht in erhaltenswürdigem Zustand. Die nördliche und östliche Grenze des Geländes bildete der 1764 ausgehobene sogenannte Palaisgraben. Dieser verband das »Neue Palais« mit der Havel und hatte zum Baustofftransport für den Palais-Communs-Komplex sowie zur Entwässerung des angrenzenden Gebietes gedient. Unter den ehemaligen Besitzern des Grundstückes waren auch preußische Baumeister wie Johann Boumann, Johann Gottfried Büring und Karl von Gontard. Nach Marie Charlotte von Gentzkow, einer ehemaligen Besitzerin, erhielt das Gut den heute noch fortlebenden Namen _Charlottenhof._

Kronprinz Friedrich Wilhelm trug sich schon seit längerer Zeit mit dem Gedanken zum Bau eines eigenen kleines Schlosses; die Schenkung des Gutes _Charlottenhof_ traf ihn daher nicht völlig unvorbereitet. Als er Karl Friedrich Schinkel und Peter Joseph Lenné mit den Planungen zu diesem Besitz beauftragte, kannten sich die beiden geist- und ideenreichen Künstler schon durch ihre gemeinsame Arbeit in Glienicke. Die äußerst fruchtbare Zusammenarbeit von Schinkel und Lenné mit ihrem Auftraggeber war ein Glücksumstand, der sich in sensiblen und qualitätsvollen Resultaten niederschlug. Der Kronprinz hegte schon seit früher Jugend

Der Blick von der Exedra
über ein blumenumpflanztes Wasserbecken und Baumkulissen
auf das Neue Palais hat als reizvollen Vordergrund
die Büste der Prinzessin Elisabeth von Preußen.

großes Interesse für die Baukunst, insbesondere für die Kultur der Antike, kaum weniger für das deutsche Mittelalter. Seine Bekanntschaft mit dem Architekten Pierre François Léonard Fontaine prägte mit hoher Wahrscheinlichkeit sein Interesse für den italienischen Renaissance-Villenstil. Er, der später als Friedrich Wilhelm IV. auf dem Gebiet der Architektur weit größere Begabung als in seiner Politik zeigen sollte, fertigte schon zeitig mit eigener Hand zahlreiche Bauentwürfe, die mit ihren durchdachten Details und ihrem malerischen Sinn für die umgebende Landschaft beeindruckten. Karl Friedrich Schinkel, nicht nur als Architekt einer der Größten seiner Zeit, hatte schon zweimal Italien bereist, als er an der Umgestaltung *Charlottenhofs* zu arbeiten begann. In seiner Verehrung der Antike wußte er sich wie kaum ein zweites Mal einig mit seinem Auftraggeber. Trotz recht nüchterner örtlicher Gegebenheiten und knapper Finanzlage wurde er in genialer Weise höchsten ästhetischen Ansprüchen und den Wünschen des Kronprinzen gerecht.

Im zehnten Jahr seiner Potsdamer Dienstzeit begann sich Lenné mit *Charlottenhof* zu beschäftigen. Wurde er mit den Planungen zu einen Garten beauftragt, ging es ihm niemals nur um die großzügige, freie Gestaltung des eigentlichen Bearbeitungsgebietes, sondern immer auch um die Herstellung vielfältigster Beziehungen zur Umgebung. Besonders günstige Möglichkeiten sah er in Potsdam, die vorhandenen Parke, Bauten und Anlagen zu einer einzigartigen zusammenhängenden Kulturlandschaft zu vereinigen. Welch günstige Gelegenheit also bot ihm die Vergrößerung des *Sanssouci*-Parkes um fast die Hälfte durch den Erwerb des Gutes Charlottenhof! Lennés Bestreben in der Gestaltung ging dahin, auf dem festbegrenzten neuerworbenen Gelände weite, vielfältige, die Flächenbeschränktheit verleugnende Parkräume zu bilden, die organisch zum bisherigen Parkbestand zu gehören schienen. Klug wußte auch er bei zum Teil wenig attraktiver Umgebung sowie unter Berücksichtigung der Wünsche des Kronprinzen seine anspruchsvollen Ziele zu erreichen. Dabei waren auch für ihn die finanziellen Mittel sehr begrenzt. Im

März 1826 wurde auf Empfehlung Lennés der Obergärtner Hermann Ludwig Sello angestellt und mit der praktischen Ausführung der Pläne beauftragt. Über den »Palaisgraben« spannte man zwei Brücken, eine im Westen zu den Gärten am »Neuen Palais« und eine östlich in den *Sanssouci*-Park. Als erste Arbeit wurden von diesen Brücken aus in weitem, zügigen Schwung nahe der Parkgrenzen zwei breite Wege zum Gutshaus abgesteckt, so daß ein an den *drive* der englischen Parke erinnernder Hauptweg entstand, der den gesamten neuzuschaffenden Garten umschloß. Als Rest der vorhergehenden Anlage blieb lediglich die südlich zum Gutshaus führende Kastanienallee als Zufahrt erhalten. Sie wurde in den dreißiger Jahren des vorigen Jahrhunderts auf eine achtreihige Pflanzung vergrößert und lebt heute noch in einer vierreihigen Lindenallee fort.

Man ging an den Umbau des Gutshauses, nachdem alle umgebenden Gebäude abgerissen waren. Aus finanziellen Gründen galt es, möglichst viel vorhandene Bausubstanz in das neue Haus einzubeziehen. An der Nordseite wurde ein halbrunder Anbau zugefügt, nach Osten ein Säulenportikus vorgelagert und der auf der Westfront vorspringende Mittelrisalit in antiker Formensprache umgebaut. Als auch noch die Dachgestalt dem selben Charakter angepaßt wurde, war ein homogenes Gebäude, eine Adaption römischer Vorstadtvillen der Renaissancezeit im besten Sinne, entstanden. Kaum etwas erinnerte noch an das alte Gutshaus. Die Innenräume wurden in sehr feinsinnigem, sensiblen Eingehen auf die kronprinzlichen Vorstellungen von Schinkel ausgestattet und sind auch heute noch als Perle der klassizistischen Innenarchitektur zu besichtigen.

Der »Palaisgraben« sollte nach Lennés Plänen an zwei Stellen – südlich vom Freundschaftstempel und in der Südostecke – seeartig erweitert werden und als ruhender Wasserspiegel das Parkbild bereichern. Leider wurde nur der letztere Teich ausgeführt. Im Hochsommer 1826 wurde mit den ersten Grabungen zu diesem später nach dem Maschinenhaus benannten Teich begonnen. Man schuf damit nicht nur die für jede Parkgestaltung so wichtige spiegelnde Wasserfläche zur optischen Belebung der angrenzenden Szenerien, sondern setzte das ausgegrabene Erdreich zur Modellierung eines interessanten Bodenprofils im bis dahin tischebenen Gelände ein. Die Aufschüttung der Terrasse des Schlosses war von größter Wichtigkeit, weil man nicht auf die für die römischen Renaissancegärten so typischen Terrassierungen verzichten wollte. Sanft ansteigende Bodenerhebungen von faszinierender Wirkung auf das Raumerlebnis wurden vor allem am Rand der Anlage ausgeformt. Ein kleiner Hügel erhöhte den Hauptweg südwestlich vom »Handtmannschen Gärtnerhaus« (Meierei) zu angenehmem Rundblick, ein weiterer diente zur Aufhöhung des nördlich vom »Maschinenteich« gelegenen Ufers und wurde ein Jahr später bei weiteren Grabungen zur Insel. Zwei sanfte Bodenwellen beleben die Südgrenze des Parkes. Innerhalb des *drive* findet sich eine einzige Erhebung – fast genau im Zentrum der gesamten Anlage. Sie zieht von zahlreichen wichtigen Plätzen aus den Blick des Betrachters an und erhielt nach der in den Anfangsjahren praktizierten Weinkultur an dicht über dem Boden gespannten Drähten (angeblich Tiroler Art des Weinbaues) den Namen »Tiroler Berg«. Diesem Hügel wurde auch in anderer Hinsicht besondere Aufmerksamkeit geschenkt; durch die Ausstattung mit einer wasserspendenden antiken Urne, durch Pflanzung von Pyramidenpappeln und die Anlage kleiner Springstrahlen im Gras spielt er in vielfacher Weise auf die Dialektik von Leben und Tod an.

Bei jeder Bodenbewegung wurde streng darauf geachtet, daß die beste Erde für die oberste Schicht zurückblieb. So erleichterte man sich vorausblickend schon die zum Ende des Jahres 1826 beginnenden Baum- und Strauchpflanzungen. Deren Charakter kann man sehr gut in dem »Plan von Charlottenhof oder Siam«, 1839 durch Gerhard Koeber als Bestandsplan gezeichnet, aber auch heute noch am Gehölzbestand des Parkes ablesen. Nach Osten, Süden und Westen sind die Parkgrenzen durch dichte Baumpflanzungen abgeriegelt, wobei ein starker Anteil von Nadelgehölzen diese Dichtheit auch im Winter garantiert. Entweder

wollte man nicht durch neugierige Blicke belästigt sein oder hielt die Aussicht auf die umgebenden Äcker und Gärten für nicht lohnend genug. Im Inneren des Geländes treten Koniferen nur in besonders ausgewählten Gruppen an wenigen prägnanten Stellen auf, ansonsten rekrutiert sich der Grundbestand aus heimischen Laubbäumen, wie Eiche, Buche, Pappel, Ahorn, Kastanie und Silberpappel. Diese wurden einzeln oder gruppenweise gepflanzt, so daß viele Haine und Einzelbäume mit tiefen, bis in den alten *Sanssouci*-Park reichenden Sichten abwechseln. Schon bei geringem Fortschreiten auf den geschwungenen Wegen ergeben sich neue, reizvolle Bilder. Zur Erweiterung der Mannigfaltigkeit und Akzentuierung hervorragender Punkte wurde auch auf besondere Baumarten zurückgegriffen, wie zum Beispiel Blutbuchen, in feuchteren Bereichen Sumpfzypressen und oftmals in Gebäudenähe die sehr beliebten Platanen. Die benötigten Pflanzen kamen aus Baumschulen (auch aus der 1823 von Lenné begründeten Landesbaumschule) und aus den königlichen Forsten. Einzelne Exemplare davon erreichten nach Kopisch[2] sogar Stammdurchmesser von 50 cm und 18 m Höhe.

Während im Großteil des Parkraumes die natürlichen, freien Gestaltungsformen vorherrschen, befinden sich in der Umgebung der Gebäude (Charlottenhof, Gärtnerhaus) geometrische Anlagen, wohl auf Wunsch des Kronprinzen, wie dessen Einzeichnungen in Lennés Plan von 1825 vermuten lassen. Quer durch das Schloß geht die längste Achse. Sie beginnt im Osten beim Gartenaltan auf dem Pumpenhaus und führt über den jetzigen Blumengarten, der 1835 als Rosengarten gestaltet wurde, zu ihrem Höhepunkt – der Terrasse am Schloß. Diese hausgebundene Außenfläche wird vom Haus, von einer Pergola und einer Exedra begrenzt, so daß der Blick nur nach Norden in Richtung auf den Park frei schweifen kann. Mit einer Größe von 20 x 45 m ist die Terrasse von angenehm wohnlicher Dimension. Die östlich gelegene Exedra mit ihrer runden Bank lädt zum Verweilen und wertenden Betrachten ein. Auf die wohldurchdachte Symbolik, die sowohl im Konzept der Ge-

Blick vom östlichen Hippodromausgang
auf den nach dem Vorbild der Villa Albani angelegten Dichterhain
vor dem Schloß.

Die Exedra an der Schloßterrasse,
die anfangs von blauweißer Markise überdacht war,
wird heute von Weinlaub beschattet.

Seiten 278, 279
Von den Römischen Bädern zum Schlößchen
sieht man über den Spiegel des Maschinenteiches, der größten
Wasserfläche des Parkes Charlottenhof.

samtanlage, in der Abfolge des axial angelegten Bereichs und auch den kleinsten Details enthalten ist, kann hier leider nicht eingegangen werden.[3] Zum Park herab führt eine Erdrampe, die seitlich von zwei Treppen flankiert wird und an deren Fuß ein Wasserbecken ruht. In der Mitte desselben steht auf einer korinthischen Säule die Büste der Kronprinzessin. Am Säulenfuß sowie in der seitlichen Wasserfläche entspringen belebende Wasserstrahlen.

Westlich vom Haus setzt sich die Achse im »Dichterhain« fort. Dieser ehemals im *Quincunx* gepflanzte Kastanienhain mit seitlichen Laubengängen und einer Brunnenschale in der Mitte erhielt seinen Namen nach neben den Eingängen aufgestellten Büsten antiker (Ariost, Dante, Tasso, Petrarca) und zeitgenössischer (Goethe, Schiller, Herder, Wieland) Dichter. Die Achse endete ursprünglich hinter einem Rasengeviert bei der »Ildefonso-Gruppe«, einer Allegorie von Schlaf und Tod, die sich im quer davorliegenden »Karpfenteich« spiegelte. Erst am Ende des vorigen Jahrhunderts wurde sie weiter nach Westen verlängert, um den Hippodrom und die Fasanerieanlagen in die Gestaltung einzubeziehen. Seitlich des Rasenrechteckes waren anfangs noch eine Orangerie (nördlich) eine ausgedehnte Villenanlage (südlich) geplant, wurden aber später zugunsten von Bauwerken an anderer Stelle nicht realisiert.

Bereits im zweiten Jahr nach dem Kauf wurde das schon erwähnte Pumpenhaus am »Maschinenteich« gebaut, um eine Dampfmaschine von drei PS aufzunehmen, wodurch (ab 1. Januar 1828) erstmals in Potsdam die Möglichkeit bestand, Wasserspiele auf Dauer zu betreiben. In *Charlottenhof* beleben zahlreiche Springstrahlen das Parkbild; auf der Schloßterrasse, im Blumengarten, im Becken beim Schloß, im Rasen daneben, im »Dichterhain«, im Hippodrom und in den Höfen des Gärtnerhauses.[4] Der Bereich Charlottenhof diente erfolgreich als Versuchsgelände für großräumige Parkwasserversorgung. Zur Regierungszeit Friedrich Wilhelms IV. (ab 1840) wurde dann an der Havelbucht ein neues Maschinenhaus errichtet, um den gesamten Sanssouci-Park in großem Rahmen mit Wasserspielen

zu bereichern. Als auch der Park Charlottenhof an dieses zentrale Netz angeschlossen war, konnte die Dampfmaschine verkauft und das Pumpenhaus am »Maschinenteich« abgerissen werden.

Für Hermann Ludwig Sello, der anfänglich als Kastellan noch im Gutshaus wohnte, baute man bis 1830 das Gärtnerhaus, dem man zwei Jahre später nördlich das Gehilfenhaus anfügte. Ebenfalls 1830 wurde das Nordufer des mittlerweile um die Hälfte vergrößerten »Maschinenteiches« in der heute noch erlebbaren Form mit »Teepavillon« in Tempelform, Wasserlaubengang und Mauer nach einem idyllischen Stich des Salomon Geßner gestaltet. Den gesamten Komplex der Wirtschaftsgebäude verband man durch eine großartige Weinlaube und erweiterte ihn in der Folge noch um eine Arkadenhalle mit der dahinterliegenden malerischen Gebäudegruppe der »Römischen Bäder« nach antikem Vorbild. Um diesen Bereich eindeutig vom *Charlottenhof* abzuheben, sind die Bauten durch Ludwig Persius im Gegensatz zu diesen ganz im Stil italienischer Landhäuser des Arnotales ausgeführt.

Auch die angrenzenden Anlagen trugen dem Wirtschaftscharakter Rechnung, selbst wenn sie ästhetisch aufgewertet waren. Nördlich vom Gärtnerhaus erstreckte sich zum »Handtmannschen Haus«, das 1833/34 zur Meierei umgebaut wurde, ein Blumengarten mit drei rechteckigen Wasserbecken für Schildkröten und Goldfische, mit einem Pflanzenhaus und anderen gärtnerisch genutzten Flächen sowie einem Taubenhaus. Das Gebiet gegenüber den »Römischen Bädern« gestaltete man, wie im Plan von 1839 erkennbar, als italienisches Kulturstück. Zu diesem Zweck wurde die bereits vorhandene Kastanienpflanzung nördlich durch Eschen, Ebereschen und Ulmen bereichert, zwischen denen an Festons u. a. Wein und Kürbis wuchsen. In den weiteren regelmäßigen Bereichen wurden noch andere für Italien typische Pflanzen kultiviert: Feigen, Mais, Artischocken, Kardis. Diese gesamten gärtnerischen Anlagen veränderte man im Jahre 1879, auf einem Teil des Geländes entstand ein *Pinetum* (Koniferensammlung).

Die Fläche, die östlich hinter dem »Palaisgraben« und dem »Maschinenteich« angrenzt, konnte 1835 erworben und in die Parkgestaltung einbezogen werden, wovon heutzutage herrliche Sumpfzypressen zeugen.

Im gleichen Jahr kam Gartenland westlich vom Schloß dazu, auf dem, wieder in Nachempfindung antiker Grundrisse, der Hippodrom gestaltet wurde. Diese Anlage ist von einem sehr dichten Gehölzmantel umgeben und vom Schloß aus, obwohl in dessen Querachsen gelegen, nur durch Schlängelwege zu erreichen gewesen. Durch entsprechend ihrer Wuchshöhe gestaffelte Bäume werden die Sitzreihen symbolisiert. Von innen nach außen waren das: Falscher Jasmin, Flieder, Kugelrobinien, Linden, Kastanien, Rüstern und schließlich Pyramidenpappeln. Den Wendemarken des Pferderennens an beiden Enden entsprechen ein Pavillon im Südteil und nördlich das auch heute noch dort befindliche Stibadium.

In westlicher Richtung vom Hippodrom schließt sich das Fasaneriegelände an. Zwischen 1842 und 1844 schuf Ludwig Persius die zur Fasanenhaltung notwendigen Gebäude, und Lenné gestaltete in Zusammenarbeit mit dem Oberforstmeister die umgebenden Partien in naturnahem, waldartigem Charakter mit wenigen Blickschneisen, einigen Weihern und Buchweizenkoppeln. Ein großer Wasserkanal in Kreuzform (Längsbecken 190 x 19 m, Querbecken 88 x 19 m groß) befand sich an Stelle der jetzigen Lindenavenue und war schon 1880 wieder verfüllt worden.

Mit Lennés »Plan von Charlottenhof oder Siam« 1839 liegt ein sehr guter Bestandsplan und eine ideale Arbeitsgrundlage für die dort tätigen Gärtner vor. Nur dadurch, daß dieser Parkteil mehr als 150 Jahre lang in Lennés Sinne gepflegt wurde, kann man hier noch heute ein zu jeder Jahreszeit äußerst wirkungsvolles, klassisches Beispiel für seine Landschaftsparke erleben.

Blick von der Schloßterrasse auf die Römischen Bäder,
das architektonische Symbol
für Landwirtschaft und Nutzgärtnerei.

Herzogin Charlotte,
Herzog Ernst von Gotha und die beiden Prinzen
am Grabmal von Prinz Ernst,
Silhouette aus Goethes Besitz (um 1780).

MICHAEL NIEDERMEIER
GOETHE UND DIE »REVOLUTION«
IN DER GARTENKUNST SEINER ZEIT

Seite 9–27

1 Hippel, Theodor Gottlieb von: Lebensläufe nach aufsteigender Linie. T. 1. – In: Hippel, Th. G. von: Sämtliche Werke. Bd. 1. – Berlin, 1827. – S. 319.

2 Goethe, Johann Wolfgang von: Die Leiden des jungen Werthers. (1. Fassung). – In: Goethe, J. W. v.: Werke. (Berliner Ausgabe = BA). Bd. 9 – Berlin; Weimar, 1967. – S. 8. [meine Hervorhebung].

3 Ebenda, S. 8 f.

4 Vgl. ebenda, S. 57 ff.

5 Vgl. etwa Hirschfeld, Christian Cajus Laurenz: Kleine Gartenbibliothek. – Bd. 1. – Kiel, 1790. – S. V-VII; Hofgärtner Lenz (Philippsruhe): Etwas über Orangerien im Besonderen, und über den Umfang der Gartenkunst im Allgemeinen, mit Berücksichtigung der heutigen Gärtner. – In: Fortsetzung des Allgemeinen Teutschen Garten-Magazins oder gemeinnütziger Beiträge für alle Theile des praktischen Gartenwesens / hrsg. von Friedrich Justin Bertuch. – Bd 6., 2. Stück. – [Weimar], 1822. – S. 50.

6 In: Genius der Zeit. Bd. 10 (1797), 1. Stück. – S. 20. – Zitiert nach Gerndt, Siegmar: Idealisierte Natur: die literarische Kontroverse um den Landschaftsgarten des 18. und frühen 19. Jahrhunderts in Deutschland. – Stuttgart, 1981. – S. 116. – Auch Christian Gotthilf Salzmann (Gottesverehrungen, gehalten im Betsaale des Dessauischen Philanthropins. 4. Verehrung. – Frankfurt; Leipzig, 1784. – S. 12) bezeichnet die wohltätigen Folgen, die durch das Wirken von Fürst Franz von Anhalt-Dessau (s. u.) und das Dessauische Erziehungswesen in Deutschland erfolgt seien, als »Revolution«.

7 Rückert, Joseph: Bemerkungen über Weimar 1799 / hrsg. von Eberhard Haufe. – Weimar, 1969. – S. 25 u. 19 f.; vgl. auch Hirschfeld, Christian Cajus Laurenz: Das Landleben. – 2. Auflage. – Leipig, 1768. – S. 239 ff. – Dieser Denkansatz basiert ursprünglich natürlich auf der aufklärerischen privatisierenden Hausvätertradition. Vgl. Hirschfeld, C. C. L.: Theorie der Gartenkunst. Bd. 1. – Leipig, 1779. – S. 16.

8 Hirschfeld, C. C. L.: Theorie der Gartenkunst. – Leipzig, 1775. – S. 91.

9 v. R. (Leopold von Reichenbach? od. Daniel Jenisch): Der schöne Garten. – Berlin, 1788. – S. 7; Schiller an Körner, 23. Februar 1793. – In: Schillers Briefwechsel mit Körner. T. 2 / hrsg. von Karl Goedecke. – 2. vermehrte Auflage. – Leipzig, 1878. – S. 3 f.; Don Carlos. – In: Schiller, Friedrich: Werke. Nationalausgabe. Bd. 6 / hrsg. von Paul Böckmann und Gerhard Kluge. – Weimar, 1973. – S. 374 f.; Claudius, Matthias: Sämtliche Werke. – München, 1968. – S. 115; Vgl. auch Gerndt, Siegmar: Idealisierte Natur, a. a. O., S. 106–128.

10 Vgl. Hennebo, Dieter: Goethes Beziehung zur Gartenkunst seiner Zeit. – In: Jahrbuch des Freien Deutschen Hochstifts. – Tübingen, 1979. – S. 90. – Vgl. auch Redslob, Erwin: Goethes Beziehung zur Gartenkunst. – Berlin, 1969. – S. 5 f. (Veröffentlichungsreihe des Instituts f. Landschaftsbau; 23)

11 Die Gegenüberstellung von französischer und englischer Dramatik wurde ganz üblicherweise durch die Gegensätze der Gartenstile versinnbildlicht. Vgl. etwa Lenz, Jakob Michael Reinhold: Für Wagnern (1774). – In: Lenz, J. M. R.: Werke und Schriften. I. / hrsg. von Britta Titel und Hellmut Haug. – Stuttgart, 1966. – S. 466.; Schiller, Friedrich: Zerstreute Betrachtungen über verschiedene aesthetische Gegenstände (1793). – In: Schiller, F.: Werke. (Nationalausgabe). Bd. 20 / hrsg. von Herbert Meyer. – Weimar, 1958. – S. 237 ff.; vgl. aber auch Matthisson, Friedrich von: Erinnerungen. T. 1 (1794). – In: Matthisson, F. von: Sämtliche Werke. T. 3–7. – Wien, 1815. – S. 243.

12 Johann Georg Sulzer formuliert in seiner »Theorie der schönen Künste« (1771 bis 1774): »Diese Kunst hat eben so viel Recht als die Baukunst, ihren Rang unter den schönen Künsten zu nehmen. Sie stammt unmittelbar von der Natur ab, die selbst die vollkommenste Gärtnerin ist.« (Sulzer, J. G.: Allgemeine Theorie der schönen Künste. – 2. Auflage. – Leipzig, 1792. – S. 292). Kant, Immanuel (Kritik der Urteilskraft / hrsg. von Gerhard Lehmann. – Stuttgart, 1963. – S. 260) stellt die Gartenkunst neben die »eigentliche Malerei«, der er den obersten Rang innerhalb der Kunstgattungen zugesteht. Und selbst Herder beschrieb die Gartenkunst noch 1800 in seiner »Kalligone« als Schwester der Architektur.

13 Sedlmayr, Hans: Verlust der Mitte: die bildende Kunst des 19. und 20. Jahrhunderts als Symptom und Symbol der Zeit. – 2. Auflage. – Salzburg, 1948. – S. 20 f.

14 BA, Bd. 19, S. 67.

15 BA, Bd. 9, S. 15.

16 Ebenda, S. 15 f. – [meine Hervorhebung].

17 Goethe an Schönborn, Juli 1774. – In: Der junge Goethe: neue Ausgabe in sechs Bänden / besorgt von Max Morris. – Leipzig, 1909–1912. – Bd. 4. – S. 26.

18 Etwa im Werther (s. o.), in »Wilhelm Meisters Lehrjahren« geschieht dies bereits ironisch in Zusammenhang mit der Beschreibung einer Theaterkulisse, die elysische Landschaften vorstellen soll (BA, Bd. 10, S. 59), in »Dichtung und Wahrheit« benutzt Goethe den Begriff überhaupt für Gartenraum (BA, Bd. 13, S. 16). Wie ein Brief an die Schwester vom 12. Dezember 1765 belegt, verglich Goethe noch in dieser Zeit ganz traditionell den formalen Apelschen Garten in Leipzig mit »Elysischen Feldern« (Der junge Goethe / hrsg. von Max Morris, a. a. O., Bd. 1, S. 116).

19 BA, Bd. 9, S. 14.

20 Ebenda, S. 13.

21 Vgl. hierzu ausführlich: Niedermeier, Michael: Das Ende der Idylle: Symbolik, Zeitbezug, ›Gartenrevolution‹ in Goethes Roman »Die Wahlverwandtschaften«. – Berlin [u. a.], 1992. – S. 85 ff.; 160 ff.

22 BA, Bd. 12, S. 446. – 1808 notiert Goethe dann in sein Tagebuch: »Über Metamorphose und deren Sinn; Systole und Diastole des Weltgeistes; aus jener geht die Spezifikation hervor, aus dieser das Fortgehn ins Unendliche.« (17. Mai. 1808). – In: Goethe, Johann Wolfgang: Werke / hrsg. im Auftrag der Großherzogin Sophie

von Sachsen (Weimarer Ausgabe = WA). – Weimar, 1887–1919. – III. Abteilung, Bd. 3. – S. 336 f.)

23 BA, Bd. 12. – S. 197; vgl. hierzu: Niedermeier, Michael: Das Ende der Idylle, a. a. O.; ders.: »Es wandelt niemand ungestraft unter Palmen«: Goethes Roman »Die Wahlverwandtschaften«. – In: Weimarer Beiträge : Zeitschrift für Literaturwissenschaft, Ästhetik und Kulturtheorie. – (Berlin; Weimar). – 34 (1988) 5. – S. 723–745.

24 BA, Bd. 11, S. 101.

25 Ebenda, S. 104 f.

26 Goethe an Friederike Oeser, 8. April 1769; WA, IV. Abteilung, Bd. 1, S. 209.

27 Goethe an Auguste zu Stolberg, 17. bis 24. Mai 1776; WA, IV. Abteilung, Bd. 3, S. 65 u. 66 f.; vgl. zu Goethes ersten Gartenarbeiten in seinem eigenen Garten an der Ilm und zu seinen botanischen Arbeiten: Georg Balzer: Goethe als Gartenfreund. – München, 1966. – S. 20–41.

28 Vgl. hierzu den bekannten kolorierten Stich von Georg Melchior Kraus (1794) sowie Goethes Bleistiftzeichnung »Felsentreppe im Weimarer Park«, in: Corpus der Goethezeichnungen. Bd. 1 (Nr. 178) / hrsg. von den Nationalen Forschungs- und Gedenkstätten der klassischen deutschen Literatur in Weimar / bearb. von Gerhard Femmel u. a. – Leipzig, 1958 bis 1973.

29 Goethe an Charlotte von Stein, 19. Januar 1778; WA, IV. Abteilung, Bd. 3. – S. 207 f.

30 WA, III. Abteilung, Bd. 1., S. 64.

31 Merck, Johann Heinrich: Beschreibung der Gärten um Darmstadt. – In: Hirschfeld, C. C. L.: Theorie der Gartenkunst, a. a. O., Bd. 2. – S. 157–160.

32 Goethe an Merck, 5. August 1778; WA, IV. Abteilung, Bd. 3., S. 237.

33 Tagebuch, 13. Mai 1778; WA, III. Abteilung, Bd. 1., S. 66.

34 Goethe an Charlotte von Stein, 14. Mai 1778; WA, IV. Abteilung, Bd. 3., S. 222 f.

35 Goethe, Schiller und Meyer: (Über den Dilettantismus), Gartenkunst. – In: BA, Bd. 19. – S. 322.

36 Im ältesten Schema zu »Dichtung und Wahrheit» (BA, Bd. 13. – S. 852) allerdings datiert er den »Anfang der Parkanlagen« bereits für März 1778, sieht hier also seine eigenen Arbeiten als eigentlichen Beginn an.

37 BA, Bd. 16, S. 397 [meine Hervorhebung].

38 BA, Bd. 13, S. 852.

39 Carl August von Weimar in seinen Briefen / hrsg. von Hans Wahl und Dora Zenk. – Weimar, 1915. – S. 54.

40 Vgl. Burckhardt, Lucius: Natur und Garten im Klassizismus. – In: Der Monat. – 15 (1963) 17. – S. 45 ff.; vgl. auch Hoffmann, Alfred: Der Landschaftsgarten. – Hamburg, 1963. – S. 168 u. ö. (Die Geschichte der Gartenkunst; 3). – Daniels, S.; Seymours, S.: Landscape Design and the Idea of Improvement 1730 bis 1900. – In: A Historical Geography of England and Wales. / Dogshon, R. A.; Butlin, R. A. (Hrsg.). – London [u. a.] 1991 – S. 487–520.

41 (Über den Dilettantismus). Gartenkunst; BA, 19. – S. 323.

42 Nemnich, Philipp Andreas: Neueste Reise durch England, Schottland und Ireland, hauptsächlich in bezug auf Produkte, Fabriken und Handlung. – Tübingen, 1807. – S. 27; vgl. auch Hoffmann, Alfred: Der Landschaftsgarten, a. a. O., S. 19, 159, 183; Gothein, Marie-Luise: Geschichte der Gartenkunst. Bd. 2. – 2. Auflage. – Jena, 1926. – S. 372.

43 Schopenhauer, Johanna: Reise nach England / hrsg. von Konrad Paul. – Berlin; Weimar, 1982. – S. 223. – Kaum anders erging es auch später dem jungen Gartenarchitekten Ludwig Sckell, der im Auftrag Carl Augusts von Sachsen-Weimar die Gartenkunst in Deutschland, Frankreich, den Niederlanden und England studierte und dem es nur mit viel Geduld und höchster Protektion gelang, Kew und andere Gärten zu besuchen. Viele Privatgärten blieben ihm allerdings aus Furcht, er könne den Gärten dort etwas abschauen, versperrt (Sckell, Ludwig: Notizen an Carl August von Weimar / mit einem Vorwort von F. J. Bertuch. – In: Fortsetzung des Allgemeinen Teutschen Garten-Magazins, a. a. O., Bd. 4, 1. Stück. – [Weimar], 1819. – S. 224 ff.

44 v. Reichenbach [?] (Der schöne Garten, a. a. O. S. 8, 38) bezeichnet ihn in seinem Lehrgedicht als »klügsten Lehrer« und kündet großartig: »Und wem ist Hirschfeld unbekannt?!« Sulzer, dem Hirschfeld seine große Ausgabe widmete, und dem er an gleicher Stelle für die bedeutende Unterstützung dankte (»Theorie der Gartenkunst«, a. a. O., Bd. 1. – S. XIV.), hob Hirschfelds Bedeutung seinerseits in seiner »Allgemeinen Theorie der Schönen Künste« (a. a. O., S. 297) hervor. Wieland feierte Hirschfelds »Anmerkungen über Landhäuser« und die »Theorie der Gartenkunst« in einer Rezension (in: Wielands Gesammelte Schriften. Bd. 21; Kleine Schriften. – I [1773-1777]. – Berlin, 1939. – S. 187). Für Goethe steht sein Name wiederholt als Synonym für die Landschaftsgartenkunst in Deutschland und die mit ihr einhergehende »Parksucht« (BA, Bd. 13. S. 865; WA, III. Abteilung, Bd. 13, S. 10; WA, II. Abteilung, Bd. 6; S. 230.). – Wenngleich Hirschfelds innovatorische Leistung in der Gartenkunst von Gartenhistorikern gelegentlich gering veranschlagt wird (Gothein: Geschichte der Gartenkunst, a. a. O., Bd. 2, S. 292; Wimmer, Clemens Alexander: Geschichte der Gartentheorie. – Darmstadt, 1989. – S. 189) gehört Hirschfelds »Theorie« mit ihrer popularaufklärerischen Breitenwirkung zu den wichtigsten Werken der Zeit überhaupt (Vgl. Kehn, Wolfgang, Die Gartenkunst der deutschen Spätaufklärung als Problem der Geistes- und Literaturwissenschaft. – In: Internationales Archiv für Sozialgeschichte der deutschen Literatur. – Bd. 20. – [Tübingen], 1985. – S. 195 bis 224).

45 Vgl. hierzu Hardtke, Werner: Brief an Heinz Hamm. – In: Weimarer Beiträge. – 7 (1983). – S. 1315–1318.

46 Vgl. Hirschfeld, C. C. L.: Das Landleben, a. a. O., S. 301, vgl. auch S. 46–234.

47 Neumeyer, Eva Maria: The Landscape Garden as a Symbol in Rousseau, Goethe and Flaubert. – In: Journal of the History of Ideas. – (London) 8 (1974). – S. 187–217;

Wagner, Birgit: Gärten und Utopien. Natur- und Glücksvorstellungen in der französischen Aufklärung. – Graz, 1985. – S. 136–160.

48 Hirschfeld, C. C. L.: Das Landleben, a. a. O., S. 52.

49 Sonnenfels, Joseph von: Der Mann ohne Vorurtheil. – Bd. 2. – Wien, 1766. – S. 475.

50 Hirschfeld, C. C. L.: Das Landleben, a. a. O., S. 299. – Hirschfeld fordert die feudalen Grundbesitzer im Namen einer die allgemeine Glückseligkeit einklagenden Menschheit auf, die Leibeigenschaft auf ihren Gütern zu beseitigen und sich so der Liebe des Volkes zu versichern. Durch die befreiten Bauen würden sie einer gesteigerten landwirtschaftlichen Effektivität und erblühenden Landeskultur den Weg bahnen (ebenda, S. 182).

51 Erregte Ideen; BA, Bd. 15, S. 416.

52 BA, Bd. 12, S. 53.

53 BA, Bd. 15, S. 468

54 In der »Theorie« heißt es z. B.: »Die Gartenkunst ahmt nicht nur die Natur nach, indem sie den Wohnplatz des Menschen verschönert, sie erhöht auch sein Gefühl von der Güte der Gottheit, sie befördert die Fröhlichkeit und Anmuthigkeit seines Geistes, und selbst das Wohlwollen gegen seine Nebengeschöpfe.« (Hirschfeld: Theorie der Gartenkunst, a. a. O., Bd. 1. – S. 158). Vgl. auch die kaum noch bekannte Schrift von Hirschfeld »Von der moralischen Einwürckung der bildenden Künste«, Leipzig, 1775, besonders S. 8 f., S. 27 f.).

55 Rückert, Joseph: Bemerkungen über Weimar, 1799, a. a. O., S. 25. Vgl. ebenfalls Hirschfeld, C. C. L.: Theorie der Gartenkunst, a. a. O., S. 186; vgl. auch Anm. 7.

56 Vgl. Karl August Varnhagen von Enses Wiedergabe eines Ausspruchs von Goethe: »Parkanlagen, einst – besonders durch Hirschfelds allgemein verbreitetes Buch – in ganz Deutschland eifrigstes Bestreben . . .« (8. Juli 1825. – In: Goethes Gespräche. Gesamtausgabe / neu hrsg. von Flodoard Freiherr von Biedermann. 5 Bde. 2. Auflage. – Leipzig, 1909–1911. –

Bd. 3. – S. 215.) In seinem »Schema zu einem Aufsatz, die Pflanzencultur im Großherzogtum Weimar darzustellen« (ca. 1822) heißt es: ». . . so wie die Neigung zu ästhetischen Parkanlagen überhaupt durch Hirschfeld aufs höchste gestiegen ward« (WA, II. Abteilung, Bd. 6, S. 230). – Falls nicht anders angegeben, beziehen sich die Zitate entsprechend auf die einbändige Ausgabe.

57 Hirschfeld, C. C. L.: Theorie der Gartenkunst, a. a. O., S. 1.

58 Vgl. hierzu Tevenar, Wilhelm von: An meine Freunde. Über den Garten, den ich in den Festungswerken zu Magdeburg angelegt habe. – Magdeburg, [1792?]. – Vgl. auch Hirschfeld, C. C. L.: Das Landleben, a. a. O., S. 51.

59 BA, Bd. 12, S. 197. – In Goethes Epigramm über den Gothaer Park (1782) nennt er den Park einen »himmlischen Garten« und »Eden« (Der Park; BA, Bd. 1, S. 364). Vgl. weiter Goethes Charakterisierung des diastolischen Freiheitsdranges in »Dichtung und Wahrheit«, den er eben in den damals friedlichen Zeiten begründet sieht (BA, Bd. 13, S. 575).

60 Vgl. hierzu Hirsch, Erhard: Dessau-Wörlitz: Aufklärung und Frühklassik. – Leipzig; München, 1985.
Vgl. weiter die profunde, enorm quellenreiche Dissertationsschrift: Hirsch, Erhard: Progressive Leistungen und reaktionäre Tendenzen des Dessau-Wörlitzer Kulturkreises in der Rezeption der aufgeklärten Zeitgenossen (1770-1815). – 1969. Halle-Wittenberg, Univ. Diss.

61 Zit. nach: Der Dessau-Wörlitzer Kulturkreis / hrsg. von Johannes Pforte und Hartmut Ross. – Wörlitz, 1965 (Wörlitzer Beiträge zur Geschichte).

62 Vgl. hier Winckelmanns 1777 und 1780 erschienene Briefe und andere Äußerungen (Hosäus, Wilhelm: Herzog Leopold Friedrich Franz von Anhalt-Dessau und Johann Joachim Winckelmann. – In: Mittheilungen des Vereins für Anhaltische Geschichte und Alterthumskunde. – Bd. 2. – S. 17–49).

63 BA, Bd. 13, S. 356.

64 Vgl. hierzu neuerdings: Hirsch, Erhard: Der Ursprung der deutschen Neugotik im aufgeklärten Dessau-Wörlitzer Reform-

werk. – Dessau, 1987. – S. 3 ff. (Beiträge zur Stadtgeschichte / hrsg. vom Museum für Stadtgeschichte; 6).

65 Vgl. z. B. Hirschfeld, C. C. L.: Theorie der Gartenkunst, a. a. O., Bd. 5, S. 299.

66 Matthisson, Friedrich von: Erinnerungen. – Wien, 1815. – S. 240 und 242. Nach August Rode sei es das Ziel der Gartenkunst in Wörlitz gewesen, »durch nachahmende Kunst uns in entfernte Länder und Zeiten zu zaubern.« (August Rode: Wegweiser durch die Sehenswürdigkeiten in Dessau. – Dessau, 1795. – S. 208)

67 Rückert, Joseph: Bemerkungen über Weimar 1799, a. a. O., S. 18. – Der Weimarer Park wurde 1783, der Gothaer 1786 dem Publikum geöffnet. (Vgl. Hoffmann, Alfred: Der Landschaftsgarten, a. a. O., S. 98).

68 Böttiger, Johann Gottlieb: Triumph der schönen Gartenkunst . . . – Neue Ausgabe. 3. Hefte. – Leipzig, 1800. – 1. – S. VII. Böttger war übrigens der bedeutende Dresdener Kupferstecher, der bekannte Ansichten von Wörlitz, »Der Sommersaal«, »Der Judentempel am See«, »Die Eremitenkapelle« fertigte.

69 Rode, August: Wegweiser durch die Sehenswürdigkeiten in Dessau. – Dessau, 1795. – S. 44.

70 Rode, August: Beschreibung des Fürstlichen Anhalt-Dessauischen Landhauses und Englischen Gartens zu Wörlitz. – Dessau, 1798. – S. 91.

71 Hirschfeld, C. C. L.: Das Landleben, S. 304.

72 Zitiert nach: Dessau-Wörlitzer Kulturkreis / hrsg. von J. Pforte und H. Ross. – S. 36.

73 Tag- und Jahreshefte; BA, Bd. 14., S. 54. – [meine Hervorhebung.]

74 Nicolai, Friedrich: Freuden des jungen Werthers: Leiden und Freuden Werthers des Mannes; voran und zuletzt ein Gespräch. – In: Der junge Goethe im zeitgenössischen Urteil / bearbeitet und eingeleitet von Peter Müller. – Berlin, 1969. – S. 142 ff.

75 Der unbekannte Rezensent von Hirschfelds »Anmerkungen über die Landhäuser

und die Gartenkunst in Nicolais »Allgemeiner Deutschen Bibliothek« warnte schon 1777 – bei aller Anerkennung – vor einer allgemeinen Nachahmung der englischen Gartenkunst, will diese den Fürsten vorbehalten wissen. (Cr.), Rezension. – In: Allgemeine Deutsche Bibliothek; Anhang zu Bd. 13–24. 3. Abteilung. – Berlin; Stettin, 1777. – S. 1005 f.

76 Möser, Justus: Das englische Gärtgen. – In: Möser, J.: Anwalt des Vaterlandes. (Ausgewählte Werke) / hrsg. von Friedemann Berger. – Leipzig; Weimar, 1978. – S. 234 ff.; Sulzer, Allgemeine Theorie der schönen Künste, a. a. O., S. 304.

77 Jacobi, F. H.: Ein Stück Philosophie des Lebens und der Menschheit; aus dem zweiten Bande von Woldemar. – In: Deutsches Museum. – 4. – Leipzig, 1779. – Bd. 1. – S. 336–341, hier S. 340 f., Jacobi, J. G.: Ueber die Englischen Gärten: an den Herrn Kanzler von Ittner. – Freyburg, 1807. – In: Jacobi, F. G.: Sämtliche Werke. – 3. rechtmäßige Original-Ausgabe. – Bd. 7. – Zürich, 1819. – S. 17–52.

78 Hirschfeld, C. C. L.: Handbuch der Fruchtbaumzucht. T. 1. – Braunschweig, 1788. – Hier heißt es in der Einleitung: »Je vernünftiger die Landbewohner werden, desto fleißiger und geschickter besorgen sie ihre Gärten und die Anpflanzung nützlicher Fruchtbäume.« (Ebenda, S. 1).

79 Vgl. hierzu: Hirsch, E.: Progressive Leistungen und reaktionäre Tendenzen des Dessau-Wörlitzer Kulturkreises, a. a. O., Bd. 1. – S. 133 ff.; vgl. etwa Hartung, Fritz: das Großherzogtum Sachsen unter der Regierung Carl Augusts (1775-1828). – Weimar, 1929. - S. 78.

80 Vogel [Friedrich Christian Wilhelm]: Kurze Theorie der empfindsamen Gartenkunst, oder Abhandlung von denen Gärten nach dem heutigen Geschmack. – Leipzig, 1786. – S. 10 ff.) etwa fordert, den Garten ganz auf die Wirkung und nicht auf Nutzen hin zu gestalten.

81 (Über den Dilettantismus) Gartenkunst; BA, Bd. 19, S. 323.

82 BA, Bd. 5, S. 367. – Vgl. hierzu auch das satirische Gedicht »Hauspark« (1797) von Goethe (BA, Bd. 1, S. 518).

83 (Über den Dilettantismus) Gartenkunst; BA, Bd. 19, S. 322.

84 Italienische Reise, Reisetagebuch. – Venedig, 1786; BA, Bd. 14, S. 105.

85 Maximen und Reflexionen, S. 958; BA, Bd. 18, S. 620. In den »Betrachtungen im Sinne der Wanderer« heißt es dann entsprechend lakonisch: »Die Menschheit ist bedingt durch Bedürfnisse.« (BA, Bd. 11, S. 313).

86 BA, Bd. 12, S. 196 f. – [meine Hervorhebung.]

87 Vgl. etwa nun gerade in Bezug auf Deutschland und eben die Schweiz (Dichtung und Wahrheit; BA, Bd. 13, S. 804, 917; Reise in die Schweiz, 1797; BA, Bd. 15, S. 327, 395, 488).

88 Vgl. etwa: Allgemeines Teutsches Garten-Magazin oder gemeinnützige Beiträge für alle Theile des praktischen Gartenwesens. – [Weimar], 1804. – H. 4, – S. 150; H. 10. – S. 417. – Vgl. hierzu weiter die entsprechenden Nachweise. – In: Niedermeier, M.: Das Ende der Idylle, a. a. O. – S. 157 ff.

89 Fortsetzung des Allgemeinen Teutschen Garten-Magazins . . . / hrsg. von F. J. Bertuch. – Bd. 1., 1. Stck. [Weimar], 1815. – S. 4.

90 Vgl. ebenda, Bd. 3, 1. Stück, 1818, S. 4.

91 Ebenda, Bd. 6, 2. Stück, 1822, S. 55.

92 Pückler-Muskau, Hermann von: Briefe eines Verstorbenen: ein fragmentarisches Tagebuch . . . / hrsg. von Therese Erler. – Berlin, 1987. – Bd. 2. – S. 23.

93 BA, Bd. 16. – S. 60, 69. – Vgl. hierzu Doebber, Adolph: Goethe und das Gut Ober-Roßla. – In: Jahrbuch der Goethe-Gesellschaft. – Bd. 6. – Weimar, 1919. – S. 195 ff.

94 Pachtvertrag zitiert nach: ebenda, S. 206.

95 Goethe an Charlotte von Stein, 28. November 1805; WA, IV. Abteilung, Bd. 17. – S. 224. – Vgl. auch seine Äußerung in den »Tag- und Jahresheften« (BA, Bd. 16, S. 102).

96 BA, Bd. 10, S. 645 u. 532.

97 BA, Bd. 11, S. 72 f. und 51 – [meine Hervorhebung.]

98 Vgl. hierzu: Hoffmann, A.: Der Landschaftsgarten, a. a. O., S. 218 f. – Günther, Harri: Peter Joseph Lenné. – Berlin, 1985. – S. 108 ff.

99 BA, Bd. 11. – S. 357. – meine Hervorhebung.

100 Vgl. Schiller, F.: Über den Gartenkalender auf das Jahr 1795. – In: Schillers Werke (Nationalausgabe). Bd. 22 / hrsg. von Herbert Meyer. – Weimar, 1958. – S. 266, 288, 292.

101 Sickler, Johann Volkmann, in: Allgemeines teutsches Garten-Magazin . . . – (1804) 1. – S. 24. – Vgl. auch seinen Vorschlag, einen »teutschen« Garten zu entwickeln: Ueber Englische Anlagen und die Umwandlung vorzüglich bürgerlicher Gärten in Parks. – In: Der teutsche Obstgärtner . . . (Jg. 1799), Bd. 12, [Weimar], S. 211-226.

102 Vgl. hierzu auch Buderath, Bernhard; Makowski, Henry: Die Natur dem Menschen untertan: Ökologie im Spiegel der Landschaftsmalerei. – München, 1986. – S. 30.

103 Vgl. besonders: Gebhardt, J. G.: Ueber die Benutzung der Gemeinde-Plätze, als Triften, Aenger, Weiden usw. zum vermehrten Obstanbau (Aus dem Hannoverschen Magazin). – In: Fortsetzung des Allgemeinen Teutschen Garten-Magazins, a. a. O., (1815), Bd. 12, 1. Stück. – S. 76 ff.

104 Bertuch, Friedrich Justin: Erfreuliche Aufmunterung des Teutschen Obst-Baues. – In: Fortsetzung des Allgemeinen Teutschen Garten-Magazins. – Bd. 2, 6. Stück. – 1818. – S. 247.

105 Vgl. hierzu Emrich, Wilhelm: Die Symbolik von Faust II: Sinn und Vorformen. – 2. Auflage. – Bonn, 1957. – S. 145 ff. – Vgl. auch die motivische Entgegensetzung von Obstgarten und Park in Goethes Dramenfragment »Die Aufgeregten«. (BA, Bd. 6, S. 356, 367, 392) in Zusammenhang mit Nützlichkeit, Freiheitssehnsucht, Revolution und Herrscherpflicht.

106 Thalmann, Marianne: Der romantische Garten. – In: M. Thalmann: Romantik in kritischer Perspektive; zehn Studien / hrsg. von Jack D. Zipes. – Heidelberg, 1976. – S. 29–44, hier S. 31 f.: »Reichardts Garten in Giebichenstein, der Romantikertreffpunkt, der sich schon deutlicher vom Landschaftsgarten unterschied, erweckte bei Tieck, Wackenroder, Novalis,

Arnim und Eichendorff auch typisch ›romantische‹ Assoziationen an Waldeinsamkeit, Ritterzeit, Freundschaft und Familiarität«.

107 Goethe zu Varnhagen von Ense, 8. Juli 1825. – In: Goethes Gespräche. Gesamtausgabe, a. a. O., Bd. 3, S. 215.

108 Nicht zufällig beschreibt er in »Dichtung und Wahrheit« (BA, Bd. 13, S. 621) den Ausbruch von Melancholie und Lebensekel an einem Landschaftsgärtner.

109 WA, III. Abteilung, Bd. 13, S. 10.

HARRI GÜNTHER
»DAS IST DOCH EIN GANZES LAND VOLL GÄRTEN, WELCHES MEIN SYSTEM BEGÜNSTIGT . . .«

Seiten 29–43

1 Ligne, Karl Joseph, Prince de: Überblick von Beloeil, und über die Gartenkunst. – Dresden, 1797. – S. 179.

2 Goethe, Johann Wolfgang: Das Luisenfest. – In: Goethes sämtliche Werke. Bd. 26. – Stuttgart, o. J. – S. 258–263. (Cotta'sche Bibliothek der Weltliteratur).

3 Cattelan, R.: Wirtschaftliche und politische Prämissen des Landschaftsgartens in England und Deutschland. – 1980. Basel, Univ. Diss.

4 Hohnholz, J.: Der englische Park als landschaftliche Erscheinung. – Tübingen, 1964.

5 Ligne, K. J.; Prince de: a. a. O., S. 11.

6 Buttlar, Adrian von: Der Landschaftsgarten: Gartenkunst des Klassizismus und der Romantik. – Köln, 1989. – S. 32.

7 Flitner, N.: Landschaftsgärten der Goethe-Zeit; Katalog des Goethe-Museums Düsseldorf. – Düsseldorf, 1987.

8 Sauder, Gerhard: Sternes »Sentimental Journey« und die »Empfindsamen Reisen« in Deutschland. – In: Reise und soziale Realität am Ende des 18. Jahrhunderts / hrsg. von W. Griep; H.-W. Jäger. – Heidelberg, 1983. – S. 302–319.

9 Biester, Johann Erich: Nachricht von der Rölligschen Harmonika. – In: Berlinische Monatsschrift. – (Berlin). – 9 (1787). – S. 175–185.

10 Koch, Hugo: Sächsische Gartenkunst. – Berlin, 1910. – S. 81–82

11 Goethe, Johann Wolfgang von: Dichtung und Wahrheit. T. 2, 10. Buch. – Stuttgart, o. J.

12 Friedenthal, R.: Goethe, sein Leben und seine Zeit. – Stuttgart; Hamburg, 1963. S. 120.

13 Hirschfeld, Christian Cay Laurenz: Theorie der Gartenkunst. Bd. 2. – Leipzig, 1780. – S. 159–160.

14 Hirsch, Erhard:Elysische Felder: Bekenntnis zu Wörlitz. – In: Der Dessau-Wörlitzer Kulturkreis, Wörlitzer Beiträge zur Geschichte. – Wörlitz, 1965.

15 Günther, Harri: »Ein solches optisches Hilfsmittel möchte man sich bei allen weiten Aussichten wünschen . . .« – In: Dessau-Wörlitz; Beiträge. – T. 2 / Martin-Luther-Universität Halle-Wittenberg. – 1988. – S. 517.

16 Köster, Albert: Anmerkungen zum Triumph der Empfindsamkeit. – In: Goethes sämtliche Werke (Jubiläumsausgabe). Bd. 7. – Stuttgart, Berlin o. J. – 371–383.

17 Günther, Harri: Reisen in frühe Landschaftsgärten. – In: Sehen und Beschreiben; Europäische Reisen im 18. Jahrhundert und frühen 19. Jahrhundert. – Eutin, 1991. – S. 115-124 (Eutiner Forschungen; 1)

18 Bruiningk, H. F.: Bemerkungen über das Landwirthschaftliche System der Herzoglichen Ökonomie zu Wörlitz, in Briefen. – Dessau, Leipzig, 1808.

19 Medicus, F. K.: Über nordamerikanische Bäume der deutschen Forstwirthschaft und der schönen Gartenkunst. – Mannheim, 1792.

20 Weibezahn, I.: Geschichte und Funktion des Monopteros. – Hildesheim; New York, 1975.

LUDWIG TRAUZETTEL
DAS GARTENREICH VON WÖRLITZ UND DESSAU

Seiten 45–75

1 Hirsch, Erhard: Elysische Felder. – In: Der Dessau-Wörlitzer Kulturkreis. – Wörlitz, 1965. – S. 124.

2 Ausspruch von Dr. Harri Günther, Potsdam, dem wie Dr. Erhard Hirsch, Halle, für die Unterstützung und den gegenwärtigen Erkenntnisstand über Dessau-Wörlitz sehr zu danken ist.

3 Goethe, Johann Wolfgang von: Dichtung und Wahrheit, T. 2, 8. Buch. – Stuttgart o. J.

4 Hosäus, Wilhelm: Großherzog Carl August und Goethe in ihrer Beziehung zu Herzog Leopold Friedrich von Anhalt-Dessau. – In: Mitteilungen des Vereins für Anhaltische Geschichte und Altertumskunde. – 1 (1877). – S. 514.

5 Hirsch, Erhard: Dessau-Wörlitz: Aufklärung und Frühklassik. – Leipzig, 1985. – S. 29.

6 Hosäus, a. a. O., S. 652.

7 Hosäus, a. a. O., S. 652.

8 Hosäus, a. a. O., S. 524.

9 Hirsch, Erhard: Dessau-Wörlitz, S. 40.

10 Hirsch, Dessau-Wörlitz, S 124.

11 Reil, Friedrich: Leopold Friedrich Franz, Herzog und Fürst von Anhalt-Dessau nach seinem Wirken und Wesen. – Dessau, 1845.

12 Reil, a. a. O., S. 14 f.

13 Reinhardt, Helmut: Der Einfluß der Freimaurer auf die Anlage und Gestaltung der Gärten im 18. Jahrhundert. – In: Gartenkunst und Denkmalpflege. – Hannover, 1988. – S. 109-118.

14 Rode, August: Beschreibung des Fürstlichen Anhalt-Dessauischen Landhauses und Englischen Gartens zu Wörlitz. – 2. Auflage. – Dessau, 1798. – S. 160 ff. – Zuletzt veröffentlicht in: Rode, August; Ross, Hartmut; Trauzettel, Ludwig: Der Englische Garten zu Wörlitz. – Berlin, 1987. – S. 96 ff.

15 Die Götter des Feuers, des Wassers und der Luft.

16 Hosäus, Wilhelm: Herzog Leopold Friedrich Franz von Anhalt-Dessau und Johann Winckelmann. – In: Mitteilungen des Vereins für Anhaltische Geschichte. – 2 (1878). – S. 14.

17 Lein, Kurt: Führer durch den Landschaftspark Wörlitz. – 13. Auflage. – Wörlitz, 1981. – S. 47.

18 Boettiger, Carl August: Reise nach Wörlitz 1797 / hrsg. von Erhard Hirsch. – 3. Auflage. – Wörlitz, 1976.

19. Der von Bridgeman in Stowe erstmalig angewandte Grenzgraben (aha) ist ein englisches Gestaltungsprinzip. Er ist die optisch nicht sichtbare Grenze, die einen nahtlosen Übergang zwischen Garten und Landschaft ermöglichte.

20 Reil, a. a. O., S. 29.

21 Hosäus, Wilhelm: Wörlitz-Handbuch. – Dessau, 1878. – Anm. 20, S. 64.

22 Matthison, Friedrich: Erinnerungen. – Zürich, 1825. – S. 216 f.

23 Boettiger, a. a. O., S. 37.

24 Boettiger, a. a. O., S. 75

25 Hirsch, Dessau-Wörlitz, S. 213 ff.

26 Hirsch, Elysische Felder, S. 145.

27 Krosigk, Klaus-Henning von: Peter Josef Lenné. – Berlin, 1987. – S. 13.

28 Hosäus, Großherzog Carl August, S. 514.

JÜRGEN JÄGER
GOETHE-GÄRTEN IN WEIMAR

Seiten 77–97

1 Huschke, Wolfgang: Der Park von Weimar. – Weimar, 1951. – Ausführlich und mit umfassenden Quellenangaben versehen, werden hier Entstehung und Entwicklung des Parkes an der Ilm beschrieben.

2 Gresky, Walter: Eduard Petzold als Hofgärtner in Ettersburg und Weimar. – Erfurt, 1940. – Auseinandersetzung zwischen der Großherzogin und Petzold um die »Freiheit im Schaffen«.

3 Jäger, Jürgen: Der Park an der Ilm in Weimar: gartenhistorisch-gartenarchitektonische Analyse und Konzeption für seine Wiederherstellung. – In: Impulse: Aufsätze, Quellen, Berichte zur deutschen Klassik und Romantik. – Folge 1. – Berlin; Weimar, 1978.

4 Balzer, Georg: Goethe als Gartenfreund. – München, 1966. – Enthält ausführliche Dokumentationen über Goethes Leben in seinen Gärten.

5 Aepfler, Gertraud: Der Garten am Goethehaus: seine Entwicklung über zwei Jahr-

hunderte. – In: Beiträge zur Gartendenkmalpflege / Kulturbund e. V. – Berlin, 1989.

6 Deetjen, Werner: Schloß Belvedere. – Leipzig, 1926. – Bisher einzige zusammenfassende Darstellung der Schloß- und Parkgeschichte von Belvedere.

7 Sckell, Otto: 200 Jahre Belvedere. – Weimar, 1928. – Beschreibt insbesondere die Pflanzenkultur in Belvedere und stützt sich dabei u. a. auf Überlieferungen und das Familienarchiv der Gärtnerfamilie Sckell.

8 Goethe, Johann Wolfgang: Die Wahlverwandtschaften. – o. O., o. J. – T. 1, Kap. 3.

9 Siehe Anmerkung 2, dort auch Beschreibung von Petzolds Tätigkeit in Tiefurt.

10 Bock, Heinrich; Radspieler, Hans: Gärten in Wielands Welt. – In: Marbacher Magazin. – 1986. – 40. – Marbach, 1986. (Ausführliche Beschreibung von Wielands Gartenleben in Oßmannstedt).

11 Deetjen, Werner: Auf Höhen Ettersburg. – Leipzig, 1924. Schilderungen des Hoflebens auf Schloß Ettersburg.

12 Hirschfeld, Christian Cajus Laurenz: Theorie der Gartenkunst. – Leipzig, 1779 bis 1785.

13 Eckermann, Johann Peter: Gespräche mit Goethe in den letzten Jahren seines Lebens. – Magdeburg, 1848. – Gespräch vom 26. 9. 1827.

14 Siehe Anmerkung 2. Dort auch die Beziehungen von Fürst Pückler-Muskau zu Ettersburg.

15 Sckell, Karl August Christian: Goethe in Dornburg: Gesehenes, Gehörtes und Erlebtes. – Jena; Leipig, 1864. – Die wohl einzige Schilderung eines Gärtners über seinen alltäglichen Umgang mit Goethe.

16 Verschiedene Gestaltungen im Park und seiner Umgebung weisen Ähnlichkeiten mit Goethes Schilderungen in den »Wahlverwandtschaften« auf. Die Baugeschichte und Goethes Aufenthalte in Kochberg lassen jedoch keine direkten Bezüge zu.

HARRI GÜNTHER
DER GARTEN VON HARBKE (1745)

Seiten 98–101

1 Hennert, Carl Wilhelm: Bemerkungen auf einer Reise nach Harbke. Ein Beytrag zur Forstwissenschaft und Gartenkunst. – Berlin und Stettin, 1792. – S. 4.

2 Notizen über den Zustand, Umfang etc. der Lustwälder und Plantagen des Grafen von Veltheim zu Harbke. – In: Verhandlungen des Vereins zur Beförderung des Gartenbaues in den Königlich Preußischen Staaten. – Berlin 4 (1828). – S. 131 ff.

3 Staatsarchiv Magdeburg Rep. H, Harbke Nr. 1851, Blatt 1–23 Acta betr. das Garten Inventarium . . . 1734.

4 Ammann, R.: Harbke im Wandel der Zeiten: Bilder aus seiner Geschichte. – Oschersleben, 1955 [Masch.-Schr.].

5 Staatsarchiv Magdeburg Rep. H, Harbke Nr. 1854, Blatt 28/29. Harbkesches Verzeichnis von Bäumen, Stauden . . .

6 Harbeck, A.: Harbke. – In: Gallerie des Schönen und Nützlichen. – Bd. 1. – Braunschweig, 1843. – S. 310–312, 318–320, 323 bis 326.

7 Ludwig, O.: Aus der Geschichte der Harbker Pflanzungen und des Parkes. – In: Naturschutz und Landschaftsgestaltung im Bezirk Magdeburg. – 3. Folge. – Magdeburg, 1959. – S. 38–47.

8 Gerstenberg, N. N.: Ein Besuch in Harbke. – In: Wochenschrift . . . für Gärtnerei und Pflanzenkunde. – 13 (1870). – S. 329–336.

9 Hirschfeld, C. C. L.: Theorie der Gartenkunst. Bd. 4. – Leipzig, 1782. – S. 240–246.

BERND MODROW
DER PARK VON WILHELMSHÖHE
BEI KASSEL (1763)

Seiten 103–113

1 Weber, Pseudonym Demokritos, entnommen bei Buttlar, Adrian von: Der Landschaftsgarten. – Köln, 1989. – S. 196: »Wir haben hundert englische Gärten in Deutschland, aber nur eine Wilhelmshöhe.«

2 Hoffmann, Alfred: Park Wilhelmshöhe; amtlicher Führer, hrsg. v. d. Verwaltung der Staatlichen Schlösser und Gärten Hessen. – Bad Homburg v. d. H., 1962. – Hoffmann weist darauf hin, daß zur selben Zeit der Hortus palatinus in Heidelberg entstand. (S. 3). Grotten spielten in den damaligen Gärten eine wichtige Rolle.

3 Vgl. Vorwort von Heinz Bien in Hoffmann, A., a. a. O., S. 1.

4 Auf dieser Kunstreise besuchte Landgraf Carl auch die Gärten von Frascati, insbesondere die Villa Aldobrandini, den Herkules im Palazzo Farnese, die Villa d'Este. Begleitet wurde der Landgraf von einem Kupferstecher, der alles Wichtige in einem Tagebuch festhielt, das allerdings erst 1722 veröffentlicht wurde. – Klaute J. D.: Diarium Italium, eine Reisebeschreibung. – Cassel, 1722 (Murh. Bibliothek Kassel).

5 Guerniero, Giovanni Francesco: Delineatio Montis. – Cassel, 1706. – Ein von Harri Günther herausgegebener und von Helmut Scharf mit einem Nachwort versehener Neudruck dieser Ausgabe erschien 1989 bei Edition Leipzig und der Deutschen Verlags-Anstalt, Stuttgart.

6 Aufwendige Restaurierungsarbeiten waren unmittelbar nach Fertigstellung erster Bauabschnitte notwendig, die insbesondere durch die Materialverwendung mit witterungsanfälligem Tuffstein und durch die Untergrundbeschaffenheit verursacht waren.
Vgl. Sander, H.: Das Herkules-Bauwerk in Kassel-Wilhelmshöhe. – Kassel, 1981. – Sander, S. 169 ff. stellte eine Zeittafel zum Baugeschehen am Herkules-Bauwerk 1696–1971 auf, diese Zeittafel wird bis zum heutigen Datum ergänzt. Er bezieht sich dabei auf die Archivauswertungen von Heidelbach, Holtmeyer und die Bauakten im Staatsarchiv Marburg. In den Jahren 1950 bis 1971 wurden die Sanierungsarbeiten unter der örtlichen Bauleitung von Sander durchgeführt.

7 Hoffmann, Alfred: Der Landschaftsgarten. – In: Hennebo; Hoffmann: Geschichte der deutschen Gartenkunst. Bd. 3. – Hamburg, 1963. – S. 173 ff.

8 Eine genaue Beschreibung erhalten wir bei Heidelbach, P.: Die Geschichte der Wilhelmshöhe. – Leipzig, 1909.

9 Mulan, ein Gebiet nördlich von Jehol, der Sommerresidenz des Kaisers, (heute Chengde), wo sich der Kaiser von China zur Jagd aufhielt.

10 Mönch, C.: Verzeichnis ausländischer Bäume und Stauden des Lustschlosses Weißenstein. – Frankfurt; Leipzig, 1785.

11 Hoffmann, Alfred: Gärten des Rokoko: ein irrendes Spiel. – In: Park und Garten im 18. Jahrhundert. – Heidelberg, 1978.

12 Hirschfeld, C. C. L.: Theorie der Gartenkunst. Bd. 5. – 1785. – S. 232 ff.

13 Strieder, W.: Historische Nachrichten von der Umschaffung des Weißensteins unter Anordnung des Durchlauchtigsten Landgrafen Wilhelm IX. Seit höchstdessen Regierungsantritt D. 31. Oktober 1785. – In: Holtmeyer, A.: Alt Hessen: Beiträge zur kunstgeschichtlichen Heimatkunde. – H. 3. – Marburg, 1913.

14 Staatsarchiv Marburg, Bestell-Nr. 6 a / Nr. 59, Bl. 22–39. – Die in diesem Text zitierten Archivalien wurden von H. Becker im Rahmen seiner Dissertation zur Entstehung des Wilhelmshöher Landschaftsgartens übersetzt und ausgewertet. Für die kritische Durchsicht des Manuskriptes und die konstruktiven Anmerkungen danke ich an dieser Stelle Horst Becker, wie auch Konrad Haevernick.

15 Dittscheid, H. C.: Kassel Wilhelmshöhe und die Krise des Schloßbaues am Ende des Ancien Régime. – Worms, 1987. – S. 307–311.

16 Vgl. Paetow, K.: Klassizismus und Romantik auf Wilhelmshöhe. – Kassel, 1929. – S. 29.

17 Staatsarchiv Marburg, Best. 6 a/Nr. 59, Bl. 22-39, vgl. Anmerkung 14.

18 Vgl. Dittscheid (1987) sowie Hartmann, G.: Die Ruine im Landschaftsgarten. – Worms, 1981 und Hoffmann, Alfred: Der Landschaftsgarten: Geschichte der deutschen Gartenkunst. Bd. 3. – Hamburg, 1963.

19 Buttlar, Adrian von: Der Landschaftsgarten: Gartenkunst des Klassizismus und der Romantik. – Köln, 1989. – S. 191.

20 Paetow (1929), vgl. Anm. 16.

21 Petzold verfaßte 1875 einen bemerkenswerten Artikel anläßlich der in Ruhestandversetzung von Wilhelm Hentze. – Petzold, Eduard: Allerlei aus der Gärtnerei und Pflanzenkunde. – In: Wochenschrift des Vereins zur Förderung des Gartenbaues. – 1875.

22 Plan der Wilhelmshöhe 1903 bearbeitet und gezeichnet von dem königlichen Hofgärtner Virchow. (Archiv der Verwaltung der Staatlichen Schlösser und Gärten Hessen).

23 Johann Heinrich Tischbein: Ansicht des Schlosses Weißenstein nach dem Projekt Simon Louis du Rys 1788, Kupferstich 1789 (nach Weise) (Archiv der Verwaltung der Staatlichen Schlösser und Gärten Hessen).

24 Hoffmann, Alfred: 1963, vgl. Anm. 7 führt aus, daß Grundrißpläne in dieser betreffenden Zeit eine untergeordnete Rolle spielten gegenüber Abbildungen einzelner Szenen. In Hirschfelds fünfbändigem Werk ist kein einziger Gartenplan enthalten.

25 Modrow, Bernd: Die Wasserkünste im Bergpark Wilhelmshöhe. – In: Wasserwirtschaftliches Symposium 1988. – Kassel, 1988.

GÜNTHER THIMM
DER HERZOGLICHE PARK IN GOTHA (1766)

Seiten 115–117

1 Staatsarchiv Weimar, Außenstelle Gotha, Kammer Stadt Gotha, Nr. 28.

2 Beck, August: Ernst der Zweite; Herzog zu Gotha und Altenburg: Pfleger und Beschützer der Wissenschaft und Kunst. – Gotha, 1854. – S. 230.

3 Vgl. Staatsarchiv Weimar, Außenstelle Gotha, Kammer Stadt Gotha, Nr. 28.

4 Ehwalds, E.: Rede, gehalten in der von der Vereinigung für Gothaische Geschichte und Altertumskunde veranstalteten Gedächtnisfeier, 20. 4. 1904. – o. O. o. J.

5 Beck, August: a. a. O., S. 230/231.

6 Goethe, J. W. von.: Werke. (Berliner Ausgabe); Gedichte und Singspiele. T. 1. – Berlin; Weimar, 1965. – S. 364.

7 Berbig, M.: Die Gemahlinnen der Regenten des Gothaischen Landes. – Gotha, 1890. – S. 134.

8 Beck, August: a. a. O., S. 413.

9 Waitz, Richard: Der herzogliche Park zu Gotha von seiner Entstehung bis auf die jetztige Zeit. – Gotha, 1849. – S. 13.

10 Zeyss, E.: Goethes Besuche am Herzogl. Hofe zu Gotha. – In: Thüringer Land. – 4 (1927) Sondernummer. – S. 12/13.

11 Beck, August: Geschichte der Stadt Gotha. – Gotha, 1870. – S. 63.

12 Allgemeines Teutsches Garten-Magazin oder gemeinnützige Beiträge für alle Theile des praktischen Gartenwesens. – Bd. 8. – Weimar, 1824. – S. 199.

13 Beck, August: a. a. O., S. 61/62.

14 Staatsarchiv Weimar, Außenstelle Gotha, Geheime Kanzlei, UU 41, Nr. 7, Vol. 1.

15 Assing, Ludmilla: Briefwechsel und Tagebücher des Fürsten Hermann von Pückler-Muskau. Bd. 2. – Hamburg, 1873. – S. 322.

16 Thuringia. Zeitschrift zur Kunde des Vaterlandes. – (Arnstadt). – Jg. 1 (1841). – S. 13.

17 Waitz, Richard: a. a. O., S. 12.

18 Ehwalds, a. a. O.

BERNARD KORZUS
DAS BAGNO IN STEINFURT (1774)

Seiten 119–123

1 Johann Jost von Loen, ein entfernter Verwandter Goethes, blieb bis Anfang 1775 in Steinfurt und wirkte bis 1778 als Schloßhauptmann in Detmold. Nach seiner Heirat mit der Schwester des Fürsten Franz von Anhalt, Agnes, war er Hofmarschall in Dessau.

2 Döhmann, Karl Georg: Das Bagno: Geschichte des Fürstlich Bentheimschen Parks Bagno bei Burgsteinfurt. – Burgsteinfurt, 1907. – S. 16.

3 Zu den Londoner »Bagni« vgl. Casanova, Giacomo: Geschichte meines Lebens. Bd. 9 / hrsg. von Günther und Barbara Albrecht. – Leipzig; Weimar; München, 1987. – S. 430 f., Anm. 48.

4 Sowohl schlichte Gartenwirtschaften als auch unterschiedlichste Gartenveranstaltungen wurden als Vauxhalls bezeichnet. Vgl. dazu Hennebo, Dieter und Erika Schmidt: Entwicklung des Stadtgrüns in England von den frühen Volkswiesen bis zu den öffentlichen Parks im 19. Jahrhundert. – Hannover; Berlin, [1977]. – S. 56. – In den achtziger Jahren des 18. Jahrhunderts bestanden solche Vauxhalls u. a. in Brüssel, Berlin, Kassel, Weimar und Mannheim.

5 Cours d' Architecture ou Traité de la Décoration, Distribution et Construction des Bâtiments ... Bd. 2. – Paris, 1771. – Hier S. 289–293: Des Waux-Halls.

6 Strohmann, Dirk: Die Konzertgalerie im Burgsteinfurter Bagno. – In: Westfalen. – Bd. 67 (1989). – S. 79–102.

7 Casper von Lohenstein, Daniel: Großmüthiger Feldherr Arminius oder Herrman / Als ein tapfferer Beschirmer der deutschen Freyheit / Nebst seiner Durchlauchtigsten Thusnelda. In einer sinnreichen Staats-, Liebes- und Helden-Geschichte / Dem Vaterlande zu Liebe Dem deutschen Adel aber zu Ehren und rühmreichen Nachfolge ... 2 Bde. – Leipzig, 1689/90; eine zweite Ausgabe erschien in Leipzig 1731.

8 Nicht nur die politische Interessenlage dürfte Anlaß gewesen sein, gerade Lohensteins Roman als Vorlage zu wählen. In diesem Schlüsselroman werden die Gefolgsleute des Arminius namentlich genannt: nur Namen des protestantischen westfälischen Adels des 17. Jahrhunderts und am häufigsten derjenige der Grafen von Steinfurt! Auch eine 1772 hergestellte Serie von Germanenfiguren der Porzellanmanufaktur Fürstenberg, denen die Kupferstiche des Arminiusromans als Vorlagen dienten, zeigt seine lange Wirkungsgeschichte.

9 Die Zelte waren Nachbildungen der bei Le Rouge (Heft VII, 1779, Blatt 7) wieder-gegebenen Staffagen aus dem Garten von Mortefontaine bei Paris, Zäune und Laternen hatten ihre Vorbilder im nahe dem (heute) belgischen Beloeil gelegenen Garten von Baudour (Le Rouge, Heft VII, Blatt 16).

10 XVIIIe et XIXe Cahier des jardins anglais contenant ceux du Bagno à Steinfort en Westphalie. Dedié à S.E.M. le Comte Louis du St. Empire Regnant de Bentheim ... par ... le Rouge Ingr. Geographe du Roi. – Paris, Mai 1787. – XXIe Cahier des Jardins Anglo-Chinois de Le Rouge ..., Première Livraison ..., [Paris 1789].

11 Vgl. Quérard: La France Littéraire. Bd. 5. – Paris, 1885. – S. 206 f. (freundl. Hinweis von Frau Kit Currie, Antiquariat H. P. Kraus, New York). – Le Rouge, um 1710 geboren, war etwa 75 Jahre alt, als er den Grafen kennenlernte, von dessen wahrer Identität er nie erfahren hat. 1792, mit Beginn des Ersten Koalitionskrieges, bricht die teils deutsch, teils französisch geführte Korrespondenz ab.

12 Die kolorierten Blätter geben ein unverfälschtes Bild der farbigen Staffagebauten. Das beweist eine über mehrere Jahre geführte Aufstellung, in der Zeitpunkt, Art, Menge und Verwendungszweck der im Bagno verbrauchten Farben verzeichnet sind.

13 Beschreibung von Bagno zu Steinfurt in Westphalen, in: Kleine Gartenbibliothek / hrsg. von C. C. L. Hirschfeld. Bd. 1. – Kiel, [1791]. – S. 53–72. Der Band ist dem Grafen Ludwig gewidmet.

14 Über den Reichs-Gräflich Bentheimischen Park Bagno bey Steinfurth vier Meilen von Münster in Westphalen: nach der Beschreibung des berühmten Herrn Professors Hirschfeld in seiner neuesten Garten Bibliothek. – Steinfurt, 1792.

15 Klopstock, Friedrich Gottlieb: Hermanns Schlacht, ein Bardiet für die Schaubühne. – 1769.

16 Schönaich, Christoph Otto von: Hermann oder das befreyte Deutschland, ein Heldengedicht. – 2. Auflage. – Leipzig, 1753.

BERND MODROW
DER STAATSPARK WILHELMSBAD,
HANAU (1777)

Seiten 143–147

1 Als Vorbilder für Badeanlagen können das böhmische Kukus, später Freienwalde an der Oder und Pyrmont angesehen werden. Badeorte entstanden etwa in der gleichen Zeit in Bad Driburg, Aachen, Ems, Schlangenbad und Schwalbach.

2 Geysenhard, A.: Briefe eines Schweizers über das Wilhelmsbad bei Hanau. Der Verfasser ist in Wirklichkeit kein Schweizer, »sondern der kaukasische Rath Herr Schösser [Schloezer?], ein durch Wissenschaft und Charakter des Herzens schätzbarer Mann« (Hirschfeld, S. 106).

3 Seit 1948 ist die Verwaltung der Staatlichen Schlösser und Gärten, Hessen, für die Betreuung und Erhaltung der Anlage zuständig. Vor Ort befindet sich eine Gartenverwaltung mit sechs Mitarbeitern.

4 Cancrin, F. L. von: Grundlagen der Bürgerlichen Baukunst nach Theorie und Erfahrung vorgetragen. – Gotha, 1792. – In diesem Werk erfolgten genaue Angaben zur Parkgestaltung im neuen Englischen Stil. Cancrin hat sich darüber hinaus umfangreich literarisch betätigt (einzelne Bauschriften . . . Frankfurt / Main, 1791 und 1792), so daß heute für gartendenkmalpflegerische Arbeiten auf ein umfangreiches Werk zurückgegriffen werden kann. Die wissenschaftliche Aufarbeitung der Parkgeschichte erfolgt im Rahmen einer Dissertation, die in Kürze abgeschlossen sein wird, vgl. auch Bott, G.: Wilhelmsbad/Hanau; amtlicher Führer / hrsg. v. d. Verwaltung der Staatl. Schlösser und Gärten. – Bad Homburg, 1988.

5 Berichte 1793 Oktober – November, Hessisches Staatsarchiv Marburg. SVAM / E, 12 Nr. 3, Bl. 17–19). Weitere Berichte sind in dem Hanauer Bestand 86 NN 4195 / 1778 bis 1779 zu entnehmen.

6 Hirschfeld, C. C. L.: Theorie der Gartenkunst. Bd. 5: Gärten bei Gesundheitsbrunnen. – Leipzig, 1785. – S. 104 ff. – vgl. auch Hennebo; Hoffmann: Geschichte der deutschen Gartenkunst. Bd. 3. – Hamburg, 1963. – S. 174 ff. Querbeziehungen zu Wilhelmshöhe werden aufgezeigt.

7 Görig: Aufnahme des Karussells im Kurpark Wilhelmsbad und dessen konstruktive Wertung in gesellschaftlicher und heutiger Zeit. – In: Denkmalpflege und Denkmalschutz. – 28 (1926). – S. 169–176.

8 Vgl. Bott, G.: Wilhelmsbad/Hanau; amtlicher Führer / Verwaltung der Staatl. Schlösser und Gärten. – Bad Homburg, 1988.

9 Buttlar, Adrian von: Der Landschaftsgarten. – Köln, 1989. – S. 124. – Auf den Bezug zur Freimaurerei weist u. a. Buttlar hin: »ließ sich der hessische Landgraf Wilhelm IX. (1743-1821) einen mittelalterlichen Burgturm errichten, dessen drei Stockwerke den Aufstieg vom Dunkel der Unwissenheit (Verließ) über die Prüfungen (Gerichtsstube) zur Weisheit (Rittersaal) verkörperten«, S. 124. Oder Hartmann, Günther: Die Ruine im Landschaftsgarten. – Worms, 1981. – u. a. S. 219 ff.

ELISABETH SZYMCZYK-EGGERT
». . . SOGAR WÄRE ES MIR LIEB,
WENN IHR SCHWETZINGEN BESUCHTET.«
(1777)

Seiten 149–159

1 Zit. nach Zollner, H. L.: Dann flöge ich nach Schwetzingen. – In: Badische Heimat. – 59 (1979) 3. – S. 377.

2 Miscellen. In: Mannheimer Geschichtsblätter. – 11 (1910). – S. 116 f.

3 In: Zeyher, J. M.; Roemer, G.: Schwezingen und seine Gartenanlagen. – Mannheim, o. J. (vermutl. 1809).

4 Martin, Kurt: Die Kunstdenkmäler des Amtsbezirks Mannheim: Stadt Schwetzingen. – Karlsruhe, 1933. – S. 141.

5 Heber, Wiltrud: Die Arbeiten des Nicolas de Pigage in den ehemals kurpfälzischen Residenzen Mannheim und Schwetzingen. – Worms, 1986. – S. 410 ff.

6 Ebd., S. 407.

7 Ebd., Abb. 80.

8 Gamer, Jörg: Die Rekonstruktion des Schwetzinger Parterres; ein Beispiel. – In: Garten und Landschaft. – 3 (1976). – S. 136.

9 Szymczyk-Eggert, Elisabeth: Der Ludwigsburger Schloßgarten. – 1989. Stuttgart, Diss. – S. 215 ff. und Anhang.

10 Hennebo, Dieter; Hoffmann, Alfred: Geschichte der deutschen Gartenkunst. Bd. 2. – Hamburg, 1965. – S. 364.

11 Hansmann, Wilfried: Gartenkunst der Renaissance und des Barock. – Köln, 1983. – S. 288.

12 Hannebo; Hoffmann (Anm. 10), 1965. – S. 366.

13 Etrennes Palatines pour l'année 1769. – Mannheim, 1769. – Heber, a. a. O., S. 461.

14 Hallbaum, Franz: Der Landschaftsgarten. – München, 1927. – S. 123.

15 Ebd., S. 127 f.

16 Ebd., S. 123.

17 Hennebo; Hoffmann (Anm. 10), Bd. 3, 1965, S. 61.

18 Heber, (Anm. 5), S. 595 ff.

19 Hartmann, Günter: Die Ruine im Landschaftsgarten. – Worms, 1981. – S. 216.

20 Insbesondere der Minervatempel, aber auch die Sphingen vor dem Naturtheater und vor dem Eingang des Tempels der Botanik. Vgl. auch G. Hartmann (Anm. 19), 1981, S. 216 ff.

21 Hirschfeld, Christian Cay Lorenz Hirschfeld: Theorie der Gartenkunst. Bd. 5. – Leipzig, 1785. – S. 344.

22 G. Hartmann (Anm. 19), 1981, S. 217.

23 J. M. Zeyher; G. Roemer (Anm. 3), S. 59.

24 Zit. nach K. Martin (Anm. 4), 1933, S. 169.

25 Sckell, Friedrich Ludwig von: Beiträge zur bildenden Gartenkunst. – München, 1825. S. 13.

26 Buttlar, Adrian von: Der Landschaftsgarten. – München, 1980. – S. 159.

27 Vgl. dazu Gamer, Jörg: Schloß und Garten der kurpfälzischen Sommerresidenz Schwetzingen im 18. Jahrhundert. – In: Kunstgeschichtliche Gesellschaft zu Berlin; Sitzungsberichte. – N. F. 19 (1970/71). – S. 11–17.

28 Fehrle-Burger, Lili: Voltaire und Goethe vor dem Hintergrund des Schwetzinger Schloßparks. – In: Badische Heimat. – 59 (1979) 3. – S. 343.

29 Kienholt, Ulrich: Blätter aus der Schwetzinger Gästechronik. – In: Merian: Schwetzingen. – 2 (1950) 11. – S. 68.

30 Bassermann, Alfred: Schwetzinger Reminiscenz in einem Xenion Schillers. – In: Mannheimer Geschichtsblätter. – 24 (1923) 9/10. – S. 110.

31 Ebd., S. 111

32 Fehrle-Burger (Anm. 28) 1979, S. 341.

ELISABETH SZYMCZYK-EGGERT
DAS DÖRFLE WAR NICHT ENGLISCH
ODER DAS MISSVERSTÄNDNIS
VON HOHENHEIM (1780)

Seiten 161–167

1 Tagebuch der Gräfin Franziska von Hohenheim, späteren Herzogin von Württemberg / hrsg. v. A. Osterberg. – o. O., 1981. – S. 103.

2 Berger-Fix, A.: Hohenheim. – In: Die Gärten der Herzöge von Württemberg im 18. Jahrhundert: Katalog zur Ausstellung. – Worms, 1981. – S. 65.

3 Ebenda.

4 Klaiber, H. A.: Das englische »Dörfle« in Hohenheim. – In: Schwäbische Heimat. – (1959) 6. – S. 228 ff.

5 Stellt man sich das Gelände parzelliert vor, so würden ca. 40 durch Wege und Straßen erschlossene Einfamilienhäuser mit einer Grundstücksgröße von ca. 400 m² Platz finden. Dies als Vergleich, um die Dichte der Bebauung zu veranschaulichen.

6 Rapp, G. H.: Beschreibung des Gartens in Hohenheim. – Taschenbuch für Natur- und Gartenfreunde. – Tübingen, 1795. – S. 62.

7 Eine ausführliche Beschreibung sämtlicher Gebäude des Dörfles samt ihrer Innenausstattung findet sich bei: Nau, E.: Hohenheim: Schloß und Garten. – Stuttgart, 1967.

8 Rapp, G. H., S. 68.

9 Zit. nach Zeller, Bernhard: Herzog Carl Eugen als Bauherr und Erzieher. – In: Schloß Hohenheim, Grundsteinlegung vor 200 Jahren. – Mitteilungsblatt des Universitätsbundes Hohenheim. e. V. – (1985) 4. – S. 28.

10 Tagebuch der Gräfin Franziska von Hohenheim, S. 374.

11 Ebenda, S. 376.

12 Nau, E., a. a. O., S. 18.

13 Lahnstein, P.: Schillers Leben. – o. O., 1982. – S. 76.

14 Tagebuch der Gräfin Franziska von Hohenheim, a. a. O., S. 368.

15 Prince Charles de Ligne: Coup d'oeil sur Bel oeil et sur une Grande partie des jardins de l'Europe. – Brüssel, 1786. – S. 85 ff.

16 Zit. nach Berger-Fix, A., a. a. O., S. 116.

17 Rapp, G. H., a. a. O., S. 80 ff.

18 Wintterlin, A.: Der Stuttgarter Kaufmann Gottlob Heinrich Rapp. – In: Württembergische Vierteljahreshefte für Landesgeschichte. – (1892) 1. – S. 141 ff.

19 Lipp, W.: Natur – Geschichte – Denkmal. – o. O., 1987. – S. 228.

20 Schiller, F.: Über den »Garten-Kalender auf das Jahr 1795«. – In: Schillers Werke / hrsg. v. L. Bellermann. – Bd. 13. – S. 378 ff.

21 Neuhäuser, E.: Goethe reist durchs Schwabenland. – Stuttgart, 1949. – S. 47 f.

22 Der Vollständigkeit halber sei erwähnt, daß Hirschfeld, der Hohenheim aus eigener Anschauung kannte, im 5. Band seiner »Theorie der Gartenkunst« das Dörfle ausführlich beschreibt und insgesamt positiv bewertet. Er sah aber, da es damals noch nicht fertiggestellt war, nur etwa 20 Gebäude. Ob sein Urteil noch so günstig ausgefallen wäre, nachdem er die ausgeführten 100 Baulichkeiten, also das ganze Dörfle, gesehen hätte, bleibt fraglich. Da seine Beurteilung nicht abschließend ist, bleibt sie beim Thema dieses Aufsatzes unberücksichtigt.

23 Buttlar, A. von: Der Landschaftsgarten. – München, 1980. – S. 70 f.

24 Schiller, F., a. a. O., S. 378 ff.

25 Gerndt, Siegmar: Idealisierte Natur. – Stuttgart, 1981. – S. 139.

26 Hennebo, Dieter; Hoffmann, Alfred: Geschichte der deutschen Gartenkunst. Bd. 3. – Hamburg, 1965. – S. 89.

HEINRICH HAMANN
DER LANDSCHAFTSGARTEN IN GARZAU
(1780)

Seiten 181–185

1 Keller, E.: Chronik Garzau. – o. O. (Garzau), o. J. (Ms., S. 2)

2 Keller, E.: a. a. O., S. 6.

3 Allgemeine Deutsche Biographie. Bd. 30. – Leipzig, 1890. – S. 640 und 641.

4 Hartke, W.: Garzau: historisch-kritische Analyse und Darstellungen zur Berliner Aufklärung. – In: Miniaturen zur Geschichte, Kultur und Denkmalpflege Berlins. – 6 (1982). – S. 5–16.

5 Femmel, G.: Corpus der Goethezeichnungen. Bd. VI b. – Weimar, 1971. – Nr. 483 ff.

6 Hartke, W.: Eine Tahiti-Rezeption in Berlin während der Aufklärungsperiode des 18. Jahrhunderts. – In: Das Altertum. – 28 (1982) H. 3. – S. 177–185.

7 Rave, P. O.: Des Landrats Leopold von Reichenbach Märkisches Gartenbüchlein. – Berlin, 1940. – S. 19.

8 Hartke, W.: a. a. O., S. 53.

9 Rave, P. O.: a. a. O., S. 20.

10 Rave, P. O.: a. a. O., S. 20.

11 Rave, P. O.: a. a. O., S. 21.

12 Hartke, W.: Eine Tahiti-Rezeption . . . a. a. O., S. 184.

13 Rave, P. O.: a. a. O., S. 27.

GÜNTHER THIMM
DER ENGLISCHE GARTEN IN MEININGEN
(1880)

Seiten 193–197

1 Goethes Briefe. Bd. 5; Abth. IV. – Weimar, 1889. – S. 306.

2 Zit. nach Bansemer, Erhard: Die Buttmanns: zu Leben und Werk einer Meininger Gärtnerfamilie. – In: Almanach 7 für Kunst und Kultur im Bezirk Suhl. – S. 73.

3 Reißland, Ingrid; Heinritz, Elisabeth: Meininger Ansichten. – Meiningen, 1982. – S. 41 und 43.

ADRIAN VON BUTTLAR
DER ENGLISCHE GARTEN IN MÜNCHEN
(1789)

Seiten 199–207

1 Dieser Beitrag folgt im wesentlichen der zusammenfassenden Darstellung in meinem Buch »Der Landschaftsgarten: Gartenkunst des Klassizismus und der Romantik«. – (Köln, 1989). – Hallbaum (1927), Hans Rose (1931), Alfred Hoffmann (1963), Christian Bauer (1964), Margaret Wanetschek (1971), Theodor Dombart (1972), Dorothee Nehring (1979), Elmar D. Schmid / Stefan Rhotert (1983), Festschrift (1989) vgl. Literaturangaben. Die Sckell-Monographie von Volker Hannwacker (1992) enthält keine weiterführenden Erkenntnisse.
2 Bayerisches Hauptstaatsarchiv München, Kurbayern Hofkammer 1190, fol. 59. Vollständiger Wortlaut in: Festschrift (1989), S. 90.
3 Hirschfeld, Christian Cajus Laurenz: Theorie der Gartenkunst. – Leipzig, 1779 bis 1785, insbes. Bd. 1 (1779), S. 141 und Bd. 5 (1785), S.68–74. – Schon in seinem 1773 in Leipzig erschienenen Werk »Anmerkungen über die Landhäuser und die Gartenkunst« hatte sich Hirschfeld für öffentliche Volksparks ausgesprochen.
4 Bayerisches Hauptstaatsarchiv München, MF 56050/1. – Vgl. Hans Rose (1931), vollständiger Wortlaut in: Festschrift (1989), S. 94 ff. – Die zugehörigen Pläne A und B in der Gärtnerabteilung der Bayerischen Verwaltung der Staatlichen Schlösser und Seen, Schloß Nymphenburg. Fast wortgleich äußert sich Sckell in seiner Schrift »Beiträge zur bildenden Gartenkunst«. – München, 1818. – S. 217.
5 mündliche Überlieferung, zit. nach Dombart, Theodor: Der Englische Garten zu München. – München, 1972. – S. 187.
6 Jackson Downing, Andrew, in: The Horticulturist, Oktober, 1848.
7 Zur Entfestigung Münchens und zu Sckells Rolle als Stadtplaner zuletzt: Lehmbruch, Hans: Ein neues München; Stadtplanung und Stadtentwicklung um 1900. – München, 1987.
8 Diese Spazierfahrt am 25. Mai bot Anlaß für eine erste ausführliche Beschreibung des Englischen Gartens, die in »Der Bayerische Landbot«, Nr. 43, 26.–30. 5. 1790, erschien. Im vollen Wortlaut wiedergegeben in: Festschrift (1989), S. 84 ff.
9 Vgl. dazu: Buttlar, Adrian von: Der Garten als Bild – das Bild des Gartens: zum Englischen Garten in München. – In: Münchner Landschaftsmalerei 1800–1850; Ausstellungskatalog. – München, 1979. – S. 160 ff. und 207 ff; Sieveking, Hinrich: »Nach der Natur gezeichnet . . .«: Beobachtungen zur frühen künstlerischen Rezeption des Englischen Gartens. – In: Festschrift (1989), S. 144 ff.
10 Der Baierische Landbot, Nr. 29, 20. Februar 1791, S. 229 ff.
11 Vgl. Anmerkung 4 zu den nachfolgenden Zitaten.
12 Gemeint ist die serpentinenförmige »Line of Beauty«, die der englische Maler William Hogarth (1697–1764) in seiner »Analysis of Beauty« (1753) propagiert hatte.
13 Vgl. Anm. 4.
14 Sckell, Friedrich Ludwig: Beiträge zur bildenden Gartenkunst. – München, 1818, S. 1 ff.
15 Vgl. Traeger, Jörg: Die Walhalla: Idee, Architektur, Landschaft. – Regensburg, 1979; ders.: Der Weg nach Walhalla: Denkmallandschaft und Bildungsreise im 19. Jahrhundert. – Regensburg, 1987.
16 Vgl. Buttlar, Adrian von: Klenzes Beitrag zur Polychromie-Frage. – In: Ein griechischer Traum: Leo von Klenze, der Archäologe; Ausstellungskatalog Glyptothek München. – München, 1985. – S. 213 ff.
17 Vgl. zu diesen Problemen u. a.: Landeshauptstadt München (Hrsg.): Entwurfsseminar Hofgarten-Altstadtring Dokumentation. – München, 1987. – Buttlar, Adrian von; Bierler-Rolly, Traudl (Hrsg.): Der Münchner Hofgarten: Beiträge zur Spurensicherung. – München, 1988.

GÜNTHER THIMM
DER PARK WILHELMSTHAL
BEI EISENACH (1795)

Seiten 222–223

1 Zit. nach Scheidig, Walther: Goethe und die Wartburg. – In: Eisenacher Schriften zur Heimatkunde. – 10 (1980). – S. 19.
2 Facius, Friedrich: Wilhelmsthal bei Eisenach. – In: Geistiger Umgang mit der Vergangenheit. – Stuttgart, 1962. – S. 40.
3 Zit. nach Facius, a. a. O., S. 33.
4 Facius, a. a. O., S. 34.
5 Facius, a. a. O., S. 38.
6 Facius, a. a. O., S. 43.
7 Facius, a. a. O., S. 41.
8 Assing, Ludmilla: Briefwechsel und Tagebücher des Fürsten Hermann von Pückler-Muskau. Bd. 2. – Hamburg, 1873. – S. 308 f.
9 Zit. nach Facius, a. a. O., S. 48.

MICHAEL SEILER
DIE PFAUENINSEL (1797)

Seiten 229–237

1 Zit. aus Foster, Georg: Entdeckungsreise nach Tahiti und in die Südsee 1772–1775. – Berlin, 1989. – S. 267 u. 269.
2 Zit. nach Kopisch, August: Die königlichen Schlösser und Gärten zu Potsdam. – Berlin, 1854. – S. 153.
3 So im Entwurf zum Inventar von 1797 bezeichnet.
4 Die Änderung des Namens läßt sich durch zwei Schreiben Eyserbecks an den Geheimkämmerer Ritz vom 23. 4. 1795 und vom 5. 10. 1795 auf den Sommer 1795 festlegen (Zentrales Staatsarchiv, Merseburg, H. A. Rep. 192 Ritz A Nr. 575, S. 13 u. 20).
5 Nach: Berger-Landefeld, Ulrich; Sukopp, Herbert: Bäume und Sträucher der Pfaueninsel. – 2., ergänzte Auflage. – Berlin, 1980. – S. 3 u. 4.
6 Vgl. Herzog, Günter: Hubert Robert und das Bild im Garten. – Worms, 1989. – S. 101.

7 Wimmer, Clemens Alexander: Die Gärten des Charlottenburger Schlosses. – Berlin, 1985. – S. 47.

8 Farbig abgebildet in: Seiler, Michael: Die königliche Pfaueninsel – Muster einer ländlichen Parkanlage. – In: Berlin durch die Blume oder Kraut und Rüben. – Berlin, 1985. – S. 113.

9 Kopisch, a. a. O., S. 167.

10 Seiler, Michael: Der Pfaueninsel Rosengarten. – In: Peter Joseph Lenné: Volkspark und Arkadien. – Berlin, 1989. – S. 126.

11 Seiler, Michael: Lennés Wirken auf der Pfaueninsel. – In: Peter Joseph Lenné: Volkspark und Arkadien. – Berlin, 1989. – S. 176.

12 Meyer, Gustav: Lehrbuch der schönen Gartenkunst. – Berlin, 1860.

13 Ausführlich dazu: Seiler, Michael: Das Palmenhaus auf der Pfaueninsel. – Berlin, 1989.

ADRIAN VON BUTTLAR
DER NYMPHENBURGER SCHLOSSPARK
IN MÜNCHEN (1801)

Seiten 239–241

1 Vgl. u. a. Sckell, Carl August (1837), Hallbaum, Franz (1927), Hager, Luisa (1955), Hennebo, Dieter u. Alfred Hoffmann (1965), S. 223 ff.; Hoffmann, Alfred (1963), S. 195 ff.; Hojer, Gerhard u. Schmid, Elmar D. (1983), Hannwacker, Volker (1992).

2 Sckell, Friedrich Ludwig von: Beiträge . . . (1825). 2. Auflage. – S. 203 ff.

3 Ebenda; S. 169 ff.

4 Vgl. Weibezahn, Ingrid: Geschichte und Funktion des Monopteros. – Hildesheim; New York, 1975. – S. 63 ff.

5 Hoffmann, Alfred (1963), S. 201.

6 Sckell, Friedrich Ludwig von: Beiträge . . . (1825), S. 203 f.

7 Vgl. hierzu u. a.: Schmidt, Erika: »Abwechslung im Geschmack«: Raumbildung und Pflanzenverwendung beim Stadtparkentwurf – Deutschland im 19. Jahrhundert. – Hannover, 1984. (Beiträge zur räumlichen Planung des Instituts für Grünplanung und Gartenarchitektur Universität Hannover; 7)

KLAUS VON KROSIGK
DER TEGELER SCHLOSSPARK (1802)

Seiten 243–249

1 Wendland, Folkwin: Berlins Gärten und Parke. – Frankfurt am Main; Berlin; Wien, 1979 – S. 293.

2 Reelfs, Hella: Denk- und Grabmale in den Landschaftsgärten Berlin-Brandenburgs. – In: Berlin durch die Blume oder Kraut und Rüben; Gartenkunst in Berlin-Brandenburg; Katalog zur gleichnamigen Ausstellung / herausgegeben im Auftrag des Senators für Stadtentwicklung und Umweltschutz – Gartendenkmalpflege. – Berlin, 1985. – S. 93.

3 Kania, Hans; Möller, Hans-Herbert: Mark Brandenburg. – Berlin, 1960. – S. 32.

4 Keller, Gottfried: Züricher Novellen. – Berlin, 1946. – S. 325

5 Kalesse, Andreas: Quellenkundliche Analyse. – In: Brande; Kalesse; von Lührte; Nath-Esser; Schumann; Tigges; Weiler: Der Gutspark Tegel in historisch-ökologischer Sicht. – In: Jahrbuch des Vereins für die Geschichte Berlins (Der Bär von Berlin). – Bd. 36. – Berlin, 1987. – S. 209.

6 Rave, Paul Ortwin: Wilhelm von Humboldt und das Schloß zu Tegel. – Leipzig, 1950. – S. 223.

7 Krosigk, Klaus von: Die Exedra bei Schinkel und Lenné: Anmerkungen zu ihrer Verwendung in der Zeit des landschaftlichen Gartens. – In: Peter Joseph Lenné: Volkspark und Arkadien; Katalog zur gleichnamigen Ausstellung / herausgegeben im Auftrag des Senators für Stadtentwicklung und Umweltschutz Gartendenkmalpflege. – Berlin, 1989. – S. 112 ff.

8 Sydow, Anna von: Gabriele von Bülow: Tochter Wilhelm von Humboldts. – Berlin, 1913. – S. 378.

9 Rave, Paul-Ortwin: Gärten der Goethezeit. – Leipzig, 1941. – S.97.

ANNE SCHÄFER
DER MUSKAUER PARK (1815)

Seiten 251–261

1 Assing, Ludmilla: Fürst Hermann von Pückler-Muskau: eine Biographie. – Hamburg, 1873. – T. 1, S. 146.

2 Boelcke, Willi, A.; Arnim, Hermann Graf von: Muskau – Standesherrschaft zwischen Spree und Neiße. – Frankfurt a. M.; Berlin, 1978. – S. 20.

3 Ebenda, S. 29–138.

4 Ebenda, S. 143–145.

5 Petzold, Eduard: Fürst Hermann von Pückler-Muskau in seinem Wirken in Muskau und Branitz. – Leipzig, 1874. – S. 22.

6 Petzold, a. a. O., S. 55.

7 Boelcke, a. a. O., S. 121.

8 Vogel, Johann George: Der Clementinengang bey Muskau. – Görlitz, 1784. – S. 3 bis 15.

9 Boelcke, a. a. O., S. 119.

10 Petzold, Eduard: Der Muskauer Park. – Hoyerswerda, 1856. – S. 22–23.

11 Fürst Hermann von Pückler-Muskau: Briefwechsel und Tagebücher / hrsg. von Ludmilla Assing. – Berlin, 1876. – S. 20.

12 Petzold, Muskau, S. 1–54.

13 Assing, Briefwechsel, (1874), Bd. 4, S. 241 u. 255.

14 Ebenda, S. 221.

15 Petzold, Muskau, S. 15–16.

16 Grundmann, Günther: Karl Friedrich Schinkel in Schlesien. – Berlin, 1941. – S. 20-21.

17 Ebenda, S. 21–25. Die Zeichnung Schinkels diente Schirmer als Vorlage für die Lithographien in dem Atlasband von Pücklers Gartenwerk.

18 Petzold, Muskau, S. 29–30.

19 Ebenda, S. 31.
   Grundmann, a. a. O., S. 32–33, Abb. 24 zeigt die später ausgeführte Anbindung der Rampe auf den Schloßhof mit dem nachträglich eingefügten Gewölbe.

20 Assing, Briefwechsel, Bd. 5, S. 286.

21 Petzold, Muskau, S. 26.

22 Pückler-Muskau, Hermann Fürst von: Andeutungen über Landschaftsgärtnerei. – Stuttgart, 1834. – S. 198–199.

23 Assing, Briefwechsel, Bd. 5, S. 309.

24 Grundmann, a. a. O., S.37–40.

25 Rippl, Helmut: Pücklers Arbeiten in Muskau. – In: Fürst Hermann von Pückler-Muskau; Festansprache und Vorträge anläßlich der Pücklerehrung. – Cottbus, 1986. – S. 30.

26 Boelcke, a. a. O., S. 181.

27 Arnim, Hermann Graf von: Ein Fürst unter den Gärtnern. – Frankfurt am Main; Berlin; Wien, 1981. – S. 62.

28 Pückler-Muskau, Andeutungen, S. 217.

29 Arnim, a. a. O., S. 43.

30 Petzold, a. a. O., S. 29.

31 Der Bau der Gloriette erfolgte wahrscheinlich um 1825. Sie wurde im April 1945 zerstört.

32 Karg, Detlef: Die Besonderheiten der Parkanlagen Pücklers: ihre Erhaltung, Restaurierung und Erschließung. – In: Fürst Hermann von Pückler, Festansprache, a. a. O., S. 16.

33 Günther, Harri: Zum 200. Geburtstag des Fürsten Hermann von Pückler-Muskau. – In: Beiträge zur Gartendenkmalpflege. – Rostock, 1985. – S. 36.

34 Pückler-Muskau, Andeutungen, S. 208. – Karg, a. a. O., S. 16.

35 Repton, Humphry: Observations on the Theory and Practice of Landscape Gardening. – London, 1816. – S. 64.

36 Hennebo, Dieter: Vom »klassischen Landschaftsgarten« zum »gemischten Styl«: zeittypische Gestaltungstendenzen bei Peter Joseph Lenné. – In: Peter Joseph Lenné: Volkspark und Arkadien. – Berlin, 1989. – S. 50.

37 Pückler-Muskau, Andeutungen, S. 47.

38 Schmidt, Erika: »Abwechslung im Geschmack«: Raumbildung und Pflanzenverwendung beim Stadtparkentwurf, Deutschland 19. Jahrhundert. – Hannover, 1984. (Schriftenreihe des Fachbereiches Landschaftspflege der Universität Hannover: Beiträge zur räumlichen Planung; 7)

39 Pückler-Muskau, Andeutungen, S. 201 bis 202.

40 Ebenda, Karte C der drey Blumengärten in der Nähe des Schlosses.

41 Pückler-Muskau, Fürst Hermann von: Briefe eines Verstorbenen. Bd. 2. – Berlin, 1987. – S. 27–32.

42 Ebenda, Nachwort von Konrad Paul, S. 678.

43 Ebenda, S. 62.

44 Boelcke, a. a. O., S. 369–370.

45 Pückler-Muskau, Andeutungen, S. 172.

46 Hennebo, Dieter; Hoffmann, Alfred: Geschichte der Gartenkunst. Bd. 3. Der Landschaftsgarten. – Hamburg, 1962. – S. 271.

47 Ebenda.

48 Rose, Hans: Romantischer Gartenstil: Pückler und sein Meisterschüler Eduard Petzold. – In: Fürst Hermann Pückler-Muskau / hrsg. von Paul Ortwin Rave. – Breslau, 1935. – S. 53.

49 Petzold, a. a. O., S. 35. – Der Transport des Findlings verursachte einen Kostenaufwand von 132 Talern, 14 Silbergroschen und 3 Pfennigen.

50 Arnim, a. a. O., S. 5.

KLAUS VON KROSIGK
DIE PARKANLAGE KLEIN-GLIENICKE
(1824)

Seiten 263–271

1 Wirth, Irmgard: Potsdam und seine Umgebungen seit dem Beginn des 16. Jahrhunderts: Gemälde – Graphik – Kunstgewerbe; Katalog Berlin Museum. – Berlin, 1980. – S. 9.

2 Seiler, Michael: Entstehungsgeschichte des Landschaftsgartens Klein-Glienicke. – In: Schloß Glienicke: Bewohner, Künstler, Parklandschaften; Katalog der Verwaltung der Staatlichen Schlösser und Gärten Berlin. – Berlin, 1987. – S. 110 ff.

3 Pückler-Muskau, Hermann Fürst von: Andeutungen über Landschaftsgärtnerei. – Stuttgart, 1834, Neudruck Leipzig; Stuttgart, 1977.

4 Rothkirch, Malve Gräfin von: Prinz Carl von Preußen, Kenner und Beschützer des Schönen. – Osnabrück, 1981. – S. 88.

5 Rothkirch, Malve Gräfin von: a. a. O., S. 42 f.

6 Rothkirch, Malve Gräfin von: a. a. O., S. 60.

7 Krosigk, Klaus von: Villen und Villengärten des 19. und frühen 20. Jahrhunderts. – In: Referatsammlung zum Seminar der Deutschen Gesellschaft für Gartenkunst und Landschaftspflege e. V.; Villen und Villengärten des 19. und frühen 20. Jahrhunderts. – Baden-Baden, 1988. – S. 153.

8 Krosigk, Klaus von: Die gartendenkmalpflegerische Wiederherstellung Glienickes. – In: Peter Joseph Lenné: Volkspark und Arkadien, Ausstellungskatalog. – Berlin, 1989. – S. 156 ff.

GERD SCHURIG
DIE ANLAGE CHARLOTTENHOF
POTSDAM (1824)

Seiten 273–282

1 Kuhlow, K.: Das Königliche Schloß Charlottenhof bei Potsdam. – Berlin, 1892, S. 7 f.

2 Kopisch, A.: Die Königlichen Schlösser und Gärten zu Potsdam. – Berlin, 1854.

3 Schönemann, H.: Schloß Charlottenhof und die Römischen Bäder: ein utopisches Gesellschaftsmodell. – In: Das Werk Schinkels und seine Bedeutung. – Berlin, 1981.

4 Artelt, P.: Die Wasserkünste von Sanssouci. – Berlin, 1893.

Alvensleben, Udo von: Die Lütetsburger Chronik: Geschichte eines Friesischen Häuptlingsgeschlechts. – Dortmund (Selbstverlag), 1955

Andrea, P. C. G. A.: Machern für Freunde der Natur und Gartenkunst; mit einem Plan und elf colorirten Prospecten. – Leipzig, 1796

Ansichten der vorzüglichsten Parthien des Gartens zu Machern. – Berlin, 1799

Ansichten der vorzüglichsten Anlagen in dem Gräflichen von Lindenauischen Garten zu Machern. – Leipzig, 1796

Arnim, Hermann von: Ein Fürst unter den Gärtnern. – Frankfurt a. M.; Berlin; Wien, 1981

Assing, Ludmilla: Fürst Hermann von Pückler-Muskau. – Hamburg, 1873

Bailleu, P.: Königin Luise: ein Lebensbild. – Berlin; Leipzig, 1908

Balzer, Georg: Goethe als Gartenfreund. – München, 1966

Bauer, Christian: Der Englische Garten zu München. – München, 1964

Becker, Wilhelm Gottlieb: Das Seifersdorfer Thal. – Leipzig, 1792

Bertuch, Friedrich Justin: Allgemeines Teutsches Garten-Magazin. – Weimar, 1804 ff.

Bielfeld, Jacob Friedrich: Des Freyherrn von Bielfeld freundschaftliche Briefe. T. 1. – Danzig; Leipzig, 1770

Boll, E.: Beschreibung der Tollense. – In: Mecklenburg-Strelitzer Heimatblätter. – o. O., 1856

Briefwechsel zwischen Schiller und Goethe. – Leipzig, 1984

Brose, Claudia: Park und Garten in Goethes Wahlverwandtschaften. – In: Park und Garten im 18. Jahrhundert. – 1978. – S. 125–130

Burckhardt, Lucius: Natur und Garten im Klassizismus. – In: Der Monat. – 15 (1963) 17

Buttlar, Adrian von: Der Landschaftsgarten: Gartenkunst des Klassizismus und der Romantik. – 2. Auflage. – Köln, 1989

Cattelan, R.: Wirtschaftliche und politische Prämissen des Landschaftsgartens in England und Deutschland. – 1980. Basel, Univ. Diss.
Chronik von Goethes Leben. – Leipzig, 1953

Delille, J.: Die Gärten: ein Lehrgedicht in vier Gesängen / aus dem Französischen von C. F. T. Voigt. – Jena, 1796

Dittscheid, H. C.: Kassel-Wilhelmshöhe und die Krise des Schloßbaues am Ende des Ancien Regime. – Worms, 1987

Dombart, Theodor: Der Englische Garten zu München. – München, 1972

Easum, C. V.: Prinz Heinrich von Preußen. – Berlin; Frankfurt a. M., 1958

Eggeling, Theo: Beiträge zur Baugeschichte von Schloß Rheinsberg. – In: Schlösser, Gärten, Berlin: Festschrift für Martin Sperlich. – Tübingen, 1980

Festschrift 200 Jahre Englischer Garten zu München 1789-1989 / hrsg. vom Freistaat Bayern, zusammengestellt von Pancraz Freiherr von Freyberg. – München, o. J.

Flitner, N.: Landschaftsgärten der Goethezeit / Katalog des Goethe-Museums Düsseldorf. – Düsseldorf, 1987

Fontane, Theodor: Wanderungen durch die Mark Brandenburg. – Berlin; Weimar, 1987

Friedrich, Karl Joseph: Führer durch das berühmte Seifersdorfer Tal. – Radeberg, 1930

Fritz, K.: Spaziergänge durch Sanssouci und den Neuen Garten. – Potsdam, 1936

Gärtner, M.: Untersuchung zum Park Hohenzieritz: eine sentimentale Parkanlage in Mecklenburg. – 1986. Leipzig, Univ. Dipl.-Arbeit

Gerndt, Siegmar: Idealisierte Natur: die literarische Kontroverse um den Landschaftsgarten des 18. und 19. Jahrhunderts in Deutschland. – Stuttgart, 1981

Glasewald, Ephraim Wolfgang: Beschreibung des Gartens zu Machern mit besonderer Rücksicht auf die in demselben befindlichen Holzarten. – Berlin, 1799

Goethes Briefe an Charlotte von Stein / hrsg. von Jonas Fränkel. – Berlin, 1960

Gothein, Marie-Luise: Geschichte der Gartenkunst. – 2 Bde. – 2. Auflage. – Jena, 1926

Günther, Harri: Peter Joseph Lenné. – Berlin, 1985

Günther, Harri: Reisen in frühe Landschaftsgärten. – In: Sehen und Beschreiben; Europäische Reisen im 18. Jahrhundert. – Eutin, 1991. – S. 115–124 (Eutiner Forschungen; 1)

Günther, Harri; Schönemann, Heinz: Cecilienhof und der Neue Garten. – Potsdam, 1989

Gurlitt, Cornelius: Die Kunstdenkmäler von Dresden und Umgebung. – Dresden, 1904

Haeberlin, gen. Belani, C. L.: Sanssouci, Potsdam und Umgebung. – Berlin; Potsdam, 1855

Hager, Luisa: Nymphenburg: Schloß, Park und Burgen. – München, o. J. (1955)

Hallbaum, Franz: Der Landschaftsgarten: sein Entstehen und seine Einführung in Deutschland unter Friedrich Ludwig Sckell (1750–1823). – München, 1927

Hamilton, Andrew: Rheinsberg, Friedrich der Große und Prinz Heinrich von Preußen / Übers. von R. Dielitz. – o. O., Bd. 1. (1882), Bd. 2 (1883)

Hannwacker, Volker: Friedrich Ludwig von Sckell. Der Begründer des Landschaftsgartens in Deutschland. – Stuttgart, 1992

Hartke, W.: Wandel von Architekturformen als Spiegel gesellschaftlicher Prozesse. – Berlin, 1983 (unveröff. Ms.)

Hartmann, Günther: Die Ruine im Landschaftsgarten. – Worms, 1981

Hennebo, Dieter: Goethes Beziehung zur Gartenkunst seiner Zeit. – In: Jahrbuch des Freien Deutschen Hochstifts. – Tübingen, 1979

Hennert, Carl Wilhelm: Beschreibung des Lustschlosses und Gartens Sr. Königl. Hoheit des Prinzen Heinrich, Bruder des Königs, zu Rheinsberg. – Berlin, 1778

Herzog, Günther: Hubert Robert und das Bild im Garten. – Worms, 1989

Hinz, Gerhard: Die Gärtnerfamilie Bosse und ihr Wirken in Ostfriesland und Oldenburg. – In: Ostfriesland. – 1976. – S. 4 ff.

Hinz, P.: Peter Joseph Lenné und seine bedeutenden Schöpfungen in Berlin und Potsdam. – Berlin, 1937

Hirsch, Erhard: Dessau – Wörlitz: Aufklärung und Frühklassik. – 1. Auflage. – Leipzig; München, 1985

Hirsch, Erhard: Elysische Felder: der Dessau-Wörlitzer Kulturkreis. – Wörlitz, 1965

Hirschfeld, Christian Cajus Laurenz: Kleine Gartenbibliothek. – Kiel, 1790 ff.

Hirschfeld, Christian Cajus Laurenz: Das Landleben. – Leipzig, 1768

Hirschfeld, Christian Cajus Laurenz: Theorie der Gartenkunst. – Leipzig, 1779-1785

Hirschfeld, Christian Cajus Laurenz: Über die Verwandtschaft der Gartenkunst und der Malerei. – In: Gothaisches Magazin der Künste und Wissenschaften. – T. I, 1. – Gotha, 1776

Hölzel, C.: Schloß Still im Land. – Berlin, 1910

Hoffmann, Alfred: Gärten des Rokoko: ein irrendes Spiel. – In: Park und Garten im 18. Jahrhundert. – Heidelberg, 1987

Hoffmann, Alfred: Der Landschaftsgarten. – Hamburg, 1963 (Geschichte der Gartenkunst / hrsg. von Dieter Hennebo und Alfred Hoffmann; 3)

Hojer, Gerhard; Schmid, Elmar: Nymphenburg; amtlicher Führer der Bayerischen Verwaltung der Staatlichen Schlösser, Gärten und Seen. – München, 1983

Horvath, Carl Christian: Potsdams Merkwürdigkeiten. – Potsdam, 1798

Hustaedt, K.: Hohenzieritz. – In: Zeitschrift des Heimatbundes Mecklenburg. – 7 (1912). – S. 21

Jenisch, Daniel: Der schöne Garten. – Berlin, 1788

Karg, Detlef: Der Schloßpark von Rheinsberg: ein Führer durch den Schloßpark und seine Geschichte. – Rheinsberg, 1981

Kehn, Wolfgang: Adel und Gartenkunst in Schleswig-Holstein in der zweiten Hälfte des 18. Jahrhunderts. – Staatsdienst und Menschlichkeit; Studien zur Adelskultur des späten 18. Jahrhunderts in Schleswig-Holstein und Dänemark / hrsg. von Chr. Degn und D. Lohmeier. – Neumünster, 1908. – S. 271–296

Kehn, Wolfgang: Die Gartenkunst der deutschen Spätaufklärung als Problem der Geistes- und Literaturwissenschaft. – In: Internationales Archiv für Sozialgeschichte der deutschen Literatur. – Bd. 10. – (Tübingen), 1985. – S. 195–224

Kehn, Wolfgang: »Natur und Tugend führen zu Gott«: Metaphysik und Moralphilosophie in der deutschen Gartenkunst der Spätaufklärung. – In: Das Gartenamt. – 34 (1985). – S. 77-82

Koch, Hugo: Sächsische Gartenkunst. – Berlin, 1910

Kopisch, August: Die königlichen Schlösser und Gärten zu Potsdam. – Berlin, 1854

Krosigk, Hans von: Karl Graf Brühl und seine Eltern. – Berlin, 1910

Krosigk, Klaus-Henning von: Peter Joseph Lenné. – Berlin, 1987

Krüger, G.: Kunst- und Geschichtsdenkmäler des Freistaates Mecklenburg-Strelitz. – Neubrandenburg, 1929

Kühn, Margarethe: Die Gärten Friedrichs des Großen. – Brandenburgische Jahrbücher. – 14/15 (1939). – S. 38 ff.

Ligne, Charles Joseph de: Überblick von Beloeil und über die Gartenkunst. – Dresden, 1797

Lisch, F.: Mecklenburg in Bildern. – (Prillwitz), o. J.

Möser, Justus: Das englische Gärtgen (1773). – In: Patriotische Phantasien. T. 2. – Berlin, 1775

Nehring, Dorothee: Stadtparkanlagen in der ersten Hälfte des 19. Jahrhunderts: ein Beitrag zur Kulturgeschichte des Landschaftsgartens. – Hannover; Berlin, 1979 (Geschichte des Stadtgrüns; 4 / hrsg. von Dieter Hennebo)

Der Neue Garten. – Potsdam, 1970

Neumeyer, Eva Maria: The Landscape Garden as a Symbol in Rousseau, Goethe and Flaubert. – In: Journal of the History of Ideas. – (London). – 8 (1947). – S. 187-217

Niedermeier, Michael: Das Ende der Idylle: Symbolik, Zeitbezug, ›Gartenrevolution‹ in Goethes Roman »Die Wahlverwandtschaften. – Berlin; Bern; Frankfurt a. M.; New York; Paris, 1992

Ordemann, Walter: Herrlichkeiten: historische Profile der Knyphauser, Aldenburger, Benticks. – Oldenburg, 1982

Park und Garten im 18. Jahrhundert. – Heidelberg, 1978

Parklandschaft Hohenzieritz; Parkführer / hrsg. v. Museum Neustrelitz. – Neustrelitz, 1989

Peter Joseph Lenné: Volkspark und Arkadien. Berlin, 1989

Petzold, Eduard: Die Landschaftsgärtnerei. – Leipzig, 1862

Pückler-Muskau, Hermann von: Briefwechsel und Tagebücher / hrsg. von Ludmilla Assing. – Berlin, 1876

Rave, Paul Ortwin: Gärten der Goethezeit. – Leipzig, 1941

Redslob, Edwin: Der Weimarer Park zur Goethezeit. – Düsseldorf, 1969

Reinhardt, Helmut: Der Einfluß der Frei-maurer auf die Anlage und Gestaltung der Gärten im 18. Jahrhundert. – In: Gartenkunst und Denkmalpflege. – Hannover, 1988. – S. 109 bis 118

Rhotert, Stefan; Schmid, Elmar: Englischer Garten zu München; amtlicher Führer der Bayerischen Verwaltung der Staatlichen Schlösser, Gärten und Seen. – München, 1985

Rose, Hans: Romantischer Gartenstil: Pück-ler und sein Meisterschüler Eduard Petzold. – In: Fürst Hermann Pückler-Muskau / hrsg. von Paul Ortwin Rave. – Breslau, 1935

Runkel, F.: Geschichte der Freimaurerei in Deutschland. – Berlin, 1932–1934

Schmitz, H.: Schloß Paretz. – Berlin, 1913

Schulz, F.: Paretz. – In: Mitteilungen des Ver-eins für die Geschichte Potsdams. – 5 (1872). – S. 42–54

Sckell, Carl August: Das königliche Lust-schloß Nymphenburg und seine Garten-anlagen. – München, 1837

Sckell, Friedrich Ludwig von: Beiträge zur bildenden Gartenkunst. (Neudruck der Aus-gabe 1825) / mit einem Nachwort von Wolf-gang Schepers. – Worms, 1982

Sedlmayr, Hans: Verlust der Mitte: die bildende Kunst des 19. und 20. Jahrhunderts als Symptom und Symbol der Zeit. – Salz-burg, 1948

Sello, G.: Potsdam und Sanssouci. – Breslau, 1888

Die Spazierfahrt nach Machern oder Taschen-buch und Wegweiser für die, welche von Leipzig aus den großen und schönen Garten daselbst besehen wollen. – Leipzig, 1797

Stephan, G.: Denkmalpflegerische Zielstel-lung für den Park Hohenzieritz. – (Neubran-denburg), 1982 Strelitzer Festspiele. – Neu-strelitz, 1819

Thalmann, Marianne: Der romantische Gar-ten. – In: M. Thalmann: Romantik in kri-tischer Perspektive; zehn Studien / hrsg. von Jack D. Zipes. – Heidelberg, 1976

Topfstedt, Thomas: Der Landschaftspark Machern. – Leipzig, 1979

Vogel, Friedrich Christian Wilhelm: Kurze Theorie der empfindsamen Gartenkunst. – Leipzig, 1786

Wagner, Birgit: Gärten und Utopien: Natur und Glücksvorstellungen in der franzö-sischen Aufklärung. – Graz, 1985

Wanetschek, Margaret: Die Grünanlagen in der Stadtplanung Münchens von 1790–1860. – München, 1971 (Miscellanea Bavarica Monacensia; 35)

Wendland, Folkwin: Berlins Gärten und Parke. – Frankfurt a. M.; Berlin; Wien, 1979

Wimmer, Clemens Alexander: Geschichte der Gartentheorie. – Darmstadt, 1989

Woge, D.: Die gottesdienstlichen Altertümer der Obotriten aus dem Tempel zu Rethra am Tollense-See. – Neustrelitz, 1771

Zusätzlich zu den Landschaftsaufnahmen von Volkmar Herre wurden als Ergänzung einige weitere Abbildungen in den Band aufgenommen. Die Vorlagen stellten fol-gende Personen und Institutionen freund-licherweise zur Verfügung:

Staatliche Schlösser und Gärten Bad Hom-burg v. d. H. 111, 146
Klaus Beyer, Weimar 8, 13, 16 oben, 21
Adrian v. Buttlar, Kiel 33, 37
Niederlausitzer Landesmuseum Schloß Branitz bei Cottbus 255
Deutsche Staatsbibliothek Berlin Stiftung Preußischer Kulturbesitz 182, 185, 187
Gartendenkmalpflege, Berlin 267
Generallandesarchiv Karlsruhe 155
Staatliche Galerie Georgium, Dessau 51
Bernard Korzus, Münster 126, 130, 131, 133
Klaus von Krosigk, Berlin 247
Kunstsammlungen Dresden, Kupferstich-kabinett 255
Landesarchiv Schwerin, Bildersammlung Hohenzieritz 122
Landesbildstelle Württemberg 162, 167
Museen Meiningen, Schloß Elisabethen-burg 196
Staatliche Schlösser, Gärten und Seen Nymphenburg 202 oben
Uwe Quilitzsch, Wörlitz 42
Sächsische Landesbibliothek, Fotothek 137
Schiller-Nationalmuseum Marbach 167 oben
Frank Speckhals, Leipzig 258, 259
Stadtmuseum München 202 unten
Stiftung Weimarer Klassik 90, 98
Ludwig Trauzettel, Wörlitz 47
Kreismuseum Wurzen 191

(Die Ziffern beziehen sich auf die Seiten-zahlen des Buches.)

Harri Günther

geb. 1928. Nach dem Abitur Gärtnerlehre und Studium der Garten- und Landeskultur an der Humboldt-Universität zu Berlin. 1959 Promotion.

Seit dem gleichen Jahr 33 Jahre und drei Monate lang Gartendirektor der Staatlichen Schlösser und Gärten Potsdam-Sanssouci.

Zahlreiche Veröffentlichungen zur Geschichte der Gartenkunst, Pflege historischer Gärten und Dendrologie.

Adrian von Buttlar

geb. 1948. Studierte 1968–1976 Kunstgeschichte, Archäologie, Soziologie und Jura in München und London. 1977 Promotion mit einer Dissertation über den Englischen Landsitz des 18. Jahrhunderts. Wissenschaftlicher Assistent und Dozent an den Universitäten München, Trier und Augsburg. 1984 Habilitation mit einer Monographie über Leo von Klenze.

Seit 1985 Professor für Kunstgeschichte an der Christian-Albrechts-Universität zu Kiel. Veröffentlichungen zur Architektur des 18. und 19. Jahrhunderts sowie zur Geschichte der Gartenkunst, darunter: Der Englische Landsitz (1715–1760): Symbol eines liberalen Weltentwurfs (1982) und Der Landschaftsgarten. Gartenkunst des Klassizismus und der Romantik (1980, erweiterte Neuausgabe 1989) sowie als Herausgeber Der Münchener Hofgarten (1988).

Kathrin Franz

geb. 1956. Abitur, Lehre als Landschaftsgärtnerin, ab 1976 Studium der Landschaftsarchitektur an der Technischen Universität Dresden, Abschluß mit einer Diplomarbeit zur Landschaftsplanung im Gebiet »Seifersdorfer Tal«. Von 1986 bis 1990 wissenschaftliche Mitarbeiterin in der Parkdirektion Machern, seit 1981 Leitung von Restaurierungsmaßnahmen im Seifersdorfer Tal innerhalb eines Freundeskreises, der sich 1990 als Verein »Seifersdorfer Thal« e. V. gründete. Z. Z. freie Landschaftsarchitektin. Verschiedene Veröffentlichungen zum frühen Landschaftsgarten.

Heinrich Hamann

geb. 1941. Nach dem Abitur Studium der Fachrichtung Gartenbau an der Humboldt-Universität zu Berlin. Seit 1976 wissenschaftlicher Mitarbeiter in der Gartendirektion der Staatlichen Schlösser und Gärten Potsdam-Sanssouci, arbeitet auf dem Gebiet der Denkmalpflege historischer Parkanlagen, Mitarbeit im Arbeitskreis »Orangerien« und ab 1989 dessen Leiter.

Veröffentlichungen: »Der Park Babelsberg«, »Fürst Hermann von Pückler-Muskau in Potsdam«, »Die Entwicklung der Heizung in Orangerien und Gewächshäusern«, Nachwort zum Reprint 1986 der »Nürnbergischen Hesperides« von Johann Christoph Volkamer von 1708.

Dieter Hennebo

geb. 1923. Studierte 1948–1951 Gartenkunst und Grünplanung an der Humboldt-Universität Berlin. 1952 Promotion. 1952–1956 wissenschaftlicher Assistent und Studien zur Kunstgeschichte. 1958–1965 Direktor der Gärtnerlehranstalt Essen.

1962 Habilitation. 1965–1987 Professor für Geschichte der Gartenkunst an der Universität Hannover.

Veröffentlichungen: Geschichte der deutschen Gartenkunst (mit A. Hoffmann) 3 Bde., 1962 bis 1965.

Geschichte des Stadtgrüns, Bd. 1, 1970; Bd. 3 (mit E. Schmidt), 1977. Parkpflegewerk Norkirchen (mit A. Hoffmann u. G. R. Wörner), 1982.

Gartendenkmalpflege (Hrsg.), 1985.

Gärten des Mittelalters, 1987.

Zahlreiche Beiträge zur Geschichte der Gartenkunst und zur Gartendenkmalpflege in einschlägigen Büchern und Zeitschriften.

Christine Hinz

geb. 1938. Studierte 1960-1964 Gartengestaltung und Landschaftspflege an der Humboldt-Universität zu Berlin; bis 1987 in Neubrandenburg als Landschaftsarchitektin tätig. Arbeiten und Veröffentlichungen zu Stadt und Stadtumland; historische Landschaftsentwicklung; Parklandschaft. Von 1988 bis 1991 war sie an der Humboldt-Universität in Berlin tätig und lebt jetzt in Eberswalde.

Jürgen Jäger

geb. 1935. Nach Gärtnerausbildung, Fach- und Hochschulstudium seit über dreißig Jahren in der Parkpflege tätig. Ab 1966 bei den Nationalen Forschungs- und Gedenkstätten der klassischen deutschen Literatur in Weimar, heute Stiftung Weimarer Klassik, mit der gartendenkmalpflegerischen Behandlung der historischen Weimarer Parkanlagen betraut.

Theoretische Vorbereitung und praktische Ausführung umfangreicher Wiederherstellungsarbeiten in den Parken: Historische Kuranlagen Bad Lauchstädt, Schloßpark Tiefurt, Park an der Ilm in Weimar, Schloßpark Belvedere, Schloßpark Kochberg und anderen Anlagen.

Vielseitige Vortragstätigkeit und Publikationen in Zeitschriften zu gartendenkmalpflegerischen Themen.

Detlef Karg

geb. 1945. Studium der Garten- und Landeskultur. Landeskonservator und Direktor des Brandenburgischen Landesamtes für Denkmalpflege.

Bernard Korzus

geb. 1935. Studium der Kunstgeschichte, Literaturwissenschaft, Philosophie und Geschichte an den Universitäten Hamburg und Münster. 1964–1978 Abteilungsleiter im Landesmuseum für Kunst und Kulturgeschichte in Münster, 1978–1986 Leiter des Westfälischen Museumsamtes, seit 1987 wissenschaftlicher Mitarbeiter im Institut für Regionalgeschichte, Münster. Jetzt Landesverwaltungsdirektor. Publikationen zu Stadtveduten des 18. und 19. Jahrhunderts.

Z. Z. Vorbereitung von Veröffentlichungen zum Steinfurter Bagno und über den Kartographen Georges Louis Le Rouge.

Klaus-Henning von Krosigk

geb. 1945. Studierte Gartenarchitektur, Bau- und Kunstgeschichte an der Technischen Universität Hannover. Diplom 1977. 1978 Berufung als Leiter der Gruppe Gartendenkmalpflege in der Abteilung III – Landschaftsentwicklung, Freiraumplanung – beim späteren Senator für Stadtentwicklung und Umweltschutz Berlin. Seit 1983 Lehrauftrag an der Technischen Fachhochschule Weihenstephan.

Zahlreiche Veröffentlichungen zur Geschichte der Gartenkunst und Gartendenkmalpflege, insbesondere zum Berliner Grün. 1988 Verleihung des »Premio Pardes Città di Palermo« für die Bemühungen um die Erhaltung zweier wichtiger Lenné-Anlagen, des Großen Tiergarten und des Schloßparkes von Klein-Glienicke.

Bernd Modrow

geb. 1942. Studierte Landschaftspflege in Berlin und Hannover. Dr.-Ing. Von 1971 bis 1980 tätig als Referent für Landschaftsplanung beim Raumordnungsverband Rhein-Neckar-Mannheim. Seit 1981 Leiter des Fachgebietes Gärten der Verwaltung der Staatlichen Schlösser und Gärten Hessen. Mitglied des Arbeitskreises Historische Gärten der DGGL und von ICOMOS. Lehrbeauftragter für Geschichte der Gartenkunst und Gartendenkmalpflege am kunstgeschichtlichen Institut der Johann-Wolfgang-Goethe-Universität Frankfurt am Main und an der Fachhochschule Wiesbaden.

Zahlreiche Veröffentlichungen zur Gartenkunst und Gartendenkmalpflege.

Michael Niedermeier

geb. 1954. Studierte 1976–1980 Germanistik und Anglistik an der Humboldt-Universität zu Berlin. Promotion 1983. Seit 1983 wissenschaftlicher Assistent an der Sektion bzw. dem Fachbereich Germanistik; 1985 Gastlektor an den Universitäten Wien und Klagenfurt, von 1985 bis 1988 an der Lóránd-Eötvös-Universität Budapest, 1992 IREX-Stipendium an der Universität Madison (Wisconsin) und im Center for Studies in Landscape Architecture, Dumbarton Oaks, Washington D. C., USA.

Veröffentlichungen: Das Ende der Idylle. Symbolik, Zeitbezug, ›Gartenrevolution‹ in Goethes Roman »Die Wahlverwandtschaften«. Berlin (u. a.), 1992 (Monographie); Studien zur Literatur-, Kultur- und Kunstgeschichte; Buchreihe »Gartenkunst in Deutschland« (Mithrsg. Harri Günther, in Vorbereitung).

Anne Schäfer

geb. 1952. Studium Landschaftsarchitektur an der TU Dresden. Leitende Mitarbeiterin im Museum Schloß Branitz.

Veröffentlichungen zu Pückler und zum Branitzer Park.

Gerd Schurig

geb. 1958. Abitur, studierte 1980–1984 Landschaftsarchitektur an der Technischen Universität Dresden. 1984 leitender Parkgärtner in Dessau-Mosigkau. 1985 wissenschaftlicher Mitarbeiter in der Gartendirektion der Stiftung Schlösser und Gärten Potsdam-Sanssouci.

Michael Seiler

geb 1939. Studierte Geodäsie und Garten- und Landschaftsgestaltung an der Technischen Fachhochschule und der Technischen Universität Berlin, jeweils mit Diplom abgeschlossen. Seit 1979 Leiter der Pfaueninsel mit dortigem Wohnsitz. 1987 Promotion an der Hochschule für bildende Künste Hamburg zum Thema »Die Entwicklungsgeschichte des Landschaftsgartens Klein-Glienicke 1796–1883«. Seit 1978 gemeinsame Lehrveranstaltungen mit Prof. Dr. Martin Sperlich zur Geschichte der Gartenkunst und über Gartendenkmalpflege. 1989 Honorarprofessor an der Freien Universität Berlin. 1978 gartendenkmalpflegerische Grabungen und Untersuchungen im Park Klein-Glienicke.

Veröffentlichungen zur Geschichte des Landschaftsgartens und zur Gartendenkmalpflege, darunter Monographie über das Palmenhaus auf der Pfaueninsel und 1991 mit Jörg Wacker »Insel Potsdam«.

Elisabeth Szymczyk-Eggert

geb. 1946; Studium der Architektur in Berlin und Stuttgart. 1989 Promotion über den Ludwigsburger Schloßgarten. Lehrbeauftragte der Universität Stuttgart. Landesvorsitzende

der Deutschen Gesellschaft für Gartenkunst und Landschaftspflege Baden-Württemberg e. V., Oberbaurätin im Universitätsbauamt Stuttgart und Hohenheim.

Veröffentlichungen: Gartengestaltung in Württemberg und Baden. In: Baden und Württemberg im Zeitalter Napoleons; Katalog zur Ausstellung. 1987.

Music-hall und Schwebebähnle. Die IGA 93 in Stuttgart. In: Garten und Landschaft, 1/1992. Die Gärten der Weissenhofsiedlung Stuttgart. – In: Topos. – 2 (1993).

Gärten und Parks in Stuttgart (1993). 1993.

Günther Thimm

geb. 1931. Nach Gärtnerausbildung mit anschließender Berufspraxis Studium der Garten- und Landschaftsgestaltung an der damaligen Fachschule für Gartenbau Erfurt. Danach im Bereich Landschaftspflege tätig. 1972–1975 Externenstudium an der Technischen Universität Dresden, Sektion Architektur; seit 1979 Oberkonservator im Institut für Denkmalpflege, Arbeitsstelle Erfurt, dem heutigen Thüringischen Landesamt für Denkmalpflege, mit dem Arbeitsschwerpunkt Gartendenkmalpflege in Thüringen.

Veröffentlichungen: Zur Geschichte der Grünanlagen im Bereich der ehemaligen Stadtbefestigung in Erfurt, Pückler in Thüringen, Mitwirkung an »Denkmale des Kreises« Gotha, Dia-Fundus Denkmale der Landschafts- und Gartengestaltung in der DDR, Gärten und Parks in Thüringen.

Ludwig Trauzettel

geb. 1951. Abitur, Lehre als Baumschulgärtner. Studium der Landschaftsarchitektur an der Technischen Universität Dresden. Von 1974 bis 1978 leitende Tätigkeit in Projektierung und Ausführung von Grün- und Außenanlagen im Stadtgebiet von Stralsund (Öffentliches Grün und Komplexer Wohnungsbau). Seit 1979 Mitarbeiter, ab 1981 Hauptabteilungsleiter und ab 1989 Gartendirektor in der Hauptabteilung Gärten der Staatlichen Schlösser und Gärten Wörlitz-Oranienbaum-Luisium.

Zahlreiche Veröffentlichungen zur Gartendenkmalpflege und zu den Wörlitzer Anlagen.

Friedrich Ludwig Sckell,
Der Gärtner mit dem Zeichenstock
(um 1825).